KB234631

보험지주회사의 법리

운영 및 감독을 중심으로

보험지주회사의 법리

운영 및 감독을 중심으로

지광운 지음

한국학술정보㈜

머리말

오늘날 세계의 보험산업이 처한 환경은 급변하여 각국에서는 개별 법인격의 자회사를 산하에 두는 복합금융그룹 형태를 취하는 보험그룹의 중요성이 커지게 되었다. 이러한 복합금융그룹을 형성하는 데 주로 이용된 형태가 지주회사로 이는 대형화·겸업화 수단으로 주로 이용되어 왔다. 이러한 대형화된 복합금융그룹이 그 성장일로에서 각국의 경제에 미치는 영향이 중대함은 금융위기 당시 미국의 대형보험그룹 AIG 및 투자은행 리먼브라더스의 파산 사례를 통해 여실히 드러나게 되었다. 이러한 일련의 사태가 자유시장경제의 기조를 수정하는 시도로 이어지고, 보험산업에도 예외 없이 공적규제를 강화하고자 하는 움직임으로 나타나고 있다. 그러나 보험업을 포함한 금융업의 겸업화를 통한 사업의 다각화는 금융상품이 복합적으로 될수록 그 필요성이 커질 것이고, 이와 같은 측면을 감안한 규제체계의 개선이 이루어져야 한다.

우리나라에서 지주회사 형태를 활용하여 보험업의 겸업화를 시도하고자 하는 경우 그 근거가 되는 법은 금융지주회사법이다. 금융지주회사법은 보험지주회사에 대해 감독규제를 주로 지주회사를 통한 경제력 집중의 방지 및 보험자회사의 건전성확보에 초점을 두어 규제하고 있다. 전자는 보험지주회사에 대한 감독법적 규제가 경제력 집중을 우려한 나머지 과도한 사전적 규제에 해당하여 보험지주회사의 효율성을 저하시키고 있다면 이를 개선하는 방향에서의 적절한 규제체계의 설정을 의미한다. 다만, 보험지주회사의 효율성을 도모하기 위한 규제완화에 대응하여 지주회사 그룹의 건전성에 대한 철저한 사후감독법적 규제는 정비되어야 한다. 후자는 금융지주회사법이 예정하고 있는

　　보험지주회사의 자회사에 대한 지휘권이 개별 법인격의 회사를 축으로 규정하고 있는 상법상 가능한 것인지 검토할 필요성이 제기된다. 이를 통해 지주회사가 자회사의 건전성 확보를 위해 행사하는 지휘권의 법적 구속력을 확보할 수 있는 방안을 검토할 필요성이 제기된다.

　　따라서 보험지주회사의 설립을 촉진하여 우리나라 보험산업의 선진화를 도모하고, 그 이면에 보험회사를 지배하는 보험지주회사 그룹의 운영과 적절한 감독법적 규제에 관한 쟁점을 중심으로 검토하였다. 이에 따라 보험지주회사의 운영 및 감독에 관한 법리를 중심으로 고찰하였다. 그리하여 보험지주회사의 운영과 관련한 회사법상의 법적 문제점 및 감독과 관련한 금융지주회사법상의 법적 문제점에 대하여 검토하고, 이에 대한 개선방안을 상법해석에서의 난점 개선, 보험지주회사의 자회사에 대한 실질적 목적 달성을 위한 지배력 확보 방안, 현행 법제의 입법 개선을 중심으로 서술하였다.

　　이 책은 저자의 박사학위논문을 수정·보완하여 책으로 출판하는 것이다. 모쪼록 이 책이 보험지주회사의 운용과정에서 나타날 수 있는 법적 문제점을 해결할 수 있는 하나의 참고자료가 되었으면 하는 것이 저자의 소박한 바람이다.

　　그리고 오늘날 저자가 있게 해 주시고 저자에 대한 헌신을 아끼지 않으시는 부모님과 형님 내외분, 장인, 장모님에게 깊은 감사를 드리며, 저자의 버팀목이 되어주는 사랑하는 아내와 아들에게 이 책을 바친다. 학위논문과 이 책의 모든 작업을 지도해주시고 항상 부족한 저자에게 훌륭한 가르침을 주시는 전우현 교수님께 깊은 감사를 드린다. 또한 학위논문 심사에 기꺼이 시간을 할애해 주신 김선국 교수님, 김성태 교수님, 장근영 교수님, 장경환 교수님께 깊은 감사를 드린다. 여전히 부족하지만, 앞으로의 성실한 연구로 보답하겠다. 마지막으로 이 책이 출간될 수 있도록 어려운 출판환경에도 불구하고 흔쾌히 허락해 주신 한국학술정보(주)의 모든 관계자 분들께 깊은 감사를 드린다.

CONTENTS

CONTENTS

CONTENTS

제1장 서 론

오늘날 금융시장의 급격한 발달은 자원의 신속한 분배를 가능하게 했고, 효율적인 금융시장의 발달은 한 국가의 번영을 가능하게 하였다. 그리하여 각국은 자국의 금융시장의 효율화를 도모하기 위해 금융 부분의 민영화·자유화 및 개방으로 경제 성장 동력을 육성하고자 하였고 우리나라도 예외는 아니었다.

금융산업의 대외 경쟁력은 금융업을 중심으로 한 복합금융그룹화를 진전시킴으로써 가능한 것으로 인식되어왔고, 금융산업이 발달한 선진국에서는 은행, 보험 등을 중심으로 사업규모의 대형화 및 사업의 다각화를 달성해왔다. 이에 주로 이용된 방식이 지주회사 방식과 모·자회사 방식이고, 양자는 별개의 법인격을 갖는 자회사가 해당 사업부문의 영업을 영위한다는 점에 공통점이 있다. 다만, 전자가 후자에 비해 더 큰 장점을 발휘할 수 있는 것으로 평가되어 미국, 유럽에 본거를 둔 대형 금융그룹은 주로 전자의 방식을 이용하여 대형화, 겸업화를 진전시켜 왔다.

2008년 세계적인 금융위기 이전 주요 선진국의 금융 관련법제 등에 대한 사전규제·포괄적 금지의 탈피 및 금융업의 자율경영 확대의 도모는 이를 대변한다. 다시 말해 금융업의 개개 활동을 사전에 규제하고 위험을 직접 배제한다거나 감소시키는 것이 아니라 사업을 영위함에 따른 위험을 최소화하도록 하고 주로 시장에 의해서 경영자의 행위가 규율되도록 하여 합리적인 행동과 대책을 선택할 것을 기대하였다. 이러한 흐름 속에서 우리나라는 전통적으로 규제산업이었던 보험업 등에 대하여 경쟁제한적인 정책에서 탈피하여 경쟁을 촉진하는 시장규율을 중시하고 규제를 완화하여 왔다. 그 대표적인 예가 바로 은행, 보험 등을 중심으로 하는 복합금융그룹의 설립이다. 금융위기 이후 금융시장에 대한 공적규제는 강화되는 방향으로 나아가고 있으나, 금융기관의 대외 경쟁력 확보차원에서 보험업의 대형화와 겸업화는 필요하다고 보아 본 연구를 하게 되었다.

금융(보험)그룹은 다양한 경제적 합리성에 기초해 있고, 사업의 다각화 차원에서 다른 업종의 겸업을 통한 그룹화가 필요하다. 이러한 금융그룹화는 우리나라 보험산업의 경쟁력 제고를 위해서도 요구된다. 현재 우리나라의 보험업은 타 업종의 보험업 진출, 저출산 고령화와 노년부양비의 증가에 따른 민

영 보험사 중요성의 증대와 같은 금융환경의 변화에 대응할 필요가 크다.[1]

현재 우리나라에서 보험그룹화와 관련하여 주목되고 있는 제도는 지주회사 방식이다. 지주회사와 관련된 법제는 그동안 규제를 폐지 내지 완화하는 방향에서 입법적인 정비가 시도되었다. 그러나 입법적인 개선에도 불구하고 보험지주회사의 설립이 미진한 가운데 선진국의 보험지주회사에 비해 영업경쟁력 저하가 우려되고 국내 금융업권별 불균형 현상도 심화될 것이 염려된다. 따라서 보험지주회사를 통한 보험그룹을 하나의 경제주체로 인정하고, 이에 관련한 법제의 목적에 합치되도록 규정을 설계해야 한다.

보험지주회사에 관한 근거법은 금융지주회사법이고, 동법은 외환위기 이후 은행의 구조조정 등을 촉진하려는 목적으로 제정되었다. 이러한 사정으로 동법은 개정 전까지 은행, 보험, 증권회사를 지배하는 업무를 주로 하는 각각의 지주회사에 대한 근거법이 되었고, 업태별 특성을 무시한 획일적인 규제를 가하고 있었다. 처음부터 은행을 중심으로 하는 금융지주회사를 염두에 두고 제정되어 보험지주회사에는 과도한 규제임이 다수의 선행연구에서 지적되었다.

이에 정부는 2009년 금융지주회사법을 개정하여 지주회사를 활용한 글로벌 경쟁력을 갖춘 보험그룹의 육성과 대기업 집단 소속의 보험회사에 대한 계열분리를 유도하려고 하였다. 그런데 우리나라의 보험지주회사 관련 법제는 우선 일반적인 금융지주회사 관련 규제체계에 비은행지주회사에 대한 특례를 정하고, 또 보험지주회사에 대한 특례를 다시 정하는 방법을 취하고 있다. 아울러 신용공여한도와 같은 일정한 행위제한 규제 등은 보험업법의 규정을 적용받도록 하는 등 법적용의 면에서 상당히 복잡하다.

보험지주회사에 관한 법적용의 복잡성에도 불구하고 보험업을 중심으로 하는 금융그룹인 메리츠금융지주회사가 설립되었다. 그 외에는 설립 움직임이 둔화되어 있다. 여기에는 우리나라의 주요 보험회사가 대기업 집단의 핵심계열사로 위치함에 따른 지주회사 전환 비용의 문제, 비금융주력자 은행주식 소

---

[1] 장래 민영연금보험을 중심으로 저축성 보험상품의 판매비중이 증대됨에 따라 이에 대응하는 방안으로 겸업화를 활용한 판매채널의 다양화 등이 요구된다. 이러한 사례는 독일에서 뚜렷이 증가하고 있다. 즉, 독일의 보험 중심의 금융그룹인 알리안츠는 저출산·고령화에 대비하여 그룹화의 시너지를 활용한 판매채널의 다양화를 실현함으로써 장래에 대비하고 있다.

유제한에 따른 어려움 등의 원인이 있다.

이 연구는 향후 대기업 집단 소속 주요보험회사들이 그룹화되고 보험지주회사`의 설립이 증가할 것을 기대하는 취지이다. 그리하여 보험지주회사의 실제적 운영과 감독에 관한 상법 및 금융지주회사법상의 법적 문제점에 대해 검토하고 그 개선방안을 찾고자 한다.

보험지주회사의 운영에 관한 법적 문제점은 보험지주회사와 같은 결합기업에 대한 상법상 규정의 불비로 향후 발생할 수 있는 법률문제에 어떻게 대처해야 할 것인가가 중요한 쟁점이 된다. 특히 보험지주회사로서는 자회사를 지배하고 자회사의 사업이 수익의 원천이 되므로 이를 실질적으로 지배할 수 있어야 한다. 나아가 보험지주회사 및 자회사 이사의 의무와 책임, 이해당사자 등의 보호도 검토되어야 한다.

보험지주회사의 감독과 관련한 법적 문제는 보험지주회사의 효율성은 살리되 자회사의 건전성 유지를 위해 적절한 규제를 하려는 것이다. 아울러 금융위기 이후 미국과 유럽을 중심으로 보험그룹에 대한 공적규제가 강화되고 있는 점을 감안하여 보험지주회사와 자회사 간 이해상충을 방지하면서 자회사의 건전성을 유지할 수 있도록 감독법제를 정비해야 한다고 본다.

우리나라는 보험지주회사에 대해 과도한 지배력 확장을 막고 자회사의 건전성을 확보하고자 한다. 그러나 무조건적인 규제강화에 편승하는 것은 바람직하지 않고, 보험지주회사의 특성을 반영하는 감독법적 규제체계가 확립되어야 한다는 기본인식을 바탕으로 한다. 나아가 시장규율에 의한 지주회사의 내부통제 강화와 같은 지배구조의 개선을 통해 그룹 전체의 건전성을 유지할 수 있도록 해야 한다는 기존원칙에 충실해야 한다고 본다.

이 연구는 보험산업을 포함한 금융산업의 문제를 최소화한다는 전제하에서 대형화·세계화를 할 수밖에 없는 우리 경제의 운명과 특질을 반영하고자 하였다. 국토가 좁고 대외교역을 통하여 부국강병을 지향할 수밖에 없는 현실에서 보험산업도 이를 뒷받침하는 비약적 성장이 있어야 할 것이다. 그 적극적 대안 중 하나를 보험지주회사의 활성화로 보았다.

제2장 보험업의 타 업종 겸업과 보험지주회사제도

제1절 서 설

Ⅰ. 보험업에 대한 규제의 변화

전통적으로 보험업은 엄격하게 규제되어 왔다. 이는 첫째, 보험이 사회안전 망으로서 공공의 이익에 이바지하고, 둘째, 보험상품에 대해 일반소비자가 이해하기 어렵다는 것 때문이다. 그리하여 많은 나라에서는 보험업자체에 대한 엄격한 규제와 보험료규제, 약관의 내용에 대한 사전인가, 판매방법에 관한 규제를 하고 있다. 그러나 경제의 글로벌화가 진전되고 기술이 발전함에 따라 종래 보험업에 대한 규제완화 및 자유화가 진행되었다. 보험업의 규제완화에 따라 보험사업다각화에 주로 이용되는 제도는 지주회사 형태이다. 미국과 유럽의 주요 보험회사들은 보험지주회사 그룹을 형성하여 대형화·겸업화를 이루었다.

우리나라는 대규모 기업집단 소속의 보험회사의 사업다각화와 기업집단의 지배구조 개선에 유용한 수단으로 지주회사를 장려하고 있다. 그동안 보험지 주회사에 과도한 규제로 지적되었던 사항이 개선되었다. 그러나 지주회사를 통한 보험업의 사업다각화에 따른 보험업의 건전성 규제는 엄격화되는 등 반드시 규제의 완화로만 볼 수 없는 측면도 있다. 이는 2008년 글로벌 금융위기를 계기로 보험그룹에 대한 각국의 건전성 규제를 위한 관련 법령과 지침의 개정과 궤를 같이 하는 것이다.

2008년 금융위기 전까지 보험을 비롯한 금융감독체제의 변화는 많은 나라에서 공통적으로 진행되었다. 그중 중요한 것은 시장규율[2]의 중시, 사전규제로부터 사후규제로의 변화이다. 사전규제에서 사후규제로의 전환과 관련하여서도 가격과 상품내용의 인가제 및 일정한 행위제한 등 종래 주류를 형성했던

---

2) 보험업에 관한 시장규율은 시장기능에 의한 보험회사의 규율이다. 보험회사가 고위험을 선택하거나 비효율적으로 경영되는 경우 그 발행주식의 시장가격이 하락하고 자금조달비용이 상승하게 된다. 자금조달 비용이 상승하면 수익이 저하되기 때문에 보험회사는 저위험을 선택하고 효율적인 경영을 선택한다.

사전규제로부터 금융기관의 자주성을 존중하고 그 결과를 사후적으로 감독하는 방향으로 전환하였다. 이는 주로 보험계약자의 보호와 관련하여 감독 당국의 보험그룹에 대한 철저한 감독을 통해 이루어지고 있다. 종래 상품내용과 가격의 통제를 중심으로 하던 규제에서 보험사업자의 건전성유지와 정보개시 등 시장이 원활하게 기능할 수 있는 환경을 정비하는 규제로 바뀐 것이다.

금융자유화 시기에는 시장규율의 활용과 그 중요성이 기대되었다. 그러나 2008년 미국에서 촉발된 금융위기를 계기로 보험회사에 대한 공적규제의 엄격성을 요구하는 움직임이 다시 나타난 것도 사실이다. 그러나 보험회사 업무의 복잡화와 금융기술의 발전을 생각한다면 공적규제만으로 보험회사의 건전성을 확보하기에는 무리가 있다. 다시 향후에 시장규율의 중요성이 높아질 수밖에 없다고 본다.[3]

Ⅱ. 국내 보험산업과 그 규제

1. 보험산업의 시장구조

우리나라 보험시장에서 핵심적인 위치를 점하고 있는 대형 손해·생명보험사는 모두 금융 부문과 비금융 부문이 혼재된 계열집단에 소속되어 있다. 이러한 계열집단의 문제점으로 종래 지적되는 것은 복잡한 출자구조에 따른 순환·교차·공동출자의 문제, 보험회사가 출자구조의 핵심고리로 작용하고 비금융 부문의 위험(Risk)이 금융부문으로 전이될 가능성으로 인한 보험계약자 보호의 미흡, 그룹 내 보험산업의 독자적 발전의 제약 등이다.[4]

손해보험 시장에서 유력하게 활동하고 있는 주요 4개 사업자의 시장점유율

---

3) 같은 취지: 永田邦和, "日本の生命保険の市場規律", 「生命保険論集(第175号)」, 生命保険文化センター, 2011. 6, 89頁.

4) 윤창현, 「금융지주회사제도의 본질과 효율적 운영 및 정책방향-금산분리완화를 중심으로-」, 한국무역경제연구원 연구보고서, 2009. 12, 28~29면; 동 보고서는 그 주제가 암시하는 바와 같이 우리나라 금산분리 유지정책에 대한 반대입장에서 논의를 전개하고 현재 제기되는 금산분리 유지정책의 주요 논거에 대해 반박하고 있다.

은 71.0%(삼성화재해상 28.4%, 현대해상 15.3%, 동부화재해상 14.2%, LIG 13.1%)에 해당한다. 또한 대규모기업집단 소속 손해보험회사들의 시장점유율은 51.2%이다(삼성화재해상 28.4%, 동부화재해상 14.2%, 한화손해 2.8%, 제일화재해상 3.3%, 롯데손해 2.52%).[5]

우리나라 보험산업의 경쟁상황을 보면 과점적 시장구조와 정부의 행정지도 등으로 사업자 간 가격경쟁이 활발하지 못한 실정이다. 다만 자동차보험의 경우, 온라인 사업자들이 유통경로 단축 등의 이점을 적극 활용하여 보험료를 인하하는 등 경쟁이 제고되고 있다.

2. 보험업에 대한 규제

(1) 진입, 퇴출, 소유 지배 등에 대한 구조적 규제

보험업은 보험계약자 보호 및 사회안전망으로서의 공공성이 강하여 전통적으로 규제산업 분야였다. 감독 당국은 보험업법에 의해 그 진입, 퇴출, 소유 지배 등에 대해 일정한 규제를 가하고 있다. 보험업법 제4조 제1항에 의하여 보험업을 영위하고자 하는 자는 보험종목별로 금융위원회의 허가를 받아야 하며, 동법 제6조에서는 각 허가조건에 대하여 규정하고 그 퇴출에 대해서도 제한이 있다. 보험회사의 해산 사유는 보험업법 제137조 제1항이 규정한다. 그 사유 중에서 해산의 결의, 합병, 보험계약의 이전은 금융위원회의 인가 대상이며(보험업법 제139조), 보험회사의 영업양도·양수의 경우에도 금융위원회의 인가가 요구된다(보험업법 제150조). 또한 보험회사는 존속하면서도 보험업의 전부 또는 일부를 폐지하는 경우 그 60일 전에 정리계획서를 금융위원회에 제출하여야 한다(보험업법 제135조). 보험계약을 다른 사업자에게 이전하려 해도 그 결의의 공고와 보험계약자의 이의제출을 받아야 하고(보험업법 제141조), 그에 수반하여 회사자산이 이전되는 경우 보험회사의 채권자의 이

---

5) 공정거래위원회, 「손해보험산업과 경쟁정책보고서」, 2008. 3, 4면 이하 참조.

익을 위하여 필요하다고 인정되는 자산은 금융위원회의 지시에 의하여 유보될 수 있다(보험업법 제140조 제2항). 합병에 관하여는 보험업법 제137조과 금융산업의 구조개선에 관한 법률(이하 '금산법')에 의하여 제한된다.

(2) 건전성 규제

보험회사의 건전성은 보험금지급의 확보를 위한 것인데 자산운용의 엄격 규제가 그 핵심이다. 보험회사의 자산운용의 원칙에 대해서는 안정성·유동성·수익성, 그리고 공익성이다(보험업법 제104조). 상품이나 유가증권에 대한 투기를 목적으로 하는 자금의 대출 등을 금지하고(보험업법 제105조 제1항), 자산운용에도 일정한 비율로 제한하고 있는데(보험업법 제106조 제1항) 이는 궁극적으로는 보험계약자의 이익을 보호하기 위한 것이다. 감독 당국은 이러한 규제를 효율적으로 이행하기 위한 감독과 제재권을 규정하여 보험회사에 대한 주의·경고 또는 그 임직원에 대한 주의·경고·문책요구, 시정명령, 임원의 해임권고 또는 직무정지의 요구 등의 조치를 취할 수 있고(보험업법 제131조 제1항), 허가조건을 위반한 경우 등에는 보험업의 허가를 취소할 수도 있다(보험업법 제313조 제2항).[6]

(3) 개정 보험업법에 따른 규제의 완화

2010년 개정된 보험업법은 다음과 같은 규제의 완화를 포함하고 있다.

1) 자산운용범위의 자율성 확대

2010년 개정 전 보험업법 제105조에서는 '금지 또는 제한되는 자산운용'을

---

6) 그 밖에도 보험업의 영업과 관련한 규제를 가하고 있다. 즉, 보험 모집단계에서는 보험 모집자에 대한 규제를 두고 있고 (보험업법 제83조), 보험 안내자료에 관한 내용의 법정(보험업법 제95조), 통신수단을 이용한 모집에 대한 규정(보험업법 제96조), 보험계약자 또는 피보험자에게 보험계약의 내용을 사실과 다르게 알리거나 그 내용의 중요한 사항을 알리지 아니하는 행위 등 보험모집과 관련한 금지행위에 관한 규정(보험업법 제97조)을 두고, 보험 모집과정에서 발생한 손해에 대한 보험회사의 엄격한 책임에 관한 규정(보험업법 제102조)을 두고 있다.

규정하여 보험회사의 자산운용범위를 제한하고 있었다.[7] 그러나 2010년 개정 보험업법에서는 보험회사의 파생상품에 대한 자산운용을 규제하는 것은 자유로운 투자를 저해하는 것으로 판단하여 보험회사가 귀금속·골동품 및 서화를 소유하는 것을 금지하던 규정을 삭제하고, 업무용 부동산은 어느 유형이든 일정한 한도 이하로는 소유할 수 있도록 하였다(보험업법 제105조 제1호).

2) 자회사의 소유규제 완화

보험업법 제115조 제1항은 보험회사가 금융위원회의 승인을 얻어 자회사로 소유할 수 있는 회사를 규정하고 있다. 다만, 보험업 겸영과 밀접한 관련이 있는 업무 등으로서 대통령령으로 정하는 업무를 주로 하는 회사를 자회사로 소유하려는 경우에는 신고로써 승인에 갈음할 수 있다. 자회사의 소유와 관련하여 금융위원회의 승인을 요하는 회사로는 (ⅰ)「금산법」제2조 제1호의 규정에 의한 금융기관이 영위하는 금융업, (ⅱ)「신용정보의 이용 및 보호에 관한 법률」에 의한 신용정보업, (ⅲ) 보험계약의 유지·해지·변경·부활 등을 관리하는 업무, (ⅳ) 그 밖에 보험업의 건전성을 저해하지 아니하는 업무로서 대통령령으로 정하는 업무를 주로 하는 회사 등이다. 다만, 보험회사의 대주주가 「은행법」제16조의 2 제1항의 규정에 의한 비금융주력자인[8] 경우에는 당해 보험회사는 「은행법」에 의한 금융기관을 자회사로 소유할 수 없도록 하고 있다(보험업법 제115조 제2항).

3) 금융투자분야 업무 영역의 확대

2010년 개정 전 보험업법은 보험회사의 업무영역을 상당한 정도로 제한하

---

7) 이에는 귀금속·골동품 및 서화의 소유(대통령령이 정하는 경우를 제외), 대통령령이 정하는 업무용 부동산이 아닌 부동산(저당권 등 담보권의 실행으로 인하여 취득하는 부동산을 제외)의 소유, 상품 또는 유가증권에 대한 투기를 목적으로 하는 자금의 대출, 직접·간접을 불문하고 정치자금의 대출, 당해 보험회사의 임원 또는 직원에 대한 대출(보험약관에 의한 대출 및 금융위원회가 정하는 소액대출을 제외), 자산운용의 안정성을 크게 해할 우려가 있는 행위로서 대통령령이 정하는 행위를 제한하고, 다만, 보험회사가 자본시장법 제5조 제2항에 따른 해외 파생상품시장에서의 거래에 자산을 운용하는 것은 허용되는 것으로 규정하였다(보험업법 시행령 제49조 제4항).

8) 은행법 제16조의 2는 비금융주력자(독점규제 및 공정거래에 관한 법률 제14조의 2의 규정에 의하여 상호출자제한기업집단 등에서 제외되어 비금융주력자에 해당하지 아니하게 된 자로서 그 제외된 날부터 대통령령이 정하는 기간이 경과하지 아니한 자를 포함한다)는 제15조 제1항(동일인의 주식보유한도 등)의 규정에 불구하고 금융기관의 의결권 있는 발행주식 총수의 100분의 9(지방은행의 경우에는 100분의 15)를 초과하여 은행의 주식을 보유할 수 없는 것으로 규정하고 있다.

고 있었다(구 보험업법 제11조). 이에 따르면 보험회사는 제2조에서 정하고 있는 보험업무 이외에 (ⅰ) 유동화자산의 관리업무, (ⅱ) 신탁업, (ⅲ) 보험업과 관련된 업무, (ⅳ) 보험회사가 소유하는 인력·자산 또는 설비 등을 활용하는 업무, (ⅴ) 그 밖에 다른 법령에 의하여 허가·인가·승인 또는 등록 등을 필요로 하지 아니하는 업무만을 겸영할 수 있었다(구보험업법 제11조 동법 시행령 제16조). 그러나 2010년 개정 보험업법 제11조는 "보험회사의 경영건전성을 해치거나 보험계약자 보호 및 건전한 거래질서를 해칠 우려가 없는 금융업무로서 다음 각 호에 규정된 업무를 할 수 있다"[9]는 내용으로 개정하였는데 이는 자본시장법상의 투자업무에 관한 사항을 세부적으로 규정하여 보험회사의 업무영역을 확대하고자 하는 데 그 취지가 있다.

3. 보험회사를 중심으로 한 기업집단 형성

우리사회에서 왜 보험지주회사의 설립 및 전환이 논란이 되어 왔고, 보험지주회사로의 이행이 현실적으로 왜 어려운지를 명확히 할 필요가 있다.

우리나라의 대기업 집단은 다른 나라의 기업집단과 비교해 볼 때 상당한 특수성을 지니고 있는 것으로 평가되고 있다. 이러한 특수성은 소유구조측면과 지배구조측면에서 두드러진다. 즉 전자의 경우 계열사 간 복잡한 순환출자구조를 이루고 있고, 이러한 계열사 간 출자를 이용하여 총수 일가가 5% 미만의 지분으로도 기업집단 전체를 지배하는 구조(CSM: Controlling Minority Structure)를 이루고 있다. 후자의 경우에는 총수일가에 대한 권한 집중으로 계열사별 독립경영 기반의 확보가 미흡한 것으로 평가된다.[10][11] 이러한 우리나라의 대기업

---

9) 보험업법 제11조에서 말하는 업무란 첫째, 대통령령으로 정하는 금융 관련 법령에서 정하고 있는 금융업무로서 해당 법령에서 보험회사가 할 수 있도록 한 업무, 둘째, 대통령령으로 정하는 금융업으로서 해당 법령에 따라 인가·허가·등록 등이 필요한 금융업무, 셋째, 그 밖에 보험회사의 경영건전성을 해치거나 보험계약자 보호 및 건전한 거래질서를 해칠 우려가 없다고 인정되는 금융업무로서 대통령령으로 정하는 금융업무를 말한다(보험업법 제11조 제1-3호).

10) 이양복, "독점규제법상 지주회사 규제의 문제점과 개선방안", 「고려법학(제51호)」, 고려대학교 법학연구원, 2008, 531면.

11) 이로 인한 폐해에 대해 진보성향의 시민단체는 기업집단 형성과정 및 형성 후 총수일가의 사익추구행위 등 지배구조측면의 문제, 경제력집중, 중소기업과의 공정한 경쟁저해 등을 거론하고 있다. 최근에는 이러한 폐해를 예방하는 차원에서 이중대표소송을 도입할 것을 강력히 주장하고 있다.

집단의 특수성은 선진외국의 기업집단과 차이를 보이고 있다. 즉 우리나라의 대기업 집단이 복잡한 순환출자 구조를 형성하고 있음에 반해, 주요국에서는 모·자회사를 중심으로 한 단순한 출자구조가 주류를 형성하고 있다.

우리나라 대기업 집단의 순환출자 구조에 있어 핵심적인 역할을 하고 있는 계열사가 보험회사이다. 보험회사를 계열사로 두고 있는 대기업 집단에 대한 지배구조를 개선하기 위한 차원에서 지속적인 규제 완화를 통해 지주회사로의 전환을 유도하고, 보험업의 사업다각화를 촉진시키는 것이 바람직하다.

물론 금융기관을 중심으로 하는 기업집단은 사업회사를 중심으로 하는 기업집단에 비해서 기업집단으로서의 우위성을 갖고 있다. 거대 기업집단은 경제가 발전함에 따라 내부유보를 증대하고 자금수요가 있는 경우에는 주식이나 사채권을 발행하면 되므로 이론적으로는 은행을 가까이 둘 필요가 없다. 그러나 거대기업이라도 긴급하게 대량의 융자가 필요한 경우에 직면하게 된다. 그런데 은행은 금융시장에서 중심적인 지위를 점하며 거대한 자금조달력을 배경으로 자금배분기능을 장악하고 있다.[12] 나아가 대은행이 보유하는 막대한 양의 고객정보를 그룹 전체적으로 활용할 수 있다면 매우 큰 의미를 갖는다.[13] 그러나 은행을 중심으로 하는 기업집단은 우리나라에서 산업자본의 은행에 대한 엄격한 주식소유제한으로 인해 출현할 수 없다(은행법 제15조의2 제1항). 따라서 이러한 제한을 우회하는 수단으로 보험회사를 대기업의 핵심적인 계열사로 위치시킴으로써 은행 외의 금융기관과 밀착된 관계를 유지해 온 것으로 보인다. 이에 따라 금융기관(보험업)을 중심으로 하는 기업집단은 금융기관과 거대기업의 쌍방에서 이익을 얻는 바람직하지 않은 현상이 나타난 것으로 평가된다.[14]

---

12) 相沢幸悦, 「ユニバーサルバンくと金融持株会社」, 日本評論社, 1997, 158頁.

13) 松井和夫, 「現代アメリカ金融資本研究序説」, 文眞堂, 1986, 223頁.

14) 최근 현대자동차그룹의 녹십자생명 인수에 있어서 동 그룹이 금융 사업을 확대하는 것에 대해서는 제조업과의 시너지를 창출할 수 있는 사업포트폴리오의 강화 및 현대자동차그룹이 중장기적으로 지주회사로의 전환이 원활해질 뿐 아니라 필요에 따라 금융업이 가진 속성상 막강한 정보력과 막대한 금융 자산을 운용한다는 점에 매력을 느끼는 것으로 분석한 기사가 있다("현대차그룹, 금융업 가속화 전망... 왜?", 파이낸셜뉴스, 2011. 10. 21일자 http://www.fnnews.com/view?ra=Sent0601m_View&corp=fnnews&arcid=111021174632&cDateYear=2011&cDateMonth=10&cDateDay=21).

제2절 보험업의 겸업화

I. 서 설

이 절에서는 보험지주회사제도가 왜 주목받고 있는지와 보험업의 타사업 금지와 관련하여 보험지주회사가 활용되어야 할 필요성에 대하여 살펴보고 자 한다.

전통적으로 각국의 보험산업은 대표적으로 규제를 받았고 엄격한 타 업종 겸업금지에 관한 규제도 있었다. 이러한 겸업금지를 회피하기 위한 수단으로 주로 이용된 제도가 바로 지주회사를 활용한 타 업종에 진출이었다. 그리하여 보험지주회사의 문제는 보험회사에 있어 사업의 다각화를 촉진하는 수단으로 서의 측면과 다른 사업회사가 보험사업에 진출하기 위해 보험회사의 지배권 을 획득하는 측면을 모두 가지고 있다. 전자는 보험회사에서 지금까지 제한되 어 왔던 자산운용 내지 이에 대한 일정한 제한(다른 사업금지)의 규제완화의 결과이고, 후자의 경우에는 증권의 취득을 통한 보험회사의 지배권 획득에 따 라 발생한 것이다.[15]

II. 기업의 겸업화 형태

기업이 단독으로 사업을 계속 발전시키기에는 한계가 있지만, 다른 기업의 경영자원을 이용함으로써 보다 전략적인 사업활동이 가능하게 되는 경우가 있다. 즉, 기술력·자금력 등 각 기업별로 보유하는 경영자원이 충분하지 않 은 경우에 다른 기업과의 상호보완에 의해 단일의 기업에서는 곤란했던 사업

---

15) 梅津昭彦, "NAICの保險持株会社機構規制法",「法学政治学研究所紀要(第2号)」, 東北学院大学, 1994. 3, 42頁.

전개가 가능하게 되는 것이다.

금융산업, 에너지 산업 등과 같은 산업에 대한 규제완화가 이루어짐에 따라 상호 다른 경영자원을 보완하여 새로운 사업전개를 하기 위해 성격을 달리하는 업종 간 사업을 공동화하는 예가 많다.

기업의 그룹화는 기존의 복수의 기업 간 사업 공동화를 위해 형성할 수도 있고, 분사(分社)에 의해 기업그룹을 형성하는 경우도 있을 수 있다. 어느 경우에 의하든 기업그룹은 복수의 기업(법인)의 결합에 의해 구성되지만, 그 형태는 자본관계를 매개로 하는 형태와 자본관계를 매개로 하지 않는 형태가 있다.[16]

이하에서는 기업그룹의 형태에 대하여 종류별로 살펴본다. 이와 같은 기업형태는 개별적인 법인격을 갖는 자회사나 복수의 회사로 구성된다. 이는 제5장의 개선방안에서 독립된 개별법인의 집합체인 복합금융그룹에 관하여 관련 법제는 어떻게 대응하여야 하는가에 대한 문제의식의 출발단계이다.

1. 자본관계를 매개로 하지 않는 경우

자본관계를 매개로 하지 않는 기업의 겸업화 형태는 업무제휴 방식과 임원 겸임방식이 있다.

(1) 업무제휴 방식

업무제휴는 기술의 공동개발·이용에 따른 기술면에서의 제휴, 생산시설의 공동이용·원재료의 공동구입 등의 생산 면에서의 제휴, 공동판매·창고 보관시설의 공동이용을 목적으로 하는 판매 면에서의 제휴 형태가 있다.[17] 업무제휴는 당사기업의 조직을 변경하지 않으므로 각 기업의 사업은 그대로

---

16) 土岐敦司·辺見紀男, "企業再編のすべて", 「別冊商事法務(240号)」, 有斐閣, 2001, 63~64頁.

17) 正田彬, "業務提携の実態と法的性格", 「ジュリスト(785号)」, 有斐閣, 1983, 48頁.

존속된다. 여기에는 사업 전체를 대상으로 하는 포괄적인 제휴와 판매·구매·
연구개발과 같은 특정의 기능을 대상으로 하는 제휴가 있다. 또 업무제휴와
더불어 출자 등의 자본제휴가 행해지는 경우도 있다.[18)]

　업무제휴의 장점은 다음과 같다. 첫째, 기업의 독자성을 유지하면서 필요한
분야·사업에만 제휴계약을 체결할 수 있고, 반대로 필요하지 않은 경우는 해
소할 수 있다.[19)] 둘째, 복수의 제휴관계를 형성할 수 있어 많은 기업과 네트워
크를 구축하여 자원이 필요한 경우 상대기업으로부터 지원을 받을 수 있다.[20)]
한편 업무제휴의 단점은 계약내용에 따라서 사업의 공동화가 철저하지 못하
게 되거나, 공동화의 효과가 부족한 점도 있다는 것이다.[21)]

(2) 임원겸임 방식

　임원겸임 방식은 자사(自社)의 임원 또는 종업원을 타사에 파견하는 것이다.
이는 보통 두 회사 간에 자본관계가 있는 경우에 이루어지지만 융자관계와 거
래관계를 배경으로 해서도 가능하다. 이는 파견된 기업에 커다란 영향력을 미
칠 수 있다.[22)]

2. 자본관계를 매개로 하는 경우

　자본관계를 매개로 한 기업겸업 형태는 다음과 같다.

---

18) 土岐敦司·辺見紀男, 위의 글, 68頁.
19) 吉田正一, "業務提携の活用実態と企業競争―独占禁止法の視点から", 「商事法務(1625号)」, 有斐閣, 2002, 37頁.
20) 林昇一·高橋宏幸, 「戦略経営ハンドブック」, 中央経済社, 2003, 138~139頁.
21) 土岐敦司·辺見紀男, 앞의 글, 68頁.
22) 根岸哲·舟田正之, 「独占禁止法概説(第2版)」, 有斐閣, 2003, 140~105頁.

(1) 업태별 자회사방식

이는 기업의 각 업종이 각각의 업무분야는 현행대로 유지하면서 자회사에 의해 다른 업종의 업무를 영위하는 방식이다.[23]

이와 같은 방식의 단점으로는 우선, 기업이 다른 회사를 자회사로 보유하려면 자본 여력이 충분하여야 하는 바, 자본력이 취약한 경우 이를 활용하기 쉽지 않다는 것이다. 특히 보험회사와 같은 금융기관은 그 자산 대부분이 계약자의 것이므로, 이를 활용하여 다른 금융회사를 지배하는 것에 대한 제약이 존재할 수 있다. 또한 각 업무를 담당하는 조직이 자회사 형태로 독립적으로 존재하게 되면 업무범위가 확대되더라도 시너지 효과가 제한될 수 있다. 마지막으로 모회사와 자회사 간에 위험이 전이되거나 이해상충이 발생할 수 있는 것도 단점으로 지적된다.[24]

(2) 공동 자회사설립 방식

공동 자회사설립 방식은 신규 사업분야 진출과 기존사업의 독립 등을 목적으로 공동자회사를 설립하는 것을 말한다.[25] 이는 기업결합 형태의 하나이다. 이와 같은 제도의 특징은 복수의 모회사에 의해 설립되므로 각 모회사에 있어서는 비교적 적은 자금부담으로 사업을 영위할 수 있고, 모회사 간의 합병에 의한 리스크 집중을 회피할 수 있다는 것이다.[26]

(3) 지주회사 방식

지주회사제도는 기업조직 및 기업결합의 법적 수단으로서 최근의 기업구조

---

23) 木下正俊, "金融機関の業態の融合化と法制整備 －金融システム法講義(4)"－, 「広島法科大学院論集 第4号」, 2008, 35頁.

24) 윤성훈 외, 「종합금융서비스를 활용한 보험산업 성장방안」, 보험연구원, 2010. 6, 131면.

25) 本元錦哉, "報告 競争政策から見た共同子会社の問題点", 「ジュリスト(697号)」, 有斐閣, 1979, 46頁.

26) 実方謙治・奥島孝康・河口公典・本間重紀, 「企業結合と法(現代経済法講座(3))」, 三省堂, 1991, 93頁.

조정의 대표적인 수단인데, 그 자체로서 경쟁제한성을 내포하는 것이 아니다. 다만, 과도한 차입과 영세한 자본으로 다단계에 걸쳐 자회사를 지배할 수 있다는 문제점이 있으므로, 독점규제법과 회사법상 일정한 규제의 대상이 된다.27) 지주회사를 활용하는 경우 조직 형태 선택폭의 확대를 가져오고, 산하의 형제회사 간 시너지 효과가 기대된다. 또, 다양화·고도화하는 이용자의 요구에 적합한 대응이 가능하며, 경쟁의 촉진과 경영의 효율화가 기대된다. 또한 지주회사를 통한 합병대체도 가능하게 된다. 반면 지주회사와 자회사의 소수주주보호, 채권자 등의 보호, 금융기관을 자회사로 지배하는 경우 자회사의 건전성확보를 위한 효과적인 감독 시스템을 구축할 필요가 있고, 실효성 있는 폐해방지장치를 강구해야 한다. 그러나 이는 규제를 최소한으로 한다는 관점에서 이해되어야 한다.28)

Ⅲ. 보험회사의 겸업금지와 겸영제한

1. 타사업 겸업금지

(1) 연 혁

보험회사는 보험업법 제11조에 따라 허가받은 보험업 이외의 업무는 영위하지 못한다. 이는 1962년 보험업법 제정당시부터 존재한 규정이다. 그 후 1971년 보험업법 개정에 의해 일정한 경우 즉 재정경제부 장관의 허가를 받아 부수업무를 영위할 수 있게 되었다. 이때 구 보험업법 제9조상 다른 사업 겸영의 제한에 관한 규정이 마련되었다. 또한 2002년 개정 보험업법에서는 겸업업무와 부수업무의 구분계리가 강제되었고, 2003년 개정에서는 금융의 자율

---

27) 정호열, "韓国における持株会社規制の最近の動向", 「경쟁법연구(第14輯)」, 韓國競爭法學會, 2006, 102면.

28) 遠藤美光, "保險持株会社を巡る若干の法的論点の考察", 上智法学論集(第41卷4号), 上智大学法学会, 1998, 106~107頁.

화 물결을 타고 부수업무영위에 대한 금융위원회의 허가제가 폐지되고 겸업 가능한 부수업무의 범위가 확대되었다.

(2) 비교법적 검토

보험업의 다른 사업금지에 관한 규정은 다른 나라의 입법례와 유사하다. 즉, 미국의 뉴욕주 보험법은 감독관의 승인이 있는 경우를 제외하고 다른 사업을 금지하고 있으며, 유럽의 경우에는 EC손해보험 제1차 지침(1973년), 생명보험 제1차 지침(1979)을 제정하여 명문으로 다른 사업금지에 관하여 규정하였다. 이에 따라 독일, 프랑스 등은 보험법에 명문의 다른 사업금지를 규정하였다. 한편 영국은 일찍이 분리계정을 조건으로 다른 사업의 겸업을 인정하고 있었지만, EC 지침에 따라 1981년 보험회사법에 다른 사업의 금지를 규정하였다.[29] 일본도 구 보험업법 제5조상 보험업의 다른 사업금지 규정을 개정 보험업법 제100조가 계승하여 규정하고 있다.[30] 이와 같이 각국에서도 보험회사 자체에서 다른 사업을 겸업하는 것을 금지하고 있지만, 자체의 사정에 따라 자회사 내지 지주회사를 활용하여 다른 사업을 겸업하는 것은 인정하고 있다.

(3) 겸업금지의 근거

보험업에 다른 사업을 금지하는 근본적인 이유는 보험업이 수리적 기초, 즉 수지상등(收支相等)의 원칙에 따라 성립하는 사업임에도 불구하고 보험회사가 다른 업무를 영위함으로써 입은 손실을 전보하기 위해 수입보험료를 사용하면 보험업의 기초가 위태롭게 될 위험이 있고, 결국 보험계약자에게 불이익을 주기 때문이다.[31]

이를 구체적으로 보면 첫째, 보험사업은 보험수리에 기초해서 경영이 행해

---

29) 竹內昭夫, 「保檢業法の在り方(上)」, 有斐閣, 1992, 4頁.

30) 일본의 다른 사업금지 연혁에 대하여는 竹內昭夫, 위의 책, 3~4頁이 상세하다.

31) 竹內昭夫, 앞의 책, 8~12頁.

지고, 감독기관에 의한 실질적 감독이 행해지기 때문에 보험계약자는 보험계약을 체결함에 따른 위험은 크지 않고 예측범위 내에 있다고 볼 수 있다. 이에 비해 보험회사의 다른 사업겸업에 의한 위험은 당해 다른 사업의 불확실한 장래전망에 의존할 뿐이고, 처음부터 그 위험에 대한 개시가 곤란하여 그 예측이 어렵다. 특히 장기의 보험계약의 경우에는 전 보험계약 기간에 구체적으로 어떠한 위험이 발생할 것인지는 예측불가능하다. 더구나 보험계약자는 기업보험을 제외하면 일반소비자이고, 이와 같은 위험을 이해하고 평가해서 보험계약을 체결하기에는 곤란하여 그 보호를 시장원리에 맡길 수는 없다.[32] 이와 같은 위험 관리의 평가와 그 곤란성은 일반소비자가 사업회사의 주식과 사채에 투자하는 경우에도 존재하지만, 주식과 사채의 경우 적어도 시장성이 있는 증권이라면 투자한 기업의 위험이 변하면 시장에서 매각함으로써 그 이상의 위험 악화를 회피할 수 있다. 그러나 보험계약의 경우 보험계약을 중도해약하면 불이익이 있을 수 있으므로 특히 장기계약에서 보험계약자가 위험의 변화에 대응하는 행동을 취하기 어렵다. 게다가 보험은 주식·사채투자와 달리 충분한 위험 평가능력이 없는 일반인들이 계약자이다.

둘째, 보험계약자가 보험회사의 다른 사업겸업에 의한 위험을 이해하고 계약을 체결한 경우라도 사회생활에 있어 최저한의 안전을 보장해주는 보험서비스의 중요성에 비추어 보험회사의 지급불능에 의한 심각한 손해를 보험계약자에게 부담시켜서는 안 된다는 후견적인 배려가 필요하다. 이 점 또한 주식·사채투자와는 다르다.

셋째, 보험회사의 자산운용은 보험계약자를 위한 가장 안전하고 유리하게 운용해야 하는 관점에서 이루어져야 할 것이다. 그러나 보험회사가 다른 사업을 영위하는 경우 예를 들어 분리계정을 엄격히 강제한다 하더라도 겸업하고 있는 다른 사업에 자산을 투입하는 등 이해상충행위가 행해질 위험이 있다.

넷째, 보험료는 보험수리에 기초해서 결정되어야 하고, 다른 사업겸업에 의한 손실이 보험료의 결정에 부정적인 영향을 미쳐서는 안 된다.

---

32) 竹内昭夫, "生命保險と消費者保護", 「ジュリスト(771号)」, 有斐閣, 1982, 135頁.

다섯째, 보험사업의 중요성 및 보험회사가 금융중개기관으로서 다하고 있는 역할의 중대성을 감안하여 보험회사가 다른 사업의 실패로 인한 지급불능에 빠진 경우 보험제도 전체의 신뢰의 동요와 금융·경제 전체에 미치는 악영향을 방지해야 한다.

여섯째, 보험회사에 대해서는 보험계약자보호의 관점에서 보험료, 약관, 재무규제 등 다양한 감독법적 규제가 부과되고 있지만, 이러한 규제를 효율적·실효적으로 실시하기 위해서도 다른 사업을 겸업하지 못하도록 하는 것이 바람직하다.

일곱째, 보험회사는 면허사업으로서 국가의 규제를 받는 대신 진입제한 등에 의해서 보호되고 있는 점도 부정할 수 없고, 보험회사가 다른 사업에 진출하는 것은 진입제한 등의 규제를 받지 않는 기업과의 경쟁조건을 불공평하게 할 가능성이 있으므로 부적당하다.

여덟째, 거대한 자금력을 갖는 보험회사의 경우 이를 이용해서 다른 사업에 진출하는 것은 경쟁상 바람직하지 않다는 점 등이다.[33]

2. 보험업의 겸영제한

(1) 제한내용 및 근거

1) 제한내용

보험업법은 보험회사가 본체 내에서 생명보험업과 손해보험업을 겸영(兼營)하지 못하도록 하고 있다(보험업법 제10조 본문).[34] 이와 같은 보험업의 겸영금지 원칙에 따라 생명보험업을 영위하는 사업자는 손해보험업에 속하는 보험종목인 화재보험, 운송보험, 해상보험, 책임보험, 자동차보험, 보증보험, 재보험, 기술보험, 부동산 권리보험, 도난보험, 유리보험, 동물보험, 원자력보

---

33) 이상 竹內昭夫, 앞의 책, 6~8頁 참조.
34) 이는 1962년 보험업법 제정 시부터 현재까지 유지되고 있는 규정이다.

험, 비용보험 등을 영위할 수 없다. 반대로 손해보험업을 영위하는 회사는 생명보험업에 속하는 보험종목인 생명보험, 연금보험, 퇴직보험 등을 취급할 수 없다. 다만, 예외적으로 생명보험의 재보험 및 제3보험의 재보험,[35] 다른 법령에 따라 겸영할 수 있는 보험종목으로서 대통령령으로 정하는 보험종목,[36] 대통령령으로 정하는 기준에 따라 제3보험의 보험종목에 부가되는 보험[37]은 겸영이 가능하다.

2) 근거

생명보험업과 손해보험업의 겸영금지 원칙 근거는 첫째, 생명보험업과 손해보험업은 담보하는 위험의 성격, 범위, 크기 등이 달라 이를 동일 회사 내에서 겸영하는 것이 바람직하지 않고, 둘째, 생명보험은 비교적 장기상품인 데 비하여 손해보험은 생명보험상품에 비하여 단기 상품을 취급하므로 자산운용 방법 등 차이가 있다. 셋째, 상호 겸영을 허용할 경우 손해보험 사업분야에서 발생한 부실이 생명보험업으로 확대될 수 있고, 이로 인해 발생할 수 있는 손실위험이 특정 보험계약자 집단에서 다른 보험계약자 집단으로 전가될 가능성이 있기 때문이다.[38]

그러나 오늘날에는 통계상 그 차이는 현저하다고 생각되지 않고, 손해보험도 재보험에 의해 위험이 분산되고 있다. 또한 최근 손해보험 종목에서도 장기의 적립형 보험상품이 점하는 비율이 뚜렷이 증가하고 있는 추세를 감안하더라도 위의 논거가 결정적인 이유라고 볼 수는 없다.[39]

---

35) 재보험은 보험회사가 인수한 보험계약상의 보험금지급 기타의 급여책임의 일부 또는 전부를 다시 다른 보험자에 전가하는 보험이다. 재보험은 구분상 손해보험업으로 분류되어 있는 보험종목이나 생명보험의 재보험 및 제3보험의 재보험은 위험의 크기 등이 비교적 안정적이므로 이를 겸영할 수 있도록 허용한 것이다.

36) 이에는 조세특례제한법 제86조의 2의 규정에 의한 보험인 개인연금보험과 근로자퇴직급여보장법 제16조 제2항의 규정에 따른 보험계약 및 동법 부칙 제2조 제1항의 규정에 따른 퇴직보험계약이 해당한다.

37) 이는 손해보험업의 보험종목 전부를 영위하는 손해보험회사가 질병을 원인으로 하는 사망을 제3보험의 특약의 형식으로 담보하는 보험으로서 보험만기가 80세 이하이고, 보험금액의 한도가 개인당 2억 원 이내이면서 만기 시에 지급하는 환급금이 납입보험료 합계액의 범위 내인 보험을 말한다(보험업법 시행령 제15조 제2항).

38) 김선정, "보험업법상 겸영금지원칙에 관한 검토", 「기업법연구(제20권 제4호)」, 한국기업법학회, 2006, 254면; 石田 滿, 「保險業法」, 文眞堂, 2011, 183頁.

39) 石田 滿, 위의 책, 183頁.

(2) 비교법적 검토

뉴욕주 보험법은 생명보험회사가 생명보험, 연금, 상해보험, 건강보험을 제외한 다른 보험종목의 인수를 금지하고(뉴욕주 보험법 §4205) 손해보험회사의 인가 가능한 보험종목으로 상해보험, 질병보험을 포함하고 있지만 생명보험, 연금보험을 인가 대상에서 제외하고 있다(뉴욕주 보험법 §§4101, 4102).

미국에서 겸영금지 원칙은 1835년 뉴욕대화재로 인해 뉴욕주 내 화재보험사업을 영위하던 26사 중 23사가 도산한 사건이 계기가 되어 손해보험에서 발생한 손실이 생명보험회사에까지 영향을 미치는 것을 방지하기 위한 목적에서 규정되었다. 그 후 시카고와 메사추세츠주의 대화재가 발생하자 1871년에 NAIC(National Association of Insurance Commissioners)의 전신인 NCIC(National Convention of Insurance Commissioners)가 모델법으로 생·손보 겸영금지를 권고하게 되고 각 주에까지 겸영금지가 확대되었다. 그러나 손해보험회사는 잉여금의 일정한도까지 생명보험회사의 주식을 취득할 수 있고(뉴욕주 보험법 §§1601~1602), 손해보험회사에 의한 생명보험회사의 지배라고 하는 판매의 다각화, 보험지주회사에 의한 생명보험회사와 손해보험회사의 그룹화가 일찍부터 진전되었다.[40)

영국에서는 동일회사에 의한 생·손보 겸영을 금지하지 않았지만, EC생명보험 제1지침[41)에 따라 기존의 생·손보 겸영회사를 제외하고 겸영을 금지했다.[42)

독일 보험감독법은 생명보험사업과 비생명보험사업을 겸영하는 것을 명문으로 금지하고, 질병보험의 영업허가와 다른 종목의 보험에 대한 영업허가가 동시에 부여될 수 있는지 여부를 감독청의 결정으로 위임하고 있다. 감독청의 실무는 종래, 손해보험과 질병보험의 겸영, 생명보험과 질병보험의 겸영, 질병

---

40) 宮脇泰, "アメリカにおける生損保兼営(オールラインズ)化傾向について－1950－1960年代の生成発展期を中心に－", 「生保経営(40巻4号)」, 生命保険経営学会, 1972, 554頁이하.

41) EC생명보험 제1지침은 생명보험회사가 손해보험회사를 겸영하는 것을 금지했지만, 기존의 겸영회사가 경영을 계속할 수 있음을 인정했다.

42) 1981년 보험회사법에 의해 겸영금지원칙을 도입하고 이것이 영국보험회사법(1982)에 계수되었다(Insurance Companies Act 1982, p.6).

보험과 재해보험의 겸영 등을 각각 금지하였다.[43] 이와 같은 겸영금지 원칙은 생명보험회사가 비생명보험사업의 사업위험을 부담하는 것을 방지함에 그 목적을 두고 있다. 또 독일에서도 EC생보 제1지침을 수용하였다.[44] 무엇보다도 독일에서는 오래전부터 보험콘체른이 형성되었기 때문에 자회사 등을 통해 실질적으로 겸영에 가까운 경영이 가능했다.

일본의 경우 구보험업법이 생·손보 겸영을 금지하고 있었고(구보험업법 제7조), 현행 보험업법 제3조 제3항에 의해 생명보험업 면허와 손해보험업 면허는 동일한 자에 의한 취득이 불가능하다. 따라서 생·손보겸영금지를 유지하고 있다고 볼 수 있다.[45]

일본에서는 금융시스템의 개혁을 위한 관계 법률의 정비 등에 관한 법률 제22조를 기초로 보험업법의 일부를 개정하여(1998년 6월 15일 법률 제107호) 자회사에 관한 규정이 정비되었다. 이는 금융시장의 발전과 이용자 요구의 다양화를 배경으로 상해·질병·개호보험분야의 인보험과 연금보험분야에서 생·손보가 유사한 상품을 개발하고 취급하게 됨에 따라 양 보험업의 경쟁촉진을 통한 사업의 효율화와 이용자의 요구에 적절히 대응하기 위한 관점에서 생·손보 겸영이 필요하다는 인식 때문이다.[46] 1998년 6월 15일 법률 제107호 개정 전 보험업법에서는 자회사 방식에 의한 생·손보 상호진입에 관한 규정이 중심이었지만, 상기 개정 보험업법은 주로 보험회사와 타 업종의 금융기관 간의 진입면에서 관련 규정을 정비하고 자회사의 범위를 확대하고 있다.[47]

3. 보험지주회사를 활용한 겸업화

이상과 같이 각국에서는 보험회사가 본체 내에서 생명보험회사와 손해보험

---

43) Erich R. Prölss/Reimer Schmidt/Peter Frey, Versicherungsaufsichtsgesetz, C.H. Beck, 10 Aufl., 1995, § 8 Anm., S. 38ff.
44) 山下友信, "西ドイツ保険監督法の展開", 「神戸法学雑誌(36卷4号)」, 神戸大学大学院法学研究科, 1987, 653頁 및 663頁 참조.
45) 石田満, 앞의 책, 183頁.
46) 安居孝啓, 앞의 책, 329頁.
47) 石田満, 앞의 책, 183~184頁.

회사를 겸영하는 것을 엄격히 금지하고 있지만, 자회사 방식 및 지주회사 방식을 통한 겸영은 허용하고 있다. 보험회사의 겸영을 엄격히 규제하자 이를 회피하기 위한 행동으로 나타난 예가 지주회사의 설립 및 자회사를 통한 방식으로 겸영업무를 영위하는 것이다. 금융업과 관련하여 강화되는 공적규제는 반드시 규제회피를 위한 행동으로 나타나 규제목적을 달성할 수 없게 되는 결과가 발생한다.[48] 이는 각국이 지주회사와 같은 경제적 실체가 출현하게 되자 입법적으로 대응하고자 한 점을 통해서도 명확해진다.[49]

보험업의 대외경쟁력 제고 측면에서 우리나라는 보험업의 겸영제한을 엄격히 금지하고 있고, 2003년 보험업법 개정으로 자회사를 통한 겸영을 허용하고 있다. 보험업법상 보험회사 본체 내 겸영에 대해서는 엄격히 규제하더라도 법인격을 달리하는 자회사를 통한 겸영을 허용하고 있는 것이다(보험업법 제115조). 그런데 금융지주회사법에 의하면 손해보험업의 전 종목을 영위하는 보험지주회사의 자회사는 생명보험업의 전 종목을 영위하는 회사를 지배할 수 없도록 하고 있고, 그 반대의 경우도 동일하게 규정하고 있다(금융지주회사법 제25조 제1항 제3호). 이를 문리해석하게 되면 기존의 손해보험업을 영위하는 회사가 금융위원회의 승인을 받아 자회사를 통해 생명보험업을 겸영(소유)하고 있는 경우 자신이 지주회사가 되면 별문제가 없으나, 2010년 독점규제 및 공정거래에 관한 법률(이하 독점규제법) 개정안 상 일반사업회사가 지주회사가 되고 손해보험업을 영위하는 회사가 자회사가 되는 경우에는 생명보험자회사의 주식을 처분하여야 하는 결과가 발생한다. 자회사 소유와 관련하여 기존의 보험업법상 인정되던 겸영이 가능한 업무의 범위가 지주회사체제로 전환하게 되면 오히려 축소되는 문제가 발생할 수 있다고 본다.

---

48) 三谷明彦, "Too big to fail 問題と金融規制", 「みずほ総研論集(2010年 II 号)」, みずほ総合研究所, 2010, 52頁.

49) 최근 우리나라 보험업의 해외시장개척이 부족하다는 인식 아래 동남아시아의 주요국을 대상으로 해외진출 하는 사례가 늘어나고 있다. 동남아시아의 주요국가들 중 인도, 인도네시아, 태국 등은 잠재적 시장으로서 가치가 있을 것으로 분석한 연구결과도 있다. 해외의 주요보험그룹들은 동남아시아 주요 각국의 회사와 합작회사 형태로 이미 진출해 있는 상황이다. 특히 인도의 경우 지주회사를 활용한 생명보험과 손해보험을 경영할 수 있도록 하여 보험업의 겸영을 유도하고 있다고 볼 수 있다(조용운·변혜원·이승준·김경환·오병국, 「아세안 주요국의 보험시장 규제제도 연구」, 보험연구원 조사보고서, 2011. 11. 34~58면 및 66면).

제3절 보험지주회사

Ⅰ. 보험지주회사의 의의

1. 보험지주회사의 개념

(1) 지주회사의 정의

지주회사란 일반적으로 다른 회사의 주식이나 지분을 보유함으로써 그 회사를 지배·관리하는 것을 주된 사업으로 하는 회사를 말한다.[50]

우리나라 독점규제 및 공정거래에 관한 법률(이하 '독점규제법')과 시행령은 지주회사를 주식소유를 통하여 자회사의 사업내용을 지배하는 것을 주된 사업으로[51] 하는 회사로서 직전 사업연도 종료일 현재 대차대조표상 자산총액이 1,000억 원 이상인 회사라고 규정하고 있다(독점규제법 제2조 1의2호, 시행령 제2조 제1항, 제2항).[52]

---

50) 이기수, 「경제법(전정판)」, 세창출판사, 1999, 117면; 권오승, 「경제법(제9판)」, 법문사, 2011, 215면; 이남기, 「경제법(제2개정판)」, 박영사, 2000, 142면.

51) 여기서 주된 사업의 기준은 회사가 소유하고 있는 자회사의 주식(지분포함)가액의 합계액이 해당 회사 자산총액의 100분의 50 이상인 것으로 한다(독점규제법 시행령 제2조 제2항).

52) 지주회사에 대해서는 다음과 같은 견해들이 주장되었다. 즉, 주식소유에 의해 회사를 지배하는 회사가 지주회사이지만, 그 본질에 대해서는 증권대위설이 전통적으로 주장되었다. 증권대위(Effektensubstitution)에서 지주회사의 본질을 구하는 견해는 리프만 교수가 대표적이다. 증권대위란 하나의 회사가 주식 또는 사채의 형태로 자기의 증권을 발행하고, 대중의 투자가로부터 자금을 모집하고 이에 따라 취득한 자금을 다른 회사가 발행하는 증권을 취득하는 데 이용하는 것을 말한다. 이 증권대위를 유일한 목적으로 하는 회사를 자본참가회사(Beteligungsgesellschaft)라고 한다. 그리고 이 자본참가회사는 투자(신탁)회사(Kapitalanlagegesellschaft), 증권인수회사(Effektenübernahmegesellschaft), 지배회사(Kontrollgesellschaft)의 세 종류로 분류된다고 한다(R. Liefmann, Beteiligungs und Finanzierungsgesellschaften: eine Studie über den Effektenkapitalismus, 1931, S. 104f.; 相沢幸悅, 앞의 책, 166頁). 이와 같은 자본참가 회사들에 대하여 리프만 교수는 미국과 영국에서 활용되는 지주회사의 개념에 해당한다는 견해를 밝혔다. 결론적으로 일종의 증권대위회사를 지주회사라 칭하고, 지배회사는 특히 지배지주회사(Controling holding company)라고 칭하였다(Liefmann, S. 105).
한편 지주회사의 본질적 특징으로 지배를 인정하는 견해에 의하면 주식을 보유하더라도 특정회사에 대한 지분이 그 회사의 의사결정에 현저히 영향을 미칠 수 없는 경우에는 지주회사의 범주에서 제외한다. 따라서 재산관리나 투자목적으로 주식을 보유하는 은행, 금융기관, 투자신탁회사 등이 제외되어야 한다는 견해이다(James. Cummings. Bonbright/

(2) 지주회사의 유형

지주회사는 사업활동 영위 여부에 따라 순수지주회사와 사업지주회사로 나
뉘고, 자회사 업종군에 따라 일반지주회사와 금융지주회사로 구분된다.

순수지주회사는 사업활동을 영위하지 않고 다른 회사의 주식을 소유하여
그 회사를 지배하는 것을 유일한 목적으로 하는 회사이고, 사업지주회사는 직
접 어떠한 사업활동을 영위하면서 다른 회사를 지배하기 위하여 주식을 소유
하는 회사이다.

우리나라 독점규제법은 지주회사를 금융지주회사와 일반지주회사로 구분
하고, 금융지주회사에 대해서는 순수지주회사만을 허용하며, 일반지주회사에
대해서는 사업지주회사와 순수지주회사 모두를 허용한다(금융지주회사법 제
15조, 독점규제법 제2조 제1의2호).

이러한 구분에 의하면 금융지주회사는 은행업이나 보험업을 영위하는 자회
사의 주식을 소유하는 지주회사이고, 일반지주회사는 은행업이나 보험업, 금
융투자업 외의 일반제조업을 영위하는 자회사의 주식을 소유하는 지주회사이
다. 이와 같은 분류에 따르면 보험업을 영위하는 회사를 주식의 소유를 통해
지배하는 보험지주회사는 금융지주회사의 일종으로 된다.

(3) 보험지주회사의 정의 및 조직구조

1) 보험지주회사의 정의

보험지주회사란 손해·생명·제3보험회사를 포함하여 하나 이상의 금융기
관을 지배하는 비은행지주회사를 말한다(금융지주회사법 제2조 제1항 6의3
호). 보험지주회사의 형태는 보험지주회사를 포함한 금융지주회사에 대해 금

Gardiner. Coit. Means, *The Holding Company*, New York: A.M. Kelley, 1932, p.10). 이와 같은 제 견해는 증권대위
를 지주회사의 지표로 할 것인지 그렇지 않을 것인지가 지주회사의 본질규정에 있어서 상당히 중요한 논점이 되면서
제시되기 시작하였다. 다만 지주회사의 특징으로 거론하는 학자들 간에 명확히 합의된 것은 아니지만 지주회사를 다른
회사에 대한 지배력을 실질적으로 발휘하는 회사로 이해하는 것은 가능하다고 본다.

융지주회사법 제15조에서 순수지주회사만 허용하고 있다. 이러한 입법례는 지주회사 체제가 발달한 미국 유럽 등 선진국과 같이 순수지주회사나 사업지주회사와 같은 구분을[53] 기업경영의 선택방법에 불과한 것으로 인정하는 입법례와 대비된다.[54]

2) 보험지주회사의 조직구조에 따른 분류

보험지주회사는 조직구조에 따라 분사형·구조조정형·중간지주회사형으로 분류할 수 있다.[55] 첫째, 분사형 보험지주회사란 독자적인 영업활동은 전혀 하지 않으면서 지주회사와 소속 자회사들의 경영에 대한 전반적인 기획과 관리업무를 수행하는 형태의 지주회사 구조를 말한다.[56] 둘째, 구조조정형 보험지주회사는 합병에 따른 조직문화 충돌이나 조직융합의 어려움을 극복하고 결합되는 회사의 자율성을 충분히 수용하면서도 전략적으로 합병의 목적을 달성하기 위한 합병준비단계의 지주회사이다. 셋째, 중간보험지주회사는 사업지주회사가 자회사로 순수지주회사를 설립한 후 이를 통하여 다각화된 자회사를 지배하는 보험지주회사이다.[57] 조직구조에 따른 지주회사의 분류에 의하면 우리나라 금융지주회사의 대부분이 구조조정형의 조직구조이므로 보험지주회사도 구조조정형 지주회사가 될 가능성이 크다.

---

53) 이재형, 「지주회사의 본질과 정책과제」, 한국개발연구원, 2000, 49면 참조.

54) 다만 기업의 사정이나 해당 사업의 법적 규제 등을 피하기 위해 순수지주회사가 설립되는 경우가 대부분이다(안철경·이상우, 「보험지주회사제도 도입 및 활용방안」, 보험개발원 보험연구소, 2006, 34면).

55) 최도성, "지주회사제도의 운영과 효율화 방안", 「상장협(제43호)」, 2001. 3, 58면.

56) 이러한 형태의 보험지주회사는 타사의 지배보다는 다각화되고 분사화된 자회사의 사업부문을 효율적으로 관리하기 위하여 설립 또는 전환되는 것이 일반적이다.

57) 중간보험지주회사는 타 업종 진출을 효율적으로 수행하고 의사결정을 신속하게 하는데 필요한 조직구조이며, 모·자회사 간의 독립채산을 명확히 하고, 신규사업의 위험을 분산하거나 한 사업부문에 국한시키는 효과를 갖는다.

2. 보험지주회사의 장·단점

(1) 장 점

1) 경쟁력의 제고

국내 보험시장의 성숙도는 수입보험료 기준으로 세계7위, 국민 1인당 보험료 기준으로 세계 22위이고, 보험소비자의 의식제고 등은 선진국 수준에 근접해 있다.[58]

그러나 국내 보험산업은 칸막이식 영업규제와 대형화·종합화의 유인이 없어서 보험시장 규모에 걸맞은 글로벌 경쟁력을 갖춘 보험회사가 출현하지 못하고 있는 실정이다. 반면에 선진국 주요 보험사는 자회사의 독립성을 강화하여 본사 기능이 슬림화되어 비용절감 효과를 누리면서 다양한 금융업을 복합적으로 영위하여 종합금융그룹의 시너지를 극대화하는 한편,[59] 지속적인 글로벌 M&A를 통해 외형성장 전략을 추진해왔다. 이에 따라, 세계시장 점유율 1%를 초과하는 12개 글로벌 보험사의 세계시장 점유율은 1998년 19.8%에서 2004년 28.2%로 급성장하여 격차가 심화되고 있다. 우리나라 보험산업은 과도한 업무규제로 인해 금융겸업화에 대한 대응 능력이 취약하고, 규모·수익성 측면에서 은행·증권산업에 비해 금융시장에서의 역할이 제한적이다.[60] 이런 현실에서 보험산업이 특화된 경쟁력을 확보하지 못할 경우, 장기적인 성장잠재력이 둔화될 우려가 있다.

이와 같은 문제점을 해결하고 국내 보험산업의 경쟁력 확보를 위해서는 복

---

58) 특히 우리나라의 보험산업은 OECD의 가입과 IMF의 구제금융의 조건으로 인해 보험시장의 개방과 보험가격의 자유화가 이루어진 이후 국내보험시장의 경쟁도 더욱 심화되었다(장경환, "보험사기에 관한 상법개정안의 개관-제655조의 2와 제657조의 2를 중심으로-" 「법조(613호)」, 법조협회, 2007. 10, 55면).

59) 생명보험사와 손해보험사를 별도의 자회사로 소유하여 수익구조를 다각화하면서도 생·손보 위험을 효율적으로 관리한다. 그룹 자산운용을 총괄하는 자산운용사를 자회사로 소유하여 그룹 자산운용 효율성을 극대화하고, 자산 운용사는 막대한 규모의 자산을 기반으로 경쟁력을 확보하고 있다. 또한 판매전문 회사, 위험관리 자회사는 보험업 영위에 필요한 부수업무를 수행하여 비용 절감 효과를 보고 있다.

60) 보험산업은 광범위한 지점망을 통한 안정적 자산 유입 수단을 확보하고 있는 은행업에 비해 자산·규모면에서 경쟁력이 미흡하다. 증권업과 비교하여도 보험산업은 다양한 자산운용 수단 및 능력을 보유하고 있는 증권산업에 비해 자산운용 효율성·수익성이 미흡하다.

합금융그룹화가 가능한 형태인 지주회사제도를 고려하게 된다. 또한 2009년 「자본시장과 금융투자업에 관한 법률」(이하 "자본시장법")의 시행과 더불어 금융산업의 환경이 크게 변화하여 국내 금융기관간 경쟁이 치열하게 전개되고 있는 실정이다. 이러한 금융환경변화에 보험산업이 대처하기 위한 방안으로서 지주회사제도가 보험산업의 대형화·겸업화에 기여할 것으로 본다.[61] 현재 보험회사에 대해서는 자산운용업 및 신탁업 겸영이 허용되어 있으나 투자자문업, 투자일임업의 겸영이 허용되어 있지 않아 자산관리서비스제공에 한계가 있으며 투자기술 및 판매망에서 취약한 보험사의 역량을 강화하기 위해서는 고객정보의 확보와 새로운 수익원 확보차원에서, 카드, 유동화자산관리업무를 겸영하고, 타 금융업의 업무를 대행하는 방향을 추진하는데 있어 지주회사가 선택가능한 방식이 된다.[62] 보험지주회사를 활용한 경쟁력 제고를 의사결정 과정의 측면, 경영의 효율성측면, 회계 측면 등으로 나누어서 검토한다.

(가) 의사결정 과정의 측면

지주회사 체제는 지주회사의 경영자로 하여금 그룹 전체의 관점에서 거시적이고 탄력적인 경영전략을 결정하게 하고, 각 자회사는 그 사업부문에 정통한 전문경영자가 일상적인 경영을 전담하게 하는 경영분리를 통하여 자원에 대한 효율적 배분을 기하고자 하는 데 그 목적을 두고 있다. 이러한 경영분리에 기초한 역할분담이 순조롭게 기능할 경우에는 지주회사체제의 도입취지가 달성된다.

지주회사는 그룹 전체의 전략목표의 설정 및 이에 따른 지주회사와 자회사 임직원의 직무책정, 전략목표에 따른 그룹 내 인재 및 자금투입의 계획 수립, 그룹 전체와 각 자회사 사이의 지분소유의 조정, 각 자회사의 자율경영의 범위 및 자회사 간 상품과 시장관계에 대한 조정, 자회사 임원 등 주요인사의 결정, 자회사의 매출액 등 목표의 설정 및 평가, 기타 자회사의 업무 원활화를

---

61) 자본시장법의 시행에 따라 지주회사를 활용한 업무재편이 많을 것으로 예상하고 대형보험사도 복합금융그룹화가 필요하다는 견해로는 오영수, "자본시장통합법 이후 보험산업의 진로", 보험개발원 CEO Report, 2007. 7, 7면.

62) 김선정, "보험지주회사제도 도입에 관한 검토", 「월간생명보험」, 생명보험협회, 2007, 23면.

위한 서비스업무의 제공 등을 수행한다.[63] 이러한 지주회사의 역할은 지주회사체제에서 지주회사 경영자가 분담해야 할 전략적 경영의 주요 내용이다.

지주회사체제가 위와 같은 기능을 다하기 위해서는 자회사는 지주회사로부터 지나치게 독립적이어서도 지나치게 종속적이어서도 안된다.[64] 자회사 고유의 사업부문에 관한 일상적 의사결정에 있어서는 자회사의 지주회사에 대한 독립성이 강조될 필요가 있겠지만, 그 독립성이 위에서 본 지주회사의 역할분야, 즉 지주회사 그룹과 그 소속 회사들의 중장기적 전략을 수립하고 그 각 사업부문에 대한 자원배분에 관해서까지 미친다면 실제로 지주회사 체계를 도입할 아무런 실익을 가지지 못하게 될 것이기 때문이다. 이와 같이 지주회사가 그 순기능과 역할을 다하게 하기 위해서는 적어도 지주회사그룹의 전략적 경영과 관련하여 요구되는 분야에 관하여는 지주회사가 구체적으로 자회사를 지배하여 그 전략적 의사결정을 자회사에 관철할 수 있는 수단이 필요하다.[65] 특히 보험지주회사의 경우 그룹 전체의 이익과 자회사의 이익이 상충한다거나, 그룹 내 다른 회사 간 이해가 상충하는 경우가 있을 수 있다. 이를 그룹 전체적인 관점에서 파악하여 전략적으로 조정하기 위해서는 그룹 전체에 대한 실효성 있는 내부통제기준의 확립이 필요하다.

(나) 경영 효율성의 측면

지주회사를 활용하여 보험업의 겸업화를 추진하는 경우 경영과 사업 각각에 전념할 수 있는 체제가 구축되어 지주회사의 역할과 자회사의 역할이 분담된다. 그리하여 지주회사의 경영자는 각 사업의 일상적인 경영판단에서 벗어나 보다 대담하고 중장기적인 관점에서 전략적 의사결정을 신속하게 내릴 수 있다. 그리고 모든 사업부문을 공평하게 다루게 되어 기업그룹 내에서의 효율적인 경영자원의 배분이 가능하다. 또한 지주회사는 이익의 원천을 자회사로부터의 배당에 의존하게 되므로 자기자본수익률(ROE) 등의 객관적 지표에 의

---

63) 한상범・김문현・김란영・이은정, 「종합금융서비스의 시대: 금융지주회사」, 한국증권연구원, 2001, 5면 이하.
64) 김현태・김학훈, "자회사에 대한 실효적 지배를 위한 법적 수단", 「지주회사와 법」, 도서출판 소화, 2005, 321면.
65) 김현태・김학훈, 앞의 글, 321~322면.

하여 자회사에 대하여 높은 투자수익을 요구하게 되어 자회사의 경영효율화를 촉진하고, 그룹 전체로서의 효율 향상이 기대된다.[66]

한편, 자회사는 각 사업부문의 권한수임으로 경영책임이 명확해지고 그 평가도 자기자본수익률(ROE) 등의 객관적 지표에 의하여 공정하게 이루어지므로 각 사업부문의 활성화가 기대된다. 나아가 각 사업부문마다 당해 분야에 정통한 경영자에 의한 합리적 경영이 가능해진다. 또한 각 사업부문이 독립된 기업으로 구성됨에 따라 다른 사업부문과 무조건 평등하게 취급될 필요가 없어지므로 유연한 경영이 가능해진다.[67] 또 임직원의 겸직이 가능하므로 보험지주회사의 임직원은 당해 보험지주회사의 자회사 등의 임직원으로 될 수 있다(금융지주회사법 제39조 제2항). 또한 보험지주회사의 자회사 등의 임직원은 금융기관 또는 금융업의 영위와 밀접한 관련이 있는 회사에 한하여 다른 자회사 등의 임직원으로도 될 수 있다(동조 제3항).

보험업법에서는 원칙적으로 임원겸직을 금지하고 있는 점에 비하여 이와 같이 보험지주회사는 유연성을 갖는다.[68] 이러한 임원겸직 등이 가능하면 다양한 운영업무를 지주회사 차원에서 통합하여 비용을 절감할 수 있고 금융회사로서 가장 중요하다고 할 수 있는 위험관리(risk management)를 그룹 전체적으로 통합하여 관리할 수 있는 강점을 발휘할 수 있다.[69]

(다) 회계의 측면

보험지주회사의 손익구조로 예상되는 것은 첫째, 수익 면에서 주된 재원은 산하 자회사의 사업 수행 결과에 따른 배당수입금과 각종 서비스 제공에 대한 대가수입이다. 후자에는 채무보증에 대한 보증료, 정보제공에 대한 대가, 경영지도에 대한 대가, 소유부동산 등의 임대료가 포함된다. 게다가 지주회사 자체의 유지 및 지주회사가 행하는 그룹 전체 내지 자회사의 관리를 위한 비용

---

66) 이동원, 「지주회사(삼정판)」, 세창출판사, 2001, 179면.
67) 이동원, 앞의 책, 179~180면.
68) 민세진, 앞의 글, 50면.
69) 민세진, 앞의 글, 50면.

부담수입도 포함된다. 둘째, 비용 면에서는 서비스제공(정보제공, 경영지도 등)에 필요한 비용, 지주회사유지를 위해 필요한 비용, 그룹 내지 자회사 유지 관리에 필요한 비용이 발생한다. 지주회사 수입의 대부분이 수입배당금인 경우 세무 면에서는 익금불산입 제도에 의해 법인세의 부담도 크지 않다.[70] 법인세법 제18조의 2에 의하면 보험지주회사를 포함하여 독점규제법상 지주회사는 자회사로부터 받은 이익배당이나 잉여금의 분배액에 대해 상당 부분 익금불산입, 즉 해당 배당액 등을 이익금으로 간주되지 않아 과세대상에서 제외된다.[71] 이에 반해 법률상 지주회사가 아닌 일반 내국 법인이 다른 회사의 지분을 갖고 있는 경우에는 익금불산입의 정도가 훨씬 작다.[72] 우리나라의 경우 배당에 대한 관심이 그다지 크지 않아 세제상의 이점이 크게 부각되지 않았으나, 외국인 주주의 비중이나 영향력이 증가하면서 배당에 대한 압력도 같이 높아지고 있음을 고려할 필요가 있다.[73] 따라서 지주회사와 관련한 세제상의 이점을 활용할 필요성이 크게 부각될 것이다. 또한 법인세제가 기업소유구조에 미치는 영향이 큰 점을 감안하면 우리나라에서도 선진국에서 인정되는 연결납세[74]의 도입논의가 지속적으로 증가할 것이다.[75]

선진국의 경우 지주회사제도를 이용하는 가장 중요한 이유 중의 하나가 조세문제이다. 지주회사제도를 이용하는 경우가 그렇지 않은 경우에 비해 조세 부담이 줄어들 가능성이 많기 때문이다. 지주회사 설립 이후의 과세 문제에는

---

70) 發知敏雄・大谷隼夫・箱田順哉, 「持株会社の実務(第5版)」, 東洋経済新報社, 2007, 190～191頁.

71) 이에 대한 구체적인 비율은 지주회사가 갖는 자회사의 지분이 80%(자회사가 주권상장법인이나 코스닥 상장법인인 경우는 40%)를 초과하는 경우는 수입배당금액전액이 지주회사의 익금에 산입되지 않고, 그 이하인 경우에는 수입배당금액의 80%에 해당하는 금액이 익금불산입된다.

72) 지주회사가 아닌 회사가 다른 회사에 전액 출자한 경우(완전자회사)에는 수입배당금 전액이 면세가 되지만, 완전자회사가 아닌 회사에 대해서는 수입배당금의 최대 50%를(주권상장법인이나 코스닥상장법인인 경우 30%) 초과하되 100% 미달하여 보유한 경우 수입배당금의 50%를, 그 이하의 지분인 경우 수입배당금의 30%를 과세대상 금액에서 제외하고 있다.

73) 민세진, 앞의 글, 49～50면.

74) 연결납세제도란 모회사・자회사에 의해 구성되는 기업그룹(기업집단)을 하나의 실체로 파악하고 그룹 전체의 손익을 통산하여 과세하는 제도이다. 즉 이는 관련된 복수의 법인을 하나의 과세단위로 보아 해당 각 법인의 손익을 통산하는 기업집단 과세제도(기업집단세제)이다. 이 연결납세제도는 개개의 법인격을 하나의 과세단위로 받아들이는 법인세법의 전제에서 경제적인 실체와 일체성을 중시하는 과세로의 변화라는 점에 의의가 있다. 이를 도입하고 있는 나라는 미국, 영국, 독일, 프랑스, 호주, 네덜란드 등이다. 다만, 그 도입 형태는 각각 다르다(김동환, "금융지주회사 설립방안(Ⅲ) —연결납세제도의 도입—", 은행경영 브리프, 주간금융동향, 2000, 17면 참조).

75) 민세진, 앞의 글, 50면.

여러 가지가 있지만, 그중에서도 특히 모회사가 자회사로부터 수취한 배당소득에 대한 이중과세 문제와 연결납세를 허용할 것인가가 중요하다. 우리나라에서는 모회사의 배당수입에 대해서는 익금불산입제도에 의해 이중과세의 문제를 해결하고 있으나, 대규모 기업집단에 대한 주요 정책으로 지주회사제도를 활용하고자 하는 경우 연결납세제도의 장점이 크게 부각될 것이다.

2) 규모의 경제실현

보험지주회사는 규모의 경제를 통하여 경영효율성을 증대시킬 수 있다. 보험지주회사는 기업결합의 한 형태이다. 따라서 대형화, 시너지 효과 제고 등 효율성을 증대할 수 있다는 장점을 갖는다. 이와 같은 이유로 미국에서의 보험지주회사가 탄생하게 되었다. 즉, 보험업의 사업다각화 측면에서 지주회사 제도를 적극 활용한 것이었다. 이리하여 보험회사는 다른 사업을 겸업하고, 동종 업종에 대한 M&A 등을 시도하여 규모의 경제 효과를 누려왔다. 이러한 규모의 경제를 통하여 달성할 수 있는 효율성의 원천은 비용의 감소이다. 비용의 감소는 영업의 효율성(operating-efficiency)의 제고를 통하여 달성된다. 영업 효율성의 제고는 지주회사 내에서의 대형 보험회사와 중소 보험회사의 결합, 상이한 지역을 관할하는 보험회사 간의 결합 등을 통하여 규모의 경제를 획득함으로써 이루어질 수 있다. 또한 보험지주회사를 설립함으로써 다른 수요자층을 가지고 있는 보험회사들을 지주회사 내에 통합함으로써 시장 점유율을 높일 수 있다. 나아가 보험지주회사를 활용한 이러한 규모의 경제는 주식시장에서도 장점을 발휘할 수 있다. 즉, 일반적으로 규모의 경제를 달성함으로써 자회사의 부채에 대한 이자율이 낮아지고, 반대로 대출 이자는 올라가는 등의 대외적인 신용도 상승에 따른 비용 절감 효과를 기대할 수 있다. 또한 지주회사의 명성으로 자회사의 가치를 높일 수 있게 된다.[76]

보험, 은행, 금융투자회사가 각각 독자의 금융상품을 단독으로 공급하는 것보다 하나의 금융기관에서 다른 업종의 금융상품도 동시에 공급하면 큰 수익

---

76) 신태호, "금융지주회사 정착을 위한 규제 개선 방안", 「산업연구(제15집)」, 경기대학교한국산업경제연구소, 2002, 236면.

이 기대된다. 타 업종의 금융상품의 판매처를 하나로 해서 판매하는 원스톱쇼
핑을 실현한다면 규모의 경제효과가 나타날 것이다.[77] 그리고 보험지주회사
는 자회사를 통한 신규사업 진출을 용이하게 할 수 있다. 보험회사의 경우 지
주회사를 활용하여 다른 사업을 겸업할 수 있기 때문이다.[78]

3) 기업조직재편 수단

현재 우리나라 대기업집단 소속으로서 기업집단 내 핵심금융기관의 지위에
있는 보험회사를 중심으로 한 복잡한 순환출자구조가 투명한 수직적 출자구
조로 이행되는 데 유력한 수단으로 지주회사가 거론되고 있다.

우리나라의 주요 보험회사 사정상 지주회사 체제를 통하여 업무범위를 확
대하면 금산분리 관련 제한도 완화할 수 있다. 특히 산업자본과 금융자본을
동시에 소유하고 있는 대규모 기업집단이 산업자본과의 관계를 청산하고 금
융산업에만 특화하도록 다양한 유인이 제공되고 있다는 점을 적극 활용할 필
요가 있다. 다만 국내의 주요 보험회사가 지주회사 체계를 구축하는 데 상당
한 자금이 소요될 것으로 예상되는 만큼, 자본확충 및 소유와 경영의 분리에
대한 부담은 여전히 존재할 것으로 생각된다. 또한 지주회사 산하 회사들의
법적 독립성이 확보되더라도 어느 한 회사가 부실화될 때 그 영향이 다른 회
사에 전이될 가능성은 여전하므로 제도적인 차원에서 방화벽(fire wall)을 마련
하여 위험의 연쇄파급을 차단하고 업무범위 확대에 따른 감독체제의 개선은
마련되어야 할 것이다.[79]

4) 법인격 분리에 따른 장점 실현

최근 우리나라는 미국, 일본과 같이 금융환경의 변화에 따라 지주회사 형태
와 모·자회사 형태에 의한 보험업의 겸업화를 인정하고 있지만, 보험업 자체

---

77) 小藤康夫,"金融コングロマリット化と保険会社−保険会社は金融コングロマリット化のなかで融化できるか−", 「金
    融のコングロマリット化等に対応した金融制度の整備(金融調査研究会報告書(36))」, 金融調査研究会, 2006. 7, 46頁.
78) 신태호, 위의 글, 237면 참조.
79) 윤성훈 외, 앞의 보고서, 132면.

에서, 은행업, 증권업의 겸영을 인정하지 않고 있다. 그러나 보험업의 다른 업종에 대한 겸업화는 지주회사 또는 자회사를 통하여 가능하다. 선진국의 보험그룹이 지주회사제도를 채택하고 있는 이유로는 모·자회사관계 보다도 경영의 효율성이 제고되고, 통합 시 마찰효과의 최소화 등 구조조정의 용이, 영업활동 시너지 제고, 원스톱서비스 등 소비자 효용증대가 진전된다는 점 때문이다. 사업주체를 나누는 방식으로서 법인격을 분리하는 근거로는 대체로 그룹전체에 대한 위험의 차단, 이해상충의 방지, 안전망의 누출방지와 규제·감독상의 비용억제라고 하는 감독정책상의 관점 등이 제기되고 있다. 이와 같은내용을 이하에서 상술한다.

(가) 그룹 전체에 대한 위험의 차단

지주회사 중심의 보험업 겸업화의 장점은 법인격이 분리됨에 따라 주주 유한책임원칙(상법 제303조)에 의해 법인격부인의 법리가 적용되는 경우, 경영이 악화된 그룹 내의 다른 금융기관의 구제를 위해 지원을 해버린 경우 등을제외하고, 금융기관의 파산으로 인해 그 영향이 그룹 내 다른 금융기관에 미치는 것을 방지할 수 있다(위험 차단). 예컨대, 지주회사 형태와 모·자회사 형태를 비교할 때 지주회사 산하의 형제회사 간의 자본관계는 모·자회사 간의자본관계보다 희미하기 때문에 위험의 차단의 면에 있어서 우월하다.[80]

(나) 이해상충의 방지

이해상충이란 복수의 이익이 합법적으로 존재하고 이것이 경합해서 대립하고 있는 상태이다. 이해상충이 중요한 법적 문제가 된 것은 직업의 전문화와자산집약이 진전된 결과이다.[81]

이러한 이해상충은 보험회사가 복수의 금융 업무를 겸영하는 경우, 개개의업무 간에 발생할 가능성이 있으므로 보험지주회사제도를 이용하면 겸영업무

---

80) 神田秀樹, "銀行子会社における株主保護", 「金融法務事情(1295号)」, 金融財政事情研究会, 1991, 8頁.

81) 少谷雅貴·大野卓也, "利益相反問題と銀行·証券業務—業務分野規制を考える際—つの観点—" 「金融研究(第6巻第1号)」, 日本銀行金融研究所, 1988, 99~100頁.

를 하는 개별 회사의 법인격이 분리된 상태에서 업무를 하므로 이에 대비할
수 있다.

또한 고객과의 이해상충 예컨대, 보험회사에 의한 부대금의 변제자금에 이
용하기 위해 채무자가 발행하는 사채의 모집을 당해 보험회사 또는 그 증권
자회사가 담당하는 경우와 보험회사 그룹 내 은행[82]의 신용정보를 이용해서
거래신용보험 등의 인수를 거절한다거나, 다른 보험회사와의 공동보험을 권
유하는 사례가 있을 수 있다.[83] 이러한 이해상충을 방지하기 위하여 금융지주
회사법은 보험지주회사가 독립된 법인격을 갖는 자회사를 통해 업무를 다각
화하도록 한다.

(다) 안전망(세이프네트)의 누출방지

우리나라는 은행에 대한 안전망을 보험에 대해서도 동일하게 적용하고 있
다. 예컨대, 예금보험에 있어서는 배상한도 5,000만 원까지 완전히 동일할 뿐
만 아니라(예금자보호법 제32조 제2항, 동시행령 제18조 제6항), 자기자본규제
도 은행과 거의 유사하게 이루어지고 있다. 이는 보험계약자 등의 보호를 위
한 것으로 만약 보험회사가 지주회사를 통하여 다른 업무를 겸영하는 경우와
그룹 내 보험자회사 외의 금융업과 자회사에서 발생한 위험이 보험회사에 전
가되어 보험회사가 전보하게 되는 경우 안전망이 위협받을 가능성이 있다. 이
를 방지하기 위해서는 업태마다 법인격을 분리하는 것이 좋다.

(라) 규제감독 비용의 억제

보험업을 포함한 금융 업무는 보험, 은행, 증권이 각각 다른 특질을 갖고 있
으므로, 규제·감독의 형태도 달라야 하므로 법인격 분리의 근거를 여기에서
구하는 견해가 있다.[84]

---

82) 물론 현행 금융지주회사법상 우리나라에서는 보험지주회사에 은행이 포함될 수 없다. 다만, 이해상충이 발생하는 예를
열거하는 차원에서 기술한 것임을 밝혀둔다.

83) 安居孝啓, 「最新保險業法の解説(改正版)」, 大成出版社, 2010, 312頁.

84) 神田秀樹, "金融市場の業務分野規制", 「堀內昭義編 講座・公的規制と産業⑤ 金融」, NTT出版, 1994, 117〜
120頁.

Claessens는 개발도상국의 복합금융그룹에 대한 조사를 통해 이들이 선진국의 복합금융그룹과 존재목적 및 구조상 큰 차이가 있다고 한다. 이러한 차이로 인해 복합금융그룹은 개발도상국의 자본시장이 충분히 발달하지 않은 상황에서 내부시장으로서 긍정적 역할을 할 수 있다고 한다. 다만 이러한 이점에도 불구하고 복잡한 이해상충과 기업지배구조상의 문제가 발생한다고 분석한 바 있다.[85] 그러나 우리나라는 1982년 12월 은행법 개정에 따라 동일인의 은행 지분소유가 제한되어 왔음에 비해 보험회사를 비롯한 비은행금융권역의 회사들은 이와 같은 규제의 대상이 되지 않았다. 그리하여 우리나라 보험회사의 상당수가 기업집단의 계열사로 소속되어 있다. 바꾸어 말하면 기업집단의 내부시장으로서 은행이 아닌 보험회사들이 그 역할을 담당하고 있었다.[86]

(2) 보험지주회사의 단점

보험지주회사가 도입됨에 따라 제기되는 문제로는 기존 대기업 집단에서 보험업을 중심으로 지주회사로 전환함에 따른 경제력 집중에 대한 우려의 시각이다. 보험지주회사를 중심으로 한 결합기업을 형성하여 과도한 사업지배력이 발생할 것이라는 점이 주된 내용이다. 보험계약자의 보호와 관련하여 결합기업에 대하여 어떠한 규제를 설정할 것인지에 관한 논의는 아직 부족하다. 이하는 일반적으로 지적되는 단점이다.

(i) 현재 우리나라 대기업 집단은 은행을 제외한 많은 금융기관을 계열사로 보유하고 있다. 이러한 상황에서 대기업 집단에 의한 금융지배로 인한 감시기능의 저하에 따라 기업의 건전성을 해치게 되고, 국민경제의 효율성을 떨

---

85) Claessens/Stijn, "Benefit and Costs of Intergrated Financial Service Provision in Developing Countries", Brookings-Wharton Papers on Financial Services: 2003, pp.115~122.

86) 小林博, "日韓両国の金融システムとその比較", 「北東アジア研究(第8号)」, 2005. 1, 77~78頁; 본 논문은 한국과 일본의 금융시스템에 관한 비교·분석을 통한 양국 금융시스템의 유사점과 상이점을 도출하고 있다. 유사점과 관련하여 양국은 은행업에 비해 보험업 등의 중요성에 대한 인식이 부족했음을 지적하면서 향후 기관투자가로서 보험회사를 육성할 필요가 있음을 지적하고 있다.

어뜨리는 결과가 우려된다. 특히 대기업 집단이 보험지주회사를 그들의 자금 공급원으로 인식하는 경우에 특히 문제가 된다는 것이다.[87] 따라서 대기업 집단이 지주회사를 이용함에 따라 현재도 심화된 경제력 집중이 보험지주회사에 의해 더욱 과도하게 집중될 우려가 있다고 지적한다.[88] 단지 이론적인 가설이기는 하나 만약 보험지주회사와 사업회사 간에 자본의 승수적 확장에 의한 피라미드 구조[89]가 형성되면 적은 자본으로도 다수의 기업을 지배할 수 있게 되어 이러한 경제력 집중은 심화될 것을 지적하는 견해가 있다.[90] 또한 다수 기업의 지배권을 하나의 보험지주회사가 행사할 경우, 비록 공개법인이라 할지라도 대주주가 당해 보험지주회사의 지배력을 독점하게 되고, 더 많은 경영권의 남용문제가 생길 수 있다. 또한 보험지주회사에 의한 사업회사의 지배는 최고 인사권의 장악, 즉 대표이사를 포함한 이사의 선임에 의하여 이루어지는데 이 경우 보험지주회사 대주주의 전횡에 의하여 사업회사의 경영진의 권한이 무력해질 수 있다는 것이다.[91]

(ⅱ) 소수주주와 채권자에 대한 권익침해의 가능성이 있다. 즉 보험지주회사의 주주는 자회사와의 관계에서 주주권의 간접화로 인해 주주권의 실효성이 감소되고, 반대의 측면에서 자회사의 소수주주 및 채권자는 지배주주에 의해 그 권익이 침해될 수 있다. 게다가 보험지주회사와 자회사 간 또는 자회사 상호 간의 분식결산으로 채권자의 이익도 침해당할 수 있다고 한다.[92]

(ⅲ) 기업재무구조가 나빠져 보험지주회사가 자금조달을 하는 경우에 출자

---

87) 이동원, "금융지주회사에 있어서의 법적 문제", 「경영법률(제11권)」, 한국경영법률학회, 2000, 257면.

88) 일반적으로 경제력 집중은 개별 기업집단이 국민경제 전체산업에서 차지하는 비중을 나타내는 일반집중과, 특정 상품 시장에서 차지하는 비중인 시장집중, 특정 자연인과 그의 가족이 차지하는 부의 정도인 소유집중, 기업집단 소속 계열사들이 다양한 업종에 참여하고 있는 업종다각화 등 다양한 관점에서 살펴볼 수 있다. 이 중에서 일반집중은 단순히 경제적인 폐해뿐만 아니라 사회적·정치적 폐해를 수반한다(박길준·임웅기·홍복기, 「지주회사제도에 관한 연구-지주회사의 금지와 그 규제 완화를 중심으로-」, 한국상장회사협의회, 1997. 9, 69면).

89) 이에 대하여는 이철송, 「경제법령의 위헌요소검색」, 전국경제인연합회, 1996. 12, 59~60면이 상세하게 설명하고 있다.

90) 이동원, 앞의 책, 209면.

91) 최성근, "지주회사의 도입과 대책", 「상장협(제36호)」, 한국상장회사협의회, 1997, 56면.

92) 이동원, 앞의 책, 214면 참조.

관계를 이용하여 부채조달을 쉽게 함으로써 재무구조를 악화시킬 수 있다.93)

(iv) 부당 내부거래의 문제가 발생할 수 있다. 이는 일반지주회사에서도 발생할 수 있는 문제이지만, 보험지주회사와 자회사 간, 보험자회사와 다른 자회사 간의 그룹 내 거래를 통하여 고객의 이익이 침해될 수 있고, 이러한 부당거래는 보험자회사의 경쟁력 약화로 연결되어 보험계약자 등에게 피해를 야기할 우려가 있다는 것이다.94)

Ⅱ. 미국에서의 보험지주회사

이하에서는 보험지주회사에 관한 규제의 설정과 관련하여 중요시되어야 할 부분을 명확히 하기 위한 전제로서 미국의 보험지주회사의 연혁을 살펴보고자 한다. 이는 우리나라의 경우 보험지주회사제도 역사가 연혁적으로 검토되기에는 너무 짧고, 지주회사에 대한 규제는 경제력 집중을 우려한 과도한 규제를 두고 있어 지주회사를 활용한 보험업의 겸업화에 한계가 있음을 지적하기 위한 것이다.

일찍이 미국에서는 보험지주회사가 보험업의 겸업화를 촉진하기 위한 제도로 널리 활용되었다. 미국의 보험지주회사는 다른 형태의 지주회사에 비해 매우 늦게 출현하였으나 급속도로 성장하였다.95) 그 이유는 보험사가 영위하는 영업에 대하여 매우 강력하게 규제하는 주법의 적용을 회피하기 위한 수단으로 보험지주회사를 선택하기를 희망하였기 때문이다.96) 아울러 일반사

---

93) 이동원, 앞의 책, 219면 참조.

94) 이동원, 앞의 책, 257면.

95) Chandler, Currier, Jordan, *Insurance Holding Companies and Other Fiscal Fauna*, Insurance Advocate(Jan. 6 1968), p.6; Joanne M. Derrig, "Insurance Holding Company Law With Its Federal Banking Law Counterparts", Journal of Insurance Regulation Vol. 3, No. 4(1985), p.445.

96) The First trend is a long-term secular round of inflation that has accelerated in the past two decades and has become extremely acute since 1963. For those of you in the life insurance and property/casualty business the fact of inflation comes as no surprise. Infaltion has accelerate-ted the competition for the

업회사는 보험자회사의 지배를 통한 복합그룹("conglomerate")의 형성을 도모하였다. 감독법제는 겸업화를 유도하고 보험자회사의 건전성 감독을 철저히 함으로써 보험계약자 등의 이익을 도모하여야 함을 전제로 하는 경우 미국의 보험지주회사법(이하 'NAIC모델법') 및 뉴욕주의 보험법이 시사하는 바가 크다고 평가된다.

1. 보험지주회사에 관한 규제의 발단

1950년대 뉴욕주 보험법은 보험회사가 주 내 보험자이건 주 외 보험자이건 불문하고 소유할 수 있는 자회사의 종류를 엄격히 제한하고 있었다. 이러한 엄격한 규제를 완화하고자 하는 논의가 시작된 계기는 뉴욕주의 면허를 얻어 영업활동을 하고 있는 주 외 생명보험회사가 뉴욕주의 주 내 손해보험회사의 지배권을 취득하고자 했던 점에 있다. 즉, Connecticut General Life Insurance사(이하 A사)는 뉴욕주에서 생명보험업을 영위할 수 있는 면허를 취득한 주 외 보험자였다. A사는 뉴욕주의 면허를 취득한 주 내 손해보험사인 National Fire Insurance Company of Hartford사(이하 B사)의 보통주식 80% 이상을 취득하고자 했다. 그리고 그 취지를 뉴욕주 보험감독관에게 통지하고 승인을 구하였다.

당시 뉴욕주 보험법 제90조 제1항은 주 외 보험자가 주 내 보험자에게 요구되는 보험법상의 요건을 준수하지 않은 경우 감독관은 주 외 보험자의 뉴욕주 면허를 취소할 수 있다는 규정을 두고 있었다. 그리고 동법 제42조3항(현행법 제1106조(c))은 주 내 보험자에게 허용되지 않는 보험사업은 주 외 보험자에게

<hr>

savings dollar of the American public. The second trend is a persistent decline in the underwriting profits of property/liability insurers. Consistent unfavorable underwriting results due to inflationary factors, a number of severe catastrophes and defects in the premium rating process by the several States have resulted in this adverse underwriting trend. The result has been a desire by certain property/casualty insurers to withdraw a portion of their assets from the insurance companies for diversification in other more profitable businesses through the medium of upstream or downstream entities. The third trend —which is the whetting of the appetite of insurers for diversification is their desire to provide so-called "financial department-store services." Companies desire the creation of an agent who can provide all of the financial services needed by the American public(Richards D. Barger, *The Insurance Holding Company the aftermath–living with the legislation*, 1970 A.B.A. Sec. Ins. Negl. & Comp. L. Proc. 185, 1970, p.186).

도 동일하게 적용하고 동법 제193조 제2항(현행법 제4205조)는 주 외 보험자
는 예외 없이 다른 업무가 금지되는 것으로 규정하고 있었다. 따라서 감독관
은 A사의 B사에 대한 주식취득은 뉴욕주 보험법에 반하는 것으로 판단했다.
이러한 판단의 근거로는 주 외 보험자가 뉴욕주 내의 손해보험회사에 대한 지
배권의 취득을 금지함으로써 주 내 공공이익의 보호 즉, 주 내 보험자보호의
정책에 무게를 두었음을 의미한다. 이에 대해 B사는 주 외 보험자와 주 내 보
험자를 차별하는 것은 주헌법 및 연방헌법에 위반되는 것이라고 주장했다.[97]
　　본 사안의 실질적인 쟁점은 생명보험회사가 손해보험회사의 지배권을 취득
함으로써 손해보험사업을 영위할 수 있는가에 관한 것이었다.[98] 이에 대해 법
원은 "뉴욕주의 규제당국은 지금까지 이와 관련한 투자도 인정해 온 관습에
합치하는 것으로 인정할 수 있다"고 판시하였다.

2. 전미보험청 장관회의 등의 입법적 대응

　　보험지주회사의 출현에 따라 이를 입법적으로 대응하기 위해 NAIC는 다음
과 설시하고 있다.

　　"지주회사는 그 자체가 공공의 이익에 반하는 것이 아니고 보험계약자 또
는 주식소유자의 이익에 반하는 것도 아니다. 보험업의 감독 당국은 일반적으
로 보험사업을 감독하기 위해 충분한 권한을 가지고 있고, 이를 통해 잠재적
인 지주회사 남용을 방지하고 나아가 보험계약상의 채무를 이행하도록 계약
자의 이익을 지배하는 일반사업회사조직의 이익 아래 두는 것을 방지할 수 있
다. 지주회사 문제를 다루는 데 필요한 주의 권한에 결함이 있는 경우에는 이
를 보완해야 한다."[99]

　　NAIC는 기존의 규제를 대폭 변경하지 않고 약간의 수정으로 충분한 것으로

---

97) Connecticut General Life Insurance Company v. Superintendent of Insurance, 217. Y. S 2d 39(1961).

98) *Ibid.*, p.43; Buist. Murfee. Anderson, *Anderson on Life Insurance*, Little, Brown & Co., 1991, pp.26~27.

99) Notes, "The Insurance Holding Company Phenomenon and the Search for Regulatory Controls", 56 Va. L. Rev. 636(1970), pp.648~649.

생각했지만, 그때 고려해야 할 점은 보험계약자의 이익과 공중의 이익의 보호에 있다고 하였다.[100] 기본이 되는 입장은 개시를 중심으로 공정성의 확보이고 이를 위해 감독관에 대한 지주회사의 등록 및 보험회사취득계획의 제출·승인에 의한 규제를 중심으로 한 모델법이 제정되었다. 그 후 뉴욕주 보험국은 특별위원회를 설치하여 1967년 4월에 입법적인 정비를 시도하였다. 당시 특별위원회의 보고서에는 "지주회사는 그 자체가 새로운 현상은 아니지만, 지주회사를 설립하려는 주된 동기는 보험사업의 다각화를 도모하는 측면에서 보험사업을 다른 사업으로 전환하거나 다른 사업의 지배하에 두는 것을 바라는 방향으로 변화하고 있는 것으로 생각된다. 이러한 동기의 측면에서 보험산업에서 발생하는 다양한 변화는 기존의 규제체계에 대한 부담을 가중시키게 될 것이다"라고 하였다.[101] 다만, 비보험회사의 보험회사 지배에 따른 염려는 보험이 달성하고자 하는 사회적 목적과 보험자를 지배하는 자의 자기이익과의 충돌에 따른 잠재적 비용이 중대하다는 점이다.[102] 즉, 지주회사 내에서 발생하는 지주회사 남용의 위험성은 다음과 같이 정리된다. 첫째, 보험회사의 자산이 지주회사가 지배하는 다른 회사에 유용되는 것, 둘째, 보험회사에게 불리한 조건으로 체결되는 지주회사 내의 관계회사 간 거래에 의한 과잉 배당, 원조 그 밖의 불공정한 거래가 이루어지는 것, 셋째, 지주회사 내 보험회사 이외의 회사가 거래당사자가 됨으로써 간접적으로 보험법 규정의 적용을 면탈하는 것, 넷째, 지주회사가 보험사업 이외 사업의 촉진을 주된 목적으로 함으로써 보험회사의 경영을 왜곡하게 되는 것 등이다. 이에 따라 뉴욕주는 이와 같은 점을 고려하는 규정을 1969년에 보험법에 도입했다.[103]

---

100) *Ibid.*, p.649.

101) *Ibid.*, pp.648~649.

102) H. P. Kamen & W. J. Toppeta, *The Life Insurance Law of New York*, John Wiey & Sons, Inc., 1991, p.400.

103) 현재 뉴욕주 보험법은 제14절에 투자제한, 제15절에 지주회사, 제16절에 주 내 손해보험자 등의 자회사, 제17절에 주 내 생명보험업 등의 자회사에 대해 각각 규정하고 있다.

3. 보험지주회사를 통한 사업의 다각화

미국의 보험회사는 회사의 조직 형태와 무관하게 1980년대 이후 사업 다각화 차원에서 은행·증권업으로의 진출을 추진해 왔다. 우선 보험회사들은 교차판매(cross selling)에 따른 판매력 강화, 투자은행기능 확보를 통한 종합금융서비스 강화를 목적으로 증권회사 등 다른 사업 진출을 지속적으로 추진하였는데 이러한 배경에는 미국 보험법상 지주회사 규정이 자회사의 업종 및 업무의 범위를 제한하고 있지 않았기 때문이다.[104] 그러나, 1999년 GLB법(Gramm-Leach-Bliley Act)의 통과 이전에는 은행지주회사법에 의해 보험회사의 직접적인 은행업 진출이 불가능하여[105] 저축금융기관 등을 통해 은행 업무에 우회적으로 진출하였다.[106] 보험회사는 은행의 직접 소유가 금지되어 있었기 때문에 은행지주회사법(1956)에서 제외된 업무 즉, 저축성 예금업무와 소비자 대출만을 수행하는 여신전문기관을 보유했으며 주로 부실 저축대부조합(savings and loan associations)을 인수하는 방법 등을 사용하여 다양하게 은행 업무에 진출하였다. 그리고 금융제도 개혁 이후에는 규제가 적다는 이유로 상당수의 보험회사는 연방저축은행 등 저축금융기관의 설립·인수로 은행업에 진출하는 것을 선호하게 되었다.[107]

소비자 대출과 기업 대출이 제한적으로 허용되는 저축금융기관은 은행과 업무가 비슷하고 보험회사의 자회사 주식취득이 가능하다. 단, 지점설치가 자

---

104) 안철경·이상우, 앞의 보고서, 75면.

105) 은행지주회사법에 따르면 은행지주회사의 주식을 소유하고자 하는 자는 은행과 관련이 없는 회사의 주식을 보유할 수 없도록 함으로써 산업자본의 은행소유를 금지하게 되었다(이태규, "은행민영화와 소유규제 완화", 2006년 한국금융학회 금융정책 심포지엄: 금융산업 소구조 재점검, 한국금융학회, 2006. 6, 53면); GLB법(Gramm-Leach-Bliley Act)에 의하여 모회사는 은행과 보험회사를 모두 소유할 수 있게 되어 명실상부한 금융지주회사가 가능하게 되었다(Wolcott B. Dunham/Ivan E. Mattei/Thomas M.Kelly, "Financial Services Reform: The new Business of Banking and Insurance under Gramm-Leach-Bliley", 1299 PLI/Corp 385, February-March 2002, p.393).

106) Prior to Gramm-Leach-Bliley, "unitary thrift holding companies" were generally free to engage in nonfinancial activities and to affiliate with nonfinancial entities in any line of business. For example, an insurance holding company could not own a commercial bank(except during the grace period Citigroup relied upon), but an insurance holding company was free to own one thrift(*Ibid.*, pp.388~389).

107) Lissa L. Broome·Jerry W. Markham, "Banking and Insurance: before and after The Gramm-Leach-Bliley Act" 25 J. Corp. L. 723, pp.744~745.

유롭고 시너지 효과가 커 보험회사의 서비스와 유연성 강화에 기여하였다. 또한 보험회사의 막강한 영업조직을 활용하여 자사의 기존 고객을 은행 고객으로 유치함으로써 추가적인 수익원을 확보하는 효과도 있게 되었다. 특히 저축금융기관을 통해 인터넷뱅킹에 진출하는 경우 자사의 지명도와 신뢰도, 기존 영업조직을 효과적으로 활용하면 낮은 인수 및 운영경비를 들이고도 은행업에 효과적으로 진출할 수 있게 되었다.

1990년대까지만 해도 저축금융기관을 통한 은행업 진출이나 투자형 상품시장 공략을 위한 증권·투신업 진출은 전 금융업종을 망라하는 거대한 금융그룹의 출현을 목표로 하기보다는 현재 영위하고 있는 보험업 등 소매금융업무를 보강하기 위한 전략의 연장선상에서 이루어졌다. 진출 방법도 주력기업의 자회사로 편입시키는 경우가 많아 엄밀한 의미로 보험지주회사라기보다는 보험그룹의 개념에 가까웠다.[108]

1999년 금융개혁을 거치는 과정에서 미국의 보험회사들은 은행·증권·보험 간 겸업을 대세로 인정한 금융개혁법의 변화에 대처하고자 했다.[109] 주식회사로의 전환을 통해 자금조달 능력을 확충한 생보사를 중심으로 은행, 증권회사의 대형화 전략에 맞서 고객확보와 다양한 금융상품의 판매에 주력하는 경영전략으로 변화하기 시작했다. 은행과 보험의 상호 주식보유가 확대될 것으로 전망하고 상대방 업무에 본격적으로 진출하기에 이른 것이다. 또한 과거에는 보험회사 간 합병이나 소규모 합병이 많았으나 점차 이종 업종 간 합병이 증가하고 합병규모도 점차 대형화되는 추세이다.[110]

소유구조도 상호회사에서 벗어나 주식회사(보험지주회사)나 상호지주회사로 전환하게 되었다. 주식회사로 전환하는 경우 자금조달, 회사 인수, 전략적 제휴로 절세, 투자의 유연성, 구조조정 등에서 상호회사에 비해 유리하게 되었고, 기업공개를 통한 자금조달을 바탕으로 자산관리시장 진출을 본격화하였다.[111] 반면 상호지주회사(mutual holding company)는 자금조달능력에 한계가

---

108) 안철경·이상우, 앞의 보고서, 76면.

109) Broome/Markham, *Ibid.*, p.776 참조.

110) 안철경·이상우, 앞의 보고서, 76면.

있으나 전환비용이 적어 주식회사로 전환하기 위한 전 단계로 활용되었다
.112)113) 최근 주식회사로 전환하고 기업공개를 마친 대형 생명보험회사들은
주식시장을 통한 자금조달능력을 확충하고, 대형화·겸업화를 활발히 추진하
여 지주회사 형태로 전환이 이루어지고 있는 반면에 소형 생명보험회사들은
보험전문회사로 변모하는 대응 전략을 모색하고 있다.114)

---

111) Broome/Markham,, *Ibid.*, p.746.

112) 안철경·이상우, 앞의 보고서, 77면.

113) 상호지주회사에 관한 상세는 Kimberly M. Inman, "Comment, The Mutual holding Company: a new Opportunity for Mutual Insurance Companies?", 42 St. Louis U. L. J. 677, Spring 1998, p.677 참조.

114) 안철경·이상우, 앞의 보고서, 77면.

제4절 소 결

이상에서 살펴본 바와 같이 우리나라 보험업의 현황에 비추어 보험지주회사 활용의 유인이 존재한다. 특히 사업 다각화는 우리나라 보험업의 국제 경쟁력을 제고하는 측면에서 그 필요성이 인정된다. 나아가 대기업 집단 소속의 핵심 계열사인 보험회사를 중심으로 형성된 복잡한 순환출자구조 등을 해소하는 수단이 된다.

보험지주회사는 보험업이 다른 사업을 영위함에 있어 개별 법인격의 자회사를 소유하여 이를 통해 사업의 다각화를 추진할 수 있는 제도로 주목받고 있다. 또한 우리나라에서 엄격히 금지되고 있는 보험업 본체 내 생명보험과 손해보험 겸영제한을 극복하기 위한 하나의 수단으로 활용될 수 있다.

보험지주회사의 설립 또는 전환은 기업의 선택에 달린 문제이다. 또, 관련 법제도는 보험지주회사의 출현에 따라 효율적인 운영을 기하고 보험업의 건전성이 유지되어 보험계약자 보호에 미흡하지 않도록 정비할 필요가 있다. 보험지주회사에 대한 규제는 보험계약자의 보호가 목적임을 직시하여 이에 걸맞은 규제체계를 세우는 노력으로 이어져야 한다. 보험지주회사를 규제하는 근거는 결국 보험자회사를 지배하는 지배주주에 대한 규제이므로 보험업의 특성을 반영하고 있는 감독법인 보험업법에 관련 규정을 두어야 한다.

금융지주회사법에 보험지주회사에 관한 특칙규정을 두고 일정한 사항에 대하여는 보험업법의 규정을 적용하는 현행과 같은 복잡한 입법체계는 개선되어야 한다. 그리하여 보험지주회사에 관한 감독상의 법적 문제점을 명확히 하고 그 개선방안을 모색하여야 한다.[115] 아울러 우리나라의 대규모기업집단 소속의 보험회사가 보험지주회사로 전환하는 경우 특히 보험지주회사 및 자회

---

[115] 최근 논의되고 있는 우리나라 금융지주회사법상 미국의 은행지주회사법의 "힘의 원천이론(The Source of strength doctrine)"이 도입되었음을 긍정하는 견해에 의하면 보험지주회사에 대해서도 보험자회사의 파산에 따른 책임을 부담시킬 수 있는 것으로 해석한다. 이와 같이 해석하는 경우 오히려 보험지주회사 설립에 또 하나의 장해요인이 될 수도 있다.

사의 이해당사자의 보호가 문제될 수 있다. 그리하여 보험지주회사의 운영의
효율성을 도모하고 관련 이해당사자 등을 보호하기 위한 회사법적인 측면의
법제 정비도 필요할 것으로 보인다.

제3장 보험지주회사의 운영과 문제점

제1절 서 설

　기업집단은 단일 기업체가 아닌 그룹 전체에 최적화된 경영을 목표로 형성된다.[116) 그리하여 모자회사와 같은 지배·종속관계의 형성을 통해 그룹 전체의 전략목표를 설정하고, 그룹 전체의 이익 실현의 극대화를 목표로 하고 있다. 이러한 기업집단의 형태는 회사법상 인정되는 일반적인 모자회사 형태에서 독점규제법상 지주회사 설립의 해금에 따라 지주회사 형태로 변모하였다. 그런데 지주회사와 같은 기업집단에 관해서는 그룹 전체와 그 산하의 각 종속회사 간 관계를 어떻게 설정해야 하는가의 문제가 항상 있어 왔다. 원래 기업집단은 개별 법인격을 갖는 기업들로 구성되는 이상 이해대립이 상존하는 이해공동체이기 때문이다. 기업집단을 구성하는 지주회사와 자회사는 각각 개별기업으로서 직면하는 고유의 제반사정과 기업집단 내의 밀접한 각 자회사 간 밀접한 관계로 인해 설정되는 제반사정 모두를 고려하여야 하는 운명에 놓인다.[117) 그러므로 개별 법인격의 회사들로 구성되는 기업집단에 대해 회사법상 주주권의 행사를 통한 모회사의 자회사에 대한 지휘권의 행사만으로 그룹 전체의 이익을 위해 자회사의 이익을 희생하도록 하는 행위에 대한 법적인 근거가 없는 점을 상기해야 한다. 그리하여 회사법상 지주회사의 자회사에 대한 지배력의 행사 방안과 자회사와 지주회사 간 이해상충을 방지하는 방향의 법제정비가 필요하다. 경제적인 필요에 따라 지주회사 형태를 취하는 기업집단의 설립이 활발하지만, 뒷받침해야 할 법제도가 현실을 따라가지 못하는 괴리를 이를 통해 시정할 수 있기 때문이다.

　보험지주회사라 하여 모회사와 자회사의 이해상충의 문제에서 예외일 수는 없고, 특히 고객과의 이해대립의 문제도 대두된다. 그 대책으로 보험회사를

---

116) Andrew Muscat, *The Liability of the Holding Company for the Debts of its Insolvent Subsidiaries*, Dartmouth Pub Co, 1996, p.391; 高橋　均, 「企業集団の内部統制」, 学陽書房, 2008, 17頁.

117) Muscat, *ibid.*, pp.25~27; 日向祥子, "コンツェルン内の利害調整にみる行動規範-1920年代古河コンツェルンの事例-", 「社会経済史学(71-5)」, 社会経済史学会, 2006. 1, 44頁.

지배하는 보험지주회사는 자회사의 건전성 유지를 위해 감독법적인 규제를 받지만 감독법적인 규정에는 한계가 있다. 그리고 지주회사 및 자회사의 이사의 의무와 책임에 관한 법적 문제점은 검토되어야 할 부분이 적지 않다.[118]

아울러 지주회사와 자회사인 보험회사와의 이해상충발생 문제, 보험지주회사와 고객 간의 이해상충 문제를 해결해야만 보험지주회사의 효율성을 높이고, 보험계약자 등의 보호를 실현하여 보험업의 공공성에도 이바지할 수 있게 된다.

보험지주회사의 감독법제인 금융지주회사법은 보험지주회사의 지배구조에 관하여 일정한 규정을 두고 있고(금융지주회사법 제38조, 제39조), 자회사에 대한 지휘권 내지 관리권을 인정하고 있다(금융지주회사법 제50조 제1항). 따라서 금융지주회사의 운영과 관련한 문제를 해결하기 위해서는 상법의 기관에 관한 규정과 감독법상 금융지주회사의 자회사에 대한 지휘권을 부여한 일련의 규정을 살펴보아야 한다. 또한 보험지주회사를 운영함에 있어 자회사에 대한 실질적 지배력의 확보는 감독법상 법정된 지휘권을 통해 달성될 수 있는지 검토할 필요가 있다. 그리하여 이와 같이 법정된 지휘권은 자회사에 대한 구속력이 인정되는 것인지, 지주회사의 주주권 행사에 따른 사실상의 구속력에 불과한 것인지 살펴본다.

---

118) 지배구조에 관한 논의는 기업의 주인이 누구인가라는 논의는 물론, 주주 등을 포함한 이해관계인이 업무집행기관의 행위를 어떻게 감시하여 경영의 투명성을 확보하고 업무집행의 효율성을 달성할 수 있는가가라는 논의도 포함한다(전우현, "주식회사 감사위원회제도의 개선에 관한 일고찰-집행임원제 필요성에 관한 검토의 부가-", 「商事法研究(第23卷 第3號)」, 韓國商事法學會, 2004, 252면).

제2절 보험지주회사의 운영과 회사법

이 절에서는 보험지주회사의 실질적인 자회사 지배와 관련된 문제점을 검토한다. 이는 보험지주회사에서 감독법상 인정되는 자회사관리가 회사법과의 관계는 어떻게 설정되어야 하는 것인지에 관한 것이다. 결국 결합기업 형태에 관하여 적절한 규제를 가하고자 한다면 회사법상 관련 규정들에 관한 일정한 검토가 있어야 한다. 이하에서는 회사법과 금융지주회사법의 관계를 살피고 결합기업에 관한 회사법상의 규정들을 검토한 후 보험지주회사의 운영상 문제를 살펴본다.

Ⅰ. 회사법상 보험지주회사 관련 규정의 현황

회사법상 보험지주회사에 관련된 규정은 다음과 같다.

1. 지주회사의 설립과 주식교환·이전제도

1999년 지주회사의 해금과 더불어 지주회사 본래의 목적에 맞추어 경제력 집중 억제의 틀 속에서 기업의 원활한 구조조정 수단으로 활용될 수 있도록 그에 대한 꾸준한 제도적 정비가 이루어져 왔다. 이러한 과정에서 상법상 지주회사의 설립을 위한 주식교환이나 주식이전에 의한 완전 모·자회사관계인 순수지주회사의 설립과 관련된 제도가 정비되지 아니하여 지주회사의 설립이 어려웠다는 점이 지적되었다.[119] 통상 독점규제법은 지주회사로 하여금 자회사 주식을 100% 보유하도록 요구하지는 않는다. 하지만 지주회사가 자회사

---

119) 허인, "지주회사의 설립과 소수주주의 보호", 「외법논집(제22집)」, 한국외국어대학교 법학연구소, 2006, 171면.

주식을 전부 보유하는 이른바 완전지주회사 관계가 성립한다면, 지주회사는 그룹 전체의 경영전략을 수립하는 등 다양한 장점을 누릴 수 있다. 그와 같은 장점 활용을 위한 제도적 장치가 주식교환·이전제도이다. 결국 주식교환·이전제도는 지주회사의 설립에 관한 독점규제법상 제한이 완화되고 완전지주회사의 효용이 강조됨에 따라 100% 자회사 관계의 성립을 용이하게 하기 위한 제도적 장치로서 도입된 것이다.[120]

주식교환과 주식이전의 가장 큰 차이는 완전모회사(지주회사)가 되는 회사가 기존에 이미 설립된 회사인가, 아니면 새로 설립되는 회사인가 하는 것만 다를 뿐이다.[121] 주식교환의 경우에는 기존회사들 간에 주식교환이 이루어지므로 완전모회사와 완전자회사가 되는 회사 간에 반드시 주식교환계약서가 작성되어야 하며 쌍방의 주주총회에서 이 계약서가 승인되어야 한다.

반면, 주식이전의 경우 주식이전이 이루어지는 시점까지 존재하는 회사는 완전자회사가 되는 회사밖에 없고 완전모회사가 되는 회사는 존재하지 않으므로 당사자 간에 주식이전계약서와 같은 것을 작성하는 것이 불가능하다. 그러므로 완전자회사가 되는 회사의 주주총회에서 특별결의에 의해 승인받는 것은 주식이전계약서가 아니라 주식이전에 관한 사항 등을 기재한 주식이전계획안이다. 주식교환의 경우 주식교환의 효력은 주식교환계약서에 기재되어 있는 주식교환일에 발생하게 되며, 주식이전의 경우 주식이전의 효력은 완전모회사가 되는 회사의 설립등기일에 발생하게 된다.

구체적인 주식교환의 절차는 (ⅰ) 주식교환을 하고자 하는 회사는 우선 이사회의 승인을 얻어 주식교환계약을 체결하고, 일정한 기재사항이 법정되어 있는 주식교환계약서를 작성하여야 한다(상법 제360조의 3). 이것은 주식교환이 쌍방의 회사 주주에게 중대한 영향을 미치게 되므로 이를 주주에게 알려주고 계약의 내용을 명확하게 하기 위함이다. (ⅱ) 주식교환계약서는 완전모회사가 될 회사와 완전자회사가 될 회사에서 각각 주주총회의 특별결의에 의한 승인을 얻어야 한다(상법 제360조의 3 제1항, 제2항). 주식교환의 경우 완전모회

---

120) 노혁준, "주식교환·주식이전을 통한 지주회사의 설립", 「지주회사와 법」, 도서출판 소화, 2008, 201~202면.

121) 이용찬, "금융지주회사의 설립방법에 관한 연구", 「중앙법학(제4호)」, 중앙법학회, 2001, 156면.

사 주주에게는 합병이나 현물출자가 있는 것과 유사하고, 완전자회사를 신설하는 점에서 중대한 영향이 있으며, 완전자회사의 주주에게는 완전모회사의 주주가 된다는 점에서 그 지위에 중대한 변동이 있기 때문이다. (iii) 주주총회의 소집통지 및 공고에는 주식교환계약의 주요내용, 반대주주의 주식매수청구권의 내용 및 행사방법, 일반회사의 정관에 주식의 양도에 관하여 이사회의 승인을 요한다는 뜻의 규정이 있고 다른 회사의 정관에 그 규정이 없는 경우 그 뜻을 기재하여야 한다(상법 제360조의 3 제4항, 제36조의 16 제3항). (iv) 주권상장법인 또는 협회등록법인의 경우 반대주주의 주식매수청구권에 관해서는 증권거래법상 특례가 적용된다. 주식교환을 위한 이사회의 결의가 있는 때에 그 결의에 반대하는 주주(상법 제370조 제1항의 규정에 의한 의결권 없는 주주를 포함한다)는 주주총회 전에 회사에 대하여 서면으로 그 결의에 반대하는 의사를 통지한 경우에 한하여 주주총회 결의일로부터 20일 이내에 주식의 종류와 수를 기재한 서면으로 회사에 대하여 자기가 소유하고 있는 주식의 매수를 청구할 수 있다(상법 제360조의 5 제2항). 주권상장법인 또는 협회등록법인이 아닌 회사의 경우에는 주식매수청구를 받은 날로부터 2월 이내에 매수하여야 하고, 매수가격은 협의에 의하되 협의가 이뤄지지 아니한 경우에는 회사 또는 주식의 매수를 청구한 주주는 법원에 대하여 매수가격의 결정을 청구할 수 있다(상법 제360조의 5 제3항, 제374조의 2 제2항 내지 제5항).

2. 지주회사와 회사분할제도

회사분할이란 1개의 회사가 그 사업을 나누어 1개 또는 수 개의 회사를 설립하거나 1개 또는 수 개의 존립중의 회사와 합병하고 분할로 인하여 설립되거나 분할 후 존속하는 회사가 분할되는 회사의 권리·의무 및 주주를 승계하며, 분할로 인하여 소멸회사는 청산절차를 거치지 아니하고 소멸하는 것을 말한다.[122] 이러한 회사분할제도는 다수의 영업을 영위하고 있는 기업이 그중

---

122) 최준선, 「회사법(제5판)」, 삼영사, 2010, 686면.

경쟁력이 없는 사업부문의 양도 등을 위해 이용할 수 있는 제도로 기업의 구조조정지원의 목적에서 도입되었다. 이를 활용하여 여러 사업부문을 영위하고 있는 기존 기업이 완전자회사를 설립하고 설립한 자회사에 사업을 분할하여 이전한 후 자신은 지주회사로 전환하여 자회사 지배에 전념할 수 있게 된다. 이는 1998년 상법개정시 도입된 것으로 비교적 무리 없이 지주회사를 설립할 수 있는 방법이라고 할 수 있다.[123]

3. 지주회사와 결합기업제도

우리 상법은 기업결합과 관련하여 합병과 영업양수에 관해서만 몇 개의 규정을 두고 있을 뿐이고, 주식취득에 관해서는 주식의 상호보유 규제(상법 제342조의 2) 및 다른 회사 주식취득의 통지(상법 제342조의 3)의 규정만을 두고 있다.[124] 그 밖에도 업무집행지시자의 책임(상법 제401조의 2), 간이합병(상법 제522조 이하) 등의 규정이 있다. 이와 같이 상법은 결합기업을 염두에 둔 몇 가지 규정을 두고 있기는 하지만 결합기업관계의 법률문제의 해결에는 미흡하다.

지주회사는 결합기업의 한 형태이고 그 출현에 따라 발생하는 법률문제로는 주로 지배·종속회사 관계의 형성에 따라 발생할 수 있는 모회사(지배회사) 주주의 주주권 축소에 따른 이들의 보호문제 및 자회사(종속회사) 소수주주 및 채권자 보호 등이 거론된다. 그리하여 전자와 관련하여서는 이중대표소송[125]의 도입, 후자와 관련하여서는 독일 주식법의 콘체른 규정과 같은 포괄적 결합기업법제의 정비를 요구하기도 한다.

이와 같은 종래의 논의를 포함하여 (보험)지주회사에 관한 법적 문제는 지

---

123) 허인, 앞의 글, 279면.

124) 유진희, 「주석 상법[회사(Ⅵ)](제4판)」, 한국사법행정학회, 2003, 381면 이하.

125) 대표소송이란 경영진의 결정이 주주의 이익에 반하는 경우 주주가 회사를 대표해서 회사에 손실을 끼친 경영진에 대해 소송을 제기하는 것을 말하는데(상법 제403조 제1항), 이중대표소송은 자회사 임원 등의 부정행위로 손해를 입은 모회사의 주주가 모회사 주주 자격으로 자회사를 대신해 대표소송을 제기하는 것을 말한다. 즉, 종속회사의 부정행위 등으로 손해를 입은 경우 지배회사 주주가 종속회사 이사 등을 상대로 직접 대표소송을 제기하는 제도이다.

주회사 관련 법제의 적절한 대응을 요구할 것이다. 예컨대, 보험지주회사의
설립이 활성화되고 실제 운영되는 경우를 상정해 볼 때 그룹 전체의 운영에
따른 적절한 규제, 자회사 부실경영에 따른 지주회사의 책임에 관한 문제, 상
법상 별개의 회사인 자회사의 실질적 지배에 관한 문제, 자회사의 독립성을
어느 범위까지 인정할 것인지에 관한 문제 등 (보험)지주회사 관련 법제의 적
절한 입법적인 대응이 요구된다.

Ⅱ. 보험지주회사와 회사법리

보험지주회사 그룹의 운영과 관련하여 상법상 가장 문제로 지적되는 점은
결합기업 형태에서 일반적으로 발생하는 바와 같이 그룹 전체의 이익과 자회
사(종속회사)의 이익이 희생될 수 있고, 자회사의 소수주주 그리고 자회사의
채권자의 이익이 침해될 가능성이 커진다는 것이다.[126]

특히 현행 금융지주회사법상 보험지주회사는 순수지주회사의 형태만 인정
되고 있어서 모회사와 그 자회사의 이사의 권한과 책임, 자회사 이사의 경영
권과의 관계 및 자회사의 주주·채권자 보호, 지주회사 주주의 보호 등 회사
의 지배와 관련된 문제가 현저하게 나타나게 될 것으로 보인다.[127]

순수지주회사는 스스로 사업활동을 영위하지 않고 자회사로부터 이익배당
을 받으며 그 주된 재원은 종속회사의 지주회사에 대한 배당에 의존한다. 따
라서 지주회사의 주주의 관심은 종속회사의 지휘·감독에 집중될 수밖에 없
다. 그러나 지주회사의 주주는 직접적으로는 종속회사의 주주총회에 참가할
기회가 없고 지주회사의 경영자를 통해서 간접적으로 참가하고 있는 것에 불
과하다. 이러한 지주회사의 소수주주 참가권의 축소와 관련하여 회사법상 문
제가 된다.[128] 모회사 이사의 자회사 이사에 대한 지휘권은 100% 자회사에 대

---

126) 유진희, 앞의 책, 291면; 공정거래위원회, 「기업집단 규율의 국제비교-우리나라 기업집단의 변화추이와 관련법제의
　　　국제적 정합성 검토-」, 2008, 139~141면.
127) 森本滋, "純粹持株会社と会社法", 「法曹時報(第47卷 第12号)」, 法曹会, 1995, 343~344頁.

해서도 인정되지 않는다.[129] 자회사의 이사는 전적으로 자회사의 이익을 추구하지 않으면 안 되는 것으로 이해되고, 자회사의 이사가 자회사의 이익에 반하는 모회사의 지도에 따른 경우는 원칙적으로 자회사에 대한 임무해태가 된다.[130] 이는 자회사의 독립성을 인정해야 하기 때문에 발생하는 문제이다.[131]

1. 비교법적 검토

보험지주회사와 자회사의 관계가 어떻게 운영될 것인가를 살피기 위해 결합기업관계에 대한 독일, 미국, 일본 등 외국의 입법례 및 판례이론, 학설, 우리나라에서의 논의 순서로 고찰한다.

(1) 독일의 콘체른 법제

1965년 주식법은 종속회사가 지배회사의 통일적 지휘에 따르고 있는 경우 콘체른 관계의 존재를 인정하여 지배·종속회사 간의 "지배계약(Beherrschungschaft)"의 유무를 기초로 계약콘체른(Vertragskonzern)과 사실상의 콘체른(faktischer Konzern)으로 구분하되 주로 자회사의 소수주주 및 채권자 보호에 관한 규정을 두고 있다. 계약콘체른 규정은 종속회사의 법인격을 유지하면서 계약에 의해 실질적으로 지배회사와 종속회사가 합병한 것과 같은 효과가 발생하는 것이다.[132] 이와 달리 사실상의 콘체른은 종속회사가 마치 계약 없이도 콘체른과 같은 효과를 나타내는 것으로서 이는 본래 의미의 콘체른을 면탈한 형태로 규제하고 있다(독일 주식법 제311조 이하).[133] 어쨌든 1965년 독일 주식법상

---

128) 神作裕之, "純粹持株会社における株主保護－ドイツ法を中心として(上)－", 「商事法務(1429号)」, 商事法務研究会, 1996, 2頁.

129) 森本滋, 앞의 글, 344頁.

130) 森本滋, 앞의 글, 344頁.

131) 柴田和史, "子会社管理における親会社の責任", 「別册商事法務(206号)」, 商事法務研究会, 1998, 107頁.

132) 이는 지배회사와 종속회사가 지배계약(Beherrschungsvertrag)을 체결하고 이러한 지배계약에 대하여 양사의 주주총회가 동의함으로써 성립한다. 이와 같이 성립한 계약에 대한 효력요건은 등기이다(주식법 제294조 제2항).

콘체른을 규제하는 방법은 계약주의(Vertragsprinzip)로 일컬어진다.[134]

계약콘체른은 지배회사가 종속회사의 이사회에 대한 지휘권(Leitungsmacht)을 취득하고(주식법 제308조 제1항), 종속회사의 이사회는 종속회사에 불이익한 지시라 하더라도 따라야 한다(동조 제2항). 또한 지배회사는 종속회사의 소수주주의 주식을 매수함에 따른 대가(Abfindung)을 지급할 의무(주식법 제305조), 잔존하는 소수주주에 대한 배당보증의 의무, 적절한 보상(angemessener Ausgleich)의 의무를 부담하는 외에(주식법 제304조), 지배계약의 체결 중 종속회사에 발생한 결손의 전보의무 등을 부담한다(주식법 제300~303조).

사실상 콘체른의 경우 지배회사는 원칙적으로 종속회사에 대해 불이익한 지시를 할 수 없지만(주식법 제311조), 영업연도 내에 당해 불이익에 대한 보상(Ausgleich)이 행해진다면 이와 같은 제한은 받지 않는다. 만약 보상을 하지 않은 경우 지배회사 등은 손해배상책임을 부담한다(주식법 제317~318조). 게다가, 종속회사의 보상청구권을 확보하기 위해 종속회사의 이사회는 결산기마다 종속보고서(Abhängigkeitsbericht)를 작성하고(주식법 제312조), 결산조사 등의 조사를 받게 되고 이에 의해 보상에 대한 해태가 판명된 경우에는 종속회사의 소수주주는 종속회사의 손해배상청구권을 행사할 수 있다(주식법 제315조, 317조4항, 309조4항).

(2) 미국의 판례법리

미국은 오래전부터 지배주주와 회사, 소수주주간의 이해충돌을 해결하고 회사와 소수주주의 이익을 보호하기 위한 판례법리가 형성되어 왔다. 특히 판례상 인정된 종속회사의 이사와 지배주주(controlling shareholders)의 종속회사 소수주주에 대한 충실의무는 지배·종속회사 간의 문제에 대처하여 온 주된

---

133) Timm, Das Recht der faktischen Unternehmensverbidungen im Umbruch, NJW 1992, S. 2186; 高橋英治, "ドイツの企業結合の問題", 「ジュリスト(1140号)」, 有斐閣, 1997, 49頁.

134) Thiele, Konzerntatbestand und Vertragskonzern −Faktizitäts− und Vertragsprinzip als gemeinsame Grundlagen einer Europäischen Konzernrechtsangleichung, Hamburg 1995, S. 81ff.

법리이다.135)

지배주주의 충실의무(Treupflicht, Fiduciary Duty)라 함은 지배주주가 그의 권리를 행사함에 있어 자신의 이익뿐만 아니라 회사와 다른 주주의 이익을 고려하여야 하는 의무를 말한다. 지배주주의 충실의무를 인정하는 근거는 지배주주가 회사의 영업과 활동에 결정적인 영향을 미칠 수 있다는 점이다.136) 바꾸어 말하면 지배주주는 그의 사적인 이익을 추구하더라도 그의 권리를 행사함에 있어 회사의 이익과 소수주주의 이익도 아울러 고려해야 할 의무를 부담하게 된다.137)

지배주주의 충실의무는 연혁적으로 이사의 회사에 대한 충실의무로부터 지배주주의 충실의무로 발전하였고, 다시 지배회사의 충실의무로 발전되었다.138) 모회사를 포함하여 지배주주는 회사(모회사의 경우에는 자회사)와 소수주주에게, 그리고 특정한 상황에서는 회사채권자에게도 충실의무를 부담한다.139) 지배주주가 법인으로 모·자회사 관계가 형성된 경우 모회사의 신인의무에 관해 Sinclair Oil Corp. v. Levien판결140)은 모·자회사 간 거래 시 모회사의 자회사에 대한 신인의무의 부담을 전제로 하되 그 자체가 경영판단원칙의 적용을 배제하는 것이 아님을 명확히 했다.

미국의 경우 전통적으로 주회사법은 겸임이사가 있는 경우 모·자회사 간 거래에 이해상충 거래규제가 적용되는 경우를 제외하고 지배주주인 모회사와

---

135) Solomon/Palmiter, *Corporations*, Aspen, 1999, p.279; James D. Cox et. al., *Corporations*, Aspen Law & Business, 1997, p.251.

136) 지배주주의 영향력 행사로 인하여 소수주주에게 손해를 끼칠 수 있다는 근거로는 James, *Ibid.*, p.251.

137) Ferber v. American Corp., 469 A.2d 1046(Pa. 1983).

138) 강희갑, "지배주주의 충실의무", 「상사법연구(제12지)」, 한국상사법학회, 1993, 107면.

139) S. Pac. Co. v. Bogert, 250 U.S. 483, 487~488(1919); 동 사안에서는 회사 및 소수주주에 대한 지배주주의 충실의무가 쟁점이 되었다. 회사채권자에 대한 지배주주의 충실의무가 쟁점이 된 사안은 In re Hechinger Inv. Co. of Delaware, 274 B.R. 71, 89~90(D. Del. 2002)이다.

140) Sinclair Oil Corp. v. Levien, 280 A. 2d 717 (Del. 1971); 이 사건 피고인 Sinclari Oil Corp.는 Sinclair Venezuelan Co.의 주식 97%를 소유하면서 매년 많은 액수의 배당을 받고 있었다. 이에 소수주주인 원고는 이러한 과도한 배당이 Sinclair Venezuelan Co.에 대한 충실의무를 위반한 것이라면서 피고를 상대로 대표소송을 제기하였다. 델라웨어 법원은 "모회사와 자회사가 있고 모회사가 거래 및 그 조건결정을 지배하는 상황에서 내재적 공정성(intrinsic fairness)이라는 기준은 자회사와의 거래의 객관적 공정성에 대한 입증책임이 전환되어 적용된다"고 하면서도, "이러한 원칙은 모회사가 자회사의 거래에 있어서 거래의 양당사자가 되는 자기거래(self-dealing)인 경우에 적용된다"고 보아, 이 사안에서는 모회사가 자회사의 소수주주를 배제하면서 얻은 것이 없으므로 자기거래라 볼 수 없다고 판시하였다. 따라서 자회사 이사회의 경영판단에 따른 위 이익배당은 유효하다는 결정을 내렸다.

자회사 간 거래를 규제하는 명문 규정을 두고 있지 않다.[141] 이에 따라 모·자회사 간의 거래의 공정성에 대한 판단기준의 명확화가 중심적인 문제가 되어, 판례상 "독립당사자 간 거래(at arm's length transaction)" 기준[142]에 따라 가격면의 공정성뿐만 아니라 모·자회사 간 거래가 필요한 이유, 자금 면에 무리는 없는지 등 다양한 요소를 고려하였다.[143]

모회사의 책임에 대해서는 판례법상 지배주주(controlling shareholders)가 회사 및 그 소수주주에 대해 신인의무를 부담하는 것으로 확립되어 있다.[144] 그리하여 지배주주는 회사 및 그 소수주주에 대해서 신인의무를 부담한다. 여기서 지배주주란 자회사의 의결권 있는 주식의 50% 이상을 소유하고 있는 자를 말하는데 만약 50% 이하라고 하더라도 지배적 관계(dominant relationship)가 인정되면 지배주주가 된다.[145] 한편 자회사 이사에게는 모·자회사 간 겸임의 유무를 불문하고 자회사 이사의 자회사에 대한 충실의무가 자회사의 소수주주를 보호하는 법리가 된다.

또한 미국의 판례법상 발전되어 온 회사기회유용의 법리(Usurpation of Corporate Opportunity)[146]는 일정한 경우를 회사의 사업기회로 인정하여 이사가 이를 사적으로 유용할 수 없다는 법리이다. 여기서 일정한 경우라 함은 회사가 재정적으로 수행 가능한 사업기회가 성격상 회사의 기존 영업과 밀접한 관련을 가지고 있으며, 이를 수행할 경우 회사에 이익이 되고 나아가 회사가 이 사업기회를 수행함에 있어 이해관계에 대한 합리적 기대를 할 수 있고, 이사나 집행임원이 이를 사적으로 편취할 경우 회사와 이해상충이 발생할 위험이 있는 경

---

141) Mary Siegel, "The Erosion of the Law of Corporate Shareholders", 24 Del. J. Corp. L. 40(1999).

142) Weinberger v. UOP, Inc., 457 A.2d 701(Del. 1983).

143) 江頭憲治郎, 「企業結合法の立法と解釈」, 有斐閣, 1995, 99頁.

144) Farmers' Loan & Trust Co. v. New York & Northern Railway Co., 150 N.Y. 410, 44 N.E. 1043, 34 L.R.A. 76(1986).

145) Solomon/Palmiter, Ibid., p.279.

146) 회사기회 유용에 관한 판례로서 David J. Green v. Dunhill Int'l Inc 사건이 있다(249 A.2d 427(Del. ch. 1968)). 이 사건에서 Spalding사 주식의 80%를 소유하고 있는 Dunhill Int'l Inc.는 교육용 완구를 제조하는 업체인 Child Guidance Toys를 인수하였으나 그전에는 완구제조와 무관한 상태였다. 이 사건에서 델라웨어 법원은 "Dunhill Int'l Inc.는 Spalding사에 적법하게 귀속되어야 할 기회를 취하였고, 이사와 임원에게 적용되는 회사기회 유용의 법리는 주주에게도 적용되는데 완구회사는 Spalding사의 사업부문(line of business)에 있는 것이므로 Child Guidance Toys의 인수는 Spalding사에 속하는 기회로서 Dunhill사가 이를 유용하지 말았어야 한다"고 판시했다.

우를 말한다. 이는 지배주주에게도 적용되고 회사기회를 판단하는 기준으로
는 일반적으로 사업부문(line of business) 기준[147]이 이용되고, 한계기준에 의하
는 경우 자회사기회의 침해와 관련하여 경영판단원칙이 적용된다.[148]

한편, 미국에서의 자회사 채권자 보호의 문제는 모·자회사관계의 특수한
것은 아니고 지배주주가 존재하는 회사에서의 일반적인 채권자보호의 문제로
이해되고 있다.[149] 자회사의 채권자 보호에 기여하는 법리로는 사해적 양도규
정(fraudulent conveyance law),[150] 법인격부인(piercing the corporate veil),[151] 내부자
에 대한 편파적 행위(preference)의 부인,[152] 형평적 열후화(equitable subordination),
실체적 병합(substantive consolidation)[153] 등이 있다.[154] 사해적 양도규정과 내부
자에 대한 편파행위는 제정법에 명문의 규정이 있는 제도이다. 법인격부인의
법리는 판례에 의해서 인정되고 있고, 그 적용은 우리나라의 법인격부인에 관
한 법리와 비슷하다. 형평적 열후화의 경우도 제정법에 명문의 규정이 있는
제도이고 동 제도에 의해서 모회사의 자회사에 대한 채권 또는 권리의 일부를
다른 채권 또는 권리의 일부에 대해서 후순위로 취급할 수 있다.[155] 사해적 양

---

147) 이는 회사의 현재 또는 장래 사업부문에 밀접히 관련되어 있는 사업기회는 회사의 기회로 보는 기준이다. '사업부문'
은 현재 사업영역뿐만 아니라 회사가 자연스럽게, 그리고 용이(naturally and easily)하게 확장할 수 있는 부문까지도
포함한다.

148) 회사기회유용을 이유로 자회사 소수주주가 모회사를 제소한 사안에서 원고가 승소한 사례는 단 한건이다(David J.
Greene & Co. v. Dunhil International, Inc., 249 A.2d 427(Del. Ch. 1968)).

149) 斉藤真紀, "子会社の管理と親会社の責任−子会社の債権者保護に関する基礎的考察(一)−", 「法学論集(第
149巻 第1号)」, 京都大学法学会, 2001, 32頁.

150) 이는 주법 및 연방파산법 제548조에 규정이 있다. 사해적 양도에 해당하기 위해서는 양도 또는 채무부담행위
(obligation)가 현실적 기망(actual fraud) 또는 적극적 기망행위가 있어야 한다.

151) 법인격 부인론의 초기에는 개인주주에 비해 법인주주에 대해서 법인격부인의 법리를 적극적으로 적용해야 한다는 주
장도 있었다(Stephen M. Bainbridge, "Abolishing Veil Piercing", 26 J. Corp. L. 479, 534(2001)). 법인격부인의 기준
은 불명확하고 법적안정성과 예측가능성을 결여한다는 비판이 있지만 가장 널리 이용되는 법리이다. 법인격을 부인
한 판례법은 단순한 도구이론 또는 분신이론으로 일컬어진다(Bernardin, Inc. v. Midland Oil Corp., 520 F.2d
771(1975)).

152) 파산절차에서 파산관재인은 신청서 제출일 90일 이내에 이루어진 재산상의 이전을 부인할 수 있지만(연방파산법 §
547 (b) (4) (a)) 부인권을 행사할 수 있는 이전행위가 내부자(insider)에 의해 행해진 경우에는 신청서 제출일 90일
이내에서 1년 이내에 행해진 이전행위가 있으면 이를 부인할 수 있다(연방파산법 § 547 (b)).

153) 이는 모·자회사가 동시에 파산절차에 들어간 경우 회생계획안상 요구되고, 파산법원이 인가 여부를 결정하는 것으
로 양사의 재산을 병합해서 전채권자를 평등하게 대우하는 것을 말한다. 실체적 병합에 의해 모·자회사 간의 자산
이 병합되고, 채권자의 청구권이 우선하고, 모·자회사 간 청구권은 취소된다.

154) 森本滋, 「企業結合法の総合的研究」, 商事法務, 2009, 335~340頁.

155) 연방파산법 제510조(c)(1)은 형평적 열후화가 인정되기 위해서 다음과 같은 3가지 요건을 필요로 한다. 첫째, 채권자

도규정, 법인격부인, 내부자에 대한 편파행위가 개별적인 행위를 문제로 함에 반해 형평적 열후화는 모·자회사관계 자체를 문제로 하기 때문에 모·자회사 간 이루어지는 대량의 거래를 일일이 문제시할 필요는 없다.156) 실체적 병합이란 회생계획안과 동시에 도산절차에 들어간 모·자회사의 재단을 병합해서 전채권자를 평등하게 취급하는 제도를 말하고, 이 경우 모·자회사 간에 존재하는 청구권은 소멸한다.157)

(3) 일본의 입법론

일본은 우리나라와 마찬가지로 독일의 콘체른에 상당하는 법 규정이 정비되어 있지 않다. 그러나 1997년 독점금지법 개정 시 지주회사를 설립할 수 있게 됨에 따라 '자회사 관계자의 권리보호 방안'에 대하여 검토하고, 1988년 법제심의회의 검토에 입각하여 '모·자회사 법제 등에 관한 문제점'이 공포되어 의견조회에까지 이르렀다. 또한 이 문제점에 관해서는 개정의 필요성과 구체적인 검토사항에 대해 의견이 분분하였다. 대부분의 경제단체, 금융기관 등은 이미 다수 존재하는 지배·종속회사에 대해 현행법상 구체적인 문제가 발생하고 있다고 볼 수 없다는 점과 종속회사 주주는 지배회사를 소유하지 않으므로 지배회사에 대한 권리를 인정할 이론적인 근거가 없다는 점 등을 근거로 반대의견을 명확히 하였다.158) 그리고 실태조사를 실시하고 장기적 관점에서 계속적인 검토가 필요하다는 지적도 있었다.159) 이와 같은 의견불일치로 말미암아 현재도 입법적인 정비에 관한 논의가 계속되고 있을 뿐 명확한 법 규정

가 불공평한 행위(inequitable conduct)에 관여했을 것, 둘째, 그 부당행위(misconduct)가 다른 채권자에게 손해를 야기하거나 당해 채권자에게 불공평한 우위(advantage)를 부여했을 것, 셋째, 열후화가 연방파산법의 규정과 모순되지 않을 것이다. 그리고 모회사는 내부자(연방파산법 제101조(31)(B)(ⅲ)(D))로서 불공평한 행위를 행한 것으로 추정된다.

156) 斉藤眞紀, 앞의 글, 34頁.

157) 실체적 병합은 파산법원이 인가함으로써 인정된다. 실체적 병합에 대한 인가 여부를 결정할 때 고려요소로는 첫째, 실체적병합에 의한 경제적 합리성, 둘째, 법인격부인의 기준인 '분신(alter ego)' 또는 '단순한 도구(mere instrumentality)' 이론에 기초한 실체적 동일성이다.

158) 原田晃治, "親子会社法制等に関する各界意見の分析―親子会社法制·金融資産の評価一", 「別冊商事法務 (211号)」, 商事法務研究会, 1998, 18, 30頁.

159) 原田晃治, 위의 글, 19頁.

은 존재하지 않는다. 한편 법제화를 지지하는 입장에서는 종속회사의 이익이 기업그룹 전체의 이익을 위해 희생되는 예가 많다는 점을 지적하고 있다.[160] 그 밖에도 다음과 같은 견해가 주목할 만하다.

1) 지배·종속관계의 추정과 개시제도의 충실에 관한 견해

이 견해에서 주장하는 바는 어느 회사가 의결권을 기초로 다른 회사에 지배적 영향력을 행사할 수 있는 경우에 양사는 '지배·종속관계'에 있는 것이며, 지배회사가 종속회사에 대하여 불이익한 형태로 업무집행에 개입한 경우에는 당해 불이익에 대해 지배회사에 책임을 부담시킴과 동시에 당해책임에 관한 규정의 실효성을 확보하기 위해 개시제도를 충실하게 하자는 것이다.[161]

일본에는 미국과 같은 이사의 충실의무에 관한 판례법리가 발전하지 않은 상황임을 감안하여 독일법 및 EC 제9지침안을 참고로 입법의 방향성을 시사한 입장이다.[162]

2) 종속회사의 독립성 확보를 중시하는 견해

이 견해는 독일법을 참고로 '계약콘체른'에 관한 규정은 일본에 존재하지 않으므로 '사실상의 콘체른' 규정을 참고로 하는 것이 바람직하다고 주장하는 것이다.[163] 종속회사가 경제적으로 독립한 회사처럼 운영될 수 있는 수단을 확보하기 위해서는 첫째, 지배·종속회사 간 거래의 공정성 기준의 명확화, 둘째, 종속회사의 고유의 사업분야의 확보, 셋째, 종속회사 임원(특히 감사)의 지배회사로부터의 독립성의 확보가 중요하다고 한다.[164] 구체적으로 지배회사와 종속회사의 거래 공정성에 대한 기준으로는 미국법상의 독립당사자 간

---

160) 江頭憲治郎, 「株式会社·有限会社(第3版)」, 有斐閣, 2004, 46頁.

161) 개시제도의 충실과 관련하여 계산서류에 의한 개시의 충실, EC 제9지침상 요구되었던 '특별보고서' 독일법의 '종속보고서'에 유사하지만 이와는 달리 종속회사의 소수주주에 의한 열람도 가능하도록 하는 등의 사항을 지적하였다(森本滋, 앞의 글(각주 127), 131~132頁).

162) 森本滋, "企業結合", 「現代企業法講座第2卷 企業組織」, 東京大学出版会, 1985, 131頁.

163) 江頭憲治郎, 앞의 책(각주 143), 15~17頁.

164) 江頭憲治郎, 앞의 책(각주 143), 17頁 및 34頁.

거래기준(at arm's length rule)을 참고로 하고 있다.165) 불공정한 거래로 인해
종속회사에 손해가 발생한 경우 지배회사는 당연히 책임을 부담하고, 당해 책
임의 추궁과 관련하여 종속회사 소수주주에 의한 주주대표소송을 인정할 것
과, 지배회사의 경업피지의무에 관한 규정을 둘 것, 종속회사의 감사 등에 대
한 지배회사로부터의 독립성 보장, 지배회사로부터의 보고징수권·조사권에
관한 규정을 둘 것 등을 제안하고 있다.166)

3) 자본다수결 제도를 주장하는 견해

위의 두 견해는 경제적으로 독립한 회사인 것처럼 운영되어야 한다고 주장
한 데 반해, 이 견해는 자본다수결제도의 인센티브의 기능167)을 발휘시키는
관점에서 지배회사의 종속회사에 대한 지휘권의 행사를 인정해야 한다고 주
장한다. 그 전제로 종속회사의 소수주주의 참가기회의 보장이 필요하다고 한
다.168) 구체적으로는 첫째, 지배회사는 '영업연도'마다 콘체른 지휘의 내용에
관한 계획서(콘체른 지도계획서)를 지배회사·종속회사의 주주총회에 제출하
여 의결을 받아야 한다고 한다. 또한 양사가 지배·종속관계에 있는 이상 동
계획서에 종속회사에 불리한 내용이 포함되어 있어도 결국은 가결될 것으로
생각되기 때문에 공정성의 확보가 어렵다는 의문이 제기될 수 있지만, 주식매
수청구권에 의해 모든 소수주주가 반대하여 주식매수를 청구한다면 지배회사
에 매수자금의 문제 등이 발생할 수 있으므로 지배회사의 전횡에 일정한 제약
이 될 수 있다고 한다.169) 둘째, 동 계획서에 반대하는 종속회사의 소수주주에
대해서는 주식매수청구권을 인정한다. 셋째, 종속회사의 이사는 독일법상의 '종
속보고서' 또는 EC 제9지침안의 '특별보고서'에 상당하는 「콘체른지휘보고서」

---

165) 江頭憲治郎, 앞의 책(각주 143), 93~94頁.

166) 江頭憲治郎, 앞의 책(각주 143), 119~131頁.

167) 보다 많은 자본을 출자하고 위험을 부담하는 자에게 의사결정면, 경제적 이익면에서 우월적 지위를 보장함으로써 회
사이익을 극대화하는 인센티브를 부여하는 것을 의미한다(佐藤誠, "結合企業のガバナンス(二·完) -経済の効率と
支配の公正の両立の観点から-", 「産大法学(34卷 4号)」, 京都産業大学法学会, 2001, 267頁).

168) 佐藤誠, 위의 글, 270-271頁.

169) 佐藤誠, 앞의 글, 272頁 및 276頁.

를 작성해야 한다고 한다.[170][171]

4) 지배적 지위의 남용을 법인격부인의 제3유형으로 인정하자는 견해

이 견해는 독일의 판례를 참고로 법인격부인의 법리를 활용해서 종속회사 채권자를 보호해야 한다고 주장한다.[172] 독일에서는 종래 콘체른 규정이 적용되지 않는 유한회사 콘체른에 대해서 「변태적 사실상의 콘체른」의 법리에 의해 종속회사 채권자를 보호해 왔지만, 최근에는 법인격부인의 법리를 활용하여 지배력의 부당한 행사를 근거로 지배회사에 직접책임을 부담시키는 방향으로 전환하였다고 한다.[173] 일본의 판례[174]는 법인격의 남용 또는 법인격의 형해화가 있는 경우에 법인격부인의 법리를 인정하지만, 독일의 판례가 시사하는 바와 같이 '지배적 지위의 남용'을 법인격부인 법리의 제3유형으로 인정함으로써 모(지배)회사가 자(종속)회사에 대한 지배력을 행사해서 자(종속)회사 재산을 수탈하거나 이에 의해 자(종속)회사의 존속이 불가능하게 되는 경우, 모(지배)회사는 자(종속)회사 채권자에 대하여 직접책임을 부담하는 것으로 이해해야 한다고 주장한다.[175]

(4) 우리나라에서의 논의

우리나라에서 기업결합문제에 관하여 논의한 문헌에 의하면 개별적 콘체른 규정을 두어야 한다고 주장하는 견해와, 포괄적 콘체른을 도입하여야 한다고 하는 견해가 있다. 또한 지배기업과 종속기업에 관한 정의규정의 필요성을 주

---

170) 佐藤誠, 앞의 글, 272頁.

171) 이와 같은 견해가 주장하는 지휘권의 존재를 인정하는 것에 대해서는 종속회사이사에게 커다란 재량권을 부여하고 종속회사의 독립을 촉진해온 점이 산업계의 활력을 불러일으켜 왔음을 이유로 적절하지 않다는 비판이 있다(江頭憲治郎, 앞의 책(각주 143), 15~16頁).

172) 高橋英治, "ドイツ法における子会社債権者保護の新展開－変態的事実上のコンツェルンから法人格否認の法理へ－", 「法学(67巻 6号)」, 東北大学, 2003, 162頁.

173) 高橋英治, 위의 글, 160頁.

174) 最判 昭和44年 2月 27日 民集23巻2号 511頁.

175) 早川勝, "企業結合・企業再編に関する法規制の現状と課題", 「同志社法学(55巻3号)」, 同志社大学法学研究科, 2003, 54~55頁.

장하는 입장도 있다.

1) 개별적 콘체른 규정 도입을 주장하는 견해

콘체른에 관한 상법상 독립된 장을 두는 것보다 개별적 규정을 두는 방안을 선호하면서, 회사기관의 자기책임의 원칙을 강조한다. 그리하여 아래와 같은 입법제안을 하고 있다.[176] 첫째, 피지배회사의 업무집행에 대한 영향력 행사에 관하여 지배회사 기관의 회사법적 책임에 관하여 규정하여야 한다는 것이다. 이와 관련하여 1998년 개정상법에서 업무집행지시자의 책임(상법 제401조의 2)이 도입되었으므로 동 문제에 대해서는 제401조의 2를 적용함으로써 해결할 수 있을 것으로 해석한다. 둘째, 자회사의 종속적 이사의 이익충돌에 관한 규정을 둘 필요가 있다는 것이다. 종속적 회사의 이사는 자기책임하에 지배적 기업의 지시를 따른다. 종속회사의 이익을 위하여 동종기업에 종사하는 통상적이고 양심적인 업무집행자의 주의의무를 다하여 지배기업의 지시를 따른 경우에는 그러한 지시를 따름으로 인해 종속기업에 생긴 손해에 대하여 책임을 지지 아니한다는 규정을 두어야 한다고 한다.[177] 셋째, 자회사, 그 주주 및 채권자에 대한 지배회사의 책임에 관하여 규정할 필요가 있다고 한다. 즉, 지배기업이 그 이익을 대표하는 자를 종속회사에 파견하여 종속회사의 이사로 선임되게 하고 그러한 이사가 지배기업의 이익을 위하여 행동을 하는 경우 그 자의 업무위반행위로 인하여 종속회사와 그 주주 및 채권자나 제3자에 대하여 생긴 손해에 대하여 그 이사의 지배기업은 연대하여 책임을 진다는 규정을 두어야 한다는 것이다.[178]

2) 포괄적 콘체른 규정을 주장하는 견해

이 견해는 기업결합에 관한 포괄적인 입법을 주장한다.[179] 그리고 계약주의

---

176) 노일석, "독일주식법상 콘체른에 관한 연구", 서울대 박사학위 논문, 1992, 363면.
177) 노일석, 위의 논문, 373면.
178) 노일석, 앞의 논문, 375면.
179) 신현윤, 「기업결합법론」, 법문사, 1999, 347면.

냐 사실주의냐에 관하여는 사실주의 원칙을 우선하여야 할 것이라고 한다.[180] 또한 사전동의방식과 사후보상방식 간에는 기본적으로 사적자치의 원칙에 기초한 사전동의가 필수적이며 이를 보완하기 위하여 사후적인 보상이 요구된다고 한다.[181]

3) 지배·종속회사의 정의 규정의 필요성을 주장하는 견해

이 견해는 최소한 종속기업과 지배기업에 관한 정의규정이 필요하다고 한다. 그리고 지배기업이 개별적 지시에 의하여 종속회사에 영향력을 행사하는 데 그치는 경우(단순한 사실상의 콘체른)에는 1998년 도입된 업무집행지시자 등의 책임에 관한 규정(상법 제401조의 2)에 의하여 문제를 해결할 수 있으므로 별도의 규정이 필요 없다고 한다. 또, 지배기업이 종속회사에 대하여 지속적이고 포괄적으로 영향력을 행사하는 경우(변태적 사실상의 콘체른)에는 독일 주식법상 계약상의 콘체른에 관한 규정을 모델로 한 새로운 규정을 도입할 필요가 있다고 한다. 이와 관련하여 주주의 충실의무 인정 여부에 관해서는 논란이 있다는 점을 감안할 때, 이 문제를 지배주주의 충실의무로 해결하기는 어렵다고 한다. 또한 지배·종속관계의 판단기준에 관해서는 주식회사의 외부감사에 관한 법률 제1조의 2 제2호 및 동 시행령 제1조의 3 또는 공정거래위원회 기업결합심사기준(공정위 고시 제1999-2호)을 참고할 수 있다고 한다.[182]

(5) 검 토

지주회사와 같은 지배·종속 관계에 있는 결합기업 형태를 효과적으로 규제하고자 하는 논의는 이미 콘체른에 관한 규정을 두고 있는 독일의 주식법을 제외하고, 미국과 일본에서는 주로 자회사의 이해관계자의 보호를 위한 법원의 판단과 학계의 다양한 견해로 이어지고 있고, 우리나라에서도 별반

---

180) 신현윤, 위의 책, 350면.
181) 신현윤, 위의 책, 353면.
182) 이상의 내용은 유진희, 「결합기업에 관한 보고서」, 법무부 회사법개정위원회, 1999를 요약하였다.

다르지 않다. 결국 현행 우리 회사법은 독립법인격의 회사를 인정하고 있으므로, 결국 논의는 지주회사와 같이 지배·종속회사 간에 발생할 수 있는 법적 문제와 관련된 실효성 있는 법 규정의 불비를 개선하고자 하는 것에 집중되어 있다. 일본에서는 순수지주회사의 해금 초창기에는 자회사의 소수주주 및 채권자의 보호를 위한 기업결합법제의 필요성을 주장하는 견해가 주를 이루었다. 반면 최근에는 지주회사 주주의 주주권 축소에 따라 지주회사 주주 보호방안에 대한 연구가 주목을 받고 있고 그 대표적인 논의가 이중대표소송에 관한 것이다. 이는 지주회사와 같은 지배·종속관계에 있는 기업 형태에 대해 회사법적인 측면에서의 실효성 있는 규제를 설계해야 할 필요성이 있음을 인정하는 것이다.

현재 우리나라에서 대기업집단의 지배구조개혁을 유도하기 위해 지주회사를 장려하고 있는 현실에서 이러한 대기업집단 소속의 보험회사가 보험지주회사로 전환하는 경우 우리 회사법의 입법방향은 어떠해야 하는가는 매우 중요하다. 그러나 그간의 논의가 어느 한쪽에 치우친 나머지 발전을 이루지 못하고 있는 건 아닐까? 무조건적인 반기업정서 대 친기업 정서와 같은 양자대립구도로는 어떠한 논의의 발전도 이루지 못할 것이다. 보험지주회사에 대한 회사법상의 규제가 왜 우리나라에서 주목되어야 하는가는 대기업집단 소속의 보험회사가 처해 있는 현실을 무시할 수 없기 때문이다.

우리나라의 보험회사들은 외형적인 성장을 거듭하였지만, 세계수준의 경쟁력을 갖추지 못하고 있는 실정이어서 대기업집단의 핵심계열사로서의 역할에 충실하고 있는 상황임을 부인할 수 없다. 실제 보험업의 대형화·겸업화를 통한 경쟁력의 강화보다는 역설적으로도 계열사인 보험사를 이용한 지배주주 등의 배불리기를 계속하고 있는 건 아닌가 하는 느낌마저 있다.[183] 즉, 대기업집단 소속의 계열사들이 계열소속 보험회사에 일감을 몰아주어 주요 보험사의 순이익이 높아지고, 이를 통해 번 돈을 배당으로 돌리는 악순환을 계속하

---

183) 우리나라 대기업 집단의 주요 금융계열사 현황('08년 4월 말 현재)을 정리하면 이하의 표와 같다(자료출처: 국회 정무위원회, 「금융지주회사법 일부개정법률안 심사보고서」, 2009. 7, 19면을 기초로 작성(그룹 전체 자산에 대한 비중 순으로 재구성)).

고 있는 것이다.[184] 이와 같은 보험회사의 상황이 보험지주회사를 활용하여 더욱 심화되는 것을 우려하기 때문에 보험지주회사에 대해 금융지주회사법상 과도한 사업지배력의 억제와 보험계약자의 보호를 위해 일정한 규제를 두고 있다. 이는 2009년 개정 금융지주회사법에 반영되어 대기업 집단 내에서 지주회사를 매개로 하여 금융계열사를 분리, 유도함으로써 지배구조를 개선함과 동시에 대형 금융자본을 육성하여 글로벌 금융환경 하에서 우리 금융 산업의 경쟁력을 높이려는 취지로 개정되었다.[185] 그러나 이러한 감독법제에 경제력 집중을 우려하는 규정을 둠에 따라 금융 산업의 경쟁력 강화와 관련한 입법목적이 상쇄되고 있는 건 아닌지에 대한 검토가 필요하다고 본다. 다시 말해 감독법제에 경제력 집중을 우려한 "과도한 지배력 확장의 방지와 보험계약자 등의 보호를 위하여"라는 문구를 법정한다고 하여 실질적으로 경제력 집중이 완화되고 보험지주회사의 보험계약자 및 이해당사자 등을 보호할 수 있을 것인지에 관하여는 신중한 검토가 필요하다. 오히려 이러한 입법 형태가 보험지주회사의 설립에 장해가 되고 있는 건 아닌지, 감독법제가 입법목적이 상이한 경쟁법제 및 회사법의 영역까지 잠탈하는 결과로 이어지고 있는 건 아닌지 생각해 볼 필요가 있다. 나아가 보험자회사를 지배하는 법인주주인 보험지주회

구분	전체 회사 수	금융계열사 수	금융계열사 총자산 (단위 원)	그룹 전체 자산에 대한 비중
동양	20개	7개	17.2	80.3%
한화	40개	7개	48.6	74.7%
동부	29개	7개	109	56.6%
삼성	59개	10개	148.5	54.0%

184) 이와 관련하여 살펴본 신문 내용은 다음과 같다.
"18일 금융감독원 전자공시시스템에 따르면 롯데손해보험의 계열사 적립금은 지난해 5월 말 28억 원에서 올해 6월 말 2,245억 원으로 확대됐다. 계열사 적립금 비중은 33.7%에서 95.4%로 치솟았다"고 한다. "다른 대형 보험사의 계열사 적립금 비중도 높아 자산규모 1위인 삼성생명의 계열사 적립금 비중은 57.7%에 달했다. 한화손해보험(44.0%), 삼성화재(40.7%)도 계열사 적립금 비중이 40%를 웃돌았다. 계열사들이 일감을 몰아주면서 2010회계연도(2010년 4월~2011년 3월) 9개 주요 보험사는 3조 9,720억 1,600만 원의 순이익을 올렸다. 보험사들은 이렇게 번 돈을 배당으로 돌렸다. 2010회계연도 배당을 한 보험사 9곳의 평균 배당률은 26.02%에 달했다. 순이익의 4분의 1 이상을 배당으로 계열사나 사주에 나눠줬다는 뜻이다. 업체별로는 대한생명의 배당률이 42.06%로 가장 높았다. 이어 LIG손해보험(36.02%), 현대해상(35.30%), 메리츠화재(32.47%), 삼성화재(26.28%) 등으로 나타났다. 대한생명은 배당금 1,995억 원 중 절반가량을 계열사인 한화건설, 한화, 한화케미칼 등에 배분했다"고 한다(보험사도… '탐욕의 돈벌이' 예외 없었다; 국민일보 2011. 10. 18일자 인터넷 기사 참조(http://news.kukinews.com/article/view.asp?page=1&gCode=all&arcid=0005465924&code=11151100).
185) 국회 정무위원회, 앞의 심사보고서, 19면.

사에 대하여 보험업법상 진입규제의 측면에서 대주주, 주요주주를 포함하는 적절한 규제를 설정할 필요가 있다. 이는 우리나라 보험지주회사의 결합기업적 특성을 어떻게 반영할 것인가에 관한 문제로서 위에서 살핀 외국의 제도와 이론을 참고할 수 있다.[186]

다른 한편 보험지주회사도 회사의 한 형태이고, 이와 관련된 법률관계에는 당연히 회사법이 적용되어야 함을 인식하여야 한다. 그리하여 결합기업의 형태에서 우려되는 보험지주회사의 권한남용을 방지하기 위한 입법적인 조치가 필요할 것이다. 다만, 이에 대해 독일과 같이 기업집단에 관한 포괄적인 입법체제인 콘체른과 같은 규정을 회사법에 도입할 것인지 개별적인 규정으로 해결할 것인지에 관한 문제가 남는다. 이에 관하여는 독일의 주식법과 같은 포괄적인 콘체른 규제를 두는 것은 EU의 선례와 같이 상당한 난관이 있다. 따라서 지주회사를 포함한 지배·종속관계에 있는 기업집단에 대하여 개별적인 규정들과 사법부의 탄력적인 법해석에 의한 법형성을 통하여 보험지주회사와 같은 결합기업과 관련된 문제를 해결해야 한다. 이와 같이 법적 문제를 해결하고자 하는 경우 참고할 수 있는 법리의 예로는 미국에서 판례를 통해 발전한 지배주주의 충실의무 등이다.

한편 보험지주회사와 같이 지배하는 자의 책임을 새롭게 제시하기보다는 기존의 법인격부인 법리를 활용하되 독일의 판례에서 확인된 법인격부인론의 제3유형을 참고할 수 있다. 아울러 업무집행지시자의 책임에 관한 규정을 탄력적으로 운용하는 방안도 생각해 볼 수 있다. 그리하여 보험지주회사의 운영상 주의를 독려하게 할 수 있다. 또한 보험자회사의 건전성 확보를 위해서는 보험지주회사 대 자회사의 불공정한 거래를 효과적으로 규제할 수 있도록 개시의무의 충실화 등을 도모해야 한다. 이를 통해 보험지주회사가 남용되는 것을 방지하고, 보험자회사 및 보험지주회사 그룹 전체의 건전성을 확보할 수

---

186) 보험회사의 지배주주를 규제하는 이유는 보험산업 및 보험회사가 필연적으로 갖게 되는 또 다른 시장 실패의 가능성 때문이다. 일반적으로 정부가 시장의 작용에 규제를 가할 수 있는 논거는 시장의 실패가능성이다. 이러한 금융부분에서의 시장의 실패란 불완전한 정보로 이한 소비자 피해와 외부 불경제에 기인한 시스템 위험 등으로 규정하고 있다 (Goodhart, Charles/Philipp, Hartmann/David, Liewellyn/Liliana, Rojas-Suarez/Steven Weisbrod, *Financial Regulation: Why, How and Where Now(in Association with the Bank of England)*, Routledge: London, 2001, Ch. 1).

있을 것이다. 이는 후술하는 특별경영위임계약의 체결을 통하여 보험지주회
사의 자회사 지배의 실효성을 확보하고, 나아가 보험지주회사의 불이익한 지
도와 과잉 배당 등으로 인한 보험자회사에 대한 건전성의 훼손에 대한 책임소
재를 명확히 하는 방법을 찾는다면 한국의 현실에 부합하는 방안이 구체화될
수 있을 것이다.

2. 보험지주회사의 회사법상 법률관계에 대한 영향

위에서 살펴본 보험지주회사의 결합기업적 운영에 대한 검토에 이어 보험
지주회사가 성립할 경우 회사의 법률관계에 구체적으로 어떠한 영향이 발생
하는지에 대해 검토한다.

(1) 일반 주주에 대한 영향

보험지주회사가 일반주주에 미치는 영향에서도 주주의 의무와 관련하여서
는 특별한 영향이 발생하지 않는다. 주주 유한책임의 원칙은 주식회사의 본질
적 요청이기 때문이다. 따라서 일반 주주에 대해서 영향을 미치는 것은 주주
의 권리에 대해서이다. 이는 법률상 부여되어 있는 주주의 권리가 전적으로
유명무실화된다거나 또는 적어도 현저히 그 내용이 변경 또는 감소될 수 있다
는 점 때문이다.

법률적으로는 보험지주회사의 형태에서 종속회사인 사업회사의 경영은 완
전히 지주회사의 주주의 지배로부터 단절된다. 보험지주회사의 주주는 지주
회사에 관련된 사항에 대해서 결의하고 이사를 선임할 수 있지만, 자회사의
이사 등의 선임과 그 사업에 대해 직접 결의할 수 없다. 단지 지주회사의 감사
가 그 직무를 수행하기 위해 필요한 경우에 자회사에 대해서 영업의 보고를
요구한다거나, 업무와 재산의 상황을 조사할 수 있을 뿐이다. 지주회사 주주
의 주주권의 축소는 경제적으로는 자회사가 지주회사의 사업이고, 지주회사

의 이익의 원천은 자회사의 사업내용에 좌우되는 점을 감안할 때 지주회사의 주주에게는 매우 부당한 결과를 야기할 수 있다. 보험지주회사는 소수의 주식을 보유함으로써 자회사의 지배를 목적으로 하고 있기 때문이다.

(2) 회사 기관의 지위에 대한 영향

지주회사를 통한 지배가 관계회사의 기관의 지위에 미치는 영향은 특히 이사와 감사의 지위에 관한 것이다. 그렇기 때문에 그들의 지위에 대한 부분을 모두 고찰해야 하지만, 이하에서는 특히 이사의 지위에 대한 영향만을 중심으로 살펴본다.

첫째, 보험지주회사의 권한은 실제로 이사회와 대표이사에 집중되어 있으므로, 실질적으로 이사의 권한이 확대·강화된다. 보험지주회사의 이사는 보험지주회사의 경영뿐만 아니라 모든 자회사의 경영에 대해서도 사실상 지배권을 행사할 수 있다. 둘째, 보험지주회사의 이사는 지주회사가 갖는 지배권을 통해 자회사의 이사의 권한마저 그의 수중에 둘 수 있게 된다. 자회사의 이사는 자회사의 주주총회를 통해 선임되지만, 사실상 지주회사의 이사에 의해서 선임되는 것과 마찬가지다. 또한 보험지주회사의 이사가 동시에 자회사의 이사를 겸임함으로써 그 지배를 더욱 강화할 수도 있다. 이와 같이 보험지주회사의 이사는 종래 그 회사의 주주총회에 속하는 많은 권한을 실제로 행사하면서 그룹 전체의 지배자와 같은 지위를 갖게 된다. 셋째, 이사의 권한이 확대됨에도 그에 따른 책임은 확대되지 않는다. 즉, 보험지주회사의 이사는 지주회사의 경영에 대해서는 책임을 부담하지만, 자회사의 경영에 대해서는 지주회사와는 별도의 회사라는 사실로 인해 통상적으로 보험지주회사에 의한 책임 추궁이 해태되는 경우가 많다. 보험지주회사 산하에 지배종속 관계가 아래로 계속 확장되는 경우 지주회사 산하의 각 자회사가 독립의 법인격을 갖고 있으므로 지주회사의 이사의 책임은 각각의 단계로 한정된다. 만약 자회사의 독립성이 그대로 인정되는 경우 보험지주회사의 이사는 그 종속회사의 경영에 대해서 자유롭게 되고 다만, 보험지주회사 그룹 전체를 감안한 경영자원의 효율적 배분과 같은 사항이 주된 관심사가 된다. 이로 인해 때로는 이사의 개인적 이익을 위해 회사의 기회가 이용되는 경우도 있을 수 있다. 넷째, 보험지주회사의 이사는 지주회사로부터 보수를 받을 뿐만 아니라 지배하에 있는 종속회사의 이사를 겸임함으로써 또한 그 외의 다양한 명목으로 보수를 받게 될 가능성이 있다.[187]

3. 소수주주의 보호문제

보험지주회사의 규제에 관한 논의는 주로 경제력집중의 억제나 그 완화를 위한 기업집단 지배구조의 투명성 제고 측면에서 이루어져 왔을 뿐 소수주주나 채권자 보호 측면에서의 논의는 많지 않았다.[188] 그러나 최근 사회적 이목을 집중시킨 일련의 사례에서도 나타나듯이 실제로 지주회사 내지 대기업집단에 대한 사회적 관심은 경제력집중 문제보다는 지배주주의 사익추구로 인하여 발생하는 폐해에 집중되었다. 이러한 사정을 감안할 때 지배주주의 사익추구 내지 권리 남용으로 인하여 발생하는 소수주주나 채권자의 이익침해 문제, 즉 지배·종속관계로 인하여 발생하는 회사법적 문제를 해결하지 않고서는 지주회사 문제의 만족할 만한 해결을 기대하기 어렵다. 따라서 지주회사와 자회사 관계를 포함한 지배회사와 종속회사 관계에서 일반적으로 발생하는 문제점, 특히 지배주주의 권리 남용으로 인한 폐해를 막기 위한 회사법적 개선이 요구된다.[189]

지주회사를 중심으로 하는 결합기업 형태에서 발생하는 일반적인 문제는 보험지주회사라고 하여 예외일 수는 없다. 특히 보험지주회사와 자회사 간의 이해상충의 문제를 어떻게 규제하여 자회사의 건전성을 도모할 것인가가 중요하

---

187) 相沢幸悦, 앞의 책, 182~183頁.

188) 유진희, "지주회사 규제의 정책방향 −일반지주회사의 규제를 중심으로−", 「상사법연구(제25권 제2호)」, 한국상사법학회, 2006, 425면.

189) 유진희, 위의 글, 426면.

다. 보험지주회사의 효율성을 도모하는 측면에서는 자회사의 이익이 희생될 여지가 있는데 보험자회사의 건전성 확보차원과는 상충하는 면이 발생한다. 특히 우리나라 대기업 집단에 소속된 보험회사를 중심으로 하는 결합기업 형태의 경우 이들에 대한 효과적인 규제방안을 모색할 필요가 있을 것이다.

(1) 자회사 소수주주의 보호

자회사의 소수주주나 채권자 보호를 위한 법제도의 내용은 모회사 주주보호를 위한 법제도와 비교해서 나라별로 커다란 차이가 있다. 그러나 자회사 소수주주보호·채권자 보호 각각에 대해서 모회사의 책임추궁을 가능하게 하는 일련의 법제도가 존재하는 것은 명백하다.

모회사 주주보호의 법제도로 인식되는 이중대표소송, 자회사의 중요사항에 대한 모회사 주주의 권한은 그 목적이 개별 법인격의 주식회사를 상정한 규제의 회피방지이건 기업그룹 지배구조의 향상이건 형식적으로는 개별 법인격의 주식회사를 상정한 주주의 권한을 확장하는 것이다. 그에 비해서 자회사 소수주주·채권자 보호의 문제는 모회사 주주 보호의 문제보다도 명백하다. 다만, 자회사 소수주주·채권자의 문제를 개별 법인격의 주식회사에도 존재하는 다수파주주와 소수파주주 그리고 주주와 채권자의 이해상충 문제의 일유형에 지나지 않는 것으로 평가하는지, 모·자회사관계로부터 발생하는 특별한 문제로 평가하는지 아닌지에 대해서는 인식의 차이가 있을 수 있다. 그런데 소수주주보호 문제를 인식한다면 후자에는 다음과 같은 장·단점이 있다.[190] 장점은 첫째, 주주의 헌법상의 재산권보장은 자회사의 소수주주 보호를 목적으로 한 기업결합규제의 정비를 요구하고 있다. 둘째, 종속회사의 소수주주와 채권자보호를 위한 기업결합의 정비는 독점규제법상의 경제력집중억제규제의 기반을 제공한다. 셋째, 지배주주의 책임에 대한 규정이 정비되어 예측가능성이 높아지면 지배주주와 소수주주의 모두에 장점이 된다. 넷째, 기업결합

---

190) 高橋英治, 「企業結合法制の将来像」, 中央経済社, 2008, 135~141頁.

규제의 정비는 모회사가 자회사에 대해서 기회주의적 행동을 하지 않도록 확약하는 수단이 된다. 다섯째, 기업결합규제의 정비를 통해서 종속회사의 이사가 종속회사의 이익이 아닌 그룹 전체의 이익을 추구할 수 있도록 하는 법적 정당성이 부여되고, 그룹 전체의 생산성이 증대한다. 여섯째, 기업결합법제의 정비에 의해 자회사 및 자회사 주식에 대한 신용이 향상된다.

이에 반해 그 단점으로는 첫째, 체계적인 특별법의 규제대상의 확정이 곤란하다는 것이다. 일반적으로 그룹 또는 콘체른으로 불리고 있는 형태에는 다양한 것이 포함되어 있다. 그리고 그 다양성 자체가 기업체로서의 기업그룹 또는 콘체른의 강고함이다. 따라서 체계적인 특별법의 규제대상을 정확히 정의하는 것은 처음부터 곤란하고 나아가 규제내용에 의해서 기업그룹 또는 콘체른 조직의 다양성을 현저히 감소시킬 수 있는 가능성이 있게 된다.[191] 둘째, 제정법과 판례법상 콘체른을 대상으로 하는 규제가 채택되는 것이 콘체른 고유의 문제인지 회사법 일반의 문제로서 다루어져야 할 문제인지이다. 예컨대, 독일의 홀츠뮬러(Holzmüller) 판결[192]에서는 자회사의 중요사항에서 나아가 모회사가 자회사에 대해서 중요한 자산을 처분하는 것이 "불문의 총회권한(ungeschriebene Hauptversammlungszuständigkeit)"의 대상이 되게 되었다. 독일 주식법과 같이 회사가 중요한 사업자산을 양도하는 것에 대해서 주주총회의 승인을 요구하지 않는 법제하에서는 홀츠뮬러(Holzmüller) 판결이 판시한 문제는 양도의 상대방을 불문하고 회사가 중요한 사업재산을 양도하는 때에는 주주총회 결의를 요할 것인가 여부에 관한 회사법 일반의 문제로 다루어져야 하는 어려움이 있게 된다.[193]

---

191) 野田博, "企業結合と利益相反取引規制－取締役の兼任関係を介して規制する一般規定と企業結合の間－", 「法学研究(27)」, 一橋大学研究年報, 1995, 258~259頁.

192) 동 판결은 그룹 전체적인 관점에서 기존에 존재하던 사업실적이 저조한 사업부문과 장래 전망이 밝은 사업부문을 영위하던 회사가 후자에 대해서 새롭게 설립한 100% 자회사에 사업부문을 양도한 사실이 문제가 되었다. 이에 대해 모회사의 중요한 재산을 자회사에 분리하는 조치는 첫째, 모회사 주주의 재산권에 중대한 영향을 끼치므로 모회사의 주주총회의 결의 없이 인정될 수 없고, 이와 같은 결정이 이사에 의해 이루어진 경우에는 주식법 제119조 제2항을 원용하더라도 모회사 주주총회 결의 없이 행해진 행위이므로 이사의 주의의무 위반이 된다고 판시하였다. 둘째, 모회사의 중요한 재산이 자회사에 분할된 경우 자회사 입장에서는 기초적인 결정이 모회사 이사의 결정에 따라 행해지므로 모회사의 주주를 보호할 필요성이 있어, 모회사 주주의 법적지위와 관련하여서는 중요한 사항인 자회사에 대한 기초적인 사업의 변경에 해당하므로 이에 대해 모회사 주주총회의 결의가 필요하다고 판시하였다(BGHZ 83, 122, 140).

193) 神作裕之, "純粋持株会社における株主保護－ドイツ法を中心として(下)－", 「商事法務(1431号)」, 商事法務研究会,

기업그룹에는 자본관계를 매개로 해서 설립되는 금융그룹으로서 회사 간 자본다수결제도를 기초로 지배·종속관계가 명확히 드러나는 형태와 이와 무관하게 주식의 상호보유 등에 의해 복수의 회사가 결부되어 있는 형태가 있다. 지주회사는 기업의 필요성에 따라 허용되는 것인 만큼 이로 인하여 주주, 채권자, 보험계약자 보호에 차질이 없어야 한다. 주주 특히 소수주주 보호문제는 지주회사 설립이나 전환, 운영 등 지주회사의 모든 국면에서 요구된다.[194]

자회사에 소수주주가 존재하는 경우, 지주회사와 종속회사의 소수주주 간의 이해상충으로 자회사 소수주주에 손해가 발생할 가능성이 있다.[195] 즉, 자회사의 이사는 전적으로 자회사의 이익을 위해 성실히 직무를 수행해야 하지만 사실상, 자회사의 의결권의 과반수를 소유하고 있는 지주회사의 의향을 무시할 수 없으므로 (ⅰ) 지주회사와 자회사 간에 자회사에 대한 불리한 조건으로 거래가 이루어지거나, (ⅱ) 지주회사에 의한 그룹 내 다른 회사 간의 사업부문의 조정으로 인해 자회사가 성장할 수 있는 기회를 잃게 되는 경우, (ⅲ) 자회사의 사업에 관한 잘못된 지시가 있는 경우 등에 의해 자회사에 손해가 발생하고, 소수주주가 불이익을 입을 가능성이 있게 된다.[196] 나아가 이에 의해 자회사에 손해가 발생하거나 파산에 이른 경우 자회사의 채권자도 손해를 입게 될 가능성이 있기 때문에 자회사 채권자의 보호도 문제가 된다.[197]

이러한 문제점에 대해 일본에서는 자회사의 손해에 관한 지주회사의 책임 추궁을 인정하는 해석론도 주장되고 있지만, 이는 무리가 있다고 보아 입법론으로만 논의된다.[198]

1996, 14頁.

194) 최장현, "지주회사의 회사법적 문제에 관한고찰-소수주주 및 채권자보호를 중심으로-", 「企業法研究(第9輯)」, 韓國企業法學會, 2002, 139〜165면 및 338〜342면.

195) 江頭憲治郎, 앞의 책(각주 143), 6頁.

196) 江頭憲治郎, 앞의 책(각주 143), 7頁.

197) 江頭憲治郎, 앞의 책(각주 143), 27頁.

198) 大和正史, "子会社の少数株主·債権者の保護", 「ジュリスト(1140号)」, 有斐閣, 1998, 22〜23頁.

(2) 지주회사 소수주주의 보호

1) 문제의 소재

결합기업에 관한 이익보호의 필요성은 주로 종속회사와 관련하여 문제시되어 왔지만 지배회사에서도 문제가 될 수 있다. 왜냐하면 지배기업내의 중요한 종속회사가 경영위기에 빠진 경우 이를 구제하기 위해 지배회사의 자산을 이전한다거나 지배회사가 채무를 인수하는 경우 등이 있을 수 있기 때문이다. 이 경우 지배회사의 소수주주와 채권자 이익의 보호가 어려워진다.[199] 또한 지배회사의 중요한 사업 일부를 실질적으로 자회사가 영위하는 경우 지배회사의 소수주주는 자회사의 사업에 대해서 의결권 그 밖의 주주로서의 권리를 행사할 수 없게 된다. 이는 특히 순수지주회사 형태에서 더욱 두드러진다.[200] 아울러 우리나라에서 보험지주회사의 설립이 활성화되는 경우 그 대부분은 보험자회사의 주식을 100% 소유하는 완전지주회사의 형태를 취하기는 어려운 현실을 감안할 때 보험지주회사의 소수주주와 관련된 논의가 필요하다. 이에 대한 그 대표적인 논의가 바로 이중대표소송의 도입에 관한 것이다.

2) 이중대표소송

지주회사가 활성화 되는 경우 주주보호차원에서 자회사 이사의 부정행위로 지주회사 주주가 손해를 입은 경우 이를 어떻게 구제할 것인지에 관한 논의가 필요하다.

(가) 이중대표소송의 의의

이중대표소송은 자회사 이사의 자회사에 대한 책임을 지주회사 주주가 자회사를 위하여 대표소송의 형태로 추궁하는 제도를 말한다. 이중대표소송을 포함하여 모회사와 자회사 간의 주식보유 관계가 수차례 연속되는 경우에는

---

199) 森本滋, "取締役の利益相反取引", 「金融法の課題と展望」, 日本評論社, 1990, 315頁.
200) 森本滋, 앞의 글(각주 127), 329頁.

다중으로 대표소송이 인정되는데, 이를 다중대표소송(multiple derivate action)이라고 한다.

이중대표소송은 기업결합관계에 있는 회사의 주주, 특히 지배회사의 소수주주이익을 보호하는 장치로 기능한다. 일반적으로 종속회사의 이사가 그 위법행위로 종속회사에 대해 손해배상책임을 부담하는 경우 지배회사의 이사는 지배회사를 대표해서 당해 손해배상책임에 대해 대표소송을 제기할 수 있다. 그러나 이들 이사들 간의 정실관계로 인해 대표소송을 제기하지 않을 경우 지배회사 이사의 선관주의의무 위반이 될 수 있고, 지배회사의 주주는 이러한 선관주의의무 위반을 이유로 지배회사의 이사에 대해 대표소송을 제기할 수 있다. 그러나 지배회사의 주주가 지배회사의 이사에게 책임을 묻는 방법만으로는 지배회사의 주주이익이 확실히 보호된다고 장담할 수 없는 불확실성이 제기되는바, 이점에서 이중대표소송의 필요성이 인정된다.[201]

(나) 이중대표소송에 관한 논의

ㄱ) 긍정설

현행 상법과 증권거래법상의 대표소송의 제소권자인 주주의 개념에는 법인주주의 주주도 포함된다는 학설이다. 그러나 법인주주의 주주의 이중대표소송을 긍정하는 학설도 그 구체적인 적용범위에 관해서는 세부적인 내용이 조금씩 다른데, 이를 구체적으로 살펴보면 다음과 같다.

---

201) 이중대표소송은 원래가 미국에서 인정되는 제도로서 이를 뒷받침 하는 이론적 논거들이 다양한바 먼저 부정적인 논거로서 종속회사 이사의 위법행위에 대하여 종속회사나 지배회사가 그 책임을 추궁하지 않을 때에는 지배회사의 주주가 지배회사의 이사를 상대로 그의 임무해태를 이유로 대표소송을 제기할 수 있기 때문에 문제가 될 것은 없다고 하면서 이중대표소송을 부정하는 대체수단존재설, 주주대표소송을 제기하기 위해서는 부정행위 발생 당시에 그 회사의 주주이어야 하는데, 지배회사의 주주는 종속회사의 주주가 아니어서 당시 주식보유의 원칙을 충족하고 있지 않기 때문에 종속회사를 대신해서 대표소송을 제기할 원고적격이 없다는 동시주식보유원칙위배설, 반면에 이를 긍정하는 견해로인 신탁이론에 의하면 지배회사와 종속회사의 사이라든지 그 주주 사이에는 각각 신탁관계에 있으므로 지배회사가 종속회사의 신탁자로서 그 권리를 행사하지 않을 때에는 이는 회사재산의 낭비가 됨과 동시에 주주에 대해서는 수탁자의 의무위반에 해당하므로 지배회사의 주주에게 이중대표소송을 인정할 수 있다고 한다. 법인격부인이론에 의하면 법인격을 무시하여 두 회사를 하나의 기업으로 취급함으로써 이중대표소송을 인정할 수 있다는 것이다. 공동지배이론에 의하면 지배회사와 종속회사의 양자를 이사 또는 임원이 지배하고 있는 사실을 근거로 이중대표소송을 인정하려는 견해이다.

첫째, 회사 간의 지배·종속관계의 특성에 근거한 견해이다. 즉 완전종속회사(자회사)의 경우에는 지배회사(모회사) 외에는 다른 주주가 전혀 없음에도 지배회사가 종속회사의 이사를 상대로 그 책임을 추궁하는 대표소송을 제기할 가능성은 실제상 거의 없다. 따라서 결국 이들에 대한 책임추궁은 법의 사각지대에 놓일 수밖에 없으므로 최소한 완전종속회사의 경우에 대해서는 지배회사와 종속회사가 법률적으로 별개의 인격체라는 것을 근거로 하여 지배회사 주주의 이중대표소송에서의 원고적격성을 부정해서는 아니 된다고 한다.[202]

둘째, 대표소송제도의 입법취지에 근거한 견해이다. 구체적으로 지배회사가 입은 구체적인 손해의 산정과 인과관계의 증명이 쉽지 않을 뿐만 아니라 하나의 종속회사 주식을 소유하는 다수의 회사에서 각각 대표소송이 제기될 수 있으며, 지배회사가 그 이사로부터 손해를 회복하는 것만으로 종속회사의 다른 주주 및 채권자의 손해가 전보되지 않아 결국 이중책임의 문제가 발생될 수 있으므로 결합 기업에 있어서 대표소송의 입법취지를 관철시키기 위해서는 이중대표소송을 인정해야 한다는 견해, 상법 제403조의 입법취지를 살펴볼 때, 주주의 대표소송 제기권은 회사의 이사에 대한 책임추궁가능성의 현실적인 확보를 위해 파생적으로 인정된 권리이므로 지배·종속회사 간에도 이러한 파생적 기능만 충족된다면 종속회사에 대해 명백한 이해관계를 갖고 있는 지배회사의 주주에게도 종속회사의 이사를 상대로 한 대표소송의 제기권을 해석상 인정할 수 있다는 견해[203] 등이 있다.

셋째, 소수주주의 보호에 근거한 견해이다. 즉 기업집단 전체를 지배하는 지배회사의 지배주주에 대한 견제세력으로서 지배회사의 소수주주를 보호하고, 이를 통해 지주회사를 정점으로 하는 기업집단 전체의 건전성을 확보하기

---

202) 안성포, "주주대표소송과 원고적격성", 「비교사법(제12권 제1호)」, 한국비교사법학회, 2005, 484면.

203) 그러나 이 견해를 취하고 있는 학자들도 이중대표소송의 제소요건과 관련해서는 조금씩 다른 내용의 주장을 하고 있다. 즉 ① 일반대표소송에서의 지주비율을 이중대표소송에도 동일하게 적용해야 한다는 견해(김재형·최장현, "이중대표소송의 인정근거(Brown v. Tenney, 155 Ⅲ. App. 3d 605)", 「상사판례연구(제15권)」, 한국상사판례학회, 2003, 280～281면), ② 대표소송을 실질적으로 보장하기 위해서는 입법론적으로 단독주주권화해야 한다는 견해(김대연, "지배종속회사에서의 대표소송", 「상사법연구(제19권 제2호)」, 한국상사법학회, 2000, 447면 이하)가 주장되고 있다.

위해서는 이중대표소송을 인정해야 된다고 한다.[204]

넷째, 법의 계수연혁에 근거한 견해이다. 즉 현행상법이 미국의 판례법상 확립된 주주대표소송제도를 입법적으로 계수한 만큼 미국판례에서 일반적으로 인정되고 있는 이중대표소송을 동일한 근거에 의해 우리나라에서도 인정해야 된다고 한다.[205]

ㄴ) 부정설

대표소송의 제소주체인 주주의 개념에 법인주주의 주주는 포함되지 않는다는 학설인데, 이를 구체적으로 살펴보면 다음과 같다.

첫째, 현행상법의 법체계 및 조직구조에 근거한 견해이다. 구체적으로는 성문법체계하에서 상법에 법정되어 있는 대표소송의 제소자격을 해석에 의해 확장하는 것은 비록 그 필요성과 이론상의 타당성이 충분히 있다고 하더라도 이는 법해석의 한계를 일탈한 것으로서 옳지 않다는 견해, 이중대표송의 허용은 회사의 독립적인 법인격을 전제로 한 현행상법의 구조를 깨뜨릴 뿐만 아니라 지배회사의 이사에 대한 주주의 대표소송만으로도 종속회사에 대한 감시목적을 충분히 달성할 수 있기 때문에 이중대표소송을 인정할 수 없다는 견해가 주장되고 있다.[206]

둘째, 법 규정의 해석논리에 근거한 견해이다. 구체적으로 상법 제403조 이하의 대표소송에 관한 규정을 문리적으로 엄격히 해석하는 한 이중대표소송은 허용될 수 없다는 견해, 일반적으로 자회사의 손해를 경유하는 순수지주회사의 손해는 그 인과관계의 입증과 손해액의 산정이 곤란하여 지주회사의 주주가 당해 회사의 이사를 상대로 책임을 추궁하는 일반적인 대표소송만으로는 그 한계가 있다는 점과 나날이 형해화·위약화되고 있는 지배회사 주주의 이익을 보호할 수 있다는 점을 고려할 때 이중대표소송의 필요성은 분명히 인정되지만, 이는 어디까지나 입법론적인 검토를 요하는 것으로서 아직

---

204) 이동원, 앞의 책, 314면.
205) 정준우, "주주대표소송의 원고적격에 관한 쟁점사항 검토", 「기업법연구(제19권 제2호)」, 한국기업법학회, 2005, 134면.
206) 이철송, 앞의 책, 641면.

까지는 이중대표소송을 인정하기에 법해석상 무리가 있다는 견해가 주장되고 있다.[207]

ㄷ) 판 례

A주식회사는 염전개발업 등을 주된 목적으로 설립된 법인이나, 현재 B주식회사의 발행주식 657,100주 중 529,300주(발생주식의 80.55%)를 소유한 지주회사일 뿐 특별히 영위하는 다른 사업이 없었다. 그리고 B회사는 염부산물의 생산, 가공, 판매 및 수출입 등을 주된 목적으로 설립된 법이이나 1996년경 사업관련 염전을 폐전한 후 주로 부동산 임대 등의 사업만을 영위하고 있는 회사이다. 1995년 B회사의 대표이사로 재직할 당시 Y는 B회사 소유토지를 소외 갑 등에게 임대하고 보증금 및 임료 명목으로 45,000,000원을 수령하고도, 위 토지를 43,000,000원에 임대한 것처럼 허위의 임대차계약서를 작성한 후 실제 보증금과의 차액을 회사에 입금하지 않고 횡령하였다. 이에 A회사 발행주식 73,000주 중 21,350주(약29%)를 소유한 주주 X는 A사의 종속회사인 B사의 대표이사로 재직하였던 Y에 대하여 그의 업무상 횡령으로 인한 손해의 배상을 청구하기 위하여 대표소송을 제기하였다.

이에 대해 원심은 대표소송의 주요 목적은 이사의 의무위반에 대한 책임추궁이라는 점을 시인하고 나아가 이사의 의무위반행위가 반복되는 것을 억제하여 이사가 성실하게 회사를 경영하도록 하는 효과가 있어 이중대표소송을 인정하였다.[208]

이와 같은 원심에 대해 대법원은 양 회사 간에 지배·종속 관계가 인정된다고 하더라도 지배회사와 종속회사는 별개의 법인격을 가진 회사이고, 대표소송의 제소자격은 책임을 추궁당하여야 하는 이사가 소속된 당해 회사의 주주로 한정되므로, 종속회사의 주주가 아닌 자는 이중대표소송을 제기할 수 없다고 판시하였다.[209]

---

207) 정준우, 앞의 글, 135~136면.
208) 서울고등법원 2003. 8. 22. 선고 2002나13476 판결.
209) 대법원 2004. 9. 23. 선고 2003다49221 판결.

ㄹ) 검 토

우리나라에서는 대표소송의 제소권자인 주주의 개념에 법인주주가 포함되는 것으로 보는지에 따라 이를 긍정하는 견해와 부정하는 견해로 나뉘어 있다. 판례는 비록 하급심이기는 하나 이중대표소송을 긍정한 경우가 있다. 이는 이중대표소송을 인정함으로써 종속회사의 손해는 종국적으로 지배회사 주주의 손해로 귀속되므로 이중대표소송을 통하여 종속회사의 손해를 회복함으로써 간접적으로 지배회사 및 지배회사 주주의 손해를 경감하는 효과를 기대할 수도 있음을 이유로 든다.

보험지주회사 주주에게 이중대표소송을 인정하는 이유는 완전자회사의 경우 또는 지주회사와 자회사가 부정행위자에 의해 지배되고 있는 경우에는 지주회사 주주 이외에 이들을 상대로 책임을 추궁할 마땅한 방법이 없고, 만약 자회사가 그 손해를 회복하지 못하면 자회사가 입은 손해는 최종적으로 지주회사의 주주가 부담하게 됨을 근거로 든다. 나아가 기업집단 전체를 지배하는 지배회사의 지배주주에 대한 견제세력으로서 지배회사의 소수주주를 보호하고 이를 통해 지주회사를 정점으로 하는 기업집단 전체의 건전성을 확보하기 위해 이중대표소송을 인정해야 한다고 한다.[210]

일반적으로 자회사의 손해에 부수되는 순수지주회사의 손해는 그 인과관계의 입증과 손해액의 산정이 곤란하여 지주회사의 주주가 당해 회사의 이사를 상대로 책임을 추궁하는 일반적인 대표소송만으로는 그 한계가 있다. 또 나날이 위약화되고 있는 지배회사 주주의 이익을 보호해야 한다는 점에서는 이중대표소송의 필요성이 인정되고 있어 입법론적인 검토가 필요하다.[211] 그러나 이의 전면적인 도입에 따른 남소의 우려와 같은 부작용도 무시할 수 없으므로 일본의 입법례를 참고할 수 있다고 본다. 즉, 주식교환·이전에 따라 주주의 지위를 상실함에 따라 제소권이 인정되지 않아 발생하는 문제를 해결하기 위한 차원에서 주주의 지위에 변화가 생기더라도 그 제소권이 인정되는 일본과 같은 부분적인 도입이 적절하다고 본다.

---

210) 이동원, 앞의 책, 314면.
211) 같은 취지: 정준우, 앞의 글, 134면.

제3절 자회사에 대한 지배적 영향력 행사와 회사법상 한계

독점규제법상 지주회사의 해금 이후 대기업집단의 일부가 지주회사로 전환하였고, 은행 중심의 금융지주회사 또한 그 설립이 활발하였다. 최근에는 보험 중심의 지주회사도 출현하였다. 그런데 순수지주회사 형태의 기업결합체에 대해서는 주로 독점규제법상의 규제가 우선하는 것으로 인정되어 왔다.

이와 같은 지주회사 일반에 관한 지배구조 문제는 보험지주회사에 대하여도 마찬가지로 나타난다. 특히 보험지주회사는 순수지주회사의 형태만 인정되므로, 이에 따른 회사법적인 쟁점이 도출된다. 특히 보험지주회사가 자회사에 지배적인 영향력을 행사할 수 있는가에 대해 검토할 필요가 있다. 즉, 지주회사는 자회사에 대한 지배·관리를 주된 업무로 하므로 당연히 자회사의 경영을 지휘하게 되고 이로 인해 지주회사는 자회사에 대한 지휘권을 확보할 수 있어야 한다. 그러나 지주회사의 자회사에 대한 지휘권이 상법상 허용되는 것인가 또 허용된다고 하는 경우에도 이와 같은 지휘가 어떠한 방법과 범위에서 인정될 수 있는가 하는 점이 중요하게 된다.

지주회사의 자회사에 대한 지휘가 자회사의 업무를 집행하는 자회사 경영자에 대해서 회사법상의 구속력을 갖는 것인지에 대한 검토가 필요하다. 환언하면 지주회사의 지휘에 대해서 자회사의 경영자가 사실상 그에 구속되는 것만이 아니라 법적으로도 구속되는 것인가가 관심사로 된다. 물론 지주회사를 지배회사로 하는 결합기업체 내지 기업그룹은 현실에 존재하고 있고, 지주회사에 의한 지배·관리의 일환으로서 자회사의 경영에 대한 지휘는 실무상 행해지고 있다. 더욱이 보험지주회사의 근거법인 금융지주회사법상의 규정에 의해서도 지주회사의 그 산하 보험자회사에 대한 지휘권의 인정을 전제로 한 감독규제가 감독기관에 의해서 행해지고 있는 것으로 생각된다. 이러한 사항들을 아울러서 생각하면 지주회사의 자회사에 대한 지배를 부정하는 것은 어렵더라도 여러 가지 예외가 있을 수도 있다. 그리하여 이 점에 대해서는 상법 상 지주회사제도를 적절히 평가하고 규정함에 있어 좀 더 살펴볼 필요가 있다. 이는 상법과 실무의 조화를 위해서도 필수적이라고 할 것이다.[212]

Ⅰ. 금융지주회사법상 보험지주회사의 지배력

금융지주회사법 제50조 제1항은 보험지주회사의 자기자본 충실을 요구하고, 자회사 등에 대한 경영 관리를 통하여 보험지주회사 등 전체의 경영건전성을 확보하도록 요구하고 있다. 이와 같은 규정은 지주회사와 자회사를 포함한 그룹 전체에 대한 규제가 되고 있다. 이러한 규제는 보험지주회사와 자회사를 일체로 취급하여, 지주회사의 지휘 하에 자회사가 존재함을 전제로 하는 것으로 보인다. 또한 동법 제15조는 보험지주회사의 업무를 자회사의 경영관리업무와 그에 부수하는 업무로 한정하고 있고, 제1조에서는 자회사 등의 건전한 경영을 도모할 것을 요구하고 있다. 이와 같은 건전성의 확보를 위하여 금융위원회에 감독상 필요한 명령권을 인정하고 있다. 금융지주회사법은 보험지주회사가 그 업무로서 자회사의 경영관리를 당연히 행사할 수 있고, 자회사인 보험회사의 경영의 건전성의 확보에 대해 지주회사가 책임을 부담하고 있는 것으로 하고 있다. 또 금융지주회사법상 보험지주회사는 그 자회사에 대해 건전성의 관점으로부터 필요한 경우에는 일정한 조치를 명할 수 있고 그 실행을 강제할 수 있다(금융지주회사법 제51조 제1항 및 제2항). 보험지주회사는 자회사에 대해서 일정한 지휘를 행사할 수 있음을 당연한 전제로 하고 있다.

---

212) 前田重行, "持株会社による子会社支配と持株会社の責任(1)", 「法曹時報(第58卷 第3号)」, 法曹会, 2006. 1, 1頁.

Ⅱ. 회사법상 보험지주회사의 지휘권의 한계

금융지주회사법상 감독 규제와 관련하여서는 보험지주회사가 자회사를 지배·관리 하는 것을 인정하고, 그것을 확보하기 위한 수단으로서 지휘권을 부여하는 것이 당연한 전제로 되고 있는 것으로 보지만, 회사법상 지주회사의 자회사에 대한 지휘권의 존재 역시도 당연히 인정되는 가에 대해서는 의문이다. 특히 지주회사에 의한 지휘가 자회사의 주요한 인사와 자금조달 등에 관해 지주회사의 구체적인 판단과 결정에 따를 것을 요구하거나 때에 따라서는 구체적인 경영사항에 대해서 지시가 실시되는 경우도 있을 것으로 생각된다. 물론 통상은 자회사의 이사는 지주회사가 내린 지시에 따라서 경영활동을 행하고, 구체적인 지시에 따라서 행동하고 있다. 이와 같이 생각하는 한 지주회사의 자회사에 대한 경영상의 지휘권은 자회사를 구속하는 강제력을 갖고 있다고 할 수 있지만, 그 강제력은 어디까지나 임의적, 사실적인 것에 불과하다. 즉, 지주회사가 자회사에 유일한 주주 또는 과반수의 주식을 갖는 지배주주인 경우에 한해 자회사 이사의 선임·해임을 지주회사의 의사에 기초해서 행할 수 있다고 하는 사실상의 지배력에 기초한 것뿐이다. 따라서 지주회사에 의한 자회사에 대한 지휘는 자회사 이사 입장에서는 이에 따를 것이 법적으로 강제되어 있는 것이 아니다.

즉, 지주회사가 그 사업목적인 자회사에 대한 지배·관리를 실시하기 위해서는 자회사 경영자에 대해서 일정한 지시를 하는 것이 필요하다. 하지만 자회사 입장에서는 이와 같은 지휘에 구속되고, 이에 따라야 한다는 법적 근거가 없다. 오히려 법인인 회사의 경영자는 회사 외부로부터 영향을 받지 않고 독립해서 경영을 행해야 하는 것이 전통적인 회사법의 원칙이다. 이러한 회사법의 원칙이 관철된다면, 자회사에 대한 지주회사의 지휘는 금융지주회사법이 예정하고 있는 바대로는 이루어질 수 없다.[213] 그리하여 상법상 보험지주

---

213) 大隅建一郎, "会社の親子関係と取締役の責任", 「商事法務(360号)」, 商事法務研究会, 1965, 103頁; 前田重行, 앞의 글(각주 212), 14頁.

회사가 자회사에 대해서 일정한 작위·부작위를 직접 강제할 수 있는 지휘권
이 명확히 부여되어 있다고는 볼 수 없다. 자회사 경영자가 지주회사의 지휘
에 따를 법적인 의무가 없고, 오히려 자회사의 경영자는 외부의 간섭을 받지
않고 업무를 집행할 수 있음이 회사법의 대원칙이다. 우리나라에서 지주회사
가 설립되어 운영되고 있지만, 지주회사가 자회사를 지배·관리할 수 있는 것
이 아니므로 지주회사에 의한 자회사 내지 기업그룹의 지배·관리는 사실상
유지되고 있는 것에 지나지 않음을 의미한다. 이러한 사정으로 인한 분쟁이
표면적으로 드러나지 않고 있지만, 실제 자회사의 지배·관리에 관한 분쟁이
발생할 경우 어떻게 처리하여야 하는지 법상 명확하지 않다.

한편, 일본의 경우 지주회사 이사의 자회사 관리의무 해태가 모회사에 대한
선관주의의무 위반에 해당한다는 이유로 주주대표소송을 제기한 사례가 있다.
이에 대해 법원은 모회사와 자회사(손회사도 포함)는 별개 독립의 법인으로
재산의 귀속관계, 독자적인 업무집행기관과 감사기관의 존재를 이유로 자회
사의 경영에 대한 결정, 업무집행은 자회사의 이사(모회사의 이사가 자회사의
이사를 겸임하는 경우는 물론 그 자도 포함)가 담당하는 것이라고 판시하였다.
이에 따라 모회사의 이사는 특단의 사정이 없는 한, 자회사 이사의 업무집행
의 결과 자회사에 손해가 발생하거나, 모회사에 손해를 야기한 경우라도 바로
모회사에 대한 임무해태에 대한 책임을 부담하는 것은 아님을 명확히 하였다.
여기서 특단의 사정은 모회사와 자회사의 특수한 자본관계에 비추어 모회사
의 이사가 자회사에 지시를 하는 등 실질적으로 자회사의 의사결정을 지배했
다고 평가할 수 있는 경우 및 모회사의 이사가 내린 지시로 인해 모회사에 대
한 선관주의의무와 법령에 위반하게 되는 경우이다. 이와 같은 특단의 사정이
있는 경우에는 모회사에 발생한 손해에 대해 모회사의 이사에게 배상책임이
긍정된다고 판시하였다.214)

그러나 모회사 이사의 책임은 자회사 관리에 대해 모·자회사의 일체성이
확실시되는 경우(자회사의 의사결정 지배)에 한정하여 임무해태에 따른 책임

---

214) 東京地判 平成13年 1月 25日 判時 1760号 144頁.

이 발생하는 것으로 판시함에 따라 이를 지주회사에 적용할 경우에는 자회사에 대한 감시의무위반이 지주회사 이사의 임무해태에 해당하는지 여부가 문제될 수 있다.

Ⅲ. 경영관리 계약에 의한 경우

실무에 있어서는 이른바 지주회사·자회사 사이의 경영관리계약이 존재한다. 이를 근거로 지주회사의 자회사에 대한 지휘권을 강화할 수 있을 것이다. 즉, 현재 실무에서는 지주회사와 그 산하의 자회사 사이의 경영관리 계약이 체결되는 경우가 있고, 이와 같은 관리계약의 내용이 자회사의 일정한 경영활동에 대해 지주회사의 동의를 필요로 하는 등의 방법으로 지주회사의 관여를 인정하고 있다면, 지주회사의 지휘권을 계약에 기초한 것으로 인정하는 방법도 가능할 것이다. 그러나 이와 같은 경영관리 계약의 내용은 공개되어 있지 않고, 이러한 계약의 존재만으로 자회사에 대한 지휘권을 법적으로 인정하는 근거가 되기에는 부족하다.[215]

---

215) 前田重行, "持株会社による子会社の支配と管理－契約による指揮権の確保－", 「金融法務研究会報告書(13)」, 金融法務研究会, 2006. 10, 49頁.

제4절 보험자회사 관리에 관한 상법과 금융지주회사법의 내용

I. 금융지주회사법상 자회사관리의무와 상법

금융지주회사법에서라면 보험지주회사는 자회사의 건전경영에 위반한 경우 이사 등의 해임과 금융지주회사에 대한 인가의 취소와 자회사의 업무정지 등 제재를 받는다. 그러나 보험지주회사와 자회사 간의 관계에서 지휘권을 전제할 수 있는지 의문이다. 지주회사에게는 금융지주회사법이 예정하는 것처럼 항상 자회사에 대해 주주총회에서 다수결에 의해 이사와 감사를 선임할 수 있거나 직접 자회사의 이사 등에 대해 지시할 수 있는 권한은 부여되어 있지 않다.

오히려 지주회사와 그 자회사의 사이에는 이해상충의 위험이 있고, 주주총회의 권한인 자회사 이사 등의 선임권을 배경으로 지주회사의 경영방침을 자회사에 강제하게 되면 자회사 이사의 자회사에 대한 충실의무위반과 선관주의의무위반이 발생할 위험이 있다. 그리고 자회사와의 사이에도 이해상충과 주주평등원칙 위반으로 회사행위의 효력이 부인될 수 있다.[216]

금융지주회사법상으로는 일반적으로 이사회의 결정으로 당해 보험지주회사 및 자회사로 구성되는 그룹 전체를 관리하기 위한 내부통제기준을 마련해야 한다(금융지주회사법 제41조 제1항, 금융지주회사감독규정 제13조의 14 제2항). 그러나 상법(회사법)상 원리로는 지주회사가 자회사에 대해 지배·장악하는 수단이 보장된 것이 아니므로 어떤 영향력 행사 수단을 찾을 수 있는지 검토할 필요가 있다.

---

216) 柴田和史, "子会社管理における親会社の責任(上)", 「商事法務(1464号)」, 商事法務研究会, 1997, 2頁 및 7頁.

Ⅱ. 지주회사의 자회사에 대한 영향력 행사 방법

보험지주회사의 경우 순수지주회사의 형태만 인정되므로 자회사를 실질적으로 지배할 수 있어야 한다. 이하 보험지주회사의 자회사 실질적 지배와 관련하여 상법상 인정될 수 있는 방법을 찾아보고자 한다.

1. 주주권 행사를 통한 통제

지주회사는 자회사의 주주로서 자회사의 주주총회에서 의결권 행사를 통하여 자회사의 의사결정에 영향을 미치게 된다.[217) 지주회사가 자회사의 대주주라면 지주회사가 가지는 의결권의 수에 맞추어 자회사의 의사결정을 실질적으로 좌우하는 경우가 있을 것이다. 또한, 주주총회는 법률에 정한 사항 이외에도 정관이 주주총회 결의사항으로 정하는 사항에 관해 결의할 수 있으므로(상법 제361조), 정관으로 주주총회 권한사항을 확대함으로써 지주회사의 자회사에 대한 영향력 행사의 범위를 확대하는 길이 열려 있다. 이미 주식회사 제도에 관한 상법 규정에 의하여 당연히 행사될 수 있는 것이어서, 가장 기초적인 지배 수단이 된다.[218)

2. 경영자원 배분을 통한 통제

지주회사는 그룹 내 자회사에 대한 자원배분의 역할을 담당하고, 추가출자 및 자금공급 등 통합적인 자금시스템 운용을 통해 개별 자회사들을 확대 또는 축소하는 전략을 시행할 수 있을 것이다. 예컨대, 자회사의 자금지원요청이 있는 경우 자금용도에 대한 엄격한 심사를 거쳐 대출, 지급보증 등의 자금지

---

217) 이사의 임면과 같은 지배권 행사의 핵심 사항부터 합병, 분할, 영업의 전부 또는 중요한 일부의 양도, 양수 및 회사의 계속 등 조직 변경에 관한 사항이 모두 주주총회 결의사항이고, 재무제표 승인 권한 같은 재무, 회계에 관한 사항이 모두 주주총회 결의사항이다.

218) 김현태·김학훈, 앞의 책, 328면.

원을 결정한다. 이때 이에 대한 철저한 사후관리를 통하여 자회사의 영업을 통제할 수 있다. 지주회사 그룹 전체적인 전략차원에서 신규인력을 채용한 뒤 개별 자회사에 인력을 배치하거나 자회사의 사업계획을 검토한 후 선별적으로 직원을 채용하여 이를 자회사에 배치하는 방법 등을 통하여 인력자원의 공급에 대한 영향력을 행사함으로써 자회사의 영업에 영향을 미치게 되는 방법이다.[219]

3. 임원겸임을 통한 통제

지주회사의 임원이 자회사의 임원을 겸하는 경우 실질적으로 지주회사는 그룹 내 전체적인 목표에 부합하는 방향으로 자회사의 운영을 지배할 수 있다. 지주회사가 보편화된 외국의 경우에도 지주회사의 이사가 자회사의 대표이사(또는 이사)를 겸하거나 사외이사로서 자회사의 경영에 참여하는 경우가 상당수 있다. 이러한 임원겸임을 통하여 자회사의 주주인 지주회사의 이익을 최대한 보장할 수 있으며, 자회사와의 이해가 상충하는 결과를 미연에 방지할 수 있을 것이다. 하지만 반대로 임원겸임이 허용됨에 따라 발생할 수 있는 폐해를 방지할 필요도 있다. 그리하여 금융지주회사와 해당 자회사가 임직원 겸직으로 인한 이해상충 행위로 고객에게 손해를 끼친 경우에는 연대하여 그 손해를 배상하도록 하는 규정을 두고 있다(금융지주회사법 제39조 제6항).

4. 감사를 통한 통제

상법은 모회사의 감사가 그 직무를 수행하기 위하여 필요한 때에는 자회사에 대하여 영업의 보고를 요구할 수 있고, 자회사가 지체 없이 위 보고를 하지 아니할 때 또는 보고의 내용을 확인할 필요가 있는 때에는 자회사의 업무와

---

219) 손상호, "금융지주회사의 자회사 지배구조 구축방안", 「은행경영브리프(제10권 제9호)」, 한국금융연구원, 2001. 3. 3, 19~20면.

재산상태를 조사할 수 있다고 규정하여 모회사의 감사에게 자회사의 영업 및 재산상태를 조사할 수 있는 권한을 부여하고 있다(상법 제412조의 4). 따라서 지주회사가 그 자회사에 대하여 상법상 모회사로서의 요건을 충족하는 경우에는 지주회사 감사의 위와 같은 자회사 조사권을 통하여 지주회사가 제시한 경영전략이 자회사의 영업에 제대로 반영되고 있는지 여부 및 자회사의 영업실태가 그룹 전체에 미치는 영향 등을 조사하여 그 결과를 자회사에 대한 자원배분 등에 반영함으로써 자회사를 통제하는 수단으로 활용할 수 있다.[220]

5. 자회사와의 계약을 통한 통제

상법은 영업 전부의 임대 또는 경영위임, 영업의 손익 전부를 같이하는 계약 기타 이에 준할 계약의 체결 등에 주주총회의 특별결의를 요한다고 규정함으로써(상법 제374조 제1항 제2호) 회사의 영업이나 경영을 제3자에 위임하는 것이 가능함을 나타내고 있다. 지주회사가 경영위임계약에 의하여 자회사로부터 자회사의 영업에 관한 경영권을 위임받아 그 영업을 수행한다면 자회사에 대한 주요 의사결정을 지주회사가 지배하는 것도 가능해질 것이다. 또한 자회사가 지주회사에게 자회사에 대한 사업상 지휘권을 인정하고 자회사가 이에 종속되는 것을 주된 내용으로 하는 경영지배계약을 체결하는 것도 가능하다. 경영지배계약은 회사가 자신의 경영을 다른 기업에게 전적으로 복종시키는 것을 내용으로 하는 계약인데, 이러한 경영지배계약이 유효하게 체결될 수 있다면 지주회사는 지배기업으로서 자회사의 이사회에 대하여 지휘권을 갖고, 자회사는 지주회사의 지시에 따라야 할 계약상 의무를 부담하게 된다. 이에 의하여 지주회사는 자회사 지배를 위한 계약적 수단을 가지게 된다.[221]

다만, 위에서 살펴본 지주회사의 자회사 지배를 위한 수단들은 회사법에 의해 언제나 보장되어 있는 것이 아니고 지주회사가 자구책으로 강구하는 방법

---

220) 김현태·김학훈, 앞의 책, 334면.
221) 김현태·김학훈, 앞의 책, 336~337면.

들일 뿐이다. 실제 사례에서는 보험지주회사가 자회사를 실효적으로 지배하지 못하여 그 본래 경영목적을 달성하지 못하는 경우가 얼마든지 예상된다.

Ⅲ. 금융지주회사법상 경영관리에 관한 규정과 보험지주회사 이사의 책임문제

보험지주회사에 의한 자회사의 경영관리에 관해서는 금융지주회사법의 규정이 회사법의 원칙을 변용한 것으로 생각된다.[222] 왜냐하면 회사법상 개별 법인격의 자회사에 대한 지휘권의 행사는 사실상의 것에 지나지 않음에도 금융지주회사법은 보험지주회사의 업무를 자회사 지배·관리 업무로 한정하고(금융지주회사법 제15조) 이에 따른 권한을 부여하고 있기 때문이다.

금융지주회사법에 의하면 보험지주회사는 자회사인 보험회사의 경영관리의 권한이 인정되고 있고, 보험자회사는 그에 따를 의무를 부담한다. 이로부터 보험자회사의 이사는 보험지주회사에 의한 경영관리에 관한 결정내용이 위법하지 않거나 또는 위법한 것으로 판단되지 않는 한 보험지주회사의 경영지휘권한의 행사에 따라야 한다. 그리고 보험자회사의 이사가 보험지주회사의 경영지휘권한의 행사에 대해 과실 없이 위법하지 않은 것으로 판단하여 이에 따른 경우에는 보험자회사와 제3자에 대한 회사법상의 책임을 부담하지 않는 것으로 해석된다(금융지주회사법 제50조 제1항). 보험자회사에 관한 회사법상의 의무·책임원칙을 금융지주회사법이 변용하고 있는 것으로 생각될

---

222) 금융지주회사법 시행령 제11조(금융지주회사의 업무 등) ①법 제15조에서 "대통령령이 정하는 업무"라 함은 다음과 같은 업무를 말한다. 첫째, 경영관리에 관한 업무로서 가. 자회사 등에 대한 사업목표의 부여 및 사업계획의 승인 나. 자회사 등의 경영성과의 평가 및 보상의 결정 다. 자회사 등에 대한 경영지배구조의 결정 라. 자회사 등의 업무와 재산상태에 대한 검사 마. 자회사 등에 대한 내부통제 및 위험관리 업무 바. 가목부터 마목까지의 업무에 부수하는 업무를 말한다.
둘째, 경영관리에 부수하는 업무로서 가. 자회사 등에 대한 자금지원 나. 자회사에 대한 출자 또는 자회사 등에 대한 자금지원을 위한 자금조달 다. 자회사 등의 공동상품의 개발·판매를 위한 사무지원 등 자회사 등의 업무에 필요한 자원의 제공 라. 전산, 법무, 회계 등 자회사 등의 업무를 지원하기 위하여 자회사 등으로부터 위탁받은 업무 마. 그 밖에 법령에 의하여 인가·허가 또는 승인 등을 요하지 아니하는 업무를 말한다.

여지가 있는 것이다. 그런데 보험지주회사는 보험자회사의 경영관리에 대해서 자회사 자신의 이사와 동일한 선관주의의무·충실의무와 책임을 부담하고, 제3자에 대해서도 보험자회사의 이사와 동일한 책임을 부담하게 된다. 또한 금융지주회사 감독규정 제13조의 14에 따르면 보험지주회사 그룹 전체의 이익과 보험자회사의 업무의 건전하고 적절한 운영의 확보 간에 이해상충이 발생하면 후자를 우선시해야 한다.[223] 이와 같이 금융지주회사법상으로는 보험지주회사에 의한 보험자회사 등에 대한 경영관리가 인정되고 있다. 금융지주회사법상 보험지주회사가 자회사를 지배·관리할 수 있는 지휘권을 갖는 것으로 보면 보험지주회사를 자회사의 업무집행지시자(상법 제401조의 2)로 해석하여 불이익한 지도로 인해 자회사가 손해를 입은 경우 이에 대한 책임을 인정할 여지가 있다. 그러므로 보험지주회사가 자회사에 대한 지휘권을 보유하는 것으로 해석할 경우 지주회사의 이사 등은 자회사 관리와 관련하여 무거운 의무와 책임을 부담하게 될 것이다.

지주회사의 이사가 자회사를 관리할 의무가 있음을 인정한다면 때로는 지주회사와 자회사를 포함한 그룹 전체의 이익을 도모하여 주주이익의 극대화를 실현할 수도 있을 것이다. 그렇다면 지주회사 이사의 자회사 관리의무의 범위를 어느 범위까지 확대할 수 있는 것인가, 나아가 어느 범위까지 자회사 관리 의무가 인정되어 지주회사 이사의 책임이 인정되어야 하는가? 보험지주회사에서는 그룹 전체에 대해 일반사업회사와 비교하여 보다 신중한 위험관리가 요구된다. 금융지주회사 감독규정이 금융지주회사법 제15조를 구체화한 것으로 해석한다면 이는 상법상 이사의 충실의무(상법 제382조의 3)와 이사의 회사에 대한 책임(상법 제399조 제1항)의 근거로 작용할 것이고, 이에 따라 보험지주회사의 이사는 자회사의 운영에 대해 관여할 필요가 있다.[224]

---

223) 今井克典, "子銀行の経営悪化に対する銀行持株会社の責任(四・完)", 「名古屋大学法政論集(208号)」, 2005. 6, 314頁.

224) 岩源紳作, "金融機関取締役の注意義務-会社法と金融監督法の交錯-" 「落合誠先生還暦記念・商事法への提言」, 商事法務, 2004, 211頁 이하.

제5절 보험지주회사와 자회사의 이해상충과 이사의 책임 문제

지주회사와 자회사는 때로는 이해관계를 같이 하면서도 다른 한편에서는 별개의 이해를 가질 수가 있다. 보험지주회사와 자회사 사이에서도 마찬가지인데, 이 경우 지주회사·자회사의 이사가 어떻게 행위하여야 하는가, 어떠한 경우에 이사의 책임이 인정되는가는 (보험)지주회사 집행기관의 운영에 있어서 필수적인 검토사항이다.

생각건대, 자회사 이사는 자회사의 업무를 집행하도록 선임된 자이므로 자회사에 대해 선관주의의무 및 충실의무를 부담한다(상법 제382조 제2항, 제382조의 3). 문제는 지주회사 체제에서의 자회사는 지주회사의 사실상 영향력 하에 있으면서도 그룹소속 다른 회사들의 이해관계를 고려하도록 요청받는 경우가 많다는 것이다. 이와 같은 이유로 그룹 전체의 이익을 위해 자회사의 이익이 희생되는 등 지주회사와 자회사 간의 이해상충의 문제가 발생할 여지가 있다.[225]

Ⅰ. 비교법적 검토

이하에서는 비교법적으로 미국과 일본의 경우를 살펴보고자 한다. 독일의 경우 복합금융그룹은 콘체른의 형태로 운용되고 있고,[226] 그 법률관계는 주식법이 적용된다.

이에 반해 미국과 일본은 우리나라와 마찬가지로 독일의 콘체른과 같은 결

---

225) 노혁준, 앞의 글(각주 120), 40면.

226) 독일을 대표하는 복합금융그룹인 알리안츠사는 오래전부터 콘체른을 형성하여 발전하여왔고 현재도 은행을 포함하여 수만은 자회사를 산하에 두고 있다.

합기업법제가 정비되어 있지 않은 점에 주목하였다. 이하에서는 미국과 일본을 중심으로 자회사의 건전성 확보를 위해 미국의 자회사 독립의 원칙을 관철시키는 입법의 형태와 일본의 순수지주회사 해금 이전과 이후의 순수지주회사 운영과 관련하여 현재 논의되고 있는 내용을 검토한다.

1. 미 국

(1) 자회사의 운영과 관련한 이사의 의무

뉴욕주 보험법에 기초해서 설립된 주식회사는 뉴욕주 사업회사법(the business corporation law)이 적용된다(제108조 (a)항).[227] 따라서 보험회사의 경영을 담당하는 이사는 일반적으로 뉴욕주 사업회사법의 규정을 준수해야 한다. 특히, 동법은 이사의 의무로서 "이사는 성실하고 동일한 입장에 있는 통상의 사려 깊은 자가 유사한 상황 하에서 필요로 하는 정도의 주의를 갖고 그 의무를 이행"할(뉴욕주 사업회사법 제717조 (a)항) 것을 요구하고 있다. 이러한 규정은 이사의 주의기준을 정한 것이고, 이사의 회사에 대한 책임의 기초가 된다.[228] 이는 지주회사 산하의 다른 회사와의 거래를 검토하고 실행할 때 또는 그 외 보험법 제15절의 각 규정을 준수할 시에 이사의 행위규범으로서의 의의를 갖는다.[229]

보험회사가 지주회사조직을 이용하여 사업을 다각화하는 경우의 주된 염려는 보험자의 지배권을 타사가 취득함으로써 당해 보험자의 임원 및 이사가 그 책임을 포기하고, 지배하는 자의 이익이 보험자회사의 이익보다 우선시되어 보험계약자가 손해를 입을 가능성이 크다는 것이다. 다시 말해 지배기업이 종

---

227) 사업회사법과 보험업법이 저촉되는 경우에는 보험법이 우선한다(제108조(b)항(1)호 참조).

228) Robert. C. Clark, *Corporate Law*, Little, Brown & Co., 1986, pp.123~126.

229) 뉴욕주 보험법도 제1405조(c)항에 생명보험자가 투자를 행할 시에 임원 및 이사의 주의기준으로서 "성실하고 동일한 입장에 있는 통상의 사려 깊은 자가 유사한 상황에서 필요로 하게 되는 정도의 주의를 갖고 그 의무를 이행해야 함"을 규정하고 있다.

속회사인 보험회사의 이사를 임의로 조종함에 따른 반작용으로 종속회사의 이사가 주체적인 행동을 하지 않을 위험이 있다. 그리하여 지주회사 조직규정은 그 폐해를 제거하고자 하고 있다. 즉, 제1507조 (a)항은 인가를 받은 보험자가 다른 자(일반사업회사)의 지배하에 놓이게 되더라도 당해보험자의 임원 및 이사는 지배되지 않은 경우에 법에 의해 부과된 의무 및 책임이 면제되지 않고, 당해보험자를 「독립의 사업체(separate operating identity)」임을 전제로 이를 유지하는 방법으로 경영하는 것이 피지배보험자의 임원 및 이사의 의무임을 규정하고 있다. 지배하에 있다는 사정만으로 책임을 회피할 수 없게 되는 것은 당연한데, 지배관계를 이유로 책임이 면제될 수 없음을 굳이 명문화함으로써 피지배보험자의 「독립의 사업체」로서의 자주성을 확보하고 있다. NAIC모델법 제5조 c항도 다른 자의 지배가 임원 및 이사의 책임을 면제하지 않는다고 한다.

다만, 뉴욕주 보험법과 NAIC의 모델법도 「독립의 사업체」가 무엇인지 또는 그것을 확보하고 유지하는 경영이 어느 정도의 경영인지에 대해 명확하게 규정하고 있지 않다. 그리하여 보험회사가 그 모회사의 요구에 본의 아니게 따르게 된 경우에는 보험회사가 「독립의 사업체」로서 경영이 행해진 것으로 말할 수 없다는 지적이 있다.[230]

(2) 이사의 독립성

「독립의 사업체」로 인정되기 위해서는 이를 운영하는 자가 독립한 의사결정을 행하는 입장에 있을 것이 요구된다. NAIC모델법 제5조 c항 (3)호 및 (4)호는 보험자의 이사의 1/3 이상이 지주회사조직외의 자일 것을 요구하고, 그 외 1인 이상이 공인회계사의 선임의 추천, 보험자의 이사 선임을 위한 후보자의 지명, 그리고 임원의 활동평가, 선임 및 보수의 장려를 행하는 위원회를 구성

---

230) 예컨대 보험회사가 보험지주회사조직의 다른 회사로부터 보험료징수를 유예하도록 모회사로부터의 지시에 따른 경우 이에 의해 감독관은 당해보험회사가 「독립의 사업체」임을 포기한 것으로 판단하고 있다(P. C. Meyer, *Investment by Insurance in Ch. 8 of New York Insurance Law*, vol. 1 W. B. Dunham, Jr. ed. Matthew Bender(1991), at. § 10.07[4]).

할 것을 요구하고 있다. 이와 같이 지주회사조직 외의 이사를 채용함으로써 피지배보험자를 「독립의 사업체」로서 경영할 것으로 기대된다.[231] 이에 대해 뉴욕주 보험법에는 보험지주회사조직 외의 이사에 대한 규정은 없지만 생명보험자에 대해서는 동법 제1202조 (b)항 (1)호에서 말하는 사외이사에 관한 규정이 적용된다. 동호는 "주 내 생명보험주식회사의 이사의 1/3 이상의 자가 당해회사 또는 그를 지배할 것과 이에 지배되고 이와 공통의 지배하에 있는 기업체의 임원 또는 피용자 외의 자가 아닐 것, 또 당해회사 또는 상기 기업체 의결권의 지배지분의 실질적 소유자 이외의 자"이어야 함을 요구한다. 또한 뉴욕주 보험법 제1218조 (b)항은 보험사업에 있어서 경쟁을 현저히 감소시키거나 독점을 야기하는 경우에는 이사의 겸임을 금지하고 있지만, 사외이사이면 당해 조직내 다른 회사의 이사를 겸임할 수 있다는 문제가 있을 수 있다. 이 점에 대해 동법 제1507조 (b)항은 동 (a)항 소정의 「독립의 사업체」가 유지되면, 공동경영(common management) 및 사원, 재산 또는 서비스의 공동(cooperative) 사용을 금지하지 않는다. 즉, 「독립의 사업체」가 유지되는 범위 내에서 보험지주회사 내 이사의 겸임이 허용된다. 「독립의 사업체」의 지위를 확보하고 유지하는 것은 보험계약자를 보호하는 것이 그 목적이지만, 한편으로는 보험지주회사의 남용의 의미는 당해그룹 내 기업 간에서 경쟁제한적 행위를 행하거나 당해기구 자체에 의한 일반시장에 있어서 경쟁제한적 행위를 하는 것을 말한다. 따라서 보험계약자의 보호와 경쟁제한적 행위의 금지라고 하는 이중의 요청이 작동하고 있는 것이다. 이와 같이 보험자 및 그 지주회사조직내의 경영자의 관점에서 본 규제의 형태는 그것이 남용되는 것을 억제하고 있다.

---

231) 梅津昭彦, "保険持株会社機構規制に関する一考察—ニューヨーク—州保険法を素材として", 「文研論集(第110号)」, 生命保険文化研究所, 1995. 3, 68頁.

2. 일 본

(1) 보험지주회사의 업무 및 보험회사의 건전성 확보의무

보험지주회사는 자회사의 경영관리를 행하고 그에 부수하는 업무 외에는 다른 사업을 영위할 수 없도록 순수지주회사로 한정하고 있다(보험업법 제271조의 21 제1항). 또한 일본 보험업법 제271조의 21 제2항은 보험지주회사가 그 업무를 영위함에 있어 그 자회사인 보험회사의 업무의 건전성과 적절한 운영의 확보에 노력해야 한다고 규정하여 보험회사의 건전성 확보의무를 명문으로 인정하고 있다. 그리하여 보험지주회사는 자회사의 건전성 확보에 대한 의무를 강하게 부담한다.

(2) 지주회사 이사의 책임에 관한 논의의 변화

일본의 경우 보험지주회사의 운영과 관련한 지배구조에 대한 규정은 마련되어 있지 않다. 다만, 우리나라 금융지주회사법과 같이 임원의 자격 등에 관한 규정을 두고 있을 뿐이다. 이는 보험지주회사는 주식회사 형태만 인정되고 있으므로 일반적인 주식회사의 지배구조로 파악될 수 있는 문제로 여기고 있기 때문인 것으로 생각된다. 그리하여 이하에서는 최근 일본의 지주회사의 지배구조와 관련하여 지주회사 해금 이전의 논의와 해금 이후의 논의에 대해 검토하고자 한다. 이에 대한 검토의 이유는 지주회사를 금지하던 입법례에서 최근 그 설립이 활발하게 진행되고 있음에 비추어 그 논의의 전개 과정을 파악하여 시사점을 얻으려는 것이다. 특히 일본은 지주회사의 문제를 기업결합법제의 정비에 관한 관점에서 논의하고 있음에 주목한다.

(i) 지주회사 해금 이전의 논의는 모회사의 자회사에 대한 지배력 행사에 의해 자회사 주주 또는 자회사 채권자에 손해가 발생한 경우 모회사 또는 모회사 이사의 책임문제에 중점을 두었다. 그 이유는 독일의 영향 때문이다. 독

일 콘체른법의 주된 목적이 자회사(종속회사), 자회사 주주, 자회사 채권자의 보호에 있음을 근거로 일본에서도 이에 대한 활발한 논의가 진행되었던 것이다. 일본에서는 모회사 또는 모회사의 이사에게 책임을 부담시키는 것이 필요하다는 인식에 거의 합의가 이루어졌고, 책임을 인정하기 위해 어떠한 이론구성이 가능한가에 관한 논의가 진행되고 있었다.[232] 이러한 와중에 자회사 채권자에 의한 모회사 및 그 이사의 책임추궁이 있었고, 판례가 이를 긍정하였다.[233]

자회사측의 이익보호에 중점을 두고 논의할 경우에는 모회사의 자회사에 대한 지배력 행사는 부정적인 평가를 면하기 어렵다. 그런데, 사업지주회사제도가 독점금지법위반으로 되지 않았기 때문에 모회사의 이사가 자회사의 사업활동에 개입하지 않는 것은 법적 관점에서 보는 한 "선(善)"이었다고 평가된다. 따라서 자회사에 대해 사실상의 지배적 영향력을 행사하지 않았다고 해서 이사의 책임원인이 되는 것으로 생각되지 않았다.[234]

(ⅱ) 지주회사의 해금이 현실화되자 모회사 이사의 자회사 관리에 관한 책임의 문제에 관한 논의가 활발히 진행되고 있다. 이러한 책임은 이전에 논의되지 않았던 모회사의 책임에 관한 논의로 이어진다. 지주회사에서는 회사의 목적 자체가 자회사의 경영관리 내지는 지배이기 때문에 지주회사와 그 이사의 자회사에 대한 지배력 행사의 방법이 문제가 되었다.[235] 게다가 지주회사 해금 이전의 논의와는 달리 자회사에 대한 지배력의 행사가 모회사와 그 이사의 임무가 되고, 이사의 책임문제에 대해서도 지주회사 해금 이전과는 전혀 다르게 변모했다. 이러한 논의에는 지배력의 행사가 부당한 경우에 자회사에 대한 책임은 물론 모회사에게도 책임이 발생할 수 있을 뿐만 아니라 지배력의 행사를 해태함으로써 임무해태에 의한 책임이 발생할 수 있다고 하는 문제인

---

232) 川濱 昇, "持株会社の機関", 「資本市場研究会編 持株会社の法的諸問題」, 資本市場研究会, 1995, 72頁.

233) 神戸地判 昭和60年 12月 12日.

234) 江頭憲治郎, "企業組織の一形態としての持株会社", 「資本市場研究会編 持株会社の法的諸問題」, 資本市場研究会, 1995, 13頁.

235) 江頭憲治郎・森本滋・稲葉威雄, "持株会社の取締役をめぐる問題", 「取締役の法務(76号)」, 商事法務研究会, 2000, 8頁.

식에 이르게 되었다. 또한 모회사 주주의 주주권의 축소에 관한 문제에 대응하기 위해 이중대표소송에 관한 논의가 계속되고 있으며, 법제심의회 상법부회에서는 기업결합법제 제정 움직임까지 있다.

Ⅱ. 보험지주회사 이사의 의무와 책임

1. 문제의 소재

이사의 의무와 책임에 관해 우리 상법은 지주회사와 자회사, 넓게는 지배·종속관계에 있는 회사를 구분하지 않고 규정하고 있다. 즉, 상법은 이사의 선관주의의무(상법 제382조 제2항), 충실의무(상법 제382조의 3), 비밀유지의무(상법 제382조의 4), 회사에 대한 책임(상법 제399조), 제3자에 대한 책임(상법 제401조)을 규정하고 있다.[236]

이사의 의무에는 지주회사의 경우 자회사관리를 위한 지배적 영향력의 행사도 포함된다고 해석될 여지가 있다. 이는 순수지주회사와 같이 그 자체로서 사업활동을 영위하지 않고, 자회사의 지배·관리가 주된 목적이기 때문이다. 이와 같이 순수지주회사의 이사는 원칙적으로 대외적인 사업을 수행하지 않는다. 주식소유를 기초로 하여 다른 회사(자회사 및 손회사)를 지배하고 이를 종합적으로 관리하는 것이 유일한 기능이다. 순수지주회사의 이사회의 기본적역할은 전략적 매니지먼트 내지 그룹 전체의 중장기적인 계획에 따라 자회사에 필요한 자금의 지원, 자회사 이사의 선임, 자회사 경영의 감시이다. 특히 지주회사의 정관에는 다른 회사의 지배·관리가 사업목적으로 기재되게 된다. 이에 의해서도 지주회사의 이사는 기본적으로 그룹 전체의 이익, 구체적으로는 지주회사 주주의 이익을 위해 자회사를 지배·관리하고 지주회사의 이사가

---

236) 이러한 규정 형식을 비판하는 견해로는 권영애, "기업지배구조의 변환과정과 지주회사 이사 책임의 문제점", 「商事判例研究(第19輯 第3卷)」, 한국상사판례학회, 2006에서 "기업 규모에 따라 그리고, 지주회사/완전자회사 및 모회사/자회사에 따라 별도의 개별적인 권한 규정과 그에 따른 책임 규정들을 포함해야 한다"고 한다. 307면 이하 참조.

자회사의 경영에 적극적으로 관여해야 한다.237) 또한 순수지주회사의 이사 내지 이사회는 자회사의 중심적 업무집행사항의 결정을 실질적으로 통제할 것으로 기대된다. 자회사 이사·감사의 인사는 자회사의 주주총회에서 결정되므로, 순수지주회사의 이사회가 그 실질적 결정권을 가지게 된다. 이를 배경으로 자회사의 이사는 지주회사의 이사의 지시에 따라야 하는 것이다. 만약 이에 따르지 않은 경우 임무해태로 인해 지주회사에 대한 책임을 부담하게 될 것으로 해석된다. 게다가 자회사의 기본적인 업무집행에 대해서 지주회사의 이사회가 어떻게 관계되어야 하는가에 대해서도 검토과제가 될 것이다.238)

이와 같이 순수지주회사는 자회사의 관리 자체가 정관 소정의 목적으로 규정되어 있기 때문에 자회사 관리가 이사의 임무가 된다고 해석될 여지가 있다.239) 그러나 자회사 관리는 순수지주회사와 같이 정관 소정의 목적에 자회사 관리가 기재되어 있지 않더라도 자회사의 경영의 여하가 모회사의 경영상태에 영향을 미치게 되므로 정관에서 규정한 그 외에 부수하는 사업 내지 업무로 사업지주회사 및 일반회사의 자회사 관리가 포함될 수 있다. 따라서 자회사 관리는 모·자회사 관계가 존재하는 경우에 일반적으로 문제가 될 수 있다.240) 이를 바탕으로 지주회사·자회사 관계와 일반적인 모·자회사 관계에 있어서 자회사 관리에 대해 어떠한 차이가 있는지 검토할 필요가 있다.241)

이에 반해 모회사의 이사가 자회사를 관리하기 위해 지배력을 행사하는 것에 대해 부정적으로 평가하는 견해가 있다. 이는 모회사가 자회사에 대해 권리를 행사하지 않는 것임을 들어 모회사에 대한 책임을 인정할 수 없다는 것인데 그 논거는 다음과 같다. 첫째, 모회사는 주주로서의 지위에 있지만, 회사법의 일반원칙으로서 그가 가진 주주권에 대한 행사 여부는 전적으로 주주의

---

237) 김문재, "지주회사의 도입에 따른 회사법의 향방", 「商事法研究(第18卷 第1號), 韓國商事法學會, 1999, 90면.

238) 森本滋, 앞의 글(각주 127), 343~344頁.

239) 자회사 관리에 대한 임무는 순수지주회사의 이사에 한정된 것은 아니다. 이는 자회사가 경영전략적으로 활용되는 사업지주회사 및 일반적인 회사에서도 이용되는 한, 순수지주회사와의 차이는 정도의 문제일 뿐이다.

240) 稻葉威雄, "企業結合法制をめぐる緒問題(中)", 「監査役(500号)」, 社団法人日本監査役協会, 2005, 43-47頁.

241) 山下友信, "持株会社システムにおける取締役の民事責任", 「金融持株会社グループにおけるコーポレート・ガバナンス(金融法務研究会報告書(17)」, 金融法務研究会, 2006. 10, 31頁.

자유이고, 이러한 일반원칙을 중시하면 모회사가 자회사에 대해 주주권을 행사하지 않는 것도 자유이므로 모회사의 이사가 자회사를 관리하기 위해 주주권을 행사하지 않았다고 하여 책임이 발생할 여지가 없는 것이다.[242]

둘째, 자회사는 독립의 존재이고, 모회사 이사는 자회사의 경영에 관해서 일정한 의무를 부담하지 않는다.[243]

생각건대, 위의 견해와 같은 이론구성을 하면 우리 회사법상의 대원칙을 관철시킬 수는 있겠지만, 지주회사가 활용되는 경제적인 실질에 대해서는 고려하지 않는 결과가 된다. 원래 순수지주회사는 자회사를 지배·관리함에 따른 배당이 주수입이 되는 것이고, 이와 같은 경우 지주회사의 주주 입장에서는 자회사의 경영실적이 무엇보다 중요하게 된다. 따라서 지주회사의 이사 입장에서는 주주이익의 극대화를 위하여 자회사의 경영에 개입할 필요가 있기 때문이다.

결국 지주회사와 법인격을 달리하므로 자회사의 이사는 자회사의 이익에 충실하도록 업무를 집행하여야 하고, 지주회사의 지배력의 행사에 대해서는 자회사의 독립원칙을 완전히 배제할 수 없다는 한계가 있다.

그리하여 아래에서는 지주회사의 자회사에 대한 관리책임을 구체화할 수 있는 회사법상의 근거를 검토한다.

2. 자회사 관리에 관한 책임 원인

모회사의 이사는 자회사 관리에 대한 사항이 그의 임무에 속하고, 이러한 임무를 해태한 경우 모회사에 대한 책임을 부담한다. 또 모회사 이사는 자회사 관리자의 행위에 의해 경우에 따라서 자회사 측에 대한 책임을 부담할 가능성에 대한 이론구성도 가능한 것이다. 그러나 이와 같은 일반론만으로는 모회사 이사가 구체적으로 어떠한 사정하에서 책임을 부담하게 되는지 명확하지 않다. 모·자회사라고 하는 독립된 법인 간에 관련된 문제이기 때문에 아

---

242) 小林秀之·近藤光男, 「新版株主代表訴訟大系」, 弘文堂, 2002, 126頁.

243) 柴田和史, "子会社管理における親会社の責任(下)", 「商事法務(1465号)」, 商事法務研究会, 1997, 70頁.

무리 그룹의 경영이라고 하더라도 동일회사 내에서의 책임과 같이 해석하기에는 무리가 따른다. 그렇다면 이하에서는 자회사 관리에 관한 책임을 지울 경우 고려해야 할 요인을 살펴본다.

（ⅰ）지주회사 그룹과 일반 모·자회시 그룹의 차이를 긍정해야 한다는 점이다. 자회사 관리에 관한 책임은 지주회사에 한해서 인정되는 것은 아니고, 일반적인 모·자회사 관계에서도 인정된다. 그러나 지주회사에 있어서는 자회사 및 그룹 내 다른 회사의 경영관리 자체가 회사의 주된 목적이기 때문에 양자 간에는 일정한 차이가 있다. 그리하여 지주회사는 그룹경영을 효율적으로 수행하는 것이 지주회사의 주주에 대해서도 이익이 되고, 또한 지주회사정관의 목적에도 부합한다. 따라서 지주회사의 이사는 자회사 관리에 대해 일반적인 모·자회사 관계에서보다 고도의 임무가 부여되어 있는 것으로 볼 여지가 있다.[244] 특히 보험지주회사와 같은 순수지주회사에서는 사업을 수행하는 실질적인 주체가 자회사임을 감안하면 자회사의 사업성과가 지주회사에 매우 중대한 영향을 미치게 되므로 이사의 자회사 관리에 관한 임무가 일반사업회사에 비해서 높게 설정되어 있다.

（ⅱ）법적관리와 사실상의 관리를 모두 고려할 필요가 있다는 것이다. 보험지주회사가 자회사를 관리하는 방법으로는 회사법상의 권리행사에 기초한 관리와 계약관계에 기초한 관리가 있다. 회사법상 권리행사로서는 의결권행사에 의한 자회사 이사의 선임·해임, 각종 소수주주권에 의한 자회사의 업무집행에 대한 감독권한의 행사와 정보제공청구권의 행사가 있다. 계약관계에 기초한 관리로서는 경영위임계약이 있을 수 있는데 이러한 계약이 아직은 실무에서 널리 활용된다고 보기는 어렵다.

한편 사실상의 관리는 모·자회사 이사 간의 일상적인 정보교환과 자회사 이사에 대한 경영에 관한 지시 등에 의한 관리이다.

이상과 같은 자회사관리의 제유형이 있을 수 있음을 전제로 모회사 이사의 법적 책임문제를 검토함에는 다음 사항을 고려해야 한다.

---

244) 田代有嗣, "持株会社にいたる親子会社の 「法律」·「運営」ならびに監査役の役割の変遷", 「監査役(通卷486号)」, 社団法人 日本監査役協会, 2004. 4, 35頁.

첫째, 자회사의 독립성과 관련하여 모회사 이익보호의 관점에서 모회사 이사는 일정한 자회사 관리의무를 부담한다. 이로 인해 모회사 이사는 자회사에 대해서 법적인 권리 행사와 사실상의 지배력 내지 영향력의 행사에 의해 자회사의 적법·타당한 경영의 확보를 도모해야 한다. 이와 같이 해석하는 경우에도 모회사, 자회사가 각각 별개의 법인으로 존재하기 때문에 자회사의 이익침해가 되는 지배력 행사가 허용될 수 없다는 점은 회사법상의 대전제이다. 예컨대, 보험지주회사가 지주회사 그룹 전체의 이익을 위해 자회사에 대하여 일정한 지휘권을 행사하는 경우 지주회사의 이사는 자회사에 대한 경영관리가 지주회사에 대한 선관주의의무를 이행한 것으로 해석해야 한다. 이러한 의무이행을 확보하기 위한 수단은 보험지주회사의 주주권의 행사에 따른 사실상의 지배력 행사이다. 따라서 보험지주회사에게는 이익이 되나 보험자회사의 이익을 침해하는 경우에는 그 지배력의 행사는 적법한 것으로 해석될 수 없고, 이는 회사법상 내재적 한계에 따른 당연한 귀결이다. 그런데 자회사 경영전반에 관해 지휘권을 가지고 자회사를 관리하고 경영판단에도 넓게 개입하는 경우에는 최종적으로 어떠한 법적 평가가 내려져야 하는가? 또, 자회사에 실제 손해가 발생한 경우에는 이것이 자회사에 대한 불이익한 지도로 인한 것으로 의심될 소지도 있다. 자회사를 관리한다고 해도 자회사의 경영전반에 관한 관리는 보류하는 편이 법적 위험의 회피라고 하는 실무상의 관점에서는 현명한 판단이라고 볼 수 있을 것이다. 어디까지가 지주회사 이사의 임무로서 요구되는 범위인지에 대한 법적 문제를 생각할 때에도 이것은 고려되어야 한다.

둘째, 자회사 이사의 존재와 관련하여 별개의 법인인 자회사의 이사는 자회사의 이익을 위해 선관주의의무 및 충실의무를 부담하고, 자회사의 이익 실현을 위해 업무를 집행해야 한다. 이러한 자회사의 독립성과 이를 바탕으로 하는 자회사 이사의 의무에 의해 자회사의 이익이 실현되는 것으로 볼 경우 이것은 오히려 모회사 이사의 책임을 경감하는 요소로서 그 의미가 있다. 또한 자회사에 불이익을 초래한 결과 지주회사에도 불이익이 발생한 경우라면 자회사에 대한 불이익한 지도는 모회사에 대한 임무해태로도 인정할 수 있다.[245)]

Ⅲ. 자회사 이사의 의무와 책임

1. 문제의 소재

우리 상법은 개별 법인격의 자회사를 인정하고 있으므로 자회사의 이사는 그 자회사의 업무집행에 있어서 선량한 관리자의 주의의무에 따라 회사업무를 집행해야 한다(상법 제382조의 제2항, 민법 제681조). 또한 법령과 정관의 규정에 따라 회사를 위하여 직무를 성실하게 수행하여야 할 의무가 있다(상법 제382조의 3). 만약, 보험자회사의 이사가 보험지주회사의 지배적 영향력 행사에 복종하거나 이에 따른 결과 자회사에 손해가 발생한 경우 업무를 집행한 자회사의 이사가 회사 및 제3자에 대하여 책임을 부담하게 된다(상법 제399조, 제401조).

자회사에 소수주주가 있는 경우에 자회사의 이사로 하여금 지주회사의 이익 내지 그룹 전체의 이익을 우선하도록 허용하는 것은 소수주주의 이익을 해하고 자회사 경영실패의 책임을 모호하게 할 위험성이 있다. 특히 그룹 전체의 이익이라는 것은 그룹의 구성 및 그 지배관계가 수시로 변동될 수 있음을 고려할 때 너무나 유동적, 추상적인 개념이라서 남용의 위험성이 크다.[246] 그룹의 구성목적 및 형태에도 다양한 유형이 있는 바, 이를 일관한 그룹 전체의 이익이라는 개념을 구체화할 수 있는지도 의문이다. 정책적, 기술적인 측면을 고려할 때, 차라리 자회사 이사로 하여금 그룹으로부터의 수혜측면을 포함한 자회사의 장기적인 이익을 판단하도록 하는 접근법이 나을 것이다. 다만, 자회사에 소수주주가 전혀 없는 경우라면 자회사가 그 채권자들에 대한 채무 변제가능성을 해하지 않는 범위 내에서 지주회사의 이익을 고려할 수 있다고 보아야 하고, 장차 입법적으로 이러한 완전지주회사 관계에 관하여는 특례를 마련할 필요가 있다는 견해도 있다.[247] 그런데 많은 경우 자회사의 경영진은 지

---

245) 山下友信, 앞의 글, 36~37頁.

246) 노혁준, "지주회사관계에서 이사의 의무와 겸임이사", 「BFL(제11호)」, 서울대학교 금융법센터, 2005. 5, 39면.

주회사에 의하여 선임되고 지주회사의 실질적인 영향력 하에 놓이게 된다. 이 때 자회사 이사에게 지주회사의 의도와 무관하게 자회사 업무를 집행하도록 기대하는 것이 어려울 수 있다. 여기에서 지주회사로부터 명시적·묵시적 지시가 내려졌을 때 자회사 이사가 일정부분 주의의무가 경감되는지에 관한 문제가 발생한다.

2. 지주회사의 영향력 행사와 자회사 이사의 의무와 책임

지주회사 또는 지주회사의 이사가 사실상의 영향력을 이용하여 자회사에 지시를 내리고, 비록 지주회사가 자회사 이사의 선임권자라 하더라도 자회사 이사는 그러한 지시의 적법성, 부당성 여부를 자회사의 시각에서 재검토할 주의의무가 있다. 적법한 주주총회 결의를 따랐다고 하여 이를 집행한 이사가 면책되는 것도 아니다.[248] 한편 지시가 위법, 부당한 것이 아니고 다만 자회사의 이익을 보는 관점의 차이인 경우는 어떠한가? 주주총회의 결의가 위법하지 않은 이상 이사회 판단에 우선한다는 점을 확대 해석하면 지주회사 측의 지시가 우선하게 된다. 주주총회 권한의 확장은 상법이 명시적으로 허용한 것에 한해 인정되고, 지주회사의 영향력 행사를 자회사 주주총회의 결의로 볼 수도 없다 할 것이므로, 단순한 지주회사의 영향력 행사인 경우 자회사 이사는 지주회사의 판단을 우선시할 필요가 없다(상법 제382조 제2항, 제382조의 3참조).

만약 보험자회사의 이사가 지주회사의 영향력 행사에 따라 법령 또는 정관에 위반한 행위를 하거나 임무를 해태한 때에는 회사에 대하여 행위를 한 다른 수인의 이사 또는 감사(상법 제414조 제3항)와 부진정연대책임을 진다. 또

---

247) 노혁준, 앞의 글(각주 246), 39면.

248) 이와 관련하여 대표이사는 상법과 정관에 규정된 바에 따라 이사회나 주주총회에서 결의·위임된 업무를 집행하는 집행기관에 불과하므로 피고인의 행위가 이사회 또는 주주총회의 결의 또는 승인하에 이루어진 이상 이로써 피고인의 회사에 대한 성실의무위반 및 배임의 범위가 없음을 이유로 상고(원심 서울고등법원 1989. 4. 21. 선고 88노2448판결)한 사례가 있다. 이에 대하여 대법원 1989. 10. 13. 선고 89도1012판결에 의하면 "대표이사는 이사회 또는 주주총회의 결의가 있더라도 그 결의내용이 회사 채권자를 해하는 불법한 목적이 있는 경우에는 이에 맹종할 것이 아니라 회사를 위하여 성실한 직무수행을 할 의무가 있으므로 대표이사가 임무에 위배하는 행위를 함으로써 주주 또는 회사채권자에게 손해가 될 행위를 하였다면 그 회사의 이사회 또는 주주총회의 결의가 있었다고 하여 그 배임행위가 정당화될 수는 없다"고 한다.

한 법령 또는 정관에 위반한 행위 또는 임무해태가 이사회의 결의에 의한 것일 때에는 그 결의에 찬성한 이사도 연대하여 책임을 진다(상법 제399조 제2항). 이와 같은 일반론적인 관점은 별론으로 하더라도 보험지주회사가 자회사의 이사에 대해 직접 영향력을 행사하지 않고 대주주로서 자회사의 주주총회를 통해 자회사에 손해가 되는 불공정한 결의를 한 경우 자회사의 이사가 이 결의에 따라 업무를 집행하는 것이 임무해태 요건에 해당하는지 문제이다. 주주총회 결의내용이 법령 또는 정관에 위반한 경우에는 주주총회결의 무효확인의 소 또는 취소의 소를 제기할 수 있을 것이나(상법 제380조), 결의내용이 불공정한 경우 자회사의 이사가 불공정한 내용에 따라 업무를 집행한다고 해도 일반적으로 임무해태라고 해석하기에는 무리가 따른다.[249]

3. 자회사의 경영악화와 이사의 귀책사유 부존재의 경우

문제는 다음과 같은 경우에 제기될 수 있다. 즉, (i) 보험자회사의 경영악화 내지 파산에 대해 보험자회사가 회사법과 금융지주회사법 등의 법령에 위반하는 거래와 행위를 하지 않은 경우, (ii) 보험자회사의 이사가 보험자회사의 경영악화 내지 경영파산에 대해 구체적인 책임이 없는 경우, (iii) 보험자회사의 개별적인 거래와 행위에 대해 보험자회사, 자회사의 주주 또는 채권자 등 어느 자에 대해서도 구체적인 손해배상 등의 의무가 없는 경우 등이다. 이와 같은 사안에서는 보험자회사의 이사는 상법 제382조의 3에서 규정하는 법령에 위반한 행위를 하지 않은 것으로 봐야 한다. 따라서 보험자회사의 이사는 회사에 대한 책임 및 제3자에 대한 책임을 부담하지 않게 된다. 이와 같이 책임을 부담하지 않은 결과 지주회사에 손해가 발생한 경우 이는 금융지주회사법상 인정되는 보험지주회사의 자회사 지휘권이 인정되는 것으로 해석하여 보험지주회사의 이사에게 임무해태에 관한 책임을 물을 수 있다고 본다(금융

---

[249] 다만, 예외적으로 주주총회의 결의가 의결권의 내재적 한계를 벗어난 남용으로서 그 내용이 현저하게 불공정하여 자회사에 손해가 생길 염려가 있는 경우에는 주주총회결의무효사유가 된다.

지주회사법 제15조). 왜냐하면 금융지주회사법상 보험지주회사에게는 자회사의 건전성을 확보하기 위한 측면에서 후자에 대한 지휘권이 인정되고 있고, 전자는 순수지주회사로서 그 업무가 자회사의 지배, 관리에 한정됨에 따라 보험지주회사의 이사로서는 자회사에 대해 지휘권을 행사하는 것이 지주회사에 대한 선관주의의무, 충실의무를 다하는 것이기 때문이다.

한편, 미국의 경우 NAIC모델법 제5조상 지주회사 내 보험자의 기준 및 경영에 관한 규정에는 비록 임의규정이기는 하지만 회사지배구조(Corporate Governance)에 관한 문제(제5조 c항)를 규정하고 있다.

생각건대, 이는 보험자회사의 건전성을 확보하기 위하여 자회사 이사의 회사에 대한 의무를 명확히 규정함으로써 지주회사와 자회사 간의 불공정한 내부거래 등을 간접적으로 규제하는 효과를 갖는 것으로 해석할 수 있다. 미국의 경우 우리나라와 같이 보험지주회사와 같은 결합기업에 대한 직접적인 법규정은 설계되어 있지 않지만 자회사는 지주회사에 대하여 독립의 법인격이 인정된다. 그러므로 보험자회사의 이사는 자회사의 이익을 위해 임무를 수행할 필요가 있다. 이와 같이 일반규정의 해석에 의해서도 보험자회사 이사의 회사에 대한 의무(책임)는 명확히 설정될 수 있음에도 불구하고, 굳이 NAIC모델법에 규정을 둔 것은 보험자회사의 건전성 확보를 위한 중요거래에 대한 사전승인규제 외에 마련하고 있는 간접적인 규제의 하나이다.

이에 반해 우리 금융지주회사법은 보험지주회사 임원의 자격 등에 관한 규정을 두고 있고, 이사의 책임(의무) 등은 상법의 규정에 따르고 있다. 미국의 자회사 이사의 독립 원칙을 보험지주회사에 관한 감독법에 명문으로 규정하여 보험자회사 이사의 임무수행에 있어 주의를 환기시키는 효과도 있을 것이다. 이러한 명문화가 자회사 독립의 원칙을 확고히 하여 보험지주회사의 자회사 지배를 방해하는 요소가 되는 것은 아닌지 의문이 있다. 그러나 주주총회의 결의에 의한 자회사에 대한 사실적 지배에 의하건, 지주회사와 자회사 간의 계약체결에 의해 법적 구속력 있는 지배에 의하건 보험지주회사의 자회사 지휘권이 상실되는 것은 아니다. 다만 그 지배력의 강약에 따라서는 책임의 범위가 달라지는 것으로 보아야 한다. 왜냐하면 앞서 지적한 바와 같이 보험회사의 건전성을 유지하기 위한 간접규제의 성격을 갖는 자회사 이사의 독립 원칙은 자회사 이사의 자회사에 대한 선관주의의무 및 충실의무를 확고히 하여 보험자회사의 건전성을 확보할 것을 유도하는 규정으로 해석되기 때문이다.

현행법상 보험지주회사는 주식회사이고 자회사의 지배·관리만을 주된 업무로 하는 순수지주회사 형태로 한정된다. 이에 따라 상법과 보험지주회사의 근거법인 금융지주회사법에 관한 법적 문제를 병행하여 검토할 필요가 있다. 전자는 독립 법인격의 자회사를 어떻게 실질적으로 지배할 것인지와 보험지주회사와 회사법리를 어떻게 설정하여 이해관계자 등을 보호할 것인가에 관한 측면이고, 후자는 보험지주회사에 과도한 측면의 규제를 개선하여 이의 효율성을 도모할 수 있는 환경을 정비하는 측면의 검토이다.

금융지주회사법은 지주회사의 자회사 지휘권을 인정하고 있으나, 이는 상법상 당연히 인정되는 것이 아니다. 자회사가 지주회사의 지휘에 따를 의무(법적구속력)를 부담하는 것이 아닌 사실상의 구속력에 불과하다. 그럼에도 감독법규의 일부 조항, 예컨대 적기시정조치(금산법 제10조 제1항), 건전경영의 지도(금융지주회사법 제50조)와 같은 규정을 근거로 자회사 경영악화에 따른 보험지주회사의 책임을 긍정하고자 하는 새로운 해석론의 시도도 나타나고 있다. 그러나 금융지주회사법은 보험회사를 지배하고자 하는 법인주주에 대한 지배주주의 적격성 심사와 같은 진입규제(금융지주회사법 제23조, 제24조, 제25조)나 보험계약자 등의 보호를 위한 감독적 규제와 같은 감독법규 본연의 모습에 충실히 하는 것이 바람직하다. 하지만 금융지주회사법은 보험지주회사를 통한 경제력 집중을 우려하여 경쟁법제에서 규정되어야 할 부분까지 그에 포함하고 있어 결국 불필요한 규제를 낳는 구조적인 모순을 야기하고 있다. 따라서 이를 해결하기 위한 입법적인 시도가 필요하다는 문제의식을 바탕으로 다음 장에서는 금융지주회사법상 보험지주회사에 관한 감독법제의 문제점을 검토하여 해결방안으로 제시하는 입법론 및 해석론의 타당성을 부각시키고자 한다.

제4장 보험지주회사의 감독과 문제점

제1절 비교법적 검토

Ⅰ. 미 국

미국은 1960년대 보험지주회사의 설립이 활발해짐에 따라 이에 대응하기 위한 입법체계를 구축하고 있었다. 미국은 일찍부터 보험지주회사의 합법성을 인정하여 왔고, 보험자회사의 건전성을 확보하기 위한 방안으로서 미국 계약법상 '독립당사자 간 거래(at arm's length transaction)의 원칙'에 의해 규제하였고, 보험법상에는 지주회사와 자회사 간의 중요거래에 관한 사전승인제도를 규정하고 있다.

이하에서는 이를 바탕으로 미국에서의 보험지주회사에 관한 감독규제(뉴욕주)에 관하여 살펴본다. 아울러 금융위기 이후 보험지주회사에 대한 건전성을 유지하기 위한 NAIC모델법(Insurance Holding Company System Model Regulation Act)의 개정경위 및 그 내용에 대하여도 살펴본다.

1. 보험지주회사의 감독 관련 법규

(1) 보험지주회사의 설립배경

1960년대 미국의 지속되는 인플레이션은 보험업계에도 심각한 타격을 입혀 보험료수입의 저하로 보험회사의 기본적인 경영 기반을 훼손하였다. 이를 타개하기 위한 방법을 모색하게 되었는데 보험회사업무의 다각화(diversification)를 촉진하여 적극적인 자산운용으로 활로를 찾고자 하였다.

그러나 이러한 다각화에 대해 주법은 엄격히 다른 사업금지 및 자산운용을 제한하고 있었고, 보험회사는 이러한 규제를 회피하기 위하여 보험업 이외의 사업을 영위하면서 자산운용의 다양성을 도모하기 위해 지주회사를 활용하였다.250) 그리고 이러한 지주회사가 각종 증권을 발행함으로써 보다 기동적인 자금조달이 가능하였다.251)

한편 일반 사업회사는 특히 '복합기업(conglomerate)'을 형성하여 발전을 시도하는 과정에서 보험회사를 기업의 일부로 포함시켜 그 자산을 이용할 수 있다는 데 매력을 느끼게 되었다. 당시 보험회사의 주가가 대폭 하락하자 보험회사의 지배권을 손쉽게 취득함으로써 보험회사와 다른 회사가 기업결합을 형성하는 수단으로서 보험지주회사가 출현하게 된 것이다.252) 이와 같은 기업결합 형태의 출현으로 보험감독기구는 보험회사가 사실상 경제적 단일체 내로 편입됨에 따라 발생할 수 있는 이해상충문제, 지배회사에 대한 피지배 보험자의 과도한 배당의 문제, 보험회사 자산을 훼손하거나 불성실한 자가 보험회사의 경영을 영위함에 따른 불건전한 자산상태의 초래 등을 우려했다.253) 이에 대해 보험업계 또는 산업계의 보험회사를 그 일부로 하는 기업결합을 촉진하고, 사업의 다각화를 도모하더라도 이로 인해 발생할 수 있는 폐해를 방지하여 보험계약자의 보호를 위한 적절한 규제가 설정되어야 할 것으로 정하면서 규제 설정 시에 다른 금융기관에 대한 규제수준과의 정합성도 고려되어야 한다고 지적하는 견해가 있었다.254)

(2) 보험지주회사의 정의

NAIC모델법상 보험지주회사는 보험회사를 포함하는 둘 이상의 관계회사

---

250) Notes, "The Insurance Holding Company Phenomenon and the Search for Regulatory Controls", 56 Va. L. Rev. 636(1970). p.637.

251) *Ibid.*, pp.639~641.

252) *Ibid.*, pp.641~642.

253) *Ibid.*, pp.643~647.

254) Robert. C. Clark, "The Regulation of Financial Holding Companies", 92 Harv. L. Rev. 789(1979), pp.804~811; Emeric Fischer, "Banking and Insurance—should ever the twain meet?", 71 Neb. L. Rev. 726(1992), pp.759~760; 감독관은 소유의 측면과 사업다각화 측면에도 불구하고 보험회사의 자산건전성 감독에 의해 보험계약자를 보호해야 한다(The regulators needed statutory means to protect policyholders by supervising the financial conditions of the insurance companies, despite the layers of ownership and the diversification of activities).

(affiliate)를 말한다.255) 뉴욕 주 보험법(New York Insurance Law 이하; NYIL)에서는 보험회사를 직접 또는 간접으로 지배(control)하는 회사를 보험지주회사라고 정의하고 있다.256) 보험회사의 지배와 관련하여 보험지주회사법은 직접 또는 간접적으로 10% 이상의 지분을 보유하면 지배 관계가 존재하는 것으로 보는데, 보유지분율이 10% 미만인 경우에도 보험감독관이 사전에 해당 사안에 대하여 통지하고 그에 대한 청문의 기회를 부여한 이후 재량적으로 지배관계를 판정할 수 있다.257)

(3) 보험지주회사에 대한 감독

보험감독관이 보험회사의 사업, 경영, 재무상태에 실질적으로 영향을 미칠 만한 지주회사 체계 내 회사의 사업에 관련한 정보 공개를 지시할 경우 보험회사는 보험감독관에게 필요한 보고서나 자료를 제출해야 한다(NYIL § 1504 (a)~(c)). 지주회사와 지주회사 산하의 회사는 그 사업이 보험회사의 사업, 경영, 재무상태에 실질적으로 영향을 미치며 관련 정보를 보험회사로부터 얻을 수 없다고 보험감독관이 판단하게 되면 명령에 따라 조사를 받게 된다. 이 경우 보험감독관은 보고서의 공개가 보험계약자와 주주 또는 공공의 이익에 부합하는 경우가 아니라면 공개하지 않는다. 그리고 보험자회사의 경영에 중대한 영향을 미친다고 인정되는 경우에 당해 보험지주회사 및 비보험자회사에 대해서도 보험감독관이 검사권을 갖는다(NYIL § 1504 (a)~(c)).

---

255) NAIC모델법상 정의 규정은 다음과 같다. NAIC 440-1 § 1D; (Insurance Holding Company System) An "Insurance holding company system" consists of two or more affiliated persons, one or more of which is an insurer.

256) Peter. M. Lencsis, *Insurance Regulation in the United States -An Overview for Business and Government,* Quorum Books, 1997, p.82.

257) NAIC 440-1 § 1C; 이와 관련하여 비교되는 것이 미국의 은행지주회사법상 보유지분율이다. 즉, 은행지주회사법상 25% 이상인 경우에 확정적으로 지배관계를 인정하고 있으며, 5%, 25% 사이에서는 연방준비이사회가 이를 재량적으로 판단하며, 5% 미만의 경우에는 비지배관계에 있는 것으로 본다. 따라서 지배관계를 판단하는 범위가 보험지주회사법이 은행지주회사법보다는 비교적 광범위하다고 판단하는 것이 일반적이다.

(4) 지주회사 내 거래 규제

보험지주회사 내에서 거래가 불공정하게 이루어지게 되면 보험자회사의 재무상태가 악화된다. 따라서 이러한 거래를 보험지주사의 남용으로 인정하여 규제대상으로 한다.[258] 뉴욕주 보험법에서는 보험자회사가 계열사 간 거래에 관해 명시적인 사전승인을 요하는 거래와 사전보고를 요하는 거래로 구분하고 있다(NYIL § 1505 (a)~(c)). 보험감독관의 사전승인이 필요한 거래는 직전년도 보험회사 인정자산의 5% 이상에 해당하는 계열사와의 판매, 구매, 교환, 대부, 신용 연장, 투자 등의 거래이다(NYIL § 1505 (c)). 이러한 사전승인에 의한 규제를 두는 이유는 지주회사 내에서 불공정한 거래를 통하여 지주회사 기구가 남용되는 것을 방지하기 위한 것이다. 이는 다른 지주회사규제법에는 볼 수 없는 엄격한 것으로 생각된다.

이를 동일한 사례를 통해 보자면 동일한 규제방법을 채용하는 NAIC모델법 제5조가 1985년 개정 시에 거래의 사전승인에 대해 규정하게 되었다. 이는 다음의 사건이 계기가 되었다. 즉, Baldwin-united그룹의 모회사인 Baldwin-United사의 아칸사스주 본거의 두 보험자회사(National Investors Pension Insurance Company, National Life Insurance Company)는 높은 이자율을 보장하는 일시급거치형 연금(single premium deferred annuity)을 발행하고 있었지만, 그 후 증권시장의 폭락으로 대량부채를 떠안게 되어 일시급거치형 연금의 보증이율을 유지할 수 없었다. 또한 Baldwin-United사의 지시로 자회사 간의 복잡한 금융거래를 행하여 재무적으로 위기에 처하게 되자 보험계약자의 보호를 위해 1983년에는 재산보전관리인의 관리 하에 두게 되었다.[259]

이와 같은 사건을 교훈으로 하여 거래의 사후보고로는 부적절한 거래를 회피 또는 치유할 수 없고 지주회사규제법을 확실히 적용할 것을 이유로 사전승인의 필요성이 제기되었다. 이에 대해 보험업계는 반대의견을 명확히 하였다.

---

258) Meyer, *Ibid.*, at § 10.06[1][a].
259) Baldwin-United Corp. v. Garner, 678 S.W.2d 754(1984).

즉, 사전승인의 채용에 따른 규제의 복잡화는 규제당국 및 보험회사의 양자에
그 운용의 부담을 강요할 뿐이라는 것이었다. 또, 연차 지주회사보고서(NAIC
모델법 제4조B항)에 의해 규제당국은 충분한 정보를 얻고 있으므로 이것으로
도 충분히 대처할 수 있다고 하였다. 또한 사전승인을 요구함에 따라 거래가
지연될 우려도 있었다. 예컨대, 승인절차까지 이율이 변동하고 또한 물품을
구입하는 경우, 판매자에 대해서 승인을 얻을 때까지 대기하도록 요구할 수
있는가 하는 문제가 생긴다. 또한 NAIC모델법 제5조 A항(2)호(e)에 의하면 감
독관이 보험계약자에게 악영향을 미칠 수 있다고 판단하는 거래에 대해서 보
험회사에 대한 사전승인을 위해 자료를 제출하도록 요구할 수 있지만 이러한
판단에 대해서 모호한 기준에 의해 규제당국에 매우 큰 재량권을 부여하는 것
은 문제라고 주장했다.260) 반면에 보험감독관에게 30일 전에 거래의향서를 통
지하고 그 기간 내에 보험감독관이 불승인하지 않은 경우에 한해서만 가능한
거래로는 첫째, 보험회사 인정자산의 0.5% 초과 5% 미만에 해당하는 거래, 둘
째, 재보험 계약, 셋째, 규칙적이거나 체계적인 서비스의 제공, 넷째, 보험계약
자 및 주주의 이익을 침해한다고 인정되는 거래이다(NYIL § 1505 (d)). 또한 보
험감독관은 위의 거래와 관련해서 거래원칙, 회계기준, 및 보험계약자의 이익
에 상반되지 않는지를 판단해야 한다(NYIL § 1505 (e)).

보험지주회사법상 보험지주회사 내 거래의 질적 기준(Qualitative Standard)은
다음과 같은 요건을 설정하고 있다. 첫째, 거래조건이 공정하고 합리적(fair and
reasonable)이어야 하고, 둘째, 서비스 제공 수수료가 합리적이어야 하며, 셋째,
비용 부담이나 수취 금액이 통상의 보험회계 관행에 따라 일관성 있게 할당되
어야 하며, 넷째, 각 거래 당사자의 회계장부가 거래의 성질 및 내용을 분명하
게 공시하도록 기재되어야 하며, 다섯째, 주주인 관계회사에 대한 배당 및 이
익 배분이 보험회사의 총부채에 대비한 보험계약자 잉여금을 합리적인 수준
으로 유지하고 금융적 수요를 적절히 충족할 수 있는 정도여야 한다는 것이
다.261) 이에 따라 뉴욕주 보험법은 지주회사체계 내의 계열사 간 거래원칙을

---

260) Lenore. S. Marema, "Holding Company Regulation After Baldwin-United: Amendments to the NAIC Model
Holding Company Act", 21 Tort&Ins. L.J. 321(1986), pp.338~340.

첫째, 거래조건이 공정하고 공평해야 하고, 둘째, 청구 대금이나 수수료가 합리적이어야 하며, 셋째, 보험회사에 대한 비용과 수익의 배분은 보험회계 관행에 부합하는 공평한 것이어야 한다고 규정한다(NYIL § 1505 (a)).

이와 같이 미국 보험지주회사법의 중요한 특징은 보험회사와 그 관계회사 간의 모든 중요거래에 대해 광범위한 사전보고 의무를 부과하고 있다는 점이다.[262]

보험지주회사체계 내의 보험회사와 관계회사 간에 각 거래유형별로 설정된 일정 기준을 초과하는 거래를 하기 위해서는 30일 전에 미리 보험감독관에게 보고하여야 하며, 그 기간 내에 보험감독관이 불승인 조치를 하지 않은 경우에 한해서만 거래를 할 수 있다(NAIC 440-1 § 5A(2), §5B).[263] 보험감독관은 일련의 다수 거래가 사전보고 절차를 회피하기 위하여 이루어졌다고 판단되는 경우에는, 과거 12개월 동안의 거래를 모두 합산하여 위법성 여부를 판단할 수 있고, 그에 따른 시정조치를 취할 수 있다(NAIC 440-1 § 5A(3)). 보험감독관은 위의 규정에 의해 사전보고된 거래에 대해(앞서 살펴본) 거래의 질적 기준을 충족하는가 여부와 보험계약자의 이익에 악영향을 미치는가 여부를 심사하여야 한다(NAIC 440-1 § 5A(4)). 또한 보험회사를 포함하여 보험지주회사그룹 전체가 어떤 특정 기업(관계회사가 아닌 경우도 포함)의 의결권 있는 주식의 10% 이상을 보유할 경우 30일 전에 보험감독관에 사전보고하여야 한다(NAIC 440-1 § 5A(5)).[264]

---

261) John Dembeck, *Insurance Regulation, in a Nutshell*, 774 PLI/Lit 9, 17(2008), p.25.

262) 김상조, "미국보험지주회사제도에서의 금융자본과 산업자본의 분리 원칙", 「사회경제평론(제26호)」, 한국사회경제학회, 2006, 24면.

263) Dembeck, *Ibid.*, p.25.

264) 보험의 Material Transaction 규제방식에 대응한 연방 은행법상의 Covered Transaction(신용공여, 지급보증, 자산구매, 담보취득, 투자 등)에 대해서 보면 다음과 같이 네 가지 규제를 부과하고 있는데 첫째, 특정 관계회사에 대한 거래총액이 은행자본금의 10%를 초과할 수 없고, 둘째, 모든 관계회사에 대한 거래총액이 은행 자본금의 20%를 초과할 수 없으며, 셋째, 거래금액에 대해 100% 내지 130%에 달하는 적격담보를 취득하여야 하며, 넷째, 낮은 등급의 자산을 매입할 수 없다는 것 등이다(12 USC § 371c(a)~(c)).

2. 금융위기 이후 규제변화

(1) 금융위기 이후의 변화

미국의 주택대출시장에서 발생한 서브프라임 문제는 2007년 여름 이후, 세계의 금융시장에 파급되었다. 2008년 9월 15일에 리먼브라더스의 파산이 확실해지고, AIG(American International Group)의 구제책이 발표되었다. 미국의 연방재무성은 2009년 8월 13편으로 구성된 금융규제개혁법안(도드-프랭크법: Dodd-Frank Wall Street Reform and Consumer Protection Act)을 연방의회에 제출했다. 그 결과 지금까지의 금융업역별 감독 시스템을 초월하는 법안으로서 대규모 금융서비스 사업자의 일원적 감독을 가능하게 하는 은행지주회사 현대화법 및 주별 보험규제의 국제적 규제감독기준의 수렴을 촉구하는 연방기관의 설립을 도모하는 연방보험국법(Federal Insurance Act of 2010)이 신설되었다.[265]

도드-프랭크법(Dodd-Frank Act)의 Title V로 제정된 연방보험국법(Federal Insurance Act of 2010)은 연방 수준의 규제·감독을 받지 않는 보험업에 대해서, 새롭게 설립하는 보험국이 국제적인 보험규제개혁의 논의에 있어 미국을 대표하고, 주 보험감독자와의 조정기능을 발휘함으로써, 주별 보험규제에 대해 국제적 규제감독기준의 수렴과 연방 수준의 건전성 정책을 촉진할 것으로 보인다.[266] 이어서 미국에서는 2010년 7월, 금융위기를 계기로 시스템리스

---

265) 미국의 보험업에 관한 규제감독은 각주의 권한임은 주지의 사실이다. 연방과 주의 규제 권한에 관한 대표적인 판례는 Paul v. Virgina, 75 U.S. 168 (1868) 사건이다. 원고 Paul은 보험업이 주간통상(interstate commerce)에 속하므로 연방헌법의 주간통상조항(commerce clause)에 따라 개별 주는 보험업을 규제하는 법률을 제정할 권한이 없고 오직 연방의회만이 그러한 법률을 제정할 수 있다고 주장하였다. 그러나 연방대법원은 이 주장을 받아들이지 않았다. 오히려 보험업은 매우 지역적인 것이므로 주간통상조항이 적용되지 않고, 오직 주 만이 보험업을 규제할 법률을 제정할 수 있다고 보았다(Lencsis, *Ibid.*, pp.1~3). 1944년에 내려진 연방대법원의 판결(United States v. South-Eastern Underwriters Ass'n., 322 U.S. 533(1943))이 보험거래는 상거래로서 그것이 주의 경계를 넘어 행해질 때는 주간거래로서 독점금지법을 포함하는 연방법의 규제대상이 된다고 보았던 것이다. 이 판결은 그 당시 손해보험과 책임보험에서 정착된 관행이었던 공동의 요율체계는 가격협정으로서 셔먼법상 당연 위법으로 처리될 것을 암시하는 것이었다.

266) 연방보험국법 제502조(연방보험국의 설치): 연방보험국(Office of National Insuracne(ONI))을 재무성에 설치한다. ONI의 경우 연방 보험감독기구라기보다는 보험관련 정보의 수집 관리 및 보험산업 관련 정책의 입안과 조율에 중점을 두고 계획되었다.
ONI의 권한은 첫째, 보험업계의 모든 측면을 감시한다. 둘째, 보험회사와 그 계열회사를 은행지주회사법의 파산 시 금융시스템 전체의 안정성에 위협을 줄 수 있는 금융지주회사('Tier 1 FHC(Tier 1 Financial Holding Companies)')로

크[267]에 대한 대처 등을 목적으로 한 금융규제개혁법이 제정되었다. 동법은 대규모이고 영향력이 큰 '시스템상 중요한 금융기관'을 중심으로 지금보다는 더욱 엄격한 건전성 규제를 적용하고자 하는 것에 중점을 두고 있다. 이에 대하여 IAIS(International Association of Insurance Supervisors)는 보험이 시스템리스크를 유발한다거나 증폭시킨다거나 하는 조사결과는 거의 없고, 보험사업자와 재보험사업자의 주요 사업활동이 시스템리스크를 유발하지 않는다고 하였다. 또한 보험업은 규모에 따라서 위험의 분산을 도모할 수 있을 뿐만 아니라 규모를 시스템리스크의 판단요소로 하는 것은 바람직하지 않은 예이며, 시스템리스크의 가능성은 생명보험과는 별개의 의도적인 위험한 활동에서 발생하는 것임을 주지시켰다. 그 근거로 첫째, 보험사의 관리 하에 있는 총자산중 자기계정자산과 별도 계정의 고객자산과 구별하고 있지 않는 것을 보면 보험회사는 그 규모면에서 시스템리스크의 가능성을 판단할 것이 아니다. 둘째, 사업규모는 대부분의 보험회사에 있어서 보다 큰 위험분산을 야기한다는 점이다.

또, 전통적인 보험업의 파산은 다른 금융기관에 위험을 전이시키지 않고 시스템리스크에 영향을 주지 않는다고 한다. 그리고 지급보증제도에 의해 보험계약자의 보호가 가능하기 때문에 기본적으로 자본투입 등은 필요로 하지 않는다. 나아가 신용부도스왑(CDS: Credit Default Swap) 등 비전통적인 활동은 금융안정화에 위협이 되므로 보험그룹(전통적 보험위험과 금융위험)의 모든 위험에 대한 충분한 위험기준 자본요건을 적용함으로써 회피할 수 있어서 금융안정화를 위해 은행과 동일한 규제를 보험회사에 확대해야 할 것은 아니라는 의견을 표명하였다.[268]

지정하는 것을 FRB에 권고한다. 셋째, 테러리즘 위험보험 프로그램의 관리에 있어서 재무장관을 지원한다. 넷째, 연방당국의 시스템을 조정하고, 국제적인 보험업무의 건전성에 관한 연방규제기준을 도입한다. 다섯째, 건전성 규제에 관한 국제보험협정에 의해서 주 보험규제의 무효 여부의 판단한다. 여섯째, 국제적으로 중요한 보험의 문제와 보험의 건전성에 관해 주와 협의한다. ONI국장은 스스로 적절하다고 판단하는 범위에서 주의 보험규제당국과 협의한다. 다만, 여하한 보험료율, 보험료, 인수, 영업 또는 보험의 보상에 관한 주의 보험규제에 대해서는 이를 무효로 할 수 없다. 또, 재무장관에게 미국을 대표해서 건전성 규제에 관한 국제적 보험협정을 체결할 권한을 부여한다.

267) G20정상회의에서 승인된 시스템리스크의 정의는 금융서비스의 흐름을 중단시키는 원인이 금융시스템의 일부 또는 전체의 악화에 있고, 실물경제에 심각한 영향을 미칠 가능성이 있는 위험으로 정의되고 있다(河合美宏, "国際保険規制の最近の進展", 「共済と保険」, 日本共済協会, 2011, 15頁).

미국에서는 금융위기 이후 보험업에 대해서 연방보험국(FIO: Federal Insurance Office)을 재무성 내에 설치하도록 하였다. 또한 금융위기를 계기로 전미 각주에 있어서 보험규제의 조사 등을 수행하는 조직인 NAIC를 중심으로 보험업에 관한 지급여력(solvency)규제에 대한 개정 검토가 진행되었다.

1) 연방보험국(FIO)의 기능·역할

연방보험국(FIO)은 보험업과 관련하여 필요한 정보수집·분석을 실시하여 시스템리스크를 감시하고, 금융안정화감시평의회(FSOC: Financial Stability Oversight Council)를 지원하는 역할을 담당하고 있다. FIO의 역할 중에는 보험회사 및 그 자회사를 금융시스템상 중요한 금융기관으로 지정하도록 FSOC에 권고하는 역할도 포함되어 있다. FIO는 재무성 내에 설치되고 FIO의 국장은 재무장관에 의해 임명된다. FIO는 보험업과 관련하여 첫째, 감시와 조정, 둘째, 보험규제에 관한 조사보고 등의 기능·역할을 담당하게 된다. 전자와 관련하여 FIO는 의료보험(health insurance), 곡물보험(crop insurance), 생명보험·연금에 포함되지 않는 장기간병보험(long term care insurance)을 제외한 모든 보험을 대상으로 감시하고, 조사를 실시할 수 있는 권한을 갖는다.269) 후자와 관련하여 FIO는 법시행 후 18개월 이내에 미국에서 보험규제를 어떻게 현대화하고 개선해야 할지에 관하여 조사하고 의회에 보고서를 제출하도록 하였다.270)

---

268) AXA S.A., "Comment Letter on the Principle Applicable to the Designation of Certain Nonbank Financial Companies as Systemically Important", 2010. 11. 5.

269) 그 구체적인 내용은 다음과 같다. (i) 보험업의 모든 측면에 대해 감시를 수행한다(시스템리스크로 연결될 가능성이 있는 보험규제의 문제와 규제의 공백에 대한 특정 등을 포함). (ii) 보험의 건전성에 관한 국제적으로 중요한 문제에 대해 연방당국(미국 재무성)에 의한 대응의 조정을 도모하고 이를 지원한다. (iii) 주에 의한 보험규제가 국제적인 보험조약과 정합적인지 판단한다. (iv) 보험에 관한 국내의 중요한 문제와 보험의 건전성에 관한 국제적으로 중요한 문제에 대해 주의 규제·감독 당국과 협의한다. (v) 보험회사와 그 자회사를 금융시스템상 중요한 금융기관으로 지정하도록 FSOC에 권고한다.

270) 이와 같은 조사와 관련하여 고려해야 할 필요가 있는 사항으로는 (i) 효과적인 시스템리스크 규제, (ii) 자본기준 및 자본배분과 부채와의 관계(유동성 위험과 위험부보기간에 관한 기준을 포함), (iii) 보험상품과 판매관행에 관한 소비자보호(주 규제의 공백의 문제를 포함), (iv) 주보험규제의 국내통일성의 정도, (v) 보험회사와 그 자회사에 대한 연결기준의 규제, (vi) 보험규제의 국제적 조화 등이다. 조사보고서에서는 보험업에 대한 연방규제의 가능성과 관련하여 특히 중점을 둔 조사를 실시할 것이 요구되었다. 의료보험을 제외한 다양한 보험종목에 관해 연방규제의 비용·편익의 분석이 필요하고 이 분석에는 보험계약자를 위해 강력한 소비자 보호를 목적으로 하는 연방규제에 의해 효과적이고, 연방의 결정권한에 대해 보험회사가 이를 따르도록 하는 경우 어떠한 결과가 도출될 가능성이 있는지에 관한 내용을 포함할 필요가 있게 된다. 나아가 조사결과를 기초로 입법·규제 상 또는 감독상의 권고를 포함할 필요가 있게 된다. 또한 FIO는 이 조사의 진행과 관련하여 주보험청, 소비자단체, 보험업계의 대표, 보험계약자의 대표, 그

2) 연방수준의 규제·감독제도의 도입에 관한 논의와 연방보험국(FIO)의 관계

금융규제개혁법상 보험회사에 대한 규제·감독의 직접적인 권한은 부여되지 않은 연방수준의 연방보험국(FIO)이 설치되었지만, 보험업에 관해서는 연방수준의 규제·감독제도를 도입해야 한다는 논의가 금융위기 전부터 제기되었었다. 2006년 4월 상원의원인 존 수누누(John Sununu)와 팀 존슨(Tim Johnson) 의원이 보험업에 대하여도 연방수준의 규제·감독 체계를 도입하고자 한 것이 그 대표적인 예이다. 이는 연방수준의 규제·감독이 필요한 이유로 주별 규제는 미국전역에서 전개되는 보험사업에 있어서 복수 주의 인가취득, 상품제출, 신청, 보고요건이 필요하기 때문에 비효율적인 영향을 끼치고 있다는 점을 지적하고 있다. 그 이외에도 미국 재무성은 2008년 3월에 미국의 금융규제개혁에 관한 제언으로 "현대화한 금융규제구조를 위한 청사진(Blueprint for a Modernized Financial Regulatory Structure)"을 공표하고, 보험업에 대해 연방수준의 규제·감독제도를 도입할 것의 내용을 포함하였다. 이러한 제안은 주로 비용증대 등과 관련해서 현행의 비효율적인 규제·감독제도를 개선하여 미국보험업의 경쟁력을 높이고자 하는 의도에서 출발하였다. 이와 같이 금융위기 이전부터 연방수준의 규제·감독제도를 요구하는 논의는 주별로 상이한 규제·감독에 따른 비용증대와 상품투입의 지연이라고 하는 비효율적인 면을 강조한 것이 주였다.

그러나 금융규제개혁법에 포함된 FIO에 의한 연방규제의 가능성에 관한 조사에서는 연방 수준의 규제도입의 검토에 관해 소비자보호, 시스템리스크에 대한 대응, 보험업의 건전성에 관한 국제적 조화라고 하는 관점이 중요하게 인식되고 있다.[271] 또한 2010년 8월에 미국보험협회(AIA: American Insurance Association), 미국생명보험협회(ACLI: American Council of Life Insurers), 미국재보험협회(RAA: Reinsurance Association of America), 보험대리점·중개인 평의회

외의 단체, 전문가 등과 협의해야 한다.

271) U. S. Government Printing Office Washington, *Insurance Holding Company Supervision* (2010), pp.41~46; Davis Polk, "Summary of the Dodd=Frank Wall Street Reform and Consumer Protection Act, Enacted into Law on July 21, 2010", July 21, 2010, p.114.

(CIAB: The Council of Insurance Agents & Brokers) 등의 단체는 보험·재보험에 관해 연방정부가 중요한 역할을 담당하고 있고, FIO가 보험의 국제적인 문제에 관해 미국을 대표해서 강력한 역할을 다해야 한다는 내용의 성명을 미국 재무성에 제출하였다.[272]

(2) 미국의 보험그룹 규제의 동향

미국에서는 AIG에 대한 공적자금의 투입 등 금융위기를 계기로 보험회사의 건전성 규제의 강화와 동시에 보험그룹 감독 및 그룹의 자본요건 등의 검토가 NAIC의 주도로 진행되고 있다.

1) 지급여력(solvency) 현대화

NAIC는 금융위기하에서 보험회사 재무 건전성 악화를 부른 문제의 해결을 도모함과 동시에 국제적인 규제의 진전과 그 활용 가능성을 검증하는 대응방안을 2008년 6월에 채택하였다. 이에 따라 2009년 3월에 지급여력(solvency) 현대화를 위한 태스크포스의 활동이 시작되었다.[273] 전문 워킹그룹의 활동 중 NAIC모델법인 보험지주회사제도 규제법의 개정안이 그룹 전체의 지급여력(solvency) 문제 워킹그룹에 의해 검토되고, 집행위원회에서 그 수정안에 대한 논의가 진행되고 있다.[274] 더욱이 그룹지급여력 워킹그룹은 그룹의 자본요건을 도입하는 기본적 방침을 2011년 2월에 정하고, 4월 하순을 기한으로 공청회를 진행하였다.[275] 또한 그룹의 지급여력 자본의 평가를 위해 감독정보에

---

272) Arthur D. Postal, *Insurance Groups Outline Hopes for FIO*, National Underwriter L&H, 2010. 8. p.6.

273) 지급여력(solvency)현대화 태스크포스는 NAIC의 집행위원회직속의 전문위원회로서 주요 주의 보험감독관으로 구성되고, 전문 워킹그룹을 창설하여 검토가 진행되었다.

274) Polk, *Ibid.*, p.116.

275) 그룹지급여력(solvency) 워킹그룹은 2011년 2월에 그룹 자본평가의 기본적인 생각을 파악하고 본안에 대해서 4월 하순을 기한으로 공개의견수렴을 실시하였다. 미국 각주보험법에 있어서 보험회사의 자본요건은 통일적인 위험기준자본(RBC: Risk Based Capital)보고제도가 채용되어 독립보험회사 기준으로 NAIC가 산정한 RBC의 산정을 위한 방식을 기초로 자본필요액이 산정되는 것으로 되어 있고, 연결기준에서의 자본요건은 도입되지 않았다. 한편 금융위기 시에 주의 보험감독자 간에는 AIG를 제외하고 미국의 보험회사의 건전성이 문제되지 않아 현행제도를 유지해야 한다는 의견도 강했지만 그룹 전체에 대한 재무상황 및 그룹 내의 보험사업자에 대한 영향을 평가할 수 있어야 한다는

대해서는 위험 및 지급여력의 자기평가(own risk and solvency assessment(이하 ORSA))에 의해 감독 당국에 대한 보고를 활용하는 것으로 하고 있다. 이러한 ORSA에 대해서는 지급여력의 현대화 태스크포스 산하의 국제 지급여력 (solvency) 워킹그룹(International Solvency (EX) Working Group)이 미국판 ORSA 요건으로서 그 제안내용을 2011년 2월에 정리한 것이다. 동 제안은 3월 중순경을 기한으로 해서 공청회가 행해지고 그 후 국제지급여력 워킹그룹으로부터 그룹지급여력 워킹그룹으로 이관되어 계속 검토되고 있다.276)

2) NAIC모델법의 개정

(가) 개정의 경위와 개요

NAIC모델법은 1969년에 제정되어 수차의 개정이 있었고, 2008년 금융위기를 계기로 개정안의 검토가 2009년부터 진행되었다. 미국 각 주의 보험법에서는 보험지주회사에 관한 규정이 없고, 보험지주회사를 일반사업회사로 평가하여 직접적인 규제·감독의 대상 외로 하고 있다. NAIC모델법은 보험지주회사제도의 일원인 보험회사가 그룹 내의 거래 등에 의해 건전성에 영향을 끼치는 것을 방지하기 위해 보험회사를 매수·합병하는 경우 사전의 보고 및 인가, 매수 등에 의해 산하에 포함되는 보험회사의 등록 및 그룹 내의 중요한 거

필요성도 명확하게 되었다.

276) ORSA에 의한 그룹자본평가의 제안내용으로는 그룹지급여력(solvency) 워킹그룹은 보험그룹의 일부를 구성하는 보험사업자의 건전성을 확보하는 방법으로 현행의 독립사업자에서의 자본평가는 보험회사의 건정성을 지키는 차단벽(wall)이고 새롭게 도입된 그룹 자본요건은 독립사업자의 건전성에 대한 그룹의 영향을 파악하기위한 창(window)으로 평가하고 양자를 일체로서 이행할 것을 제안하였다. 그룹지급여력(solvency) 워킹그룹이 제안한 ORSA에 기초한 그룹 자본평가의 제안 내용은 다음과 같다. 첫째 ORSA에 의한 그룹자본평가의 제공으로서 연차 기준으로 NAIC모델법에 규정된 보험그룹의 일부를 구성하는 미국에 본거를 두어야 할 사업자는 전년도 종료 시에 기밀정보인 ORSA 내에서 그룹자본의 평가를 제공할 의무를 부담하는 것으로 한다. 본 정보는 감독 당국의 요구가 있으면 연간 제공되는 것으로 한다. 둘째, 그룹자본의 계산방식으로 그룹에 있어서 그룹 자본의 평가의 계산방식은 연결회계방식(consolidated approach) 또는 합산방식(aggregated approach)을 이용할 수 있다. 다만, 복수의 보험사업자가 동일한 그룹 내에 있는 경우에는 이러한 보험사업자는 동일한 방식을 채용해야 한다. 셋째, 연결회계방식의 경우 그룹 자본의 평가의 계산에 연결회계방식을 사용하는 경우, 보험그룹은 단일의 통합된 사업체로 간주하여 그룹 전체의 독립한 평가가 행해진다. 이 경우 보험사업자 이외의 관련사업자, 부분적으로 지분을 갖고 있는 사업자 및 오프 밸런스(off-balanced)의 활동으로부터 위험이 별도로 고려되고 다른 전제조건이 필요하게 된다. 연결회계방식에서는 그룹 내 지분은 정리되는 이점은 있지만, 그룹이 실제로는 단일사업자가 아닌 것이 불합리한 점으로 지적된다. 넷째 합산방식을 통해 그룹 자본의 평가에 이를 이용하는 경우 보험그룹은 그룹 내 지분의 조정의 필요에 따라 법인 단위의 잉여금 또는 결손금을 합산할 것인지, 법인단위의 자본필요액 및 이용가능자본(자본자원)을 각각 합산할 것인지가 요구된다.

래의 보고 등을 규정하고 있다. 또한 모델법과 동시에 그 보고 등의 상세를 정한 동규칙 및 그룹 내의 다른 주의 보험회사의 감독에 관한 감독 당국 간의 조정, 정보교환을 촉진하기 위한 리더인 주감독자의 결정과 운영방법 등을 규정하는 보험지주회사의 분석에 관한 프레임워크가 책정되어 있다.[277]

(나) 개정안의 내용

NAIC모델법의 개정안은 2010년 1월에 1차 개정안이 공개되고 이후 의견수렴이 진행되었다. 동 개정안에서는 금융위기 시에 드러났던 그룹 내의 다른 업태의 관련 사업자와의 다양한 금융거래 문제에 대한 대응을 도모하기 위해 그룹 내 거래 시 서비스 및 관리비용의 분담과 관련한 합의의 기준 및 감독자 협의체(supervisory colleges)에 관한 규정이 포함되었다. 그 후 1차 개정안에 관한 의견수렴의 결과를 반영하여 작성된 수정안에서는 보험사업자의 지배권 이전 등의 신청사항이 추가됨과 동시에 보험사업자의 등록사업 등에 그룹 내 보험사업자의 통합위험에 관한 보고서(Enterprise Risk Report)의 제출에 대한 요구 등을 규정하고 있다.[278]

<table>
<tr><td colspan="3" align="center"><NAIC모델법의 주요개정 내용></td></tr>
<tr><td></td><td align="center">항목</td><td align="center">규정의 개요</td></tr>
<tr><td>1</td><td>주 내 보험업자의 지배권을 취득 또는 주 내 보험업자와 합병하고자 하는 자의 주보험감독관에 대한 제출의무 (3조 A항)</td><td>주 내 보험사업자의 지배권의 취득 또는 합병의 경우뿐만 아니라 이미 지배권을 취득하고 있는 보험사업자의 지배권을 이전, 매각하는 경우도 제출하도록 규정</td></tr>
</table>

---

277) National Association of Insurance Commissioners(http://www.naic.org/index_financial_reform_section.htm ; http://www.naic.org/documents/committees_ex_isftf_group_solvency_exposures_111025_insurance_holding_company_system_model_reg.pdf

278) NAIC, "Model #440 08/05/10 – As Adopted by Financial Condition (E) Committee, Amendment proposed by Director Frohman (Highlighted in Gray), Insurence Holding Company System Regulatory Act", Attachment one-B Executive(EX) Committee 11/10/10 October 2010.

	제출의무의 내용 (3조 B항)	– 지배권의 취득자가 그룹 전체의 통합위험을 명기한 연차보고 제공의 선서 – 지배권의 취득자 및 모든 관련 사업자가 요구에 따라서 보험감독관에게 통합위험을 평가받기 위해 필요한 정보를 제공할 것에 관한 동 취득자의 인지(acknowledgement)를 선서
2	주 내 보험업자의 지배권 취득 또는 주 내 보험업자와의 합병 인가 시에 실시하는 공청회에서의 청취 방법 (3조 D항)	– 공청회의 개최와 관련하여 다음의 사항을 추가한다. – 제출자의 요구에 의해 공청회는 연결기준으로(관계있는 주의 보험감독관이 합동으로) 개최할 수 있고, 이에 각각의 보험감독관은 연결기준의 공청회를 선택하지 않을 수 있다. – 연결기준의 공청회는 합중국 내에서 개최되고 관계있는 보험업자의 보험청창관이 청취하고, 증거를 수령할 수 있다.
3	그룹 내 보험업자의 등록 정보(4조 D항)	보험업자가 등록해야 할 정보에 다음과 같은 사항을 추가한다. 당해 보험업자가 등록해야 할 정보에 대해서 보험감독관의 요구가 있으면 그룹 내의 모든 관련회사를 포함한 연방증권거래위원회(SEC)에 제출된 연결기준의 재무보고서 등의 정보를 포함할 것. 보험업자의 이사회가 지배구조 및 내부통제를 감독하고 상급경영진이 승인, 실시 및 감시를 이행한다는 선서, 보험계약자의 이사회가 지배구조 및 내부통제에 책임을 부담하고, 상급경영진이 승인, 실시 및 감시를 이행한다는 선서, 등록에 따르는 보험사업자의 최상위의 지배자는 알 수 있는 한 당해 보험사업자에 대한 그룹 내의 구체적인 위험을 특정하는 연차 통합위험보고서를 리더 감독자에게 제출할 것
4	그룹 내 보험사업자의 기준과 관리(5조 A항)	그룹 내의 보험업자와 관계자와의 거래 시 따라야 할 기준으로 서비스 및 관리의 비용공유화의 합의 중에 보험감독관이 지시하는 규제 등에 요구되는 규정을 포함하는 것 등을 추가한다.

5	보험감독관의 심사기준 (6조)	제4조에 기초하여 등록된 그룹 내의 주 내 보험업자 등에 대한 심사권한에 대해서 이하의 사항을 추가한다. 즉, 보험감독관에게는 당해보험사업자의 통합위험을 포함한 재무상황을 확인하기 위해 보험사업자 및 관련 사업자를 심사하는 권한이 인정된다. 보험감독관은 보험업자에 대해서 당해 보험업자가 보유 또는 다른 관련 사업자가 보유하는 기록, 장부 또는 정보자료의 작성을 명령하지만, 입수할 수 없는 경우에는 그 상황 및 당해 정보의 보유자에게 설명을 요구하고 위반한 경우에 제재를 부과할 수 있다.
6	감독자협의체에 관한 규정(7조)	감독자협의체에 관해 다음과 같은 규정을 신설한다. 즉, 보험감독관은 4조에 기초해서 등록된 보험업자의 본법률의 준수상황을 판정하기 위해 감독자협의체의 설립, 참가자 및 기능의 명확화, 활동의 조정 등을 이행할 권한을 갖는다. 본조에 따르는(감독자협의체의 대상이 되는) 등록된 보험업자는 여비 등을 포함한 보험감독관의 감독자협의체의 감가에 필요한 타당한 비용의 지급책임을 부담할 것 보험청장관은 그룹 내의 개별보험업자의 사업전략, 재무상황, 법규제상의 상황, 위험의 상황, 위험 관리 및 지배구조절차의 평가를 위해 다른 주, 연방 및 국제적인 규제당국을 포함한 다른 규제·감독 당국과의 감독자협의체에 참가할 수 있고 또한 보험감독관과 다른 규제·감독 당국과의 협력 및 감독자협의체의 활동에 기초한 감독정보의 교환을 행할 수 있을 것

3. 시사점

금융위기를 계기로 진행되는 미국의 금융·보험그룹에 대한 규제개혁의 동향은 2010년 7월에 성립한 금융규제개혁법에 의한 금융시스템상의 중요한 금융기관규제가 주목된다. 보험그룹에 대해서는 주별 규제가 적용되지만, 각 주 보험감독관회의가 결성한 보험감독관회의에서 검토된 보험그룹의 규제 동향에도 주목할 필요가 있다.

미국 금융규제개혁법에 의한 금융시스템상의 중요한 금융기관 규제와 관련하여, 금융위기로 인해 경영위기에 빠진 대형금융·보험그룹에 대한 규제·

감독에 대한 불충분성 및 금융·보험그룹의 다수가 금융시스템상 중요한 역할을 담당하고 있었기 때문에 공적자금의 투입 등에 의해 구제할 수밖에 없었던 점이 문제가 되었다.279) 이에 대한 반성으로 미국 금융규제개혁법은 금융시스템상 중요성을 지표로 금융·보험그룹에 대한 엄격한 규제 등의 적용 및 일원적인 감독의 실시 등을 규정하고 있다. 이에 대하여 금융위기 이후 각국에서 사업을 전개하는 대형보험그룹이 금융시스템상 중요한 비은행금융회사로 지정되는 것은 아닌지에 대한 우려가 나타나고 있다.

금융위기 이후 미국에서는 NAIC를 중심으로 복합보험그룹에 대해 그룹 전체에 대한 건전성 확보에 중점을 둔 감독규제를 설정하고 있다. 이를 통해 보험지주회사 등의 건전성을 확보하여 종국적으로 보험계약자의 보호를 실현하기 위한 것으로 해석된다. 결국 외형성장을 통한 무분별한 대형화·겸업화에는 경종을 울리고, 사업의 다각화가 진전되어 보험지주회사가 지배하는 자회사의 수가 증가하더라도 그룹 내 형제회사 간 위험의 전이를 차단하여 보험자회사의 건전성을 확보하는 차원에서 지급여력비율을 상향하는 방향으로 개정이 진행되었다.

이에 반해 우리나라는 아직 보험지주회사에 연결자기자본비율규제가 적용되지 않고 있는 실정임을 감안하면, 미국의 금융위기를 반면교사로 삼아 규제완화를 추진하면서도 보험자회사의 건전성 확보와 관련된 보완도 병행하여야 할 것으로 본다.

---

279) Polk, *Ibid.*, p.115.

Ⅱ. 영 국

1. 보험지주회사에 대한 감독

영국은 지주회사 설립에 대한 제한이 없기 때문에 오래전부터 지주회사[280] 형태의 회사조직이 보편화되었다. 금융지주회사에 대해서는 우리나라나 미국·일본과 같은 별도의 법률이 없다.[281] 금융회사를 규율하는 통합금융법인 금융서비스·시장법(Financial Services and Markets Act 2001.11.30)에는 금융지주회사의 설립 및 행위제한 등에 대한 규정이 없다. 이에 따라 금융지주회사와 보험지주회사의 설립 및 운영은 자유롭게 이루어진다. 다만, 금융감독원(FSA: Financial Supervisory Authority)의 감독편람(Handbook)[282]의 보험지주회사에 대한 정의에 의하면 보험지주회사란 보험회사를 자회사로 하는 회사를 말한다고 되어 있다.[283]

지주회사의 형태는 경쟁촉진법상 순수지주회사만을 대상으로 하는 규정이 없어[284] 순수지주회사와 사업, 지주회사가 공존하는 상황이나, 최근에는 사업지주회사 형태에서 순수지주회사 형태로 변해가는 추세에 있다.[285]

또, 보험회사가 은행의 발행주식을 일정비율 이상 취득하는 경우에는 FSA의 사전승인을 받거나 사후신고를 하도록 규제하고 있다. FSA는 금융지주회사에 대하여 별도의 감독·검사를 하지 않고 있으며, 자회사에 대한 인가권

---

280) 회사법(Company Act 1985)에서 지주회사를 "단독으로 또는 다른 주주와의 계약 등에 의하여 다른 회사의 과반수의 의결권을 보유하거나 이사회 구성원의 과반수를 선임 또는 해임하는 권한을 갖는 기업"으로 정의하고 있다.

281) 현재 영국 금융감독원 내 해당부서, 재무부 및 EU 등이 공동으로 복합금융그룹 감독지침(Financial Groups Directive)을 마련하고 있으며, 동 지침이 완성될 경우 금융지주회사를 포함한 금융그룹에 대한 효율적 감독이 가능할 것으로 기대된다.

282) 영국은 은행업과 증권업간에는 업무장벽이 없으나 보험업은 보험회사만 영위할 수 있기 때문에 금융감독원의 감독편람은 여수신업무를 영위하는 신용회사(Credit institution), 투자회사(Investment firms) 및 종합금융회사(Financial institution) 등을 자회사로 하는 금융지주회사와 보험회사를 자회사로 하는 보험지주회사로 구분하고 있다.

283) 자회사에 대한 정의는 보험회사가 자기자본주식의 50%를 초과하여 보유하고 이사의 전부 혹은 대다수에 대한 선임권 및 해임권을 보유하며 주주총회에서 50% 초과 의결권을 가지는 경우로 정의된다(보험회사법 제31조 4항).

284) 한상범 외 3인, 앞의 보고서, 161면 참조.

285) 금융감독원, 「금융지주회사법 해설」, 2003, 23면.

행사에 의하여 지주회사 관련정보를 획득하거나 연결기준의 감독권을 통해 간접적으로 지주회사를 감독한다. 한편, 통상의 합병·주식취득 등의 독과점 관련 사항에 대해서는 독점규제법에 의해 규제된다. 통상의 합병과 마찬가지로 시장점유율이 25% 또는 자산이 7,000만 파운드를 넘을 경우에는 독점합병위원회의 심사대상이 된다.[286]

보험지주회사의 자회사에 대한 업종 및 자산운용규제와 관련해서는 보험지주회사 내 회사에 대한 업종의 제한이 없으며[287] 비금융회사가 섞여 있을 경우 감독 대상은 금융회사들로 한정된다.[288] 보험그룹의 경우 개별 보험사 차원의 자산운용규제 외에 추가적인 제한은 없으며 주된 관심은 그룹 차원의 자본 적정성의 유지이다.[289] 이는 그룹 내 출자(double or multiple gearing)로 개별 금융회사의 자본적정성이 과대 포장되는 것을 경계하여 개별 금융회사의 자기자본의 합에서 그룹 내 출자를 제외한 자본 규모가 각 금융업 규제에서 요구하는 자본의 합보다 클 것을 요구한다. 보험지주회사와 자회사 간의 거래는 생명보험지주회사와 그 자회사의 자산 및 부채의 합계거래액이 보험지주회사 부채의 5%를 초과하는 것을 금지한다. 또한 생명보험지주회사의 채무를 그 자회사가 인수하는 등의 거래를 금한다.

한편 금융위기 이후 영국에서는 FSA를 해체하고 영란은행(Bank of England) 산하에 건전성감독원(PRA: Prudential Regulation Authority)[290]과 독립기관인 소비자보호·시장감독원(CPMA: Consumer Protection Markets Authority)[291]을 설치하였다. 재무부는 금융관련법(Banking Act 2009)을 제정하여 영란은행의 금융

---

286) 신태호, 앞의 글, 235면.

287) 단, 은행의 발행주식 10% 이상 취득 시에는 통상산업부에 대한 신고 의무가 있다.

288) 금융 활동과 더불어 다양한 상업적 또는 산업적 활동을 수행하는 그룹은 매우 이질적이기 때문에 그룹에 대한 금융감독에 이들을 모두 포함시키는 것은 감독의 목적에 비추어 볼 때 의미 있는 일이 아니다(EC Internal Market Directorate General, 2000, Towards and EU Directive on the Prudential Supervision of Financial Conglomerates-Consulation Document, Market 3021/2000, p.13).

289) 그룹 차원의 자본 적정성의 요구는 은행그룹이나 복합금융그룹에서도 가장 중요한 사안으로 은행그룹의 경우에는 계열사와의 거래가 자기자본 10% 이상 규모일 때 20% 초과를 금지(예외 인정)하는 규정이 있다.

290) http://www.hm-treasury.gov.uk/d/consult_newfinancial_regulation170211.pdf 참조.

291) http://www.moneymarketing.co.uk/regulation/consumer-protection-and-markets-authority-to-regulate-all-authorised-firms/1013598.article 참조.

안정 기능 강화를 위해 금융안정 목적을 영란은행법에 명문화하고 금융안정 책임도 구체적으로 명시하였다. 아울러 영란은행은 금융시스템상 중요한 지급결제시스템에 대한 감독 권한을 부여하였다. 그리하여 건전성 측면에서 감독을 행하는 금융시스템정책위원회(FPC: Financial Policy Committee)[292]를 영란은행에 설치하였다. 이처럼 금융위기의 재발 방지를 위해 지금까지의 최소 규제원칙에서 금융규제를 강화하는 방향으로 전환하였다. 그러나 이러한 경향은 어디까지나 복합금융그룹 내 은행과 증권회사를 중심으로 하는 위험의 전이를 차단하기 위한 감독의 강화이다. 보험그룹에 대해서까지 시장규율을 철회하고 공적규율을 강화하려는 것은 아니다. 또한 사전적 규제의 강화가 오히려 규제의 투명성을 저하시키는 감독청의 재량행위에[293] 빠질 위험성도 내포하고 있다고 본다.

2. 자회사의 보고의무 위반에 대한 조치

보험지주회사에 대해서는 통상산업부장관의 개입권[294]이 인정되는데 이러한 개입권의 전제조건은 자회사가 보고의무를 성실히 수행하지 못했음이다. 이때 개입권의 범위는 투자의 제한 및 처분, 특정사항에 관한 보고서의 제출, 보험계약자 보호를 위한 조치 등이다.[295]

3. 시사점

영국은 전통적으로 보험지주회사에 대한 별도의 설립 및 행위제한에 대한

---

292) http://www.bankofengland.co.uk/financialstability/fpc/index.htm 참조.

293) 행정행위는 법에 기속되는 정도에 따라 기속행위(羈束行爲)와 재량행위(裁量行爲)로 나누어진다. 전자는 행정권 행사의 요건과 효과가 법에 일의적으로 규정되어 있어서 행정청에게 판단의 여지가 전혀 인정되지 않고 행정청은 법에 정해진 행위를 하여야 하는 의무를 지는 행위를 말한다. 이에 반해 후자는 행위의 요건이나 효과의 선택에 관하여 법이 행정권에게 판단의 여지 내지 재량권을 인정한 경우에 행해지는 행정청의 행정행위를 말한다(박균성, 「행정법강의(제8판)」, 박영사, 2011, 210~211면).

294) 김성태, "영국에서의 보험사업자 규제", 「보험학회지(제43집)」, 한국보험학회, 1994, 152~153면 참조.

295) 이원돈 외 3인, 앞의 보고서, 60~61면 참조.

규제를 두고 있지 않았다. 따라서 영국에서는 보험지주회사의 설립 및 운영의 제한은 없다. 아울러 은행지주회사에 적용되는 연결자기자본비율 규제를 보험지주회사에 그대로 적용하지 않는다. 금융위기 이후 금융감독원(Financial Service Authority)을 해체하고 금융그룹에 대한 건전성 감시강화를 위한 별도의 기구를 신설한 점은 주목할 만하다. 금융위기의 재발 방지를 위해 지금까지의 최소 규제원칙에서 규제를 강화하는 방향으로 전환하였다. 그러나 이는 보험그룹에 대한 공적규율의 강화라기보다 은행을 중심으로 한 복합금융그룹에 대한 감독의 강화라고 본다. 다만, 연결기준감독의 적용과 같은 보험지주회사에 대한 건전성 감독의 강화의 필요성은 있다.

Ⅲ. 독 일

1. 보험규제의 원칙

독일은 전통적으로 산업에 대한 은행의 지배력이 강하여 일반지주회사 주식의 많은 부분을 은행이 보유하고 있으며, 일반사업회사 주식을 은행이 보유하는 것에 대한 규제도 없다. 이에 따라 금융지주회사는 비은행금융기관뿐만 아니라 일반제조회사도 자회사로 편입할 수 있다. 겸업과 관련하여 은행지주회사는 은행, 증권, 투자업을 동시에 영위할 수 있다. 다만, 보험회사가 동시에 타 업종에 해당하는 영업활동을 하는 것을 금지하고 있어 이를 회피하기 위한 수단으로 복합지주회사를 통한 보험업 이외의 타 업종으로의 진출을 도모하고 있다. 따라서 독일에서는 신용제도법(Kreditwesengesetz), 보험감독법(Versicherungsaufsichtsgesetz) 이외에는 금융지주회사에 관한 일반법을 가지고 있지 않고, 법률적으로 특별히 금융지주회사를 정의하거나 이에 대한 규제를 가하고 있지 않다. 그러나 일반적으로 금융지주회사란 금융기관 또는 금융관련 회사를 전부 또는 주된 자회사로 소유하는 금융관련회사로서 자회사

중 적어도 하나는 예금과 대출업무에 종사하는 금융기관인 것으로 이해되고 있다.296) 다만, 독일 경쟁제한방지법(Gesetz gegen Wettbewerbsbeschränkungen, GWB)은 시장지배적인 상황의 형성 또는 강화가 예상되는 기업결합을 금지하고 있다.297)

2. 보험지주회사에 대한 감독

(1) 보험감독법상 보험지주회사의 개념

독일의 보험감독법298)은 우리나라의 보험업법과 유사한 입법 형태로 2004년 개정을 통하여 보험지주회사에 대한 보다 직접적인 감독규정을 도입하였다. 그리하여 동법은 제1조의 b에서 보험지주회사에 대한 규정을 두어, 보험지주회사란 주된 영업 및 직접 또는 간접적인 출자의 형태가 보험회사나 재보험회사 혹은 연기금인 것으로서 국내에 주소를 두고 있는 회사라고 규정하였다. 다만, 사업지배를 행사하지 않는 것으로 인정되는 기업은 보험지주회사에 관한 동 규정이 적용되지 않는다. 이 정의규정에 해당되는 보험지주회사의 경우 연방금융감독원(BaFin: Bundesanstalt für Finanzdienstleistungsaufsicht)의 감독대상이 된다.

(2) 보험지주회사에 대한 자산운용 규제

독일 주식법 제290조에 의하면 지주회사란 다른 기업의 경영권을 지배할

---

296) 전삼현, "금융지주회사법 개정논의에 대한 고찰", 한국법제연구원 워크숍 자료집, 2008. 12. 19, 7면 이하.

297) 구체적으로는 다른 회사의 주식을 25% 이상 초과하여 보유하는 경우에는 규제대상이 되는 기업결합으로서 연방 카르텔청(Bundes Kartellamt)의 규제대상이 된다. 다만, 예외적으로 해당 결합으로 인하여 경쟁상황이 개선되어 이러한 개선이 시장의 피해보다 크다는 점이 입증될 경우에는 예외로서 이를 인정하고 있다고 한다(이우광, 「지주회사제도에 대한 외국의 운용사례연구」, 삼성경제연구소, 2006, 7면.).

298) 보험감독법은 민영보험업을 수행하고 실행하는 보험사를 감독하는 법으로서 보험행정법(Versicherungsverwaltungsrecht)이라고 한다(Roland M. Beckmann/Annemarie Matusche-Beckmann, Versicherungsrecht-Handbuch, Beck Juristscher Verlag, 2004, § 1 Rn. 35).

수 있을 정도의 지분을 갖고 있는 주식회사이다. 또한 자회사는 회사의 경영권이 지주회사에 있는 회사로 정의된다.[299] 독일의 경우 보험회사의 타 금융업 진출이 엄격히 제한되고 있어 타 금융업 진출을 위하여 지주회사 설립이 활용되고 있다.[300] 독일 보험감독법에서는 보험회사 본체가 보험사업과 관계가 없는 다른 사업을 영위하는 것을 엄격하게 금지하고(동법 제7조), 다른 보험분야의 겸영을 엄격하게 규제하고 있다(동법 제6조). 보험회사가 자회사나 지주회사를 통한 다른 금융보험업에 참여하는 것에 대해서는 보험감독법상으로는 관련 규정이 없어 금융겸업화를 위해 지주회사방식이 활용되고 있다. 유럽에서는 이러한 보험그룹 및 복합금융그룹에 속하는 회사의 범위가 매우 포괄적인데 독일의 경우에도 유사하다.[301] 보험지주회사 내에 있는 자회사에 대한 업종의 제한이 없다. 단지 보험지주회사(보험그룹)의 경우에는 복합금융그룹과는 달리 개별 보험사 차원의 자산운용규제 외에 추가적인 제한은 없고, 그룹 차원의 자본적정성이 자산운용 규제의 핵심이다.[302] 지주회사의 업무범위는 계열회사의 주주를 대표하여 대외활동을 하며, 계열회사의 경영권 및 자산운영결정권을 행사함을 포함한다(동법 제104조 제2항).[303]

(3) 보험지주회사에 대한 감독

보험지주회사에 대한 감독내용은 보험감독법 제1조의 b 제2항에서 규정하고

---

299) 이원돈 외 3인, 「주요국의 보험법제 비교」, 보험개발원 1999. 7, 62면.

300) 윤태한, "EC시장통합과 생명보험", 경일대학교 산업정보연구소, 1991, 166면.

301) 보험그룹에 속하는 회사의 범위를 살펴보면 모·자회사 관계로 의결권주 과반을 보유하고, 주주이면서 경영 및 감독기구 이사의 과반수 임면권을 보유하고, 주주가 아니라도 계약이나 정관에 의해 지배적 영향력을 행사하는 경우, 참여·피참여 회사로 20% 이상 직간접적으로 의결권이나 자본의 지분을 보유한 경우, 수평적 그룹 관계로 계약이나 정관에 의해 회사들이 동일한 기반으로 경영되는 경우, 해당 회계연도상 회사들의 경영 및 감독기구의 대부분이 동일한 인력으로 구성된 경우 등이다.

302) 복합금융그룹에 대해서는 그룹차원의 자본적정성 요구 외 위험집중, 그룹 내 거래, 내부 위험관리 프로세스 구축 등에 사후 감독이 따른다. 여기서 위험집중이란 그룹 내 금융회사의 자본적정성 등을 위협할 만큼 큰 그룹 전체의 손실 위험으로 정의되며 역시 유럽연합 각 회원국에 양적 규제가 일임되고 최소한 정기적인 보고 의무를 부과한다. 그룹 내 거래의 의미는 그룹 전체 자본적정성 기준의 5% 초과 거래를 중요 거래(significant transaction)로 정의하고 각 회원국에 양적 규제가 일임되는 한편 정기적 보고 의무가 부과된다.

303) 이원돈 외 3인, 위의 보고서, 62면.

있다. 연방금융감독원(BaFin)의 감독대상이 되는 보험지주회사를 확정하고, 보험지주회사에 대한 출자자가 신뢰할 만한 자일 것을 요구하고 있으며, 보험지주회사는 매년 중요 출자자 및 출자범위를 연방금융감독원에 신고하도록 하였다(동법 제13d조 제4호). 이에 따라 보험감독은 연방금융감독원에서 실시하는 연방 차원의 감독을 근간으로 하고 있으나, 특정 주에서만 영업을 하는 보험회사는 주정부의 감독을 받고 있다.[304] 또한 동법 제83조에 따라 연방금융감독원의 광범위한 권한은 보험지주회사에 대하여도 효력을 갖도록 하였다. 연방금융감독원은 보험지주회사에 대한 정보를 요구할 수 있고, 업무집행서류를 열람할 수 있으며, 감사위원회와 주주총회에 참석할 수 있다. 또한 연방금융감독원은 장소에 관한 감사나 수색을 할 수도 있다. 이 경우 각각의 사례에서 보험지주회사에 대한 개입권한이 충분한지와 함께 감독청의 감독위임과 관련하여 기본권의 침해가 정당화될 수 있는 것인지에 관한 논란이 있을 수 있다.[305]

(4) 보험감독의 강화

1) 보험감독법의 개정

독일 연방금융감독원(BaFin)은 금융의 대형화·겸업화에 따라 발생할 수 있는 위험전이 등 부작용을 방지하기 위하여 보험지주회사에 대한 감독을 강화하는 내용으로 2009년 3월 보험감독법을 개정하였다. 기존에는 직접 보험사업을 영위하는 지주회사만을 감독대상으로 지정하였으나, 보험사업 영위와 상관없이 보험회사가 자회사로 있는 그룹의 지주회사를 감독대상에 포함하였다. 또한 그룹 전체의 신용공여 10% 이상이 동일한 투자대상에 집중된 경우 리스크 현황에 대한 분기별 보고를 의무화하였다.[306]

---

304) 김지은, "최근 독일 보험감독 정책변화 및 시사점", 「조사연구 Review(제27호)」, 금융감독원, 2009. 9. 9면.
305) 유주선, "독일의 금융규제 현황과 보험지주회사제도", 한국법제연구원 워크숍 자료집, 2009. 9. 25, 37면.
306) 김지은, 앞의 보고서, 13면.

2) 보험감독강화법 제정

보험감독법 이외에 보험지주회사의 감독과 관련하여서는 2009년 8월 1일 시행된 "금융시장 및 보험감독의 강화를 위한 법률(보험감독강화법: Gesetzes zur Starkung der Finanzmarkt und der Versicherungsaufsicht)이 주목된다. 동 법률은 은행법과 보험감독법의 조문을 변경하는 것을 주된 내용으로 하고 연방금융 감독원의 예방적 기능을 강화하여 위기 시에 연방금융감독원이 개입할 수 있는 여지를 확보하고, 감독권한을 행사하기 위해서 위기의 징후를 감지할 수 있는 정보의 제공이 가능하도록 금융기관, 보험회사, 보험지주회사 등에 대하여 당해 기업집단 내에서 이루어지는 거래의 내용을 신고하도록 하는 의무를 부과하고 있다. 특히 일정 규모를 넘는 대출, 투자, 보증의 제공 및 주식이나 지분과 관련된 거래 등이 신고사항에 포함된다. 이러한 신고의무는 이미 일부가 보험감독법에 규정된 내용이지만, 동법의 규정은 보험기업집단 내에 속한 보험회사 사이의 거래에 대해서만 적용되었던 반면, 보험감독강화법에서는 이러한 신고의무를 확대하여, 보험집단에 속한 자회사들에게 부여하고 있다. 또한 기존에 금융기관 등의 경영이사에게만 요구하던 자격요건을 감독이사회 이사에게도 요구하여, 일정한 자격요건을 갖춘 자들만이 금융기관 등의 감독이사회 이사의 직무를 행하도록 하고 있다.

3. 시사점

독일은 보험감독법(Versicherungsaufsichtsgesetz) 제1의 b조에서 보험지주회사에 대한 규정을 두고 있다. 이에 의하면 보험지주회사는 국내에 주소를 두고 주된 영업 및 직접 또는 간접적인 출자를 통해 보험회사나 재보험회사에 대한 사업지배를 행사하는 회사이다. 이 정의 규정에 해당되는 보험지주회사는 연방금융감독원(BaFin)의 감독대상이 된다.

연방금융감독원(BaFin)은 보험감독법을 개정하여 직접 보험사업을 영위하는 지주회사뿐만 아니라 보험사업 영위와 상관없이 보험회사가 자회사로 있는 그룹의 지주회사를 감독대상에 포함하였다. 결국 이러한 감독규제의 강화는 보험그룹 전체에 대한 건전성 확보 차원의 노력이다. 유럽의 여타 국가와 마찬가지로 보험사업의 중요성은 독일에서도 널리 인식되어 있다. 이는 유럽의 국가적 사회보장시스템에 대해 민영보험사가 차지하는 비중의 증대에 따른 것으로, 독일의 경우도 예외는 아니다. 결국 보험그룹에 대한 감독강화는 보험자회사 및 지주회사 전체에 대한 건전성 감독의 강화에 중점을 두고 있는 것이다.

Ⅳ. EU

유럽연합(이하 EU라 함)국가 중 영국·독일에 대해서는 이미 언급하였고, 이하에서는 EU의 일반적 규제내용에 대해 설명한다.

금융위기에 대응하기 위해 EU각국은 금융규제 및 감독체제의 강화를 도모하고자 각종 개혁을 진행하였다. 그 주된 활동은 2007년 가을부터 이루어진 금융안정화포럼(FSF: Financial Stability Fourm)[307]을 중심으로 한 대응책의 검토이다.[308]

2008년 9월에 리먼브라더스의 파산으로 인해 금융위기가 한층 심화된 것을 계기로 동년 11월, 제1회 금융·세계경제에 관한 정상회의(Summit on Financial Markets and the World Economy)가 워싱턴에서 개최되어 신흥국 및 개발도상국을 포함한 G20정상회의가 출범하였다. 이에 따라 G20정상회의에서 금융규제개혁의 제언이 합의되고, G20참가국 정부, 바젤은행감독위원회(BCBS: Basle Committee

---

307) 금융안정화포럼(FSF)은 1997년부터 아시아경제위기를 계기로 G7재무상·중앙은행총재회의에서의 제안에 따라 창설된 금융위기에 대한 대응책을 논의하는 회의이고 G7금융관계당국, BCBS, IAIS, IOSCO, 세계은행 및 국제통화기금(IMF) 등으로 구성된다.

308) FSF는 2008년 4월에 「시장과 제도의 위기내성의 강화에 관한 보고서」를 정리하여 자기자본·유동성·위험관리에 대한 건전성감독의 강화책으로서 필요자본인상 등의 자본요건의 강화·개선, 증권화상품 등의 투명성·개시기준의 개선으로서 오프밸런스(off balance) 사업체의 회계·개시기준의 개선, 신용등급의 역할과 이용의 개선으로서 신용등급기관에 대한 감독강화, 금융당국의 위험대응력 강화로서 당국 간의 정보교환·협력조직인 감독자협의체의 창설 등의 대책을 제안했다.

on Banking Supervision), 보험감독자국제기구(IAIS: International Association of Insurance Supervisors), 증권감독자국제기구(IOSCO: International Organization of Securities Commissions) 등 국제적 규제기준설정기관, 세계은행 등이 그 방침에 따라 금융규제감독체제의 정비와 기준설정 등을 진행하는 체제로 발전하였다. 또한 이에 따라 FSF는 멤버를 확대하고 기능강화를 도모한 금융안정화위원회(FSB: Financial Stability Board)[309]로 재편되어 G20정상회의에서 금융규제개혁의 제언을 실시하는 기관으로 평가되기에 이르렀다. 또한 EU에서는 2009년 2월에 초대 유럽부흥개발은행총재인 de Larosèire를 의장으로 하는 태스크포스에 의한 「EU의 금융감독에 관한 중요 그룹에 관한 보고서(Larosèire보고서: The High-Level Group on Financial Supervision in the EU Chaired by Jacques de Larosèire Report」가 출간되어 EU에서의 금융규제개혁이 진행됨과 동시에 G20의 금융규제개혁에도 도입되었다[310]

EU는 지침(directives)별로 개별 금융지주회사를 인정하고 있다. EU의 보험그룹지침상 금융지주회사에는 보험지주회사와 복합업무보험지주회사(mixed-activity insurance holding company)가 있다. 그러나 양자가 지배할 수 있는 자회사의 종류는 양자가 동일하기 때문에 보험지주회사로 개념을 일원화한다면 최소한 1개 이상의 보험인수업을 하는 보험회사를 지배하는 경우를 말하는 것으로 정의할 수 있다.[311] EU의 보험지주회사는 EU보험그룹지침에 의하여 규제되고 있다. 보험지주회사에 대한 감독과 관련해서는 보험업을 승인한 EU회원국이 해당 감독기관이 되며, 만약 보험업을 2개 이상의 EU회원국에게서 승인을 받았다면 이들 국가 간의 협정에 의하여 해당감독기관이 정해지게 된다

---

309) FSB는 24개국의 금융관계당국 외에 OECD, 유럽위원회, 유럽중앙은행(ECB), 국제결제은행(BIS), 국제회계기준심의회(IASB) 등의 국제기관도 구성원이 되었고 금융시스템의 취약성에 대한 평가 및 필요한 대응에 대한 특정 및 감독, 금융안정화관계당국의 협력 및 정보교환의 촉진, 국제적 기준설정기관의 정책책정의 공동에 의한 전략적 검증실시에 더하여 감독자협의체의 특정 및 가이드라인의 작성, 국경을 초월한 위기관리의 긴급 시 대응계획의 입안 등의 역할을 담당하고 있다.

310) Larosèire보고서 이외에도 2009년 3월에는 영국의 금융서비스기구(FSA: Financial Services Authority)의 터너 회장에 의한 「터너리뷰-세계적 은행위기에 대한 규제상의 대응-(The Turner Review-A regulation response to the global banking crisis)」가 출간되었다. 동 보고서에서는 은행의 자기자본규제, 유동성 규제 등을 중심으로 장외파생상품 등의 규제, 신용기관규제, 국제적인 금융규제감독체제 등의 개혁안이 제언되었지만, Larosèire보고서와 공통되는 부분도 많다.

311) Insurance Group Directive § 1(i).

(Insurance Group Directive § 4(1) & (2)).

　EU보험그룹지침상 보험지주회사는 보험인수와 관련된 거래에 대하여 해당 감독기관에게 보고서를 제출해야 하며, 만약 이와 관련된 거래가 지급능력비율에 악영향을 준다면 보험인수에 일정한 제재를 받게 된다(Insurance Group Directive §§ 8 & 9). EU보험그룹지침상 보험지주회사는 감독과 관련된 정보를 제공하기 위하여 적당한 내부통제체제(Internal control mechanism or system)를 마련해야 한다(Insurance Group Directive § 5(1)). 이하에서 규제의 구체적인 내용을 살펴본다.

1. 보완규제의 법리

(1) 단일보험그룹의 경우

1) 단일보험그룹에 대한 감독의 목적

EU에서는 보험지주회사의 역내시장에서의 통일적 규제를 위하여 보험지주회사의 감독에 관한 지침을 발령하였고, 동 지침은 유럽 보험지주회사 감독의 기준으로 기능하고 있다. 동 지침은 전문(前文)을 통해 보험회사의 건전성을 유지하게 함으로써 금융시장의 안정을 도모하고 보험자의 이익을 보호함을 명시하고 있다.

유럽이 복합금융그룹에 보험업을 반드시 하나 이상 포함하도록 하고 있는 것과 동시에 단일 보험그룹에 있어서도 엄격한 감독규제 지침을 제시하고 있는 것은 유럽금융시장에서 보험업이 차지하는 중요성과 오늘날 유럽의 국가적 사회보장시스템이 민영화된 보험에 의해서 점차 대체되고 있다는 점에서 그 이유를 찾을 수 있다. 즉, 오늘날 개인의 연금적 성격의 자산을 다루는 보험회사가 특히 많아짐과 동시에 유수의 복합그룹이 보험업을 주력업종으로 하고 있는 경우가 많은 가운데, 만약 보험회사가 부실화될 경우 사회안전망의 해체라는 결과까지도 초래할 수 있기 때문에 엄격한 감독을 실시하고 있는 것이다.[312]

2) 단일보험그룹에 대한 감독규제의 내용

보험지주회사는 최소 1개 이상의 보험업(재보험 및 비회원국 소속 보험사 포함)을 영위하는 자회사를 소유하고 있는 지주회사여야 한다. 그리고 이와 같은 보험그룹에 대해서는 기존의 업역별 규제, 즉 보험업에 대한 규제 외에도 동 지침에 따라 보험금융그룹에 대한 추가적인 감독규제를 받게 된다. 이

---

312) 최승필, "EU의 복합금융그룹 감독에 대한 제도적 고찰-보험업을 중심으로-", 「경희법학(제4권 제1호)」, 경희대학교 경희법학연구소, 2009, 236~237면.

는 보험그룹지침상 보완 규제의 법리가 적용되는 것으로 볼 수 있다(Insurance Group Directive § 8(1)). 그 구체적인 감독규제의 대상은 보험그룹 내의 자회사, 보험지주회사, 보험그룹 내의 자회사와 보험지주회사의 관계회사(related undertaking)가 된다. 보험그룹이 받게 되는 보완적인 규제는 그룹 내에서의 거래(intra-group transaction)와 적정한 지급여력의 규제 등이다.

(가) 그룹 내 거래

보완 규제의 법리는 그룹 내 거래에 대하여 적용되는 것으로 규정되어 있다(Insurance Group Directive § 8(1)). 보완 규제의 법리는 크게 두 가지로 분류할 수 있는데, (i) 보험인수업에 적용되며 이에 해당하는 거래는 보험인수업과 관련된 업무, 보험인수업에 대하여 지분으로 참여하는 경우, 보험인수업에 지분으로 참여하는 경우와 관련된 업무가 있다. (ii) 보험인수업과 지분으로 참여하는 자연인과의 거래는 보험인수업 또는 이와 관련된 인수업, 보험인수업에 지분으로 참여하는 경우, 보험인수업에 지분으로 참여하는 경우와 관련된 인수업을 의미한다. 특히 EU 지침은 보완규제의 법리가 적용되는 중요한 내부거래로 다음과 같은 거래를 규정하고 있다(Insurance Group Directive § 8(1)(b)). 즉, 대부, 보증 및 부외거래(off-balance transaction), 지급여력과 관련된 거래, 투자, 재보험, 비용분담의 약정거래 등이다. 내부거래에 대하여 보완규제의 법리를 효과적으로 적용하기 위하여 감독 당국은 자신의 감독기관으로 하여금 중요한 거래에 관하여는 매년 보고를 받도록 규정하고 있다(Insurance Group Directive § 8(2) 제1문). 이와 같은 규정을 둔 이유는 해당 감독기관이 보험인수업에 부실의 위험이 발생하면 보험인수 단계에서 적당한 조치를 취함으로써 부실을 조기에 차단하려는 것이다(Insurance Group Directive § 8(2) 제2문).

(나) 지급여력비율의 조정

EU지침은 EU에서 승인받은 생명·손해보험회사가 모회사이거나 지분으로 참여하는 회사인 경우 해당 감독 당국으로 하여금 지급여력비율을 산정할 때에 그 조정을 요구하도록 규정하고 있다(Insurance Group Directive § 9(1)). 만약 조정된 산정의 결과가 부정적이라면 해당 감독기관은 당해 보험회사에 대하여 적당한 제재를 부과하게 된다(Insurance Group Directive § 9(3)).

(다) 정 보

EU 지침에 의하여 해당 감독기관은 보완규제의 법리를 적용받는 모든 보험회사에게 보완규제의 목적과 관련된 자료와 정보의 공급을 위하여 적당한 내부통제체제를 구비할 것을 요구하고 있다(Insurance Group Directive § 5(1)). 이에 따라 감독 당국은 해당 감독기관이 보완규제의 목적상 필요한 정보에 접근할 수 있도록 하고 있다. 즉, 해당감독기관은 보험회사와 관련된 회사의 정보가 필요하더라도 먼저 보험회사에 대하여 관련된 회사의 정보를 요구한 후 보험회사가 정보를 제공하지 않은 경우에만 당해 보험회사와 관련된 회사에게 직접 정보의 제공을 요구할 수 있도록 규정하고 있다(Insurance Group Directive § 6(1)).

(2) 복합금융그룹

복합금융그룹이라 함은 금융시장의 각각 다른 영역에서의 상품과 서비스를 하나의 복합그룹 내에서 제공하는 것으로 그룹의 주력산업이 금융업이며, 그 구성회사들은 은행, 증권, 보험의 영역 중 최소한 다른 종목의 금융업 2개 이상의 업역에 걸쳐 영업활동을 수행해야 한다. EU의 복합금융그룹에 대한 감독체제는 2002년 12월 복합금융그룹에 대한 EU지침(EU Financial Conglomerates Directive)의 발령에 따라 처음으로 구축되게 되었다. 유럽연합차원에서 복합금융그룹에 대한 감독에 관심을 기울이게 된 배경에는 유럽 전체에 자회사를 둔 소위 유럽회사(SE) 중 하나가 파산위험에 직면할 경우 단일통화시장 전체로 미치는 파급효과가 매우 크다는 점에도 기인한다고 할 수 있다.

복합금융그룹의 감독 대상은 유럽에 본거를 둔 보험지주회사도 포함되므로 결국 보험지주회사에 대한 감독은 설립규제보다는 자산운용 및 건전성 규제에 그 초점을 맞추고 있다고 할 수 있다.

유럽의 복합금융그룹에 대한 감독은 유럽 경제금융위원회(Economic and Financial Committee)에서 제정한 복합금융그룹지침을 기반으로 하고 있으며, 동 지침은 그룹 전체의 자본적정성과 리스크 집중, 내부거래, 경영진에 대한 요건 및 내부리스크 관리 절차 등에 대한 내용 등을 규정해 놓고 있다.

1) 보완규제의 적용대상

EU지침상 보완규제의 법리가 적용되는 복합금융그룹이란 다음 요건을 갖추어야 한다. 첫째, EU에서 규제받는 회사가 당해 그룹을 운영하거나 이 그룹에 소속된 자회사 중 1개 이상이 EU에서 규제받는 회사에 의하여 운영되는 경우라면 이 그룹의 특정금융부분이 모회사가 되거나 이 그룹의 금융부분에 지분으로 참여하거나 당해 그룹에 수평적으로 연결된 회사(Financial Conglomerates Directive § 2(14)(a))여야 하고, 둘째, 해당 그룹이 규제받은 회사에 의하여 운영되는 경우가 아니라면 해당 그룹의 활동 40% 이상이 주로 금융부분에서 이루어져야 하며(Financial Conglomerates Directive § 2(14)(c)), 셋째, 해당 그룹에는 보험업을 영위하는 회사가 최소한 1개 이상이 있어야 하고 이와 동시에 은행업이나 투자업을 담당하는 회사도 선택적으로 1개 이상은 있어야 한다. 아울러 셋째의 요건에 해당하는 보험업과 은행업 또는 투자업의 활동은 해당 그룹에서 그 중요성이 인정되어야 한다(Financial Conglomerates Directive § 2(14)(d)).[313)]

2) 보완규제의 적용범위

EU지침상 보완규제의 적용대상이 되는 금융기관에는 복합금융그룹도 포함된다. 이러한 복합금융그룹의 형태에는 크게 모·자회사 형태(parent-subsidiary

---

313) 중요성(significant)이라 함은 첫째, 복합금융그룹 내에서 금융부분의 총 재무제표에 대한 해당 금융부분의 총 재무제표의 평균비율 둘째, 복합금융그룹 내 금융부분에 요구되는 총 지급여력에 대한 해당 금융부분의 지급능력의 평균비율이 10% 이상인 경우를 의미한다(Financial Conglomerates Directive § 2(14)(e)). 다만 이 경우에도 해당 금융부분이 당해 복합금융그룹 내 가장 작은 금융부분이라면 해당 그룹에 대한 그 규모와 EU회원국 내 시장점유율이 5% 이상이어야 한다(Financial Conglomerates Directive § 3(3)). 만약 이를 충족하지 못하는 경우에는 해당 감독기관은 통상의 협정에 의하여 복합금융그룹지침상 복합금융그룹에 해당하지 않는다고 해석하여 보완규제의 법리를 적용하지 않을 수 있게 된다(Financial Conglomerates Directive § 3(3)).

model)와 수평결합 형태(horizontal group model) 및 지주회사 형태(holding company model)가 있다.[314] 여기서 모·자회사의 형태는 복합금융그룹의 주요한 총괄기능을 담당하는 기업이 고유의 금융업을 영위하면서 타 업종을 영위하는 자회사를 두는 방식이다.[315] 이에 반해 지주회사는 그 자신의 고유사업을 영위하지 않으며, 오직 자회사를 지배하고 그룹의 경영총괄업무만을 담당하는 형태이다. 유럽의 주요 금융그룹의 대부분이 이 모델을 취하고 있다.

보완규제의 적용대상에는 보험지주회사와 지주회사가 일반사업을 영위하는 복합업무보험지주회사(mixed-activity insurance holding company)도 포함된다.[316] 복합금융그룹에 대한 감독은 복합금융그룹이 자회사로 두고 있는 회사가 영업하는 각 업역별 감독을 받음과 동시에 복합금융그룹으로서 별도의 추가적인 감독을 받게 된다. 결국 복합금융그룹에 대하여도 보완 규제의 법리가 적용되는 것이다. 복합금융그룹지침상 보완규제의 법리가 적용되는 복합금융그룹은 기본적으로 이종금융기관을 의미하는 것이므로 성격이 다른 금융기관을 질적인 면에서 규제하기보다는 특정한 부분을 양적으로 규제할 수밖에 없을 것으로 보인다.[317]그 내용은 다음과 같다.

(가) 자본적정성

EU복합금융그룹 지침에 의하면 해당 감독기관으로 하여금 복합금융그룹 내 규제받는 기관에 대하여 일정한 자본적정성을 요구하도록 규정하고 있다(Financial Conglomerates Directive § 6). 이와 같은 자본적정성은 규제받는 기관의

---

314) Frank Dierick, "The Supervision of Mixed Financial Services Groups in Europe", *ECB Occasional Paper Series*, No. 20(Aug. 2004), p.6.

315) 이에는 은행이 모회사로서 보험회사를 자회사로 두는 방식 또는 보험회사가 모회사로서 은행을 자회사로 두는 방식이 있다.

316) 이러한 보완규제의 법리에도 감독 당국의 재량권은 인정된다. 즉, EU 회원국 이외의 국가에 등록사무소가 있으면서 첫째, 보험·재보험의 인수와 관련하여 필요한 정보의 전송에 법적인 장애가 있거나, 둘째, 해당 보험·재보험의 인수와 관련된 이익이 보완규제의 목적에 비추어 근소한 이익이거나, 셋째, 해당 보험·재보험의 인수와 관련된 재정상태를 보완규제의 대상으로 삼기에는 적당하지 못한 경우에는 보완규제의 법리를 적용할 때에 고려하지 않아도 됨을 의미한다(Insurance Group Directive § 3(3)).

317) 백정웅, "EU 금융그룹의 규제법리와 그 시사점에 관한 연구", 「商事判例研究(第22輯 第4卷)」, 韓國商事判例學會, 2009, 509면.

자기자본이 기준이 되는데 이때 반드시 고려해야 할 것으로는 규제받는 기관의 자기자본이 당해 복합금융그룹 내에서 부당하게 평가되는 것을 방지하는 것이다. 이는 복합금융그룹은 기본적으로 이종 금융집단이므로 이에 대한 규제는 질적인 규제가 아니라 양적인 규제로 접근할 수밖에 없기 때문이다. 따라서 중복되는 자기자본 등은 공제되어야 하는 것으로 본다.[318]

(나) 위험집중

복합금융그룹은 이종의 금융기관 등으로 구성된 기업집단을 의미하므로 그 위험 역시 다른 경우가 많아 이에 대한 규제가 필요하게 된다. 여기서 위험집중이란 복합금융그룹 내 규제당사인 기관의 지급여력 또는 재정상태에 위험이 될 정도의 모든 노출을 의미하며(Financial Conglomerates Directive § 2(19)), 이와 같은 위험집중은 해당 복합금융그룹에 소속된 모든 기관에 적용된다. 또한 이 위험노출의 원인은 거래상대방의 신용위험(Credit risk), 투자위험(investment risk), 보험위험(insurance risk), 시장위험(market risk) 및 이들 위험이 복합된 위험이다(Financial Conglomerates Directive § 2(19)).

(다) 그룹 내 거래

복합금융그룹 내 거래라 함은 해당 금융그룹 내 규제받는 기관과 같은 그룹 내 다른 기관 또는 이들 기관과 밀접하게 연결된 자연인이나 법인 간의 거래를 의미한다(Financial Conglomerates Directive § 2(18)). 복합금융그룹 내 규제받는 기관과 거래한 상대방에 대하여는 해당 복합금융그룹 내에 소속된 경우가 아니라 하더라도 밀접한 관련성만 존재한다면 EU 복합금융그룹지침상 보완규제의 법리가 적용되는 복합금융그룹 내 거래에 해당하는 것이다(Financial Conglomerates Directive § 2(18)). 밀접한 관련성의 판단기준은 첫째, 특정 자연인 또는 법인이 해당 복합금융그룹 내 소속기관의 의결권이나 자본의 20% 이상의 지분으로 참여하거나(Financial Conglomerates Directive § 2(13)a),

---

둘째, 지주회사와 자회사의 관계 또는 이와 유사한 관계를 창설하는 지배가
있는 경우이다.

(라) 내부통제체제와 위험관리절차

EU 복합금융그룹지침은 EU회원국으로 하여금 복합금융그룹 내 거래와 위
험집중으로 인하여 발생될 위험을 방지하기 위하여 규제받는 기관에게 그룹
차원에서의 적당하고 건전한 행정·회계절차에 관한 사항이 포함된 내부통제
체제와 위험관리절차를 마련하도록 요구하고 있다(Financial Conglomerates
Directive § 9(1)). 복합금융그룹의 감독 당국은 이와 같은 내부통제체제가 EU
복합금융그룹지침상 보완규제의 법리가 실현될 수 있는 관련정보를 생산할
것을 요구하고 있다(Financial Conglomerates Directive § 9(4)).

내부통제체제에는 첫째, 예상되는 모든 중요한 위험을 감지하고 이에 대하여
조치를 취하고 또한 위험에 대한 자기자본을 적정하게 연동시키기 위하여 자본
적정성에 관한 장치로 적당해야 하며(Financial Conglomerates Directive § 9(3)(a)),
둘째, 복합금융그룹 내 거래와 위험집중을 감지·감독·통제 등을 하기 위한
건전한 보고 및 회계절차가 포함될 것을 예정하고 있다(Financial Conglomerates
Directive § 9(3)(b)). 위험관리절차에는 첫째, 복합금융그룹 차원에서 해당 그룹
내 감독기구가 예상되는 모든 위험에 대한 전략 및 방침 등을 정기적으로 심사
하고 승인할 수 있는 건전한 지배구조와 경영진이 있어야 한다(Financial
Conglomerates Directive § 9(2)(a)). 둘째, 위험 정도와 자본과 관련된 요건에 대한
영향력을 행사할 수 있는 적당한 자본적정성 기준이 존재해야 한다(Financial
Conglomerates Directive § 9(2)(b)). 마지막으로 위험감시시스템이 해당 조직과 혼연
일체가 되어 작동이 되도록 담보할 수 있는 절차와 EU복합금융그룹지침상 보완
규제의 적용범위에 해당하는 회사에 대하여 실행된 위험감시시스템은 해당 복합
금융그룹 차원에서 특정 위험의 감지와 감시 및 통제되기에 충분할 정도의 조치
를 발동할 수 있어야 한다(Financial Conglomerates Directive § 9(2)(c)).

(마) EU의 복합금융그룹에 대한 주주유한책임 인정과 위험전이의 방지

복합금융그룹 지침에는 주주유한책임을 인정하는 규정을 두고 있다.[319] 즉, 모회사는 자회사의 지급부족과 관련하여 그룹 전체의 지급여력비율로 계상해야 하지만, 감독 당국에 의하면 이와 같은 경우에도 모회사의 책임은 자신이 출자한 자본에 비례하여 책임을 부담한다.[320]

보험그룹의 경우 그룹의 내부거래, 지급여력비율의 조정, 정보 등에서 위험이 전이되는 것을 차단하려는 규정을 두고 있다. 그리고 복합금융그룹의 경우에는 자본적정성, 위험집중 그룹 내 거래, 내부통제체제와 위험관리 등에 일정한 제한을 둠으로써 복합금융그룹 내에서 위험이 전이되는 것을 차단하고자 한다.

2. 금융위기 이후 복합금융그룹지침의 개정

EU에서는 Larosèire보고서를 기초해서 금융시스템 전체의 거시적 건전성 감독기관인 유럽 시스템위험위원회(ESRB) 및 미시적 건전성 감독기관인 금융감독자의 유럽시스템으로서 유럽은행감독기구(EBA: European Banking Authority), 유럽보험직역연금감독기구(EIOPA: European Insurance and Occupational Pension Authority) 및 유럽증권감독기구(ESMA: European Securities and Market Authority)가 2011년 1월에 설립되었다. 또한 금융기관의 자본요건의 강화를 도모하기 위해 은행·증권분야에서는 자본요건지침의 개정안이 채택되고 보험분야에서는 지급여력(solvency) Ⅱ 실시조치의 검토가 진행되고 있다. 아래에서는 금융위기를

---

319) Financial Conglomerates Directive, Annex Ⅰ, CAPITAL ADEQUACY, Ⅰ, Technical principles, 1, Extent and form of the supplementary capital adequacy caculation; 이러한 주주유한책임을 긍정하는 규정은 보험그룹지침에도 규정되어 있다(Insurance Group Directive, Annex Ⅰ, Calculation of the Adjusted Solvency of Insurance Undertakings, Ⅰ, B).

320) However, whichever method is used, when the entity is a subsidiary undertaking and has a solvency deficit, or, in the case of a non regulated financial sector entity, a national solvency deficit, the total solvency deficit of the subsidiary has to be taken into account. Where in this case, in the opinion of the competent authorities, the responsibility of the parent undertaking owing a share of the capital is limited strictly and unambiguously to that share of the capital, the competent authorities may give permission for the solvency deficit of the subsidiary undertaking to be taken into account on a proportional basis

계기로 업종을 횡단하는 규제 시스템인 복합금융그룹지침의 개정의 상황에 대해서 살펴보고자 한다.

EU의 복합금융그룹지침(2002/87/EC)은 2002년 12월에 채택되어 가맹국은 2004년 8월까지 국내법화해야 할 의무를 부담하였다. 복합금융그룹 지침의 개정은 금융위기 전부터 시작되었지만, 금융위기를 계기로 업종별 그룹지침과의 적용범위의 취급 등에 대한 개정이 제안되었다. 또한 업종 간 서로 다른 자기자본의 범위 등의 문제에 관해서는 은행분야 및 보험분야의 자본요건의 개정결과에 입각하여 검토하는 것으로 되었다.

(1) EU의 복합금융그룹 지침의 목적

금융·보험그룹에 대한 규제로 은행(증권을 포함)계 그룹에 적용되는 자본요건지침(Capital Requirements Directives),[321] 보험을 중심으로 하는 그룹에 적용되는 보험그룹지침(98/78/EC) 또는 복합금융그룹지침이 적용된다.

자본요건지침 및 각종 보험지침[322]은 고객 및 보험계약자 보호를 위해 각각 충분한 자기자본 확보를 유도할 목적으로 하는 한편 복합금융그룹지침은 업태를 아우르는 그룹의 위험에 대한 보완적 감독을 규정하는 것이다. 즉, 복합금융그룹지침은 다른 업태의 금융사업자가 금융시장의 다른 분야의 서비스 및 상품을 제공함으로써 이러한 상호관련성에 따라 각각의 위험 프로파일(risk profile)[323]에 영향을 받는 그룹 위험을 감독대상으로 하고 있다. 이러한 지침은 각각 단일 금융사업자 수준에서 면허사업자마다 또한 동일한 지침에 따르는 사업자에 대해 연결기준으로 적용되지만, 복합금융그룹 지침은 분야별 규제

---

321) 자본요건지침은 은행지침(2006/48/EC) 및 은행자본충분성지침(2006/49/EC)의 2가지 지침으로 구성된다. 은행지침(2006/48/EC)는 은행(여신기관)의 사업면허 외에 바젤협약II에 따라서 감독, 자본요건, 정보개시 등을 규정하고 있다. 또한 은행 등 자본충분성요건지침(2006/49/EC)은 은행 및 투자회사의 자본요건의 일부를 규정하고 있다.

322) 이는 보험사업자의 지급여력(solvency)규제를 규정한 손해보험 제1차 지침(73/239/EEC), 손해보험 지급여력(solvency)지침(2002/13/EC) 및 생명보험종합지침(2002/83/EC) 등을 말한다. 또한 이들을 종합해서 새롭게 지급여력(solvency) 규제를 규정하는 지급여력(solvency)II 시스템지침(2009/138/EC)가 2009년 11월에 채택되어 2013년 1월부터 시행될 예정이다.

323) 이는 위험의 성질 및 규모 등 각 위험의 특징을 나타내는 다양한 요소를 반영하거나, 금융기관이 보유하는 모든 위험의 상황의 총칭이다.

의 공백 및 건전성 위험에 대처하고 이러한 분야별 규제를 보완하는 데 그 목적이 있다.

(2) 현행 복합금융그룹지침의 개요

복합금융그룹지침을 기초로 EU가맹국은 자국의 복합금융그룹 관련 법령을 정비함과 동시에 복수의 가맹국에 걸쳐서 활동하는 복합금융그룹과 관계되는 가맹국의 감독 당국은 상호 협력하여 동 지침을 토대로 보완적 감독을 실시하게 된다.

현행 복합금융그룹 지침은 적용대상을 정하는 인정기준[324] 및 인정절차에 관한 규정, 보완적 감독으로서 복합금융그룹 전체의 자본충분성 필요액(capital adequacy requirements)을 만족하는 이용가능 자기자본(available own funds)의 확보를 요구하는 자본요건, 중대한 위험 관리체제 및 적절한 내부통제체제를 강구할 의무에 관한 규정 등으로 구성된다.

보완적 감독을 촉진하기 위한 조치로는 감독 당국 조정자의 지명, 감독 당국 간의 협력 및 정보교환, 관계되는 정보에 대한 접근 및 검증의 확보, 보완적 감독의 각 요건에 부적합한 경우의 시정조치, EU 역외의 제3국에 모회사가 소재하는 경우 당해 제3국의 복합금융그룹에 관한 보완적 감독의 동등성 평가와 동등성이 인정되지 않는 경우의 적절한 조치의 실시 등을 규정하고 있다.

(3) 복합금융그룹지침의 개정

금융위기가 시작되기 전인 2005년부터 개시된[325] 복합금융그룹지침의 개정

---

324) EU는 은행업과 증권업의 본체에서의 겸업이 인정되고 있다. 이로 인해 복합금융그룹지침에서는 은행 또는 증권과 보험의 다른 업태를 소유하는 일정 규모의 그룹을 복합금융그룹으로 정의하고 있다.

325) 복합금융그룹지침 31조 1항은 유럽위원회는 가맹국의 장관급으로 구성된 복합금융그룹위원회에 대해 자산운용회사의 그룹감독의 대상화와 자본필요액의 합산방식의 선택 및 적용방법 등에 관한 가맹국의 실태와 한층 더 조화될 필요성 등에 관해 2006년 1월까지 보고하는 것으로 규정되었다. 이를 받아들여 복합금융그룹위원회는 2006년 3월에 본 규정에 기초해서 동 지침의 개정을 위한 조사를 2008년에 행하는 것으로 결정하였다(European Commission, "Call for Technical Advice(No. 3) from the Interim Working Committee on Financial Conglomerate", April

작업은 복합금융그룹 전체의 자기자본의 평가에 대해 분야별로 다른 자기자본의 취급과 정의규정 등의 문제가 검토되었다. 한편, 금융위기를 계기로 은행을 중심으로 하는 자본요건의 강화와 국경을 초월하여 활동하는 그룹에 관계되는 감독 당국 간의 협력 및 정보교환의 중요성 등 2006년에 채택된 자본요건지침의 개정과 지급여력Ⅱ의 검토상황 등을 주시할 필요성이 제기되었다. 유럽위원회는 2009년 2월에 EBA의 전신인 은행감독자위원회 및 EIOPA의 전신인 보험직역연금감독위원회로 구성된 합동 복합금융그룹 위원회(JCFC: Joint Committee on Financial Conglomerate)에 동 지침의 적용범위 등 감독강화 움직임에 따른 기술적 문제의 검토를 의뢰하고 2009년 7월의 공청회개최 및 11월의 의견수렴 등을 실시하였다. 이러한 과정을 통해 유럽위원회는 2010년 8월에 복합금융그룹지침의 개정을 제안하였다. 그 내용은 다음과 같다.

1) 금융분야별 지침과 복합금융그룹 지침의 동시적용

자본요건지침의 적용을 받고 있는 은행그룹 또는 보험그룹지침의 적용을 받고 있는 보험그룹이 다른 분야의 사업자를 인수, 합병(M&A)을 통해서 취득하고 복합금융그룹이 된 경우, 감독 당국은 자본요건지침 또는 보험그룹지침을 그대로 계속 적용할 것인지 복합금융그룹지침에 의한 보완적 감독규정을 적용할 것인지가 문제로 되었다. 이에 따라 관련당국은 복합금융그룹지침의 적용을 제외하고[326] 그대로 연결기준의 감독을 적용할 것인지 대신 보완적 감독을 적용할 것인지를 선택해야 했다. 결국 개정 제안에서는 지금까지 적용되어 온 연결기준의 자본요건지침 또는 보험그룹지침에 기초한 감독과 복합금융그룹지침에 기초한 보완적 감독 쌍방의 적용을 받는 것으로 하였다. 이로 인해 자본요건지침 및 보험그룹지침의 쌍방에 복합금융그룹의 지주회사인 복합금융지주회사(mixed financial holding company[327]))에 관한 규정을 포함함으로

---

326) 현행 복합금융그룹지침 제3조 제3항에서 최소금융분야의 자산합계액이 기준치를 초과하는 경우에도 보완적 감독의 목적에 비추어 필요하지 않는 것으로 판단되어 관계 당국 간 합의에 의해 복합금융그룹으로 간주되지 않을 수 있음을 규정하고 있다.

327) 복합금융지주회사라 함은 규제대상은 사업자 이외의 자로서 그 자회사 중 적어도 1개사가 EU 역내에 본점을 두고 있는

써 각 지침과 복합금융그룹지침을 동시에 적용할 수 있게 되었다.

2) 자산운용회사의 감독대상 포함 등

복합금융그룹의 인정기준책(thresholds)의 판단에 대해 투자신탁지침(2009/65/EC)에 의해서 규제되는 자산운용회사의 자산액은 판정요소에 포함되지 않지만, 가맹국의 판단으로 자산운용회사를 보완적 감독의 범위에 포함시킬 수 있게 되었다.

그 밖의 개정 내용으로는 먼저, 그룹 전체의 자본충분성요건의 계산방식을 정리가 해당된다. 현행 복합금융그룹지침에서는 그룹 전체의 자본충분성요건의 계산방식으로는 첫째, 연결회계방식(Accounting consolidation methods)(연결자기자본 - 각 사업부분의 자기자본필요액의 합계≥0), 둘째, 공제합산방식(Deduction and aggregation methods)(개별 사업체의 자기자본의 합계 - 개별 사업체의 자기자본필요액의 합계 - 그룹 내 지분의 장부가격≥0), 셋째, 장부가격/필요액공제방식(book value/Requirement deduction methods)(모회사의 자기자본 - 모회사의 자기자본필요액-(모회사의 그룹회사 지분의 장부가액)과 (이러한 자회사의 자기자본필요액)이 큰 쪽≥0), 넷째, 앞의 세 가지 방식을 조합하는 방식이 있다.328) 그러나 장부가격/필요액공제방식이 연결회계방식과 공제합산방식의 계산결과와의 차이가 크다는 점이 문제로 지적된다. 개정제안에서는 연결회계방식과 공제합산방식을 조합하는 형태로 장부가격/필요액공제방식을 폐지하여 개정 전과 같은 4가지 방식에서 3가지 방식으로 변경하였다.

다음으로 경영참가 가이드라인을 정리하였다. 개정 전 자본요건지침과 보험관계지침에 있어서는 경영참가의 요건은 연차회계에 관한 제4차 지침(78/660/EEC)의 규정을 근거로, 20% 이상의 의결권보유 또는 지배관계 및 지속적인 연결(durable link)의 2가지 요소였지만, 지속적인 연결 의사가 불명확하였다. 단, 자

규제대상사업자로서 복합금융그룹을 형성(산하에 은행 또는 증권회사와 보험회사를 보유)하는 지주회사를 말한다(복합금융그룹지침 제2조 15항).

328) European Commission, "Staff Working Document SEC(2010) 981 final"(자료출처: http://ec.europa.eu/governance/impact/ia_carried_out/docs/ia_2010/sec_2010_0981_en.pdf)

본요건지침 및 각종보험지침은 오직 자본요건(capital requirements) 계산의 관점에서 경영참가를 파악하고 있다. 그런데 복합금융그룹지침에서는 위험집중 및 그룹 내 거래 등에 대해서도 고려하는 등 경영참가를 파악하는 방법에 차이가 있다. 그리하여 경영참가에 관한 가이드라인을 다시 정하도록 제안되었다. 그리고 그 밖의 가이드라인을 설정하고 있는데 그 내용은 EU의 금융감독 제도개혁에 의해서 2011년 1월에 EBA, EIOPA 및 ESMA가 창설되고, EU가맹국 간의 감독 수렴(supervisory convergence)을 위해 각종 가이드라인을 책정할 수 있도록 한 것이었다. 이를 계기로 개정안에서는 위험집중, 그룹 내 거래, 위험관리 및 내부통제체제 등에 관한 가이드라인의 책정에 관한 규정을 두어야 함을 제안하였다.[329]

3. 시사점

유럽에서는 지주회사를 포함한 복합금융그룹에 대한 설립 및 진입규제가 거의 없지만, 복합금융그룹 내에서 발생한 위험이 계열사 전체 나아가 시장 전체로 확산되는 것을 방지하기 위하여 엄격한 감독규제를 가하고 있다. 즉, 사전규제보다는 엄격한 감독규제를 통한 복합금융그룹 전체에 대한 건전성의 유지에 중점을 두고 있는 것이다. 기존의 엄격한 감독규제에도 불구하고 금융위기 이후 복합금융그룹지침의 개정을 통해 그룹 전체의 건전성 강화를 위한 공적규제의 강화 움직임이 있다. 이는 결국 보험지주회사와 같은 복합금융그룹의 건전성 확보에 중점을 둔 규제체계를 설계할 필요가 있음을 시사한다.

---

[329] 복합금융그룹지침의 개정안에 대하여 남은 과제로 지적되는 사항은 첫째, 금융분야에 따라 적격자기자본 취급의 상이, 둘째, 자본요건의 계산방법의 상이, 셋째, 오프 밸런스(off balance)의 특별목적사업체(Special Purpose Entities) 등 비규제사업자에 대한 보완적 감독 대상범위의 확대 등이다. 또한 EU 가맹국의 재무장관으로 구성된 복합금융그룹위원회의 논의에서는 은행분야 및 보험분야의 각각의 자본요건에 관한 논의가 완료될 때까지 자본요건의 조정에 대한 검토를 연기해야 한다는 의견도 나오고 있다.

V. 일 본

1. 보험지주회사 연혁

일본은 1947년 제정된 「사적 독점의 금지 및 공정거래의 확보에 관한 법률」 (이하 '독점금지법'이라 한다) 제9조에 의하여 지주회사의 설립이나 전환을 엄격히 금지해 왔다.[330] 그러나 이후 1997년 독점금지법이 개정되면서 지주회사 설립의 법적 근거가 마련되었다.[331] 독점금지법의 개정으로 순수지주회사가 허용된 이후 1998년 3월에는 은행법, 보험법 등 금융관련법률의 개정을 통하여 금융지주회사를 허용하기에 이르렀다. 1998년 3월부터 시행된 금융지주회사 관련법은 두 가지 법률로 이루어지는데 '지주회사의 설립 등 금지의 해제에 수반한 금융관계 법률의 정비에 관한 법률'(이하 '정비법')과 '은행지주회사의 창설을 위한 은행 등에 관한 합병절차의 특례 등에 관한 법률'(이하 '창설특례법')이다. 여기서 '정비법'은 은행업·보험업·증권업을 영위하는 회사를 자회사로 하는 지주회사에 대하여 은행 등 경영의 건전성확보 및 투자자보호 등의 관점에서 필요로 하는 감독상의 조치를 강구하기 위해 은행법, 보험업법, 증권거래법 기타 관련 법률의 규정을 정비한 법률로서 1998년 제정되었다.[332)333)] '창설특례법'은 금융지주회사 설립방식 중 탈각방식 및 공개매수방

---

330) 早川勝, "持株会社による事業統合の問題点", 「判例タイムス 臨時増刊(第55巻 第25號(1158))」, 2004. 11. 10, 139頁.

331) 지주회사 해금의 필요성에 대해서는 첫째, 경제 글로벌화와 기술혁신의 촉진 속에서 분야별 경쟁이나 시장환경의 변화에 급속하게 대응하기 위해 사업부제와 컴퍼니제에서 순수지주회사를 바탕으로 사업부문을 분사화하여 개개의 사업 분권화와 전문화를 진행하면서 기업 그룹 전체를 총괄할 수 있는 구조가 필요하고, 둘째, 글로벌 경쟁에 기동적, 전략적으로 대응하기 위해서는 사업 매각, 매수 등을 포함한 기업조직의 재편을 급속하게 진행할 필요가 있는데 이에는 순수지주회사가 유용한 점, 셋째, 미국, 유럽 등에서 순수지주회사를 금지하고 있는 국가는 없어 국제적 정합성에 부합하지 않는 점, 넷째, 기업조직 형태의 선택은 기업에 위임되는 것이 자유경제라고 할 수 있는 점 등이 제시된다(遠藤博志, 「企業法制改革とこれからの會社經營」, 商事法務, 2006, 66~75頁.).

332) 본 법은 1997년 독점금지법을 개정하여 지주회사의 금지조항을 폐지하고, 금융지주회사의 활성화를 위해 은행법, 보험업법, 증권거래법 등을 법률별로 개정한 것이 아니라 단일법률을 제정하여 관련법을 개정하였다는 점이 특징이다. 또한 은행지주회사만이 아니고 보험지주회사 등 금융지주회사에 관련된 법률을 폭넓게 정비하였다는 점이 특징이다 (전삼현, 「금융지주회사법의 문제와 대안」, 자유기업원, 2002, 46면).

333) 이에 따라 보험업법은 1997년 12월 12일 법률 제120호 '정비법' 제4조에 기초하여 제10장의 2(제271조의 3~제271조의 18)에서 '보험지주회사'에 관한 일련의 규정을 제정하였다. 제1절 통칙(제271조의 3~제271조의 4), 제2절

식의 문제점을 보완하기 위한 수단으로 미국의 삼각합병방식과 유사한 제도를 도입하여 상법 및 은행법에 대한 특례를 규정한 법률이다.[334]

그 이후 '정비법'은 1998년 6월 15일 법률 제107호 '금융 시스템 개혁을 위한 관계법률의 정비 등에 관한 법률' 제22조에 기초하여 일부 개정되었다.[335]

이와 같이 일본은 지주회사의 해금과 동시에 금융관계법령 개정을 통해 각 금융업종별로 지주회사에 관한 규정을 신설하였다.[336] 보험지주회사는 주식보유를 통해 보험회사를 지배하게 됨으로써 보험회사의 경영에 상당한 영향력을 행사할 수 있게 되었다. 또 이른바 보험회사의 형제회사가 보험회사의 경영에 영향을 미치는 것도 부정할 수 없다. 따라서 이러한 관점에서 보험계약자 등의 보호를 위해 보험지주회사 및 그 지배하는 다른 자회사를 포함한 포괄적인 감독이 필요하게 되었다.[337] 그리하여 일본의 보험지주회사에 대한 감독은 미국의 경우와 같이 보험회사의 경영건전성 및 보험계약자의 이익보호에 중점을 두고 이루어진다. 일본 보험업법 부칙(1997년 12월 13일 법률 제120호) 10조는 개정 후 보험업법(新보험업법)의 시행상황, 보험업을 둘러싼 사회경제제사정의 변화 등을 감안하고 보험지주회사에 관련되는 제도에 대한 검토를 행하여 필요가 있다고 인정될 때에는 그 결과를 토대로 소정의 조치를

업무 및 자회사(제271조의 5~제271조의 6), 제3절 경리(제271조의 7~제271조의 10), 제4절 감독(제271조의 11~제271조의 14), 제5절 부칙(합병 또는 영업 양도)(제271조의 15~제271조의 18)으로 구성되어 있다.

334) 예금보험공사, 「금융산업 개편과 금융지주회사제도」, 2004. 4. 13면.

335) 보험심의회 보고(1997년 6월 13일) "보험업의 올바른 재인식에 대해서-금융 시스템 개혁의 일환으로서"에서는 지주회사 제도 도입의 기본적 고찰 방법을 다음과 같이 설명하고 있다. 첫째, 일본은 전후에 지주회사의 설립을 금지하였지만, 지주회사의 해금(解禁) 등을 내용으로 하는 독점금지법 개정안이 제140회 국회에서 성립되었다.
둘째, 지주회사는 조직 형태 선택의 확대를 가져왔으며, 보험회사에도 지주회사 제도의 활용에 따라 스스로 특색과 능력을 발휘하면서 가장 적절한 조직 형태를 선택하는 것이 가능하게 됨으로써 지주회사 산하의 형제회사 간 시너지 효과를 기대할 수 있기 때문에 다양화·고도화라는 이용자의 요구에 정확하게 대응할 수 있다.
셋째, 또한 지주회사를 통한 형제회사에 따른 합병대체 등도 가능하기 때문에 보험계약자 등의 보호를 위한 수단의 다양화에도 도움이 된다.
넷째, 이같이 지주회사제도의 도입은 보험업에서도 중요한 역할을 부담하고 있다고 볼 수 있지만, 한편으로 주식보유를 통해서 보험회사를 지배하는 지주회사와 그 자회사가 보험회사의 경영에 영향을 미칠 수 있으므로 보험계약자 등의 보호, 보험회사의 건전성 확보를 위해 효과적인 감독과 효율적인 조직을 구축할 필요가 있고, 지주회사의 해금시기에 따라서 신속하게 준비를 진행할 필요가 있다.
다섯째, 감독의 조직 구축을 성공하기 위해서는 규제완화가 유지되는 속에서 규제를 필요최소한으로 하여 금융의 국제화 진전과 함께 투명성을 확보하면서 글로벌 스탠더드와의 조화를 꾀해야 할 것이다(石田 滿, 日本における金融制度改革にともなう保檢業法の改正, 「商事法研究(第18卷 第2號)」, 韓國商事法學會, 1999. 132~133면).

336) 早川 勝, 앞의 글, 139면.

337) 石田 滿, 앞의 책, 532頁.

강구하는 것으로 규정하였다. 보험지주회사뿐만 아니라 은행지주회사, 장기신용은행 지주회사 및 외국이체은행 지주회사에 대해서도 동일한 내용이 적용된다. 따라서 보험지주회사에 대한 규제내용은 매우 한정된 것이다.[338]

2. 금융위기 이후의 동향

일본에서도 금융위기 시 보험그룹에 대한 감독규제를 강화해야 한다는 의견이 많았으나 실질적으로 미국, EU와 같이 관련 법률을 개정하지는 않았다. 특히 보험지주회사와 보험그룹에 대한 근거법규인 보험업법에서는 이미 연결자기자본과 그룹 전체를 대상으로 하는 감독체계가 확립되어 있어 별도의 개정이 필요하지 않았던 것으로 보인다. 다만, 우리나라와 사정이 비슷하게 보험지주회사의 운영과 관련하여 일본의 회사법에도 결합기업에 관한 규정이 존재하지 않기 때문에 관련 법제의 미비로 인해 증가하는 법률문제의 해결에 어려움이 있음을 지적하는 견해가 있다. 최근 일본은 기업결합법제에 관한 꾸준한 논의가 이어지고 있는데, 무엇보다도 최근에는 지주회사 해금이전과는 달리 모회사의 주주보호에 대해서도 연구가 계속되고 있다.[339]

3. 보험업법상 보험지주회사에 대한 규제

(1) 보험지주회사의 기관

보험업법은 보험지주회사(외국 법령을 준거법으로 하여 설립된 회사는 제외)는 주식회사로 하며 ① 이사회, ② 감사회 또는 감사위원회, ③ 회계감사인

---

338) 石田 満, 앞의 책, 517頁.

339) 일본의 기업결합법제에 관한 연구로는 株式会社商事法務, 「企業結合法制に関する調査研究報告書」, 2010 및 森本 滋, 「企業結合法の総合的研究」, 商事法務, 2009를 참조. 동 보고서 (http://www.moj.go.jp/content/000070279.pdf) 등 모자회사 관계를 중심으로 하는 결합기업법제와 관련하여 제외국의 입법례와 일본에의 시사점 등을 상세하게 정리하고 있다.

을 두어야 한다(보험업법 제271조의 19 제2항)고 규정한다. 보험지주회사를 주식회사로 제한한 이유는 보험지주회사의 재무상황과 경영방법이 자회사인 보험회사의 경영에 중대한 영향을 미칠 가능성이 있음을 고려하여 주식회사 형태를 취함으로써 다른 형태의 회사에 비해 주식과 사채 발행 등에 의한 폭넓은 자금조달이 가능하도록 하고 강력한 지배구조를 갖출 수 있도록 하려는 데 있다.[340)

(2) 보험지주회사의 인가

일본 보험업법은 보험지주회사에 대하여 보험회사를 자회사로 하는 지주회사가 되려는 회사 또는 보험회사를 자회사로 하는 지주회사를 설립하려는 자

---

340) 일본의 보험업의 사업다각화와 관련한 그룹화의 방식은 자회사 방식과 보험지주회사방식이 있다. 이들에 대한 규제를 이해의 편의를 위해 정리하면 다음 표와 같다.

항목	보험업의 복합금융그룹화 방식	
	지주회사 방식	자회사 방식
정의규정	보험회사를 자회사로 하는 독점금지법 제9조 제5항 제1호의 지주회사로서 인가를 받은 회사(보험업법 제2조 제16항)	-
자회사 범위, 자회사 이외의 회사 의결권보유	일정 금융업 이외의 회사를 자회사로 하는 경우에는 주무대신의 승인 필요(보험업법 제271조의 22), 의결권수량 제한 없음	일정 금융업에 한정하고 인가 필요(보험업법 제106조 제1항), 자회사 이외 10%이하(보험업법 제107조 제1항)
사업보고 · 대차대조표 등 작성 · 공고의무	사업년도 · 중간사업년도마다 연결기준으로 작성 · 공고(보험업법 제271조의 24)	사업년도 · 중간사업년도 마다 연결기준으로 작성 · 공고(보험업법 제110조 제2항)
보고 · 자료제출 명령권, 방문검사권	보고 · 자료제출(보험업법 제271조의 27), 방문검사(보험업법 제271조의 28)	보고 · 자료제출(보험업법 제128조 제2항), 방문검사(보험업법 제129조 제2항)
자기자본 · 지급여력비율	보험지주회사 및 그 자회사 등의 지급여력비율(보험업법 제271조의 28의 2)	보험회사 및 그 자회사 등의 지급여력비율(보험업법 제130조)
자본의 이중사용 배제	은행자회사 등에 대한 자기자본조달 수단액을 지급여력비율에서 공제 (2001년 금융청고시 19호)	좌동
위험의 집중	규정 없음	투 · 융자의 동일인집중규제(보험업법 제97조의 2 제3항)
그룹 내 거래	특정관계자 · 특정관계자의 고객 간의 거래제한(보험업법 제100조의 3)	좌동

는 사전에 내각총리대신의 인가를 받도록 규정하고 있다(보험업법 제271조의 18 제1항). 이는 지주회사에 의한 자회사의 경영관리나 지주회사를 중심으로 한 기업 그룹의 재무상황 등이 자회사인 보험회사의 업무나 재산의 건전성에 중대한 영향을 미칠 가능성을 고려하였기 때문이다. 결국 보험자회사의 건전성의 확보차원에서 사전에 그 적격성을 심사하도록 규정하고 있다.

(3) 보고 및 검사

내각총리대신은 보험지주회사 및 그 자회사의 건전경영을 도모하기 위해 연결기준의 업무보고서를 제출받는다. 다만, 보험회사의 자본적정성을 측정하는 지급여력기준을 산정할 때 보험지주회사는 연결대상에 포함하지 않는다. 내각총리대신은 보험계약자를 보호하기 위해서 보험지주회사 및 자회사인 보험회사의 업무가 건전하고 적절하게 운영되고 있는가를 감독하여야 하며, 이를 위해 보험지주회사와 보험자회사에 출입하여 업무나 재산사항, 장부서류 및 그 외 물건 등에 대하여 질문 또는 검사를 수행해야 한다(보험업법 제271조의 27 제1항). 내각총리대신은 보험지주회사 및 자회사에 대한 보고 및 자료 제출의 요구, 입점검사권한, 경영개선계획 제출 권한을 행사할 수 있다. 보험계약자 보호를 위해 필요할 경우(수시·상시) 보험지주회사 또는 자회사에 대해 그 취지를 표시하고, 그 보험회사의 업무 또는 재산의 상황에 관한 보고 및 자료제출을 요구할 수 있으며, 입점검사권한을 행사한다. 그러나 일반사업회사를 소유할 수 있는 보험지주회사의 특성을 감안하여 자회사의 경우 타당한 이유가 있을 때 보고 또는 자료의 제출, 입점검사를 거부할 수 있다(보험업법 제271조의 27 제2항 및 제271조의 28 제4항, 제271조의 11 제2항). 내각총리대신은 보고 및 제출을 통해 재산상황을 파악한 후 보험계약자를 위해 필요한 경우, 보험지주회사 및 자회사에 대해 경영개선 계획을 요구할 수 있으며, 불충분할 경우 감독상의 필요한 조치를 명령할 수 있다(보험업법 제271조의 29 제1항).

(4) 자산운용규제

보험지주회사에 대하여는 특수관계인에 대한 신용공여한도, 내부거래 규제를 두고 있다. 먼저 신용공여한도를 살펴보면 보험지주회사그룹 차원에서는 동일인 신용공여한도가 없으나, 다만 개별 보험회사 차원에서는 일반적인 동일인 운용한도 규정이 적용된다(보험업법 제97조의 2, 동법 시행규칙 제47조, 제48조의 5). 신용공여한도는 동일인 자신과 특수관계인의 경우 총자산의 10%, 보험회사 주요주주 및 보험회사 주요주주의 동일인의 경우 총자산의 6%로 제한된다. 보험회사 및 그 자회사 등을 기준으로 한 동일인 운용한도는 보험회사 단독한도와 비율이 동일하며, 단지 합산총자산을 기준으로 비율을 산출한다는 점에서 다르다.

보험자회사는 당해 보험지주회사 및 다른 자회사와의 거래 시 당해 보험자회사에 불이익을 주는 행위를 할 수 없고, 그룹 내 다른 보험자회사와 보험계약을 체결하는 보험계약자에게 특별이익을 제공해서는 안 된다. 그리고 보험지주회사 및 비보험 자회사는 보험자회사와 보험계약을 체결하는 보험계약자에게 특별이익을 제공할 수 없도록 규제하고 있다.

4. 시사점

일본의 경우 보험지주회사는 보험업법에 그 근거규정을 두고 있으며 주로 보험자회사의 건전성 확보를 중시하여 일정한 규제가 가해진다. 보험지주회사는 내각총리대신의 승인을 받아 설립된 회사로서 금융자회사 및 비금융자회사를 소유할 수 있다. 우리나라와 같이 자회사 편입승인과 같은 규정은 존재하지 않고 내각총리대신의 승인을 요하지 않는 자회사의 범위(보험업법 제271조의 22 제1항, 시행규칙 제210조의 7 참조)가 폭넓게 규정되어 있어 보험지주회사의 사업다각화가 진전되고 있다.

일본의 보험지주회사를 포함한 복합금융그룹은 금융위기 이후 건전성 규제를 강화하려는 움직임을 보이고 있다. 이는 주로 그룹 전체의 내부통제기준을 명확히 설정하여 위험을 관리하고자 하는 노력으로 이어지고 있다. 결국 공적 규제의 강화로는 한계가 있으므로 보험지주회사의 자율을 존중하여 그 효율성을 훼손하지 않는 범위에서 감독규제를 가하고 있는 것이다. 다만, 보험지주회사는 이미 연결기준에 의한 감독대상이므로 지주회사를 포함한 자회사에 대한 건전성 확보에 중점을 두는 감독규제를 가하고 있다.

VI. 소 결

미국의 경우 금융위기 이전부터 보험지주회사가 비금융자회사를 소유할 수 있도록 하는 등 금산분리에 관한 사전적인 제한은 두고 있지 않았다. 다만, 금산분리를 실현하는 수단으로 자회사와 보험지주회사의 거래 시 독립당사자 간 거래에 관한 규제가 적용되어 왔음을 알 수 있다. 이를 바탕으로 그룹 내에서 행해지는 중요 거래에 대해서는 감독관의 사전승인을 요하고 있었다. 결국 보험자회사의 건전성을 확보하여 종국적으로는 보험계약자 등을 보호하기 위한 입법조치로 이해할 수 있을 것이다.

독일은 법제상 금융기관이 다른 회사의 주식을 소유하는 것을 제한하지 않고 있다. 즉, 독일의 보험지주회사는 은행뿐만 아니라 다른 금융기관 및 일반회사도 자회사로 편입할 수 있다.

일본의 경우 보험지주회사 또는 그 자회사가 일본 내의 일반회사의 주식 등을 취득한 경우에는 이를 합산하여 당해 회사의 의결권이 있는 발행주식총수 중 15% 이상의 주식을 취득할 수 없도록 규정하였다. 보험지주회사에 관한 근거법은 보험업법이며 이를 통하여 보험지주회사가 자유롭게 설립되고 있다. 특히 보험지주회사에 대한 규제는 미국과 동일하게 보험자회사의 건전성을 유지하여 보험계약자 등의 이익을 보호하는 데 있다. 따라서 사전적인 행위제한에 관한 규정 등을 두는 대신 철저한 사후감독적인 규정을 두고 있다. 이에 대해 보험업법 제2편 11장의 주주에 관한 장 제3절에 근거규정을 두고 있다.[341]

금융위기 이후에는 보험지주회사에 대한 건전성의 확보차원에서 공적규제의 강화의 움직임이 보인다. 미국에서는 NAIC모델법을 개정하였고, EU 또한 복합금융그룹지침을 개정하였다. 다만, 일본의 경우에는 뚜렷한 개정의 움직임이 없는 것으로 보인다.

미국에서의 금융위기 이후의 대처를 금산분리의 원칙과 관련하여 설명하는 견해가 있다. 즉, 미국에서는 연방준비법(Federal Reserve Act)에 근거를 둔 차단벽이 은행과 그 제휴회사 간의 위험전이를 차단하도록 하고 있고, 은행에 지원된 연방보조금이 은행 이외의 제휴회사에 이전되는 것을 방지하고 있다는 것이다. 또한 은행이 제휴회사와 중요거래를 하는 경우 이에 대한 담보를 제공하도록 하는 장치를 마련하였다는 것이다.[342] 이와 관련하여 AIG그룹의 사례를 통해 파산 시 금융시스템 전체의 안정성에 위협을 줄 수 있는 금융지주회사를 Tier 1 FHC(Tier 1 Financial Holding Companies)로 지정하여 이들에 대해서는 규제를 강화할 예정이다.

EU의 경우 금융위기 이후 금산분리에 대한 구체적인 대응은 없는 것으로 보인다.

우리나라와 EU지침을 비교해보면 보험지주회사에 대한 차별성을 확인한 점에서는 동일한 것으로 나타난다. 다만, 우리나라에서의 근거규정은 단일의 금융지주회사법이라는 점에서 보험지주회사에 관한 개별지침이 적용되는 EU와는 차이가 있다. 보험지주회사가 비금융회사를 지배하기 위해서는 일정한 요건을 구비하여야 하는데, EU의 해당 지침은 보험지주회사가 보험회사 또는 금융회사를 1개 이상만 지배하면 EU 개별지침상 요건을 충족하는 것이기 때문에 별다른 제한 없이 비금융회사를 지배할 수 있다. 한편 자율규제[343]의 수

---

341) 이러한 규제는 1995년 보험업법에는 규정되어 있지 않았지만, 그 후 사회경제정세의 변화에 대응하고자 순차적인 정비가 진행되어 왔음을 의미한다. 이와 같은 보험회사의 주주와 관련하여서는 보험회사를 자회사로 하는 지주회사(보험지주회사)와 그 외의 주주로 대별된다(安居孝啓, 앞의 책, 721頁).

342) 한정미, 「보험산업구조의 변화에 따른 보험지주회사 관련법제 개선방안」, 한국법제연구원, 2009, 113면.

단이라고 할 수 있는 준법감시인제도는 우리 금융지주회사법상 규정되어 있으나 EU지침에는 그와 같은 규정이 존재하지 않는다. 다만, 그룹 전체에 대한 내부통제체제를 설정하여 이를 통한 자율규제에 맡기고 있을 뿐이다.

한편 금융위기 이후 종래의 금융규제는 개개 금융기관의 재무건전성에 중점을 두어 설정되어 왔기 때문에 개개의 금융기관이 그 지급능력을 유지하기 위한 행동 예컨대, 자산의 투매로 자산가격이 폭락함에 따라 당해 자산의 유동성이 훼손되는 등 신용질서 전체에 위기를 야기하는 문제가 명확하게 드러났으므로 금융규제는 신용질서 전체의 건전성·안전성을 확보하지 않으면 안 된다는 점을 인식하게 되었다. 그리고 부채의 외부의존성은 보험회사에서도 발생할 수 있는 문제이기 때문에 거시건전성 규제는 거대한 금융기관의 자기자본규제 등을 통해서 금융기관의 파산에 대한 비용이 막대함에 따른 위험을 인식하고 이 위험에 맞는 자기자본을 요구할 필요가 있음도 인식하게 되었다.[344] 결국 금융위기 이후 각국의 입법적인 움직임은 금융기관의 파산이 사회적으로 막대한 비용을 야기하기 때문에 파산에 따른 비용을 금융기관에 내부화하도록 유도하는 측면에서 규제를 재구축하려고 하는 점에 있다.[345]

이와 같은 금융규제의 재구축은 미국의 논의에서와 같이 보험지주회사와 같은 비은행지주회사에 대하여도 시스템상 중요한 것으로 인정되는 경우에는 은행지주회사에 준하는 규제를 가하고자 하는 데에서도 확인할 수 있다. 결국

---

343) "자율규제"의 의미와 관련하여 먼저 사전적 의미를 살펴보면 자율은 남의 지배나 구속을 바지 아니하고 자기 스스로의 원칙에 따라 어떤 일을 하는 것으로, 규제는 규칙이나 규정에 의하여 일정한 한도를 정하거나 정한 한도를 넘지 못하게 막는 것으로 정의된다. 여기에 행정법상 사용되는 의미를 가미하면, "자율"이란 개인적 자율과 집단적 자율을 의미한다. 이러한 자율규제에 관한 두 가지 구별 개념에 대하여 공법적 논의는 집단적 자율을 전제로 하고 있다. 최근 경제계의 규제개혁과 규제완화와 관련하여 자율규제의 이론적 근거로는 행정법상 효율성(경제성)의 원칙(국가가 공익을 달성하기 위해 선택한 수단에 대한 결정이 합리적이어야 하고 그 합리적 판단을 위하여 확정되어 있는 자원의 투입으로 편익을 최대화(편익최대화), 미리 결정되어 있는 편익을 최소한의 자원으로 달성(비용최소화)이라는 두 가지 명제를 기준 판단하는 것), 공무수탁사인이론, 반응적 법이론(Reflexive Law) 등이 거론된다. 이들 중 금융규제와 관련하여 주목해야 할 이론은 행정상 효율성의 원칙, 반응적 법이론이다. 전자는 본래 행정법상 효율성 원칙이 사회국가원리를 수용하면서 재정국가의 현상이 심화됨에 따라 부각된 원칙이기는 하나 공법 영역 전반을 포섭하는 일반원칙에 해당 한다(이원우, 「경제규제법론」, 홍문사, 2010, 170면; 조태제, "행정법상 효율성원칙", 「토지공법연구(제20집)」, 한국토지공법학회, 2003, 588면). 후자는 국가에 의한 직접적인 규제에서 간접적이고 유도적인 방식으로의 전환이 바람직하다는 것을 전제로 하고 있다(현대호, 「자율규제 확대를 위한 법제개선 연구(Ⅰ)」, 한국법제연구원, 2009, 32면).

344) 大杉謙一, "会社法と金融規制その他の業規制との関係—取締役の行動規範の内容—", 「法律時報(82巻 12号)」, 日本評論社, 2010, 52頁.

345) 大杉謙一, 위의 글, 52頁.

이러한 규제강화의 움직임은 보험지주회사 등에 대한 외부로부터의 압력이라고 할 수 있다. 그러나 이러한 외부로부터의 규제강화의 움직임, 금융시장에 대한 과도한 정부의 개입에는 한계가 있고 보험지주회사 등의 효율성을 저하시킬 우려가 있다. 오히려 그룹 전체의 건전성 및 개별 자회사의 건전성을 유지할 수 있도록 자율규제로 대표되는 내부통제체제의 강화를 유도할 필요가 있다고 생각한다. 물론 이와 같은 자율규제의 한계 또한 금융위기를 계기로 여실히 드러났음을 부인할 수 없으나 보험지주회사 등의 효율성을 도모하고 건전성을 확보하기 위한 차원에서의 건설적인 논의는 충분히 필요하다고 본다. 그리하여 과도한 사전규제로 인한 불필요한 사회적 비용의 낭비를 방지하고 철저한 사후 감독을 통하여 규제의 목적을 달성할 수 있도록 하는 제도개선이 필요할 것으로 보인다. 생각건대, 보험지주회사와 같은 금융그룹에 대해 지급여력비율의 지정과 같은 방법으로 건전성을 도모하는 데는 한계가 있다고 본다.

자본적정성 요건의 구비와 더불어 내부통제체제강화 등의 움직임을 병행하는 입법적인 움직임은 결국 보험업을 비롯한 금융업 전반에 널리 퍼져 있는 시장경쟁의 원리를 훼손하지 않는 범위 내에서 적정한 공적규제를 가하되 자율규제를 유도하여 그룹 전체에 대한 건전성의 유지를 도모하고자 하는 것이다. 보험지주회사 운영의 자율성 및 효율성을 도모하기 위해 마치 보험지주회사가 바로 과도한 경제력 집중을 야기하는 주체인 것처럼 이를 규제하는 입법 형식에는 문제가 있음을 지적할 수 있다.

제2절 독점규제법상 금산분리 완화와 감독규정

보험지주회사에 대한 규제의 변천사를 살펴보는 차원에서 먼저 독점금지법상의 지주회사에 관한 연혁을 살펴보고자 한다. 이는 결국 대기업 집단의 경제력 집중의 억제와 관련된 독점규제법상의 일부 규정이 금융지주회사법으로 이관된 경위 설명을 통해 현행 감독법제의 문제점을 밝혀보고자 함이다. 아울러 독점규제법 개정안의 일반지주회사에 대한 금융업의 지배허용 논의에 대하여도 살핀다. 이에 대한 검토가 필요한 이유는 비보험업을 영위하는 일반회사의 보험회사에 대한 주식취득으로 인한 결합기업측면과 관련하여 그 중요성이 대두되고 있기 때문이다.

Ⅰ. 지주회사의 연혁

1986년 제1차 개정시에 과도한 경제력의 집중을 주도하고 있는 소위 재벌을 규제하기 위하여 출자총액의 제한과 같은 제도를 도입하면서 지주회사의 설립·전환 자체를 금지하는 제도도 함께 도입하였다. 그리하여 이후, 대규모 기업집단에 의한 경제력집중을 억제하고자 하는 목적으로 순수지주회사의 설립을 금지해오고 있었다. 그러나 1999년 2월 독점규제법 개정에서 종래의 「원칙금지」에서 조건부 「부분적 해금」으로 전환되었다. 이는 지주회사가 경제력 집중의 수단으로 악용되는 폐해를 방지하면서, 지주회사의 순기능을 활용하여 비주력 사업부문의 분리·매각 등 기업의 구조조정을 원활히 추진하고 IMF외환위기를 조속히 극복하고자 한 것이다. 그 이후, 지주회사의 설립은 원칙적으로 자유롭게 되었다. 그래서 개정 독점규제법 제8조는 "지주회사를 설립하거나 지주회사로 전환한 자는 대통령령이 정하는 바에 의하여 공정거래위원회에 신고하여야 한다"고 규정하고 있다.

Ⅱ. 지주회사의 행위제한

독점규제법 제8조의 2 제2항은 지주회사의 행위제한에 관한 규정을 두고 있다. 그에 의하여 금지되는 행위는 다음과 같다. 첫째, 지주회사로 설립 또는 전환하는 회사가 순자산액의 두 배를 초과하는 부채액을 보유하는 행위이다. 이는 부채에 의해 자회사를 지배하는 행위를 방지하고자 하는 데 취지가 있다. 둘째, 지주회사가 자회사가 발행하는 발행주식을 총수의 40% 미만으로 소유하는 행위(단, 상장회사를 자회사로 하는 경우와 벤처지주회사의 경우 20% 미만)이다. 이러한 행위제한의 입법취지는 소액자본에 의한 계열회사의 확장 금지와 소액주주의 보호에 있다. 셋째, 지주회사가 계열회사가 아닌 국내회사의 주식을 당해 회사 발행주식총수의 5%를 초과하여 소유하는 행위 또는 자회사 외의 국내계열회사의 주식을 소유하는 행위이다. 동 행위제한의 목적은 지주회사에 의한 손자회사의 설립과 지배를 금지하는 것으로 소액자본에 의한 계열기업의 확장을 방지하기 위한 것이다. 넷째, 금융지주회사가 금융업 또는 보험업을 영위하는 자회사 이외의 국내회사 주식을 소유하는 행위이다. 이는 금융자본과 산업자본의 분리정책이 반영된 입법이다. 다섯째, 일반 지주회사가 금융자회사와 비금융자회사를 동시에 소유하는 행위이다. 이는 산업자본에 의한 금융기관의 사금고화의 금지와 금융자본과 산업자본의 분리를 목적으로 하고 있다. 이와 같이 비록 지주회사는 해금되었지만 엄격한 행위제한 규정들이 설정되어 있음을 알 수 있다. 지주회사 해금 당시, 즉 개정 전 독점규제법 및 그 시행령에서는 지주회사의 설립 및 전환이 채무보증의 완전해소와 부채비율의 축소, 더욱이 지주회사의 자산총액이 100억 원 미만이어야 하는 조건을 만족해야 했다. 그러나 당시 상황에서 보면 이는 거의 비현실적인 조건이었음을 알 수 있다. 다시 말해, 우리나라의 지주회사 해금은 30대 기업집단을 포함한 일반의 사업회사를 대상으로 실시되었다기보다는 오히려 일본의 경우와 같이 금융구조개혁의 일환으로 금융지주회사의 설립과 그 조건 정비를 위한 사전작업에 해당되었던 것이다.[346]

Ⅲ. 독점규제법 개정안의 중간지주회사

1. 개정안의 내용

2010년 3월 18일에 의결된 독점규제법 개정안에 의하면 첫째, 보험회사를 포함하여 금융자회사가 3개 이상이거나, 둘째, 금융자회사 자산총액의 합계액이 20조 원 이상인 경우에는 비금융회사인 일반지주회사가 중간지주회사를 통하여 금융회사를 보유할 수 있도록 했다. 이 경우 설립된 중간지주회사가 금융자회사를 총괄적으로 지배하므로 개정안의 중간지주회사는 금융지주회사이고 특별한 규정이 없는 한 금융지주회사법의 적용을 받게 된다. 다만, 독점규제법 개정안의 중간지주회사에 대한 일반지주회사의 지주비율은 상장사인 경우에는 30% 이상, 비상장사인 경우에는 50% 이상을 충족시켜야 한다. 따라서 이 경우에는 금융지주회사법상 중간지주회사에 대한 금융지주회사의 100% 지주비율은 적용되지 않는다. 이와 같은 개정안의 중간지주회사 의무규정은 모든 일반지주회사에 적용되는 것은 아니므로 위의 두 요건에 해당하지 않는 회사는 비금융회사인 일반회사가 금융회사를 직접 소유할 수 있다. 이와 같이 독점규제법 개정안은 비금융회사인 일반지주회사가 금융회사를 소유하는 것을 허용하는 대신 이로 인하여 발생할 수 있는 부작용을 최소화하고자 하였다.

2. 독점규제법 개정안의 중간지주회사와 감독규정의 문제점

금융지주회사법상 중간지주회사가 도입되어 있음에도 독점규제법 개정안에 주목하는 이유는 중간지주회사를 지배하는 일반지주회사에 대한 규제가 금융지주회사법에 비하여 상대적으로 완화되어 있기 때문이라고 지적하는 견해가 있다.[347] 그 근거로는 먼저 금융지주회사법은 중간지주회사를 지배하는

---

346) 下谷政弘, 「東アジアの持株会社」, ミネルバァ書房, 2008, 100頁.

금융지주회사를 중심으로 한 대주주에게 충분한 출자능력과 건전한 재무상태 및 사회적 신용이 있을 것을 요건으로 하는 대주주기준을 요구하고 있으나 독점규제법 개정안의 중간지주회사를 지배하는 일반지주회사를 중심으로 한 대주주에게는 이와 같은 대주주기준을 요구하지 않는다는 것이다.[348] 다음으로 금융지주회사법상 중간지주회사를 지배하는 금융지주회사는 금융산업의구조개선에관한법률(이하 '금산법')이 적용되는 금융기관이기 때문에 일정한 경우 적기시정조치[349]의 제재를 받게 되지만(금산법 제10조, 금융지주회사감독규정 제36조 및 제42조), 독점규제법 개정안의 중간지주회사를 지배하는 일반지주회사는 금융기관이 아니므로 금산법상 적기시정조치의 적용대상이 아니며, 금융지주회사감독규정 자체가 적용되지 않는 등의 이유로 금융지주회사법상의 중간지주회사를 지배하는 금융지주회사에 비하여 상대적으로 완화된 규제가 적용된다는 것이다. 즉, 독점규제법 개정안의 중간지주회사를 지배하는 일반지주회사에 대한 규제가 금융지주회사법의 중간지주회사를 지배하는 금융지주회사보다 완화되어 있다고 한다.[350] 이를 토대로 독점규제법 개정안의 일반지주회사에 대한 금융자회사의 지배의 허용과 일정한 경우 중간지주회사를 의무적으로 두도록 한 규정은 대기업 집단을 지주회사체제로 유도하고자 하는 정책이 반영된 결과로 보인다. 그러나 앞서 지적한 바와 같이 완화된 규제는 피지배금융기관의 건전성 확보의 측면에서 보면 문제가 될 소지가 있다. 따라서 기업지배구조 개편은 도모하되 자회사의 건전성 확보를 위한 조치를 강구할 필요가 있을 것이다.

---

347) 백정웅, "공정거래법 개정안상 중간지주회사의 도입에 대한 검토", 「상사법연구(제29권 제3호)」, 2010, 189면.

348) 백정웅, 앞의 글(각주 347), 191면.

349) 적기시정조치라 함은 자본비율과 경영실태평가를 근거로 금융지주회사의 부실을 예방하고 건전한 경영을 유도하는 경영개선권고와 요구 및 명령을 말한다.

350) 백정웅, 앞의 글(각주 347), 191~192면.

제3절 금융지주회사법상 보험지주회사 감독규정과 문제점

Ⅰ. 개 관

1. 금융지주회사법 도입의 배경

1980년대 이후 세계 금융산업의 주된 화두는 대형화와 겸업화이다. 금융위기 이후 잠시 주춤한 듯하나 현재 세계 금융산업을 선도하고 있는 선진국의 금융기관은 복합금융그룹화를 통해 우리나라의 금융산업에 비해 비교우위에 있음을 부인할 수 없다. 금융기관의 대형화와 겸업화를 달성하기 위한 조직수단에는 여러 형태가 있을 수 있다. 그런데 우리나라에서 독점규제법상의 지주회사제도로는 금융기관의 대형화 및 겸업화를 달성하기 어려웠고, 현실적으로 지주회사제도의 허용이유였던 구조조정의 문제에서도 효율적이지 못하였다. 예컨대, 독점규제법상의 손자회사금지 규정 및 은행법상의 4% 소유제한으로 인해 은행을 자회사로 하는 지주회사의 설립이 사실상 불가능하였다. 또한 자회사 주식의 100%를 소유한 지주회사의 설립이 어려워 자회사의 소수주주와 지주회사 간에 이해상충 문제가 발생할 가능성이 존재하였다. 그리하여 금융지주회사 설립에 관한 법률을 별도로 제정하여야 할 필요성이 제기되었고, 금융의 겸업화·대형화라는 세계적 추세에 맞추어 금융지주회사의 설립 및 전환을 쉽게 하는 금융지주회사법을 2000년에 제정하기에 이르렀다.

금융지주회사법의 제정 시에는 첫째, 모회사인 은행 산하에 증권사, 보험사 등의 비은행 금융기관을 종속적으로 배치하는 이른바 자회사 방식과 순수지주회사인 금융지주회사 밑에 은행을 포함한 보험, 금융투자회사를 자회사로 두는 금융지주회사방식의 장단점에 관한 논의가 활발하게 이루어진 바 있다.

국내외의 복합금융그룹은 대부분 지주회사방식을 선호하고 있고, 미국에서
는 1999년 전업주의의 장벽을 허문 GLB법이 제정된 이후 금융지주회사의 설
립, 전환이 급증하였다. 일본에서도 1997년 12월 지주회사설립 등의 금지해제
에 따른 금융관계 법률의 정비 등에 관한 법률, 은행지주회사 창설을 위한 은
행 등에 관한 합병수속의 특례 등에 관한 법률이 제정된 이래 은행법 등에 지
주회사의 설립 및 운용에 관한 규정을 도입하였다.

　원래 우리나라와 일본의 금융지주회사제도는 미국과 같이 은행지주회사가
금지되지 않았던 입법례와는 전혀 달리, 경제력 집중의 방지라는 경제정책에
의하여 그동안 금지되었다. 그 후 이를 해금함에 따라 동제도의 성숙이 미진
한 채 금융구조조정의 대세에 밀려 성급하게 금융지주회사법이 제정되었다는
우려 및 금융지주회사의 무분별한 설립이 오히려 금융산업에 부정적 효과를
야기할 것이라는 우려가 있었다.[351]

　지금까지 금융지주회사법은 금융기관의 구조조정과 관련한 금융지주회사
의 역할로서 부실금융기관 정리과정에서의 충격완화수단에 불과하다는 다소
소극적인 입장에 서 있었다. 즉, 합병, 자산부채이전방식 또는 자회사 방식에
의해 결합할 경우에 발생할 노조반발, 조직문화 충돌 등을 막기 위한 차선책
으로서 금융지주회사가 설립된 측면이 있음을 부인할 수 없다.[352] 이와 같은
우려 속에 금융지주회사법은 현재 수차례의 개정을 거쳐 시행된 지 10년을 맞
이하고 있다. 금융지주회사법 시행 후 은행권을 중심으로 한 금융지주회사의
설립이 활발하였고, 보험지주회사 및 금융투자지주회사도 설립되었다. 이러한
일련의 변화는 금융지주회사제도가 우량한 금융기관들의 자발적인 대형화,
겸업화를 위한 수단으로 인식되었음을 의미한다.

　그리고 금융지주회사법의 입법목적 역시 금융지주회사의 설립을 촉진하고
이에 따라 발생할 수 있는 위험의 전이, 과도한 지배력 확장 등의 부작용을 방
지하며, 금융지주회사와 그 자회사의 건전한 경영을 도모하여 금융소비자, 그

---

351) 金汶在, "金融持株會社에 대한 分析과 題言", 「比較私法(第8卷 1號(下)(通卷14號))」, 2001, 823면.
352) 김우진·이건범, 「금융지주회사의 설립과 운용」, 한국금융연수원, 2002, 1면; 김상조, "금융지주회사제도의 현황 및
　　감독체제 개선", 「기업지배구조연구(제8호)」, 좋은기업지배구조연구소, 2003, 28면.

밖의 이해관계인의 권익을 보호함으로써 금융산업의 경쟁력을 높이는 것에 있다. 이렇듯 금융지주회사법은 금융지주회사의 적극적인 역할을 주문하고 있다.[353]

다만, 금융지주회사법의 목적규정과 같은 입법체계가 구축되어야 함에도 불구하고, 현행 금융지주회사법상 보험지주회사에 대한 감독법적 규제는 개선되어야 할 부분이 남아 있다고 본다.

2. 금산분리 규제의 완화

금산분리 규제는 보험지주회사에 과도한 측면이 있는 것으로 인정되는데, 금융지주회사법상 은행지주회사와 보험지주회사를 포함한 비은행지주회사는 그 규제체계를 달리하고 있다. 이하에서는 보험지주회사와 직접 관련이 있었던 금산분리 규제의 완화 내용을 검토한다.

(1) 보험지주회사의 비금융회사 지배 허용

자회사와 관련하여 보험지주회사는 오직 자회사 형태로 비금융회사를 지배하는 것까지만 허용되었다. 즉 비금융 손자회사의 지배는 금지되는 것이다. 이는 보험계약자로부터 수탁받은 자산을 비금융회사에 대한 지배력 확장에 직접 사용함에 따라 금융소비자와의 이행상충, 보험회사의 건전성 등에 미치는 부작용을 방지하고자 함이다.

손자회사·증손회사 지배와 관련하여 금융자회사의 손자회사 지배에 있어서 요구되는 현행 업무관련성 요건을 폐지하여 원칙적 허용으로 전환하되 보험지주회사의 경우 상호 위험전염 가능성이 큰 생명보험과 손해보험사간 자회사·손자회사 관계는 금지하였다. 증손자회사 등의 지배에 대해 보험지주회사는 100% 지배를 전제로 증손회사까지만 허용하였다.

---

353) 노혁준, "금융기관의 구조조정과 금융지주회사", 「BFL(제7호)」, 서울대학교 금융법센터, 2004. 9. 82면.

(2) 보험지주회사 및 자회사 등 사이의 거래제한 완화

지주회사 및 자회사·손자회사 사이의 거래제한 합리화와 관련하여 순환출자나 상호출자 혹은 교차출자 등으로 인해 금융회사 간 금융 및 비금융회사 간 위험전이가 발생하는 것을 계속적으로 방지하는 것이 중요하였다. 이에 따라 자산운용규제나 건전성 규제 등 관련 규제의 경우 자회사 등 개별업법의 자산운용·건전성 규제만 적용하고, 금융지주회사법상 별도규제는 배제하였으며, 비금융회사 지배 허용 등에 따른 보완방안이 규정되었다. 보완방안으로는 첫째, 지주회사가 비금융자회사, 손자회사에 대해 신용을 공여하는 경우 당해 비금융회사에 현저히 유리한 조건으로 지원하는 것을 제한하였고, 둘째, 금융 감독 당국의 비금융자회사 혹은 손자회사에 대한 입점검사가 가능하도록 하였으며, 셋째, 금융지주회사와 대주주와의 거래제한의 경우 신용공여 제한, 발행주식 취득제한을 완화하였다.

(3) 보험지주회사의 설립인가 및 자회사 편입승인 관련 규제의 완화

보험지주회사 설립 등 관련 규제를 완화하였는데, 지주회사의 자회사편입에 관한 사전승인제는 유지하면서 일부 규제를 합리화하였고 설립 인가기준을 금융투자·보험회사 등에 관한 대주주변경 승인기준 수준으로 완화하여 지주회사의 대주주가 되려는 자에 대해 차입에 의한 출자를 허용하였다. 개별업법에 따른 대주주변경승인 절차를 금융지주회사법상 자회사 편입승인으로 갈음함으로써 승인절차를 금융지주회사법 체제로 일원화하였다.

(4) 그 밖의 제도개선

1) 보험지주회사 전환 유예기간의 인정
보험지주회사 전환 촉진을 위한 유예기간을 인정하였다. 보험지주회사 전

환계획을 금융위원회에 제출한 기업집단에 대해 금융지주회사법상의 출자규
제 등 행위제한의 적용에 관하여 최장 7년의 유예기간을 부여함으로써 금융
회사의 비금융회사 지배금지, 순환출자 및 공동출자 금지, 자회사 최저 지분
보유의무, 사업지주회사 금지 등은 유지하였다. 이러한 유예기간의 부여는 금
융·비금융간 복잡한 출자관계로 얽혀 있는 대기업집단의 소유구조의 합리적
개선의 기회를 충분히 준다는 차원에서 금융지주회사법상 출자규제 등이 적
용 배제되는 효과가 있다. 다만, 독점규제법에 따른 대기업집단 규제, 금산법
제24조 등은 계속 적용되며 부당내부거래 통제 및 고객정보 공유, 임직원 겸
직 등 그 밖의 금융지주회사로서의 규제와 혜택은 원칙적으로 전환계획 승인
시부터 부과된다. 전환계획 불이행시에는 주식 처분명령 등 이행명령, 의결권
행사 제한 등의 제재 조치가 수반된다.

2) 임직원 겸직 허용범위의 확대

임직원 겸직을 허용함으로써 동종 업종 이외에는 금지되는 자회사 간 임직
원 겸직을 금융위의 승인 시 이종 업종 간에도 허용하되 "집합투자 및 신탁
업"과 다른 금융업간의 임직원 겸직에 대한 사전적 금지는 유지하였다. 단 임
직원 겸직 허용 시 발생할 수 있는 고객과의 이해상충 등 부작용을 방지하기
위해 첫째, 지주회사에 대하여 내부통제 구축 및 준법감시인 선임을 의무화하
는 등 컴플라이언스(Compliance)기능 강화, 둘째, 금융위원회 사전승인 시 지주
회사 및 자회사 등의 내부통제체제 적절성 심사 및 이해상충에 대한 검사 및
제재 강화, 셋째, 고객이 이종업종 간 임직원 겸직에 따른 이해상충행위로 손
해를 입어 손해배상청구를 할 때의 입증책임 완화 등의 조치를 규정하였다.

3) 업무위탁 허용범위 확대

업무위탁의 허용 및 출자총액 제한을 완화하여 자회사 간 공동으로 이루어
지는 업무, 전산업무 및 해당 인가를 받은 자회사 사이의 업무위탁을 허용하
되 보완대책으로는 업무위탁으로 인해 사실상 겸업이 이루어짐에 따라 발생

할 수 있는 부작용의 방지를 위한 사전승인제 등 임직원 겸직 허용 시와 동일한 수준의 보완대책을 마련하였다. 또한 금융지주회사의 자회사 출자총액을 금융지주회사 자기자본의 100% 이내로 제한(자회사 출자비율≤100%)하되 무분별한 자회사 출자로 인해 지주회사 건전성이 저해되는 것을 방지하기 위한 장치를 마련하였다. 나아가 자회사 편입승인 시 부채를 통한 자회사 출자 여부를 파악하여 그것이 과도한 경우 자회사 출자비율 개선계획을 부대조건으로 부과할 수 있게 하였다.

4) 해외 증손회사 지배허용

해외증손회사 지배허용과 관련하여 국내외를 불문하고 손자회사의 증손회사 지배를 금지하고 있었던 기존의 규정을 개정하여 지배력 확장의 우려가 없는 해외의 경우 증손회사 지배를 국내보다 넓게 허용하고 있다. 즉, 국내의 경우 100% 완전지배 시에만 허용하는 반면 해외의 경우 최소지분율 이상 보유 시 허용하였다. 다만, 금융위원회는 증손회사 편입 승인 심사를 철저히 하여 무분별한 해외진출에 따른 부작용을 방지하도록 하였고 과도한 지배력 확장의 우려가 없는 해외진출 시에는 자회사 사이의 공동출자를 원칙적으로 허용하되, 다만 공동출자에 따른 지주회사 소속 금융회사 간의 위험전염가능성을 줄이기 위한 보완장치를 마련하였다. 이는 외국법인을 지배하지 아니하는 자회사 등의 공동출자 시 건별 출자분담액을 당해 자회사 등의 자기자본의 일정 비율 이내로 제한한 것이다.

5) 산업자본의 은행주식 보유한도 상향

산업자본의 은행주식 보유한도를 상향하였다. 산업자본은 과거에 4%를 초과하는 은행주식의 소유가 금지되었었다. 다만, 의결권을 행사하지 않을 것을 조건으로 금융위원회의 승인을 얻어 10%까지 보유할 수 있었다. 이와 같은 주식소유 한도를 9%까지 상향하여 산업자본이 4% 초과보유하면서 최대주주(또는 은행경영에 관여)인 경우에는 적격성 심사를 실시하도록 하였다. 물론 이 경우 한도초과 보유 주주(10%)와 같은 지배주주는 아니라는 점을 감안하여 승인요건을 설정하였다. 이때 해당 은행의 지분 분산도, 주주의 구성 등을 감안하여 산업자본이 지배적 영향력을 행사할 가능성이 있는 경우 이를 제한할 수 있도록 부대조건 부과는 가능하다. 또한 대주주와 은행 간 불법내부거래의 혐의 시 대주주 입점검사 등 대주주에 대한 감독·제재도 강화하였고 대주주의 재무·경영상태에 대한 상시 모니터링을 실시하되 대주주의 재무구조 부실화 등 은행의 경영건전성이 저해될 우려가 있는 경우 대주주로부터 자료를 받고 필요하면 대주주 입점검사를 실시하며 대주주와 은행 간 불법행위 시 제재수준을 강화하였다. 은행 이외에 불법행위를 한 대주주에 대해서도 과징금 부과를 하고 대주주의 특수관계인이 사외이사로 선임되는 것을 금지하였다.[354]

II. 보험지주회사에 관한 감독규정

보험지주회사에 관한 금융지주회사법상 감독규제의 내용 및 금융지주회사 감독규정의 내용을 중심으로 검토한다. 이 규정들은 경제력 집중억제 및 보험 자회사의 건전성을 확보하기 위한 것이다.

보험지주회사에 관한 감독규제의 내용, 보험지주회사의 책임과 관련된 금융지주회사법의 규정에 대한 해석론상의 문제점 순으로 검토한다.

1. 보험지주회사의 정의 및 설립인가

설립인가 및 자회사 편입승인의 경우 보험지주회사의 설립 시 금융위원회

---

354) 이러한 개정내용에 대하여 소유지배구조의 개선과 그룹 내 위험전이 가능성의 감소로 이어질 것으로 보고 개정안을 긍정적으로 평가하는 견해로는 윤창현, 앞의 보고서, 50면 참조; 금융지주회사법의 개정으로 국내 금융그룹이 지주 회사로 전환하여 복잡한 소유구조를 합리적으로 개선할 수 있는 계기가 마련되어, 현재의 금융·비금융 계열집단이 보험지주회사로 전환하는 경우 순환·교차출자 등이 금지되고 있었는데 보험회사 등의 고개수탁자산이 직·간접적으로 지배력 확장의 수단으로 사용되지 않도록 하여 고객과의 이해상충 등을 방지할 수 있게 되었다. 또한 출자구조 단순화와 지주회사와 개별 자회사를 포괄하는 연결기준의 그룹 통합감독 등으로 금융그룹 단위의 위기 발생 가능성 에 근본적으로 대비 가능해졌다.

의 사전인가를 받아야 하고, 보험지주회사가 금융회사를 자회사·손자회사로 편입하는 경우에도 사전 승인을 받아야 한다. 또한 보험계약자 보호와 과도한 지배력 확장 방지를 위하여 대통령령으로 정하는 기준에 맞추어야 한다(금융지주회사법 제23조).

2. 자회사의 범위 및 다른 회사의 주식소유 제한

대통령령이 정하는 자회사(신고 대상 회사)가 아닌 경우에도 모두 신고하여야 한다.

보험업법 제115조에 따라 금융위원회의 승인을 얻어 소유하는 회사를 제외한 비금융회사, 은행 등 법 제2조 제1항 제5호 가목 및 다목의 금융기관, 생명보험업의 보험종목 전부를 영위하는 자회사인 보험회사가 손해보험업의 보험종목 전부를 영위하는 보험회사 또는 그 반대인 경우의 소유를 제한하고 있다. 또한 자회사인 금융회사의 다른 회사 지배와 관련하여 은행 등과 제2조 제1항 제6호의4 각목의 금융기관의 소유를 제한하고, 비금융회사를 지배하는 때에도 해당 금융회사는 손자회사가 아닌 국내계열회사의 주식을 소유하는 행위를 금지하고 있다. 또한 금융기관 및 금융업의 영위와 밀접한 관련이 있는 회사를 제외한 다른 회사를 지배 가능하도록 규정하고 있으나, 비금융 자회사인 비금융회사는 자회사 지분율 보유의무가 부과된다(독점규제법 제8조의 2 제3항). 손자회사의 다른 회사 지배와 관련하여 보험지주회사의 자회사인 보험사의 손자회사는 비금융회사와 은행 등을 제외한 완전자회사의 보유를 허용한다. 한편 보험지주회사의 손자회사인 비금융회사는 금융기관 및 금융업의 영위와 밀접한 관련이 있는 회사를 제외한 다른 회사 지배가 가능하다. 다만 비금융회사는 독점규제법상 제8조의 2 제4항에 따른 행위제한규제가 부과된다(금융지주회사법 제26조 제1항, 제3항).

3. 금융지주회사법상 보험지주회사 자회사 운영 규제

(1) 임직원의 자격과 겸임

보험지주회사의 자회사 등에 대한 전반적인 통할 기능을 감안할 때, 자회사인 금융기관간의 시너지 효과를 극대화하기 위해서는 이종 업종을 영위하는 자회사 간의 임직원 겸직을 허용하는 것이 타당하다. 금융지주회사법 제39조 제2항, 제3항은 금융위원회의 사전승인을 받은 경우에는 금융지주회사 임직원의 자회사 등의 임직원 겸직 및 집합투자·신탁업·보험사의 변액보험 등을 제외한 금융업을 영위하는 자회사 등 사이의 임직원 겸직을 허용하였다. 다만, 금융지주회사 자체의 내부통제기준의 제정 및 준법감시인 선임(법 제41조의 5), 사전승인 시 금융감독기관에 의한 내부통제체제의 적절성 심사, 금융소비자의 보험지주회사 등에 대한 손해배상의 사법상 청구 시 입증책임의 완화 및 임직원 겸직에 따른 연대배상 책임 인정(동법 제39조 제4항, 제6항 제1호) 등을 통하여 이로 인한 부작용의 방지를 도모하고 있다.

(2) 사외이사 및 감사위원회

보험지주회사는 보험회사의 지배를 목적으로 하는 회사이므로 재무구조의 개선 및 경영의 건전성을 제고하고 소수주주를 보호하기 위해서는 보험지주회사의 지배구조의 투명성을 높여야 한다.[355] 이를 위하여 사업연도 말 현재 자산총액이 1,000억 원 이상인 금융지주회사 또는 합병에 의하여 사외이사를 이사 총수의 2분의 1 이상 선임하여야 하는 자회사를 지배하는 금융지주회사는 이사회에 사외이사를 3인 이상 두어야 하며, 사외이사는 이사 총수의 2분의 1 이상이 되어야 한다(법 제40조 제1항, 시행령 제19조 제1항). 또한 금융지주회사는 재적위원의 3분의 2 이상이 사외이사이고, 위원 중 1인이 회계 또는

---

[355] 원동욱, "한국 금융지주회사 법제 현황", 「企業法研究(第24卷 第1號, 通卷 第40號)」, 韓國企業法學會, 2010, 15면.

재무 전문가로 구성된 감사위원회를 설치하여야 한다(법 제41조의 4 제1항). 개정법에서는 사외이사의 독립성과 금융지주회사 경영에 대한 감시기능을 위하여 사외이사의 결격요건을 더 넓게 인정하였다.[356] 이에 따라 금융지주회사의 사외이사의 결격요건이 있는 자로는 자회사 등과 중요한 거래가 있는 법인의 상근 임직원이거나 최근 2년 이내에 상근 임직원이었던 자, 금융지주회사 및 자회사 등에 대해 전산·정보처리, 보유부동산 관리, 조사·연구 등과 관련된 계약을 체결하거나 용역을 제공하고 있는 자, 특정 거래기업의 이익을 대변할 우려가 있는 자 등이 추가되었다(시행령 제19조 제4항 제1, 4, 7호).

(3) 내부통제기준 설정 및 준법감시인의 선임

보험지주회사와 그 자회사 간 또는 자회사 간 임직원을 겸직하거나 자회사 간에 업무를 위탁하거나 금융위원회가 특히 정하는 경우에는 겸직이나 업무위탁 등으로 발생할 수 있는 위험을 관리하여 해당 자회사의 건전성을 유지하고 금융고객과의 이해상충을 방지할 목적으로 보험지주회사로 하여금 이들 임직원의 임무수행에 필요한 지침으로 내부통제기준을 마련해야 한다(금융지주회사법 제41조의 5 제1항). 이와 같은 내부통제기준의 실효성을 확보하기 위하여 그 준수 여부를 점검하고 위반사실이 있으면 이를 조사하여 감사위원회에 보고하는 준법감시인을 선임한다(금융지주회사법 제41조의 5 제2항, 제5항). 준법감시인이 선량한 관리자의 주의의무로 자신의 직무를 담당해야 하고 그 직무의 독립성 및 효율성을 확보할 수 있도록 하기 위해 다음과 같이 규정하였다. 첫째, 준법감시인의 임면을 당해 금융지주회사 이사회의 필요적 결의사항으로 하였고 그 사실을 금융위원회에 보고하도록 하였다. 둘째, 준법감시인의 자격요건을 시행령 등 하위규정이 아닌 법률 차원에서 규정하였다(금융지주회사법 제41조의 5 제3항, 제7항). 셋째, 준법감시인의 자격요건을 보험지주회사 임원의 경우보다 강화하였다(금융지주회사법 제41조의 5 제4항). 넷째,

<hr>

356) 금융위원회, "은행권 사외이사제도 개편추진 경과 및 향후계획(보도자료)", 2010. 1. 4 (http://www.fsc.go.kr/).

준법감시인의 직무수행과 관련된 자료나 정보수집에 대하여 보험지주회사나 그 자회사의 임직원은 성실하게 조력해야 한다. 마지막으로 준법감시인의 직무수행과 관련하여 보험지주회사의 인사상 불이익을 금지하고 있다(금융지주회사법 제41조의 5 제9항).

(4) 이해상충 방지장치

금융지주회사법상 보험지주회사와 자회사 간의 이해상충 방지 장치는 다음과 같다.

1) 출자규제

금융지주회사법은 우선 보험지주회사와 자회사 간에 상호출자·순환출자 등을 금지하고 있다(법 제48조 제1항 제2호, 제5항). 또한 예외적으로 이를 취득하는 경우에는 그 소유하는 동안에는 의결권을 행사할 수 없도록 하였다(법 제48조 제7항). 이는 보험지주회사 조직의 건전성을 확보하고 자회사 간의 위험전이를 방지하기 위한 것이다.

2) 신용공여한도와 내부거래규제

보험지주회사에 대하여는 특수관계인에 대한 신용공여한도, 내부거래 규제를 두고 있다. 먼저 신용공여한도를 살펴보면 보험지주회사 그룹 차원에서는 동일인 신용공여한도가 없으며, 다만 개별 보험회사 차원에서 일반적인 동일인 운용한도 규정이 적용된다(보험업법 제106조, 시행규칙 제47조, 제48조의 5). 신용공여한도는 동일인 자신 및 동일인(동일인 자신+특수관계인)의 경우 총자산의 10%, 보험회사 주요주주 및 보험회사 주요주주의 동일인(주요주주+특수관계인)의 경우 총자산의 6%로 제한된다. 보험회사 및 그 자회사 등을 기준으로한 동일인 운용한도는 보험회사 단독한도와 비율이 동일하며, 단지 합산 총자산을 기준으로 비율을 산출한다는 점에서 차이가 있다.

보험자회사는 당해 보험지주회사 및 다른 자회사와의 거래 시 당해 보험자회사에 불이익을 주는 행위가 금지된다(금융지주회사법 제36조 제3항).

4. 그 밖의 건전성 규제

위에서 설명한 사항 외에도 보험지주회사의 건전성을 유지하기 위한 규제내용은 다음과 같다. 이를 금융지주회사법의 내용과 금융지주회사 감독규정으로 나누어 살펴본다.

(1) 금융지주회사법 규정의 내용

1) 보험지주회사의 업무제한
보험지주회사의 업무는 금융지주회사법 제15조에 따라 자회사의 경영관리업무와 그에 부수하는 업무에 한정되고 영리를 목적으로 하는 다른 업무를 영위할 수 없다. 즉, 순수지주회사 형태만 인정된다.

2) 보험지주회사 임직원의 겸직제한
금융지주회사법 제39조 임직원의 겸직제한에 관한 규정 제1항은 금융지주회사의 상무에 종사하는 임원은 금융지주회사의 자회사 등의 고객과 이해가 상충되거나 당해 자회사 등의 건전한 경영을 저해할 우려가 있는 경우로서 대통령령이 정하는 경우에는 다른 회사의 상무에 종사하거나 영리를 목적으로 하는 다른 사업을 영위할 수 없다고 규정하고 있다.[357] 그런데, 제2항에서는 제1항 및 기타 금융관련 법령에도 불구하고 금융지주회사의 임직원은 당해 금융지주회사의 자회사 등의 임직원이 될 수 있다고 규정하고 있다. 제3항은

---

357) 대통령령에서 정한 기준은 다음과 같다. 첫째, 「금융위원회의 설치 등에 관한 법률」 제38조의 규정에 의하여 금융감독원의 검사를 받는 기관, 둘째, 당해 금융지주회사의 계열회사, 다만, 당해 금융지주회사의 자회사 등인 회사를 제외, 셋째, 당해 금융지주회사의 최대주주 또는 주요주주인 회사, 넷째, 당해 금융지주회사 등으로부터 신용공여(제27조 제11항에 따른 신용공여를 말한다)를 받은 회사, 다섯째, 기타 금융지주회사의 상무에 종사하는 임원이 당해 회사의 상무에 종사하는 경우 금융지주회사의 건전한 경영을 저해할 우려가 있다고 인정되어 총리령이 정하는 회사.

금융지주회사의 자회사 중 금융기관 또는 금융업의 영위와 밀접한 관련이 있
는 회사에 한하여 그 임직원이 다른 자회사 등의 임직원이 될 수 있다고 규정
하고 단서에서는 보험업법에서 정하는 변액보험계약에 관한 업무에 대해서는
겸직을 금지하고 있다. 만약 보험지주회사 또는 그 자회사 등의 임직원이 다
른 회사의 임직원을 겸직하고자 하는 때에는 제41조의 5의 내부통제기준의
적절성 등 대통령령으로 정하는 기준을 갖추어 미리 금융위원회의 승인을 얻
어야 한다. 이러한 규정은 금융지주회사법상 임원의 겸직제한에 관한 것인데
이는 금융지주회사법의 적용을 받게 되는 보험지주회사에도 적용된다.

3) 건전경영의 지도

보험지주회사는 자기자본을 충실히 하고 부채와 현금흐름 등을 적절히 관
리하며, 자회사 등에 대한 경영관리를 통하여 보험지주회사 등 전체의 경영건
전성을 확보하여야 한다(금융지주회사법 제50조 제1항). 이러한 경영지도기준
을 준수하지 아니하는 등으로 보험지주회사 등의 경영 건전성을 크게 해할 우
려가 있다고 인정면 금융위원회는 경영개선계획의 제출, 자본금의 증액, 이익
배당의 제한, 자회사 주식의 처분 등 경영개선을 위한 필요 조치를 명할 수 있
다(금융지주회사법 제50조 제3항).

4) 제재 등 행정처분

금융위원회는 보험지주회사가 법령위반을 하거나, 보험지주회사가 자회사
에 대한 영향력을 이용하여 자회사 등으로 하여금 대통령령으로 정하는 금융
관련 법령 또는 그 법령에 따른 명령을 위반하게 한 경우에는 보험지주회사
등에 대한 주의·경고 또는 임·직원에 대한 주의·경고·문책의 요구, 당해
위반행위에 대한 시정명령, 임원의 해임권고·직무정지 또는 임원의 직무를
대행하는 관리인의 선임을 명할 수 있다(금융지주회사법 제57조 제1항 제1~5
호 참조).

(2) 금융지주회사감독규정의 내용

1) 금융지주회사의 경영관리

보험지주회사의 이사회는 완전자회사 등의 경영사항에 대하여 조언·시정
권고 및 자료제출요구 권한을 보유하고 완전자회사 등은 특별한 사정이 없는
한 이에 성실히 응하여야 한다. 보험지주회사의 감사위원회는 완전자회사 등
의 경영사항에 대하여 업무·재산상태 감사 및 자료제출요구 권한을 보유하
고 완전자회사 등은 특별한 사정이 없는 한 성실히 응해야 한다. 보험지주회
사의 이사회는 이와 같은 권한을 행사하기 위해서는 완전자회사 등의 경영의
건전성, 소비자 권익 및 건전한 금융거래질서를 해하지 않아야 하고, 직무상
알게 된 완전자회사 등의 영업상 비밀관련 법령 위반의 금지 등을 전제로 자
회사 경영사항에 관여할 수 있다(감독규정 제13조의 14 제1항 제1-3호). 또한
보험지주회사의 이사회는 완전자회사 등을 포함하여 자회사 및 손자회사 전
체를 통할하는 보험지주회사의 내부통제기준을 마련하여야 한다.[358]

2) 금융지주회사의 위험관리체제와 자기자본비율 유지

(가) 위험관리체제

보험지주회사는 당해 회사 및 자회사 등의 각종 거래에서 발생하는 제반 위
험을 적시에 인식·측정·감시·통제하는 등 위험을 적절히 관리할 수 있는
체제를 갖추어야 한다. 또한 위험을 효율적으로 관리하기 위하여 자회사별,

---

358) 그 내부통제기준 사항은 다음과 같다. (i) 금융지주회사 등 업무의 분장 및 조직구조에 관한 사항, (ii) 금융지주회
사 등 자산의 운용 또는 업무의 영위과정에서 발생하는 위험의 관리에 관한 사항, (iii) 금융지주회사 등의 임·직원
이 업무를 수행함에 있어서 반드시 준수하여야 하는 절차에 관한 사항, (iv)금융지주회사 등의 임·직원이 업무를 수
행함에 있어서 준수해야 하는 법·영·감독규정 및 독점규제법 등 금융지주회사 관련 법령 준수 여부의 확인에 관한
사항, (v) 금융지주회사 등의 경영의사결정에 필요한 정보가 효율적으로 전달될 수 있는 체제의 구축에 관한 사항,
(vi) 금융지주회사 등 임·직원의 내부통제기준 준수 여부를 확인하는 절차·방법 및 내부통제기준을 위반한 임·직
원의 처리에 관한 사항, (vii) 금융지주회사 등 임·직원의 유가증권거래내역의 보고 등 불공정거래행위를 방지하기
위한 절차나 기준에 관한 사항, (viii) 내부통제기준의 제정 또는 변경절차에 관한 사항(이 경우 내부통제기준을 제정하
거나 변경하고자 하는 때에는 이사회의 결의를 거쳐야 한다), (ix) 준법감시인의 임면절차에 관한 사항(이 경우 준법
감시인을 임면하고자 하는 때에는 이사회의 결의를 거쳐야 한다) 등이다(금융지주회사감독규정 제13조의 14 제2항
제1호 가목-자목).

부서별, 거래별 또는 담당자별 위험부담한도·거래한도 등을 적절히 설정·운영하여야 하며, 주요 위험 변동상황을 자회사 등과 연결하여 종합적으로 인식하고 감시하여야 한다(금융지주회사감독규정 제29조 제1항-제4항). 이사회는 위험 관리에 관하여 심의하고, 효율적인 위험관리를 위하여 필요하다고 인정되는 경우에는 이사회 내에 위험관리위원회를 두고 업무를 담당하게 할 수 있다(금융지주회사감독규정 제30조).

(나) 자기자본비율

보험지주회사는 필요자본 합계액에 대한 자기자본 순합계액의 비율을 100% 이상 유지하여야 한다(금융지주회사감독규정 제25조 제1항 제1호 나목).

Ⅲ. 보험지주회사 감독법제의 문제점

1. 중복규제의 문제점

(1) 금융법 규제체계의 중복

자본시장법의 시행으로 현행 금융기관 관련 법률은 은행법, 자본시장법, 보험업법 체제로 재편되었다고 볼 수 있다. 한편 금융지주회사법은 은행, 금융투자회사, 보험회사 등이 속하는 금융지주회사그룹을 그 적용대상으로 하고 있다. 금융지주회사 소속의 금융기관들은 금융지주회사법의 규정을 기본으로 하여, 은행법, 자본시장법, 보험업법 등 해당 업종별 개별법의 적용을 받게 되어 이중으로 규제를 받는다는 문제가 있다.[359]

이러한 개별 사업법의 적용과 관련하여 금융지주회사법은 제62조 제1항 다

---

359) 김홍기, "개정 금융지주회사법의 주요내용과 향후 지주회사 규제의 방향", 한국경제법학회 2009년 추계학술대회 및 정기총회, 2009. 9. 25, 16면.

른 법률과의 관계에서 금융지주회사에 관하여 일반적으로는 동법을 적용하고, 여기에 규정이 없는 경우에 상법과 자본시장법에 의하도록 하고 있다. 그러나 동법은 금융지주회사의 설립과 소유제한, 운영에 관한 규정을 두고, 은행지주회사의 주식보유 제한 완화, 비은행지주회사 및 그 자회사의 비금융회사 지배 허용 등 개별적인 규정을 두는 것에 그치고 있어 금융지주회사법과 은행법, 자본시장법, 보험업법과의 관계가 문제될 수 있다.[360] 예컨대, 금융지주회사법상 지주회사의 업무범위와 자회사인 보험회사의 업무범위 등을 정리할 필요가 있다. 특히 완전지주회사에서는 지주회사와 자회사 이사회의 기능이 사실상 중복되는 것으로 볼 수 있고, 보험회사의 업무 및 이사회 권한의 상당 부분이 금융지주회사법이 규정하는 지주회사의 업무범위(금융지주회사법 제15조, 동법 시행령 제11조)에 해당하여 지주회사의 역할과 자회사 이사회의 기능이 상충될 수 있기 때문이다.[361]

(2) 경쟁법적 규제와 감독법적 규제의 일원화 관련 문제점

개정 전 금융지주회사법은 본 법에 특별한 규정이 없을 때에는 상법과 독점규제법을 적용하도록 하였었다(구 금융지주회사법 제62조 제1항). 이에 따라 지주회사에 관한 일반법으로는 상법과 독점규제법을 특별법으로 금융지주회사법을 적용하도록 되어 있었다. 그러나 개정 금융지주회사법은 일반지주회사에 대해서는 독점규제법을, 금융지주회사에 대해서는 금융지주회사법을 적용하는 형식으로 양자의 규율체계를 분리하고 있다. 그리하여 금융지주회사법이 독점규제법의 특별법으로 해석될 소지가 있는 조항이 개정되었고(금융지주회사법 제62조 제1항), 독점규제법상 지주회사의 행위제한에 관한 두 개의 규정이 금융지주회사법으로 이관되었다(금융지주회사법 제6조의 3, 제6조의 4). 또한 관련시장에서의 경쟁제한성만이 금융위원회와 공정거래위원회간

의 협의대상임을 명확히 하고(금융지주회사법 제3조 제4항, 제5조 삭제), 자회사 등을 편입하는 경우 금융위원회에 사후신고를 할 수 있는 경우에는 공정거래위원회에 대한 기업결합 사전신고 의무가 면제됨을 명확히 하고 있다. 그러나 이와 같은 입법조치에도 해석에 따라서는 보험지주회사에 의한 과도한 사업지배력의 확장을 방지할 목적으로 둔 규정이 보험지주회사의 설립에 사전적 규제로 작용할 수 있음에 유의할 필요가 있다고 본다.

경제력 집중억제에 관한 규정에서는 보험지주회사에 대하여는 금융지주회사법이 적용되도록 명확히 하고 있는데, 이로 인해 일반지주회사와 금융지주회사의 규제체계를 분리하고 있는 현재에도 보험지주회사는 마치 과도한 사업지배력을 야기하는 주체로 해석될 여지가 있게 된다. 즉, 금융지주회사법상 보험지주회사의 인가와 관련된 규정에는 "과도한 지배력 확장을 방지하기 위하여"(금융지주회사법 제23조, 24조) 대통령령으로 정하는 기준을 갖출 것을 요구하고 있다. 하지만 이러한 규정을 두어 경제력 집중을 방지할 수 있는지는 의문이고, 오히려 지주회사제도를 통한 보험사업의 다각화를 제약하는 결과를 초래할 수 있다.

한편, 이 점과 관련해서 일본의 규정사항들을 주목할 필요가 있다. 일본의 경우 금융기관의 업무범위의 확대 등에 따라 발생할 수 있는 폐해를 방지하기 위해 불공정한 거래방법에 대해 일정한 지침을 책정하여 운용하고 있다. 이러한 지침의 지정에 따라 금융시장에 있어서 개별의 거래사례에 입각해서 독점금지법상의 일정한 규제가 구체적인 표현으로 명기되었다고 평가하고, 금융시장 등에 있어서 규제완화 후의 폐해를 미연에 방지하면서 향후 자유경쟁을 유효하게 추진함에 있어 대단히 큰 의미를 갖는 것으로 인정하기도 한다.362) 또한 보험업법상 보험지주회사에 관한 부분에는 우리나라와 같은 "과도한 지배력 확장의 방지"와 같은 규정을 두고 있지 않다. 오히려 보험자회사와 지주회사의 거래에 관한 규제를 통해 전자의 건전성을 감독하고 보험계약자를 보호하고자 하는 데 입법취지를 두고 있다. 물론 일본과 우리나라의 경제현실이

---

362) 池田卓郎, "金融機関の業態区分の緩和及び業務範囲の拡大に伴う不公正な取引方法についての概要", 「公正取引(650号)」, 2004, 31頁.

다르고 우리나라 보험업의 특수성에 기인한 규제라고 해석될 여지도 있을 것이다. 그러나 경제력집중을 억제하기 위해 선언적인 규정을 둠으로써 오히려 그들 규정이 보험지주회사에 대한 불필요한 규제로 작용하고 있는 건 아닌지에 관한 의구심을 지울 수 없다. 경제력 집중을 위와 같은 규정만으로 해결할 수 있다는 발상 자체의 전환이 필요할 것으로 보인다. 경쟁법제의 경제력 집중억제에 관한 규정으로 보완하는 것이 바람직하다고 본다.[363]

2. 임직원 겸직허용에 따른 적절한 규제와 상법 제398조 적용의 문제점

(1) 임직원 겸직허용에 관한 규제

금융지주회사법 제39조는 금융지주회사 임직원의 겸직에 관하여 규정하고 있다. 구체적으로 금융지주회사의 임직원은 '금융기관 또는 금융업의 영위와 밀접한 관련이 있는 회사에 한하여' 그 자회사의 임직원이 될 수 있을 뿐만 아니라 자회사의 임직원이 동일한 금융지주회사 내 다른 자회사의 임직원이 될 수 있도록 규정하고 있다. 다만, 보험지주회사의 경우 보험회사를 비롯한 금융기관과 비금융기관과의 임원겸직은 제한되고 있다. 임직원 겸직허용에 따라 보험지주회사와 같은 복합금융그룹의 경우 개별 자회사의 입장에서 최선의 전략이 그룹 전체에서는 오히려 해를 끼치는 경우가 있을 수 있다.[364] 보험지주회사의 대표적인 임직원 겸직의 사례로 보험회사와 다른 금융기관의

---

363) 독점규제법상 지주회사에 대한 사전규제가 갖고 있는 문제점이 공식적으로 표출된 사건으로는 대법원 2006. 11. 23. 선고 2004두8583 판결이라고 지적하는 견해가 있다(전삼현, "일반지주회사 자회사 국내회사 주식소유제한", 「商事判例研究(第22輯 第3卷)」, 韓國商事判例學會, 2009, 22면). 즉, 동 판결에 대하여 고등법원과 공정위 및 대법원은 지주회사가 갖는 경제력 집중의 가능성을 우려하고 있음을 지적하면서도, 대법원은 지주회사 규제의 근본목적이 무엇인가를 검토한 후 경제력 집중의 우려가 없는 지주회사와 자회사 관계, 그리고 자회사가 소유한 국내주식에 대하여는 규제해서는 안 된다는 해석을 한 것으로 보고 있는 것이다.

364) 이를 극복하기 위한 방안으로 그룹 전체를 기능단위별로 임원이 책임을 지고 경영하도록 하는 방법을 검토해 볼 수 있다고 보는 견해가 있다(신보성, "금융지주회사 자회사 간 임원겸직 허용의 의미", 「자본시장 weekly(32호)」, 자본시장연구원, 2009, 1면 이하).

자산관리 업무를 동일한 임원의 지휘 아래 수행되게 하는 것을 들 수 있다. 이 경우 자회사 간에 불필요한 경쟁유인이 제거되고 시너지 유인이 발생할 것이며, 고객 입장에서도 여러 권역별 장점이 조합된 서비스를 받을 수 있게 된다.365) 반면, 겸직을 허용함에 따라 발생할 수 있는 폐해를 방지하기 위하여 한 금융지주회사와 해당 자회사 등은 금융업의 영위와 관련하여 임직원 겸직으로 인한 이해상충 행위로 고객에게 손해를 끼친 경우에는 연대하여 그 손해를 배상하도록 하는 규정도 두고 있다(금융지주회사법 제39조 제6항).

한편 임직원 겸직의 제한내용에 관하여 살펴보면 첫째, 업무에 따른 제한으로서 보험지주회사 자회사 등의 임직원 겸임은 일반적으로 허용되나 집합투자업, 변액보험계약에 관한 업무, 그 밖에 금융위원회가 정하여 고시하는 업무에 있어서는 제한되고 있다. 둘째, 내부통제기준의 부적절성에 따른 제한은 보험지주회사 또는 그 자회사 등의 임직원은 내부통제기준의 적절성을 금융위원회에 보고하고, 보고내용이 보험회사의 경영건전성을 저해하는 경우, 고객과의 이해상충을 초래하는 경우, 금융시장의 안정성을 저해하는 경우, 금융거래질서를 문란하게 하는 경우 등에는 겸직을 제한할 수 있다.

(2) 상법 제398조 적용의 문제점

보험지주회사와 관련하여 상법 제398조의 적용 여부가 문제될 수 있다. 이 점에 대해서는 2008년 이사의 자기거래에 관한 개정안의 거부사유와 연계하여 검토해 볼 필요가 있다. 동 개정안에 대한 거부의견은 첫째, 이사회의 승인대상을 확대하면 거래가 크게 늘어 거래의 신속성이 저해되고 시너지효과 차단 등으로 경영효율성이 저하될 우려가 있다는 점, 둘째, 계열사 간 거래가 많은 우리나라 기업의 특성상 일부 기업에서는 자기거래의 승인을 위해 이사회를 매일 또는 매주 개최해야 하는 극단적인 경우도 발생할 수 있다는 점, 셋째, 기업의 거래상대방 선택은 경영여건을 종합적으로 고려하여 기업 내부

---

365) 신보성, 위의 글, 2면.

의 의사결정에 의하여 이루어져야 하며 법률로 강제할 사항이 아니라는 점을 지적하였다. 또한 지배주주 또는 특수관계인들이 이사회에 영향력을 행사하여 자기거래를 한 경우에는 업무집행지시자에 해당하여 이사와 동일한 제재가 가능하고, 지배주주 등과 거래를 한 이사들에 대하여는 충실의무 위반으로 인한 책임을 부과할 수 있다는 점에서 과도한 규제가 될 우려가 있다는 것이다.366)

금융지주회사법상 보험지주회사 등의 임원겸직 허용은 해당 지주회사의 기능단위별 임원의 선임과 경영을 위한 것으로 볼 수 있다. 한편, 보험지주회사의 경우 비금융회사와 금융기관과의 임원겸직이 금지되고 있다. 따라서 기본적으로 비금융회사의 이사가 금융기관의 이사를 겸직하여 간접거래로써 자기거래를 할 수 있는 여지는 적고, 비금융회사 간의 이사겸직이나 금융기관간의 이사겸직에 의하여 어느 한 회사의 이익이 대표된다거나 실질적으로 겸직이사와 이해관계를 같이 한다고 보기는 어렵다.367) 이에 따라 겸직이사의 모든 거래에 대하여 상법 제398조를 적용하여 이사회의 사전결의를 요구하는 것은 법적 안정성을 강조한 나머지 합목적성을 도외시하는 결과를 야기할 수 있다. 따라서 일정한 제한 예컨대 이사회 부의(附議) 대상이 되는 중요사항이고, 겸직이사가 어느 회사 이사회의 결의 결과에 개인적 영향력을 행사할 수 있는 것으로 볼 수 있는 경우(간접거래)에 자기거래 해당성을 긍정하여 이사회의 사전승인이 필요한 것으로 해석하는 것이 바람직하다는 견해가 있다.368) 나아가 이사겸직이 허용됨에 따라 거래에 대한 공정성 확보의 차원에서 절차적 보완을 지적하는 것도 있다. 이는 겸직이사의 자기거래로만 접근할 것이 아니라 중요거래에 대한 공정성을 담보할 수 있는 절차적 보완이 이루어질 필요가 있다는 것이다.369) 예컨대 이사회의 승인을 위하여 이해상충 내용을 공개하는 것을 고려해 볼 수 있다. 또한 자기거래 제한의 취지는 회사이익을 보호하는

---

366) 전삼현, "기업지배구조관련 상법개정의 쟁점과 개선방안",「기업소송연구 2005(Ⅱ) 통권 제4호」, 2006. 3, 423면.
367) 한정미, 앞의 보고서, 144면.
368) 한정미, 앞의 보고서, 145면.
369) 노혁준, 앞의 글(각주 246), 43~44면.

것이므로 거래가 공정하였고 사후에라도 승인을 얻은 경우 회사에 손해를 발생시키지 않은 한 그 거래의 무효를 해당회사가 주장할 여지는 적을 것이라고 한다.370) 사전승인을 얻은 경우라도 사전승인을 얻었다는 사실만으로 이사의 책임이 면제되는 것은 아니므로 사후승인을 허용한다고 해서 이사의 책임이 완화되는 것으로 볼 수는 없다.371)

3. 신용공여한도 확대에 따른 문제점

신용공여란 대출 또는 유가증권의 매입(자금지원적 성격의 것에 한함) 그 밖에 금융거래상의 신용위험을 수반하는 보험회사의 직접·간접적 거래로서, 대출, 어음 및 채권의 매입, 그 밖에 거래상대방의 지급불능 시 이로 인하여 보험회사에 손실을 초래할 수 있는 거래 등이 해당된다(보험업법 제2조 제12호 및 동법 시행령 제2조 제1항). 다만, 보험회사에 손실을 초래할 가능성이 적은 것으로 판단되는 거래, 금융시장에 미치는 영향 등 당해 거래의 상황에 비추어 신용공여의 범위에 포함시키지 아니하는 것이 타당하다고 판단되는 거래는 위의 규정에도 불구하고 신용공여에서 제외할 수 있다(보험업법 시행령 제2조 제2항). 또한, 보험업법 제116조에서는 자회사가 소유하는 주식을 담보로 하는 신용공여와 자회사의 다른 회사에 대한 출자를 지원하기 위한 신용공여를 금지하고 있다.

이와 같은 보험업법상 신용공여규제에 주목해야 하는 이유는 보험지주회사에 적용되던 금융지주회사법상의 신용공여규제에 관한 규정의 적용이 배제됨에 따라 보험자회사의 건전성 확보차원에서 보험업법상 신용공여규제와 관련한 규정에 개선이 필요하다는 점이다. 특히, 동일한 보험지주회사에 속하는 자회사 등 상호 간에 신용공여를 하는 경우 적정한 담보를 확보해야 하는 의무규정의 적용이 배제됨에 따라 보험지주회사의 신용공여 한도가 자기자본의

---

370) 김재범, "이사 자기거래와 회사기회유용의 제한", 「법학논고(제29집)」, 경북대학교 법학연구원, 2008, 89면.
371) 한정미, 앞의 보고서, 145면.

40%로 확대되는 결과를 낳게 된다. 또한, 보험업법상에는 적정담보 확보의무에 대한 규정이 없어 다른 자회사에 대하여 적정담보 없이도 신용공여를 할 수 있게 되었다.

이와 같은 신용공여의 이해상충 가능성 때문에 금융지주회사법에서는 제34조 제2항에서 비은행지주회사 등이 대주주와의 신용공여 합계액을 제한하고 있다. 그러나 이 규정의 의미가 명확하지 아니하여 해석상 문제점이 남는다. 즉, 이 규정은 지주회사와 대주주의 거래내용에 적용되는 것이므로 자회사 간의 신용공여에 대한 사항은 아닌 것으로 해석될 여지가 있다.

이에 대해서는 독일의 보험감독법에서 그룹 전체의 신용공여 10% 이상이 동일한 투자대상에 집중된 경우 리스크현황에 대한 분기별 보고를 의무화하고 있음을 고려해볼 만하다. 우리도 신용공여한도에 대한 제고 또는 감독기능의 강화 등 적절한 조치를 마련할 필요가 있다고 본다.[372]

4. 자회사 지배기준의 문제점

보험업법 제2조 제17호에서 정의하는 자회사는 보험회사가 다른 회사의 의결권 있는 발행주식(출자지분포함)총수의 15%를 초과하여 소유하는 경우인데 반해, 금융지주회사법상의 지배는 모·자회사, 자·손자회사 모두 최다출자자 여부가 관건이다. 즉, '지배'라 함은 금융지주회사가 단독으로 또는 특수관계자와 합하여 계열회사의 최다출자자가 되는 것이다. 금융지주회사가 단독으로 또는 그 자회사 및 손자회사와 합하여 소유하는 주식이 각각의 특수관계자가 소유하는 주식보다 많을 것을 요한다.

이처럼 자회사의 지배기준에 대하여 보험업법과 금융지주회사법이 상이하게 규정하는 경우 보험지주회사로의 이행단계에서 과다한 설립비용이 발생할 수 있다. 예컨대 어떤 보험회사가 금융위원회의 승인을 얻지 않고, 비금융계열사의 지분을 15% 미만 가지면서 계열회사 중 최다출자자라면 보험업법상으

---

[372] 한정미, 앞의 보고서, 149면.

로는 해당 비금융계열사를 자회사로 둔 것이 아니지만, 금융지주회사법상으로는 지배하게 된다. 결과적으로는 보험업법 규정에 따라 자산을 운용해온 보험사들에게는 수용하기 어려운 결과를 야기하고, 우리나라 대규모 기업집단 소속의 보험사는 보험지주회사로의 이행에 상당한 비용이 필요하게 된다.

비교법적으로 살펴보면 미국의 경우 보험지주회사는 보험사의 지분을 10% 이상 보유하거나 실질적 지배력이 있는 경우로 정의하고, 보험사의 자회사는 주에 따라 지분의 10% 또는 과반을 기준으로 정의(뉴욕주는 보험사가 의결권 있는 지분을 과반을 보유하는 회사를 자회사로 간주)한다. 즉, 보험지주회사는 직간접적으로 10% 이상의 지분을 보유하면 지배관계가 존재하는 것으로 간주하며, 보유지분이 10% 미만인 경우에도 보험감독관이 사전통지 및 청문(notice and hearing) 기회를 부여한 이후 재량적으로 지배여 부를 판정한다(NAIC 440-1 §1(C)).[373] 일본의 경우 자회사는 의결권 있는 지분의 50% 이상 소유, 지주회사의 경우는 자회사 주식가액이 자산총액의 50%를 초과하는 경우로 규정하고 있다. 우리나라의 경우 앞에서 본 바와 같이 보험지주회사의 자회사 지배요건으로 최다출자자 요건을 요구하고 있어 보험업법상 합법적인 범위에서 자산을 운용해왔던 보험회사들로서는 지주회사로의 전환을 꺼리게 되는 문제를 안고 있다.

---

373) Derrig, J. M., "Regulating Transaction Between Affiliates: A Comparison of the NAIC Model Insurance Holding Company Law With Its Federal Banking Law Counterparts", journal of Insurance Regulation, Jun. 1985, Vol. 3 Issue 4, p.459.

제4절 보험지주회사의 책임확장론

보험지주회사의 엄격책임유무는 그 설립과 운영에 대해서 많은 영향을 미치는 문제이다. 이와 관련하여 최근에는 자회사의 부실경영에 따른 지주회사의 책임 내지 미국법상 은행지주회사의 책임을 긍정하는 이론을 보험지주회사에도 적용하려는 새로운 해석론적 시도도 있다. 따라서 본 절에서는 자회사의 부실경영에 따른 보험지주회사의 책임유무에 관해 제기되는 해석이론을 검토하고자 한다.

I. 모럴 해저드 억제와 지주회사의 책임부담

이는 자회사의 파산 시 지주회사의 책임을 인정하는 것은 도덕적 위험(모럴 해저드)을 억제하려는 것 때문이라는 것이다.

미국의 Mcorp사건에서 FRB는 은행자회사가 도산한 경우 최종적인 비용은 지주회사가 아닌 예금보험이 부담하게 되므로 은행지주회사는 위험을 도외시하여 은행자회사의 단기적인 수익을 최대화하고자 하였다고 주장했다. 금융기관에 예금을 납입하는 일반예금자는 개개의 금융기관의 경영전략을 감시하고 평가하기에는 부족하다. 잔여재산분배청구권자인 주주는 높은 위험 전략이 성공할 경우에 그 성과를 모두 향수하지만, 실패한 경우에는 비용의 일부를 부담할 뿐이고 그 외의 부분은 금융기관의 채권자 즉, 일반예금자에게 전가된다. 이 모럴헤저드 문제는 부채와 자본의 쌍방에 의해서 자금을 조달하는 경우 항상 발생하지만, 금융기관에서 가장 현저히 나타난다. 금융기관의 부채는 일반예금자로부터 받은 예금인 점에서 예금자는 널리 분포되어 있고 스스로 권리를 지킬 수 없다. 지주회사의 자회사 구제의무는 이와 같은 모럴헤저드 문제를 억제시킴으로써 금융기관의 위험부담(risk take)적인 경영을 억제하게 된다. 그렇다면 왜 지주회사에 대하여만 자회사의 구제책임을 인정해야 하는가에 대하여는 아래와 같이 논거가 나뉜다.

1. 자회사 착취설

이 견해는 지주회사가 과대한 배당과 관리비용 그 외 불공정한 방법으로 자회사인 금융기관을 착취하는 경향이 있음을 근거로 한다.[374] 통상의 감독과 지주회사에 대한 규제로는 이와 같은 불공정한 행태를 방지할 수 없고, 지주회사 산하의 금융기관은 과소자본이고, 위험부담이 큰 경영을 하는 경향이 있으므로 이를 억제하기 위해 지주회사에 자회사인 금융기관을 구제할 책임을 부담시켜야 한다는 것이다.

2. 규제보완설

이는 지주회사라고 하는 조직 형태에 문제가 있는 것이 아니고 규제당국이 모든 금융기관을 효과적으로 감시할 수 없으므로 지주회사가 그 자회사의 규제를 보완해야 한다는 것이다. 모럴헤저드 문제가 쟁점이 된 것은 다음과 같은 두 가지 때문이라고 한다. 첫째, 제2차 대전 후 금융기관의 자기자본비율이 저하되었고, 잔여재산분배청구권자가 과도한 위험 인수로 일반공중을 해하게 될 인센티브가 커졌다는 사실이다. 둘째, 금융기관이 영위할 수 있는 업무가 확대되고, 금융기관이 위험부담이 큰 경영전략을 채택하게 되는 한편 규제당국이 이러한 전략을 감시하고 통제할 수 없는 상황에 이르게 되었다는 것이다. 이와 같은 점을 근거로 지주회사는 일상적으로 금융기관을 감시하고 있고 행정감독보다도 당해금융기관의 경영전략을 더 잘 평가할 수 있는 위치에 있다고 한다. 따라서 규제보완설은 종래의 규제수법이 충분히 기능할 수 없는 상황에서 규제를 보완하기 위해 지주회사에 책임을 부담시키는 것이 적절한

---

374) Howell E. Jackson, "The Expanding Obligation of Financial Holding Companies", 107 Harv. L. Rev. 507 (1994).

대응이 될 수 있다는 것이다.[375]

3. 검 토

위의 학설에 대한 Fischel, Rosenfield & Stillman(1987)과 Felsenfeld(1993)의 검토 결과는 다음과 같다.[376]

(1) 지주회사 산하 금융기관의 업적

실제 자회사인 금융기관이 지주회사에 의해 착취되어 독립계의 금융기관보다 업적이 나쁜지 어떤지에 관한 연구가 실행되었는데, 첫째, 지주회사라고 하는 조직 형태가 자회사인 금융기관의 포트폴리오 및 수익성에 미치는 영향을 검증한 연구의 결과가 나타났다. 그 결과는 (i) 대출 포트폴리오 비율이 크고, (ii) 주·지방공공단체의 채무가 다액이고 (iii) 대출 수수료가 다액이며, (iv) 현금, 연방재무성증권의 보유가 적고, (v) 명백하다고는 볼 수 없지만 예금 이율이 높다는 점이었다. 그러나 수익성과 자기자본비율에 대해서는 특정한 경향이 발견되지 않았다. 둘째, 금융기관의 도산과 지주관계에 대해서 검증한 검증결과는 지주회사의 산하에 있는 금융기관의 수가 많을수록 개개의 금융기관의 도산확률은 저하된다는 것이었다. 그리하여 이러한 검증 결과를 볼 때, 자회사 착취설과 검증결과는 합치하지 않는 것이었다.[377]

(2) 지주회사의 구제책임부담의 효과

미국의 세인트루이스 연방준비은행에 의하면, 지주회사는 자회사가 어려움

---

375) Jackson, *Ibid*(374)., p.564.

376) Carl., Felsenfeld, "The Bank Holding Company Act: Has It Lived Its Life?", 38 Vill. L. Rev. 1, 100~101(1993).

377) Daniel R. Fischel, Andrew M. Rosenfield & Robert. S. Stillman, "The Regulation of Banks and Bank Holding Companies", 73 Va L. Rev. 301, 301~305 (1987) pp.336~338.

에 처한 경우 어느 정도의 자금을 원조할 것인가 즉, 어느 정도 힘의 원천으로 서 기능할 것인가를 검증했다. 그 결과 대규모 은행지주회사의 산하에 있는 은행은 독립계의 은행과 소규모인 지주회사 산하에 있는 은행보다도 자금원 조를 더 많이 받고 있는 것으로 판명되었다. 지주회사 산하에 있는 은행의 경 영상황이 악화되었기 때문에 자금원조를 받은 것이다. 캘리포니아, 애리조나, 네바다주의 예금보험제도에 가입한 175사의 저축금융기관이 1976년부터 1990 년까지의 업적을 검증한 결과에 따르면 대규모 지주회사 산하의 저축금융기관 의 업적이 양호하고 도산도 적었던 것으로 확인되었다. 이를 바탕으로 Jackson 교수는 규제보완설이 옳다고 지적하였다.[378]

Ⅱ. 지주회사의 법인격부인

보험지주회사는 보험자회사의 지배에 필요한 주식을 소유하는 결합기업의 형태로 존재한다. 그리하여 보험지주회사와 같은 결합기업에 대하여도 주주 유한책임의 원칙을 그대로 관철시켜야 하는지에 관한 다툼이 있다. 이하에서 는 결합기에 대한 기업책임을 긍정하는 견해를 검토한다.

법인에 의한 주식소유가 인정되었기 때문에 법인도 개인과 동일하게 유한 책임을 향수하게 되었지만, 과소자본의 자회사가 위험이 높은 경영을 영위함 으로써 자회사 채권자에게 위험이 전가될 위험성에 대한 우려가 높다. 이러한 위험에 대해 순자산의 유지와 책임보험, 형평적 열후화 등의 조치를 거론하는 견해가 있다.[379] 그러나 이에 대하여 그룹 전체의 이익이 개별 자회사에 우선 하는 결합기업 그룹에서는 자회사 파산으로 주주유한책임이 부정되어야 한다 고 지적하는 견해가 있다.[380] 이에 반해 자회사는 수익원천으로서 기능하는

---

378) Jackson, *Ibid*(374)., p.507; Lisa L. Broom, Redistributing Bank Insolvency Risks: Challenges to Limited Liability in The Bank Holding Company Act Structure, 26 U.C. Davis L. Rev. 578 (1993).

379) Clark, *Ibid*(254)., pp.836~840.

380) Jonathan. M. Landers, "A Unified Apporach to parent, Subsidiary and Affiliate Questions in Bankruptcy", 42 U.

경향이 일반적이므로 일률적으로 "단일기업(single enterprise)"으로 인정하는 것은 오류라고 지적하고, 모회사의 사기적 행위의 유무를 기준으로 판단하여 책임을 물어야 한다는 견해가 있다.[381] Blumberg 교수는 기업결합에 있어서 지주회사는 주주유한책임이 부정되고 엄격한 책임을 져야 한다는 것에 대해 다음과 같은 근거를 들고 있다. (ⅰ) 소유와 경영의 미분리, (ⅱ) 대규모 자본의 집중 불요, (ⅲ) 개인주주에 비해 모회사 분산투자능력의 우월, (ⅳ) 자회사의 경영에 관여하기 위한 대리인 비용(agent cost) 및 정보비용(information cost)의 과소, (ⅴ) 100% 자회사의 경우 자본시장에 미치는 영향의 부재, (ⅵ) 채권자가 직접 모회사에 청구하는 집행 비용의 절감, (ⅶ) 주주유한책임에 관한 수정 룰을 채무불이행 룰로 하는 경우의 거래비용의 절감이다. 그리고 그는 기업결합에 있어서 자회사의 주주가 일반적으로 모회사일 뿐이고 널리 분산되어 있는 주주가 인정되지 않고, 전형적으로는 결합기업 그룹 전체가 경제적으로 통합되어 있으므로 결합기업에 있어서 주주유한책임의 수정을 긍정하였다.[382] 또한 자회사가 100% 자회사가 아닌 경우에도 지배주주가 책임을 부담해야 할 것이라고 한다. 이와 같은 기업책임을 인정하는 견해에 대한 비판도 존재하지만, 최근 모·자회사 등의 책임에 대한 절단을 인정하지 않는 조치가 몇몇 분야에서 실현되고 있고[383] 지배·종속관계와 구체적인 사업내용에 입각한 기업책임(지주회사에 대한 책임부담)의 적용가능성이 모색되고 있다.

지주회사의 자회사는 개별 법인격이 인정되므로 이를 이용하여 보험업에 엄격히 적용되는 다른 사업금지를 회피할 수 있는 방안도 될 수 있다. 이러한 이유로 선진국에서는 지주회사를 중심으로 하는 보험그룹의 설립이 활발했다. 또한 그렇기에 금융제도의 개혁에 지주회사방식을 채용하는 예가 대부분이라고 해도 과언은 아니다.

이와 같이 개별 법인격인 자회사가 사업을 수행하고 주주유한책임원칙을

Chi. L.R. 589, 620 (1975).

381) Richard. A. Posner, "The Rights of Creditors of Affiliated Corporations", 43 U. Chi. L.R. 499 (1976), pp.524~525.

382) Philip I. Blumberg, "Limited Liabiality and Corporate Conduct", 11 J. Corp. Law 573, 630(1986).

383) 금융지주회사의 주주유한책임의 수정 및 CERCLA(Comprehensive Environmental Response, Compensation and Liability Act of 1980)에 의한 자회사의 환경책임에 대해 모회사의 책임을 긍정하였다.

전제로 하면, 자회사에 다른 사업을 영위하게 하는 경우 다른 사업에서 손실
이 발생해도 출자액을 한도로 책임을 부담할 뿐이므로 보험수리에 기초한 다
른 사업금지의 이유를 회피할 수 있다. 더욱이 지주회사 형태를 취함으로써
이론적으로는 다른 사업을 영위하는 보험지주회사 또는 그 자회사가 손실을
입은 경우라도 이는 주주유한책임의 한도 내에서 지주회사에 영향을 미칠 뿐
이고, 스스로는 자회사인 보험회사에 어떠한 영향도 미치지 않는다. 무엇보다
도 이와 같은 모·자회사관계와 지주회사관계에 대한 법인격부인의 법리 적
용 여부가 문제되지만, 법인격부인에 관한 판례의 태도384)에 비추어 절차 면
에서 법인격의 무시가 없는 한, 보험회사가 자회사와 지주회사의 채무에 대해
법인격부인의 법리에 기초해서 책임을 물을 수 있는 가능성은 낮다고 하는 견
해도 있다.385)

　지주회사에 있어서 모회사와 자회사의 채권자 간의 이해상충문제에는 일인
회사 또는 비공개회사의 주주와 채권자와의 이해상충문제와 마찬가지로 법인
격부인의 법리가 적용된다고 하였다.386) Westlaw의 판례 데이터베이스를 토대
로 법인격부인에 관한 판례를 분석한 Thompson은 법인격 부인은 비공개회사
또는 회사그룹과 관련해서 발견되고 공개회사에 관해서는 발견되지 않는다고
지적한 다음, 이와 같은 소송에 있어 피고의 특성을 분석하였다. 이 경우 피고
의 성격이 특정되지 않은 사례를 제외하고 모든 소송사건 중 45%는 회사가 피

---

384) 법인격을 부인한 판결은 대법원 1988. 11. 22. 선고 87다카1671판결, 1989. 9. 12. 선고 89다카678판결, 2001. 1.
　　19. 선고 97다21604판결 등이 있다.

385) 지주회사에 대한 법인격부인론의 적용에 대해 비판적인 견해로는 "모회사의 책임을 추궁하기 위하여 법인격부인론
　　이 현행상법의 해석으로는 가능하다고 하더라도 요건충족의 현실성이나 효과와 실효성이 검증된 바 없고, 특히 우리
　　의 기업현실에서 아직까지 자회사의 채권자가 직접 채무자도 아닌 모회사에 책임을 묻는 것을 기대하기는 어려울
　　것"으로 지적하는 견해가 있다(최성근, "지주회사와 사업회사 간 지배·견제의 적정화를 위한 해석론·입법론", 「比
　　較私法(第10卷 第2號(通卷21號))」, 韓國比較私法學會, 2003, 311면); 또한 지주회사에 대한 법인격부인론의 적
　　용을 자제해야 한다는 견해는 "지주회사의 법인격이 부인되기 위해서는 단순한 지배사실만으로는 충분하지 않고 적
　　어도 지배사실과 함께 과소자본, 재산혼동 또는 자본탈취라는 구체적인 이익형량요소가 있어야 한다고 지적한다. 그
　　러므로 지주회사가 자회사와 사실상의 경제적 단일체를 이룬다고 하여도 자회사의 지배를 유일한 목적으로 하는 지
　　주회사의 특성상 법인격부인론의 성급한 적용은 자제할 필요가 있다"고 한다(김문재, 앞의 글(각주 237), 102면).

386) Blumberg(1985)에 의하면 1906년부터 1986년까지 지주회사의 불법행위에 대한 책임이 인정된 판례는 96건(항소심
　　판결 포함)이고 이러한 판례들 중에는 1930년 이전에 있었던 4건의 철도업과 관련된 소송사건의 판결, 8건의 택시회사
　　와 관련된 판결, 게다가 1951년 이후에 발생한 5건의 제조물책임을 둘러싼 판결 등이 포함되었다. 자회사의 계약채권
　　자에 대한 모회사의 책임이 인정된 판결로는 1893년부터 1985년까지 106건의 판결을 거론하고 있다(Phillip I.
　　Blumberg, *The Law of Corporate Groups-Bankruptcy Law*(1985), Little Brown & Co Law & Business,
　　pp.184~186; pp.424~427).

고였고, 55%는 개인, 불법행위사건과 관련하여 총 205건 중 149건(73%)은 회사 주주가 피고였으며, 개인주주가 피고가 된 사건은 56건(27%)이었다.[387] 다만 법인이 피고가 된 소송에서 법원에 의해 법인격부인이 인정된 비율이 개인주주가 피고였던 경우에 비해 반드시 높은 비율을 점하지는 않았다. 또한 비공개 회사와 지주회사의 자회사 간 차이에 대해서 "자회사는 때로는 일인 주주회사의 특수형으로 간주되는 경우가 있다. 이와 같이 이해하면 법인격부인은 비공개 회사의 고유한 문제가 되지만, 이와 같은 분석이 시사하는 점은 주주가 개인인 경우와 법인인 경우에 몇 가지 점에서 차이가 발견되고, 비공개회사와 회사그룹과는 구별해서 생각할 필요가 있다"고 한다.[388] 지주회사에 있어서 이해상충과 법인격부인을 둘러싼 소송사건에 관해서 상세히 검토하고 있는 견해에 따르면 법원에 의한 법인격부인은 모회사가 자회사를 압도적 지배하에 두는 결과 자회사가 모회사의 단순한 "도구 또는 수단(instrumentality or tool)"에 지나지 않고, 독자적인 법인격체로서 실질이 결여된 경우에 인정되었다.[389]

Ⅲ. '힘의 원천'이론과 '상호 보증'이론

1. 미국에서의 논의

미국에서 힘의 원천이론이 도입된 것은 은행지주회사의 승인에는 은행지주회사가 자회사인 은행의 힘의 원천이어야 한다는 FRB의 원칙에 의해서였다(Regulation Y: 12 C.F.R. § 225.4). 이 이론을 근거로 한 은행지주회사의 승인거부는 연방최고재판소에 의해 지지되었다.[390] 그러나 1980년대 후반에 금융기

---

387) Robert B. Thompson, "Piercing the Corporate Veil: An Empirical Study", 76 Cornell L. Rev. 1036, 1069(1991).

388) Ibid., p.1048.

389) Phillip I. Bulmberg, The Law of Corporate Groups—Bankruptcy Law(1987), Little Brown & Co Law & Business, p.427.

390) Board of Governors v. First Lincolnwood Corp., 439 U.S. 234(1978)

관의 파산이 계속되자 예금보험제도에 커다란 부담이 되어 막대한 재정자금을 투입할 수밖에 없었다. 이에 FRB와 연방예금보험공사(FDIC)가 파산금융기관의 은행지주회사와 그 지배하에 있는 다른 금융기관에도 파산처리에 대한 부담을 요구하였다. FRB는 그 논거에 대해서 은행지주회사는 자회사인 금융기관에 문제가 발생했을 때에는 자회사인 금융기관을 지원할 수 있도록 충분한 경영적·재무적인 자원을 보유하여야 하고 은행지주회사는 실제로 경영자원을 사용해서 자회사인 금융기관을 지원해야 한다는 것을 들었다. 결국 은행지주회사의 경영자는 자회사인 금융기관의 경영자에 대한 지휘권이 인정되기 때문에 자회사인 금융기관의 파산에 의해서 발생한 손해에 대해 은행지주회사는 책임을 부담해야 한다는 것이다.

특히 이 이론이 문제되었던 것은 MCorp 사건이었다. 이는 은행지주회사인 MCorp 산하에 있는 은행 등 20개사가 파산하자 은행감독 당국의 관리하에 두었음에도 정작 MCorp 자신은 4억 달러의 자산을 보유하고 있었으므로 FRB가 그 자산을 파산자은행의 부족자본계정으로 충당하고자 한 것이다. 그러나 MCorp 측은 은행지주회사는 스스로 충분한 자본을 보유하고 건전한 경영이 요구되는 것뿐이지 자회사인 은행에 적극적인 지원까지 요구되는 것이 아님을 주장하였고, 법원도 결론적으로 MCorp의 주장을 인정했다.[391]

그 후 미국에서는 입법적인 대응이 행해지게 되었다. 1989년 'Financial Institutions Reform, Recovery and Enforcement Act of 1989(FIREA)'라는 파산금융기관의 처리에 따른 FDIC에 발생한 손실의 경우 FDIC는 파산한 금융기관과 공통의 은행지주회사에 지배되고 있는 금융기관에 손실보상을 부과할 수 있다는 취지가 규정되었다.

이 규정이 연방수정헌법 제5조에서 금지하는 정당한 보상이 없는 사유재산의 수용에 해당하는지 여부가 쟁점이 되었지만, 연방항소법원은 이에 해당하지 않는다고 판시하였다.[392] 더욱이 1991년에는 'Federal Deposit Insurance Corporation Improvement

---

391) MCorp Financial Inc. v. Board of Governors, 900 F.2d 852(5th Cir. 1990), revised in part on other grounds, 502 U.S. 32(1991).

392) Meriden Trust $ Safe Deposit Co. v. Fdic, 62 F.3d 449(2d Cir. 1995), ff7g 868 F.Supp. 29(D. Conn. 1994); Branch v. United States, 69 F.3d 1517(Fed. Cir. 1995), rev7g 31 F.Cl. 626(1994), cert. denied, 117 S.Ct.

Act of 1991(FDICIA)'이 성립되었다. 이 법의 조기시정조치를 정하고 있는 규정에 따르면, 금융기관이 최소자본이 되면 그 지배주주는 금융기관이 적절한 자본을 확보하기 위한 시정계획을 실행하도록 적절한 보증을 행해야 한다. 다만, 그 책임액에는 한도가 설정되어 있는데, 금융기관이 과소자본에 처하게 된 경우 금융기관 자산의 5%에 해당하는 금액과 금융기관이 자기자본비율기준을 충당하기에 필요한 금액 중 적은 금액이 한도로 설정되어 있다. 또한 은행지주회사로서는 보장을 거부한 금융기관의 업무정지 등 조치를 감독 당국에게 위임함으로써 스스로 손실부담을 한정할 수도 있다(12 U.S.C. § 1831α(e)(2)).

"힘의 원천"이론은 주주유한책임원칙의 예외를 인정하는 것이어서 이에 대한 반발도 강하다. 하지만 이를 지지하는 견해는 은행지주회사에 의한 보증의 결과, 은행의 감독 책임을 제1차적으로 은행감독 당국에서 은행지주회사에 이전시킴으로써 정부기관인 은행감독 당국보다도 적은 비용으로 은행의 위험을 은행지주회사에 감시하도록 할 수 있음을 피력하고 있다. 모든 금융기관에 일률적으로 적용되는 타당한 기준을 제시해야 하는 감독 당국에 비해 은행지주회사는 스스로 은행자회사에만 해당하는 적당한 기준을 설정할 수 있으므로 은행지주회사가 보다 적절한 기준을 설정할 수 있다는 것이다.[393]

그리고 미국은 은행지주회사의 은행자회사에 대한 자본주입의무를 규정하는 외에 상호보증조항도 규정하고 있다. 이러한 FIRREA(Financial Institutions Reform, Recovery, and Enforcement Act of 1989)의 상호보증조항은 금융지주회사의 주주유한책임을 직접 수정하는 원칙은 아니지만, 산하 금융기관의 책임을 수평적으로 연결하여 금융지주회사의 보유주식과 경영전략에 영향을 미치는 것이고, 이를 인정한 판례도 있다. 동 조항은 동일한 지주회사 산하의 형제회사금융기관에 상호 파산책임(FDIC의 손실액)을 부담시킴으로써 예금보험으로 보호되는 형제회사금융기관과 지배회사인 금융지주회사의 도덕적 해이를 방지하고 예금보험의 고갈을 방지하기 위하는데 그 목적이 있다고 한다.[394]("상호 보증"이론)

55(1996).

393) Jackson, *Ibid*(374)., pp.591~592.

394) 조문의 내용은 다음과 같다. "Any insured depository institution shall be liable for any loss incurred by the

2. 우리나라에서의 논의

미국의 은행지주회사의 자회사 파산에 대한 책임을 물을 수 있는 "힘의 원천"이론(이하에서 별도로 검토한다)에 대해 우리 금융지주회사법상 명문으로는 도입되지 않았다고 보는 견해[395]도 있고 명문으로 도입되었다고 보는 견해[396]도 있다.

여기서 후자는 금융지주회사법, 금산법, 기타 하위규정으로 나누어 설시하고 있다. 금융지주회사법과 금산법상의 내용은 다음과 같다. 금융지주회사의 설립이나 합병 또는 해산의 경우와 자회사 등을 새로 편입하는 경우에 감독기관인 금융감독위원회의 인가가 필요한데 그 인가에 조건을 붙일 수 있다고 규정하고 있다(금융지주회사법 제3조(인가). 제16조(자회사 등의 편입승인), 제60조(합병 등의 인가). 또한 금융지주회사법 제50조(경영지도기준)는 금융감독위원회가 자회사의 재무상태나 경영관리 상태를 이유로 해서 그 지주회사에게 특정의 조치를 내릴 수 있음도 규정하고 있다. 또한 금산법 제10조(적기시정조치)는 금융지주회사에 대한 적기시정조치의 발동요건 중의 하나가 '자기자본비율'이 특정한 비율에 미달일 것을 정하고 있다. 여기서 자기자본비율을 산정할 때에는 은행지주회사의 경우에는 연결자기자본비율[397]에 의하고 비은행지주회사의 경우에는 필요자기자본비율[398]에 의하게 된다. 그것이 연결자

---

395) 金汶在, 앞의 글(각주 351), 814면.

396) 김용재, "경영주의와 금융그룹의 설립방식에 관한 제언", 「금융거래법강의 II (남효순·김재형 공편)」, 법문사, 2001, 717면; 이영대, "금융지주회사의 규제에 관한 연구", 서울대학교 법과대학원 박사학위논문, 2002, 114~115면; 백정웅, "우리나라 금융지주회사법의 규제법리에 관한 비교법적 연구", 「商事法研究(第26卷 第4號)」, 韓國商事法學會, 2008, 380~381면.

397) 우리나라는 2007년 1월부터 금융지주회사 가운데 은행지주회사에 대해서는 연결자기자본비율 8% 이상을 요구하는 규제를 시행하고 있다(금융지주회사 감독규정 제25조). 다만, 은행지주회사가 아닌 경우에는 종래와 같이 그룹 단위의 필요자본에 대한 자기자본비율이 100% 이상의 기준을 채용하고 있다. 이에 대해 금융지주회사 감독규정 제25는 금융지주회사법 제50조 및 동법 시행령 제28조에서 위임된 사항을 규정하고 있으며, 보다 자세한 산식은 감독규정 시행세칙 제6조 및 〈별표 1〉, 〈별표 1-2〉에서 설명하고 있다. 은행지주회사에 대한 이와 같은 추가적인 규제는 금융지주회사의 경영자율성 제고에 대응하여 그 건전성을 확보하기 위함이다.

398) 이는 금융그룹에서 자기 자본의 이중계상을 제거한다는 점에서 본다면 연결감독의 한 방법이 될 수 있다. 다만, 은행 이외의 금융업에 대해서 개별 감독법규상의 자기자본비율이 기준이 된다는 점이 연결자기자본규제와 차이가 있다.

기자본비율이든지 필요자기자본비율이든지 간에 자회사의 자본상태도 함께 계산된다. 결국 자회사의 자본상태에 따라 지주회사의 자기자본비율이 금산 법상의 요구조건에 미달하는 경우가 발생한다면 적기시정조치의 제재를 받을 수 있다. 이를 근거로 동 규정 역시 "힘의 원천"이론의 근거규정이 된다고 한 다. 또한 금융지주회사법 제50조와 동법 시행령 제28조에서는 금융지주회사 뿐만 아니라 그 금융자회사에 대해서도 같이 규정하고 있다. 그뿐만 아니라 현행 금융지주회사법 제3조 제3항에 의하여 금융감독위원회는 금융지주회사 를 인가할 때에 그 인가에 조건을 붙일 수 있으므로 해당 금융지주회사는 그 금융자회사의 파산 등 부실에 대하여 책임을 지게 되는 것이라고 한다.[399] 결 국 동 이론을 긍정하는 견해는 근거 규정들이 보험지주회사가 보험자회사에 대한 일정한 관리를 명할 수 있음을 전제로 하고 있는 것이고, 위의 근거규정 에서 말하는 필요한 조치란 어떠한 조치이며, 이와 같은 명령이 금융지주회사 법인 감독법상의 효과를 갖는데 그치는 것이 아닌 사법상의 효과를 인정하고 자 하는 것이라는 해석이다.

3. 검 토

금융지주회사에 대한 규제는 전통적으로 불공정거래와 과잉배당의 방지를 목적으로 한 기업결합규제의 측면[400]과 금융시스템과 예금자 등의 보호를 목 적으로 하는 금융기관규제의 측면으로 나뉜다.[401] 그런데 전자에 대해서는 금 융지주회사에 대한 특수한 규제는 불필요하다고 하는 주장이 있고,[402] 후자에

---

399) 백정웅, "힘의 원천이론", 「비교사법(제12권 4호(통권 31호))」, 한국비교사법학회, 2005, 525면.

400) 이와 관련된 규제로는 금융기관에 대한 직·간접을 불문하고 일정 수 이상의 의결권 있는 증권을 보유하는 경우 지 주회사로서 규제되고, 지배적 영향력(controlling influence)을 행사하는 것으로 인정되는 경우에도 규제의 대상이 된 다. 또한 M&A의 인가규제, 업무범위규제, 그리고 독립당사자 간 거래규제(arm's length trade)도 기업결합규제의 측 면에서 규제로 설정된 것이다.

401) Mathias Dewatripont/Jean Tirole, J., *The Prudential Regulation of Banks*, The MIT Press, 1994, p.63; 이 외에도 지주회사의 출자가 산하 금융기관을 통해서 다른 회사에 대한 출자와 열후채권에 투입되는 경우에 자본의 이중이용 이 발생할 위험성이 존재한다.

402) Fischel, D. R., Rosenfield, A. M. & Stillman, R. S., "The Regulation of Banks and Bank Holding Companies", 73 Va. L. Rev. 301, 301~305 (1987); Felsenfeld, *Ibid.*, pp.2~6.

대해서는 감독 당국의 정보부족과 자기자본비율의 계산 등과 관련한 부정확
성으로 인해 경영의 효율성과 안전성이 확보될 수 없다는 비판이 있다[403] 이
와 같은 이유로 후자의 대체보완수단으로서 경영정보·능력을 수집하는 지배
회사와 경영자의 책임과 경영개선 인센티브를 결부시키는 방향이 유효할 것
으로 생각된다. 그리고 금융지주회사에 대해 "힘의 원천"이론을 적용하여 주
주유한책임원칙을 수정하려 하는 것도 하나의 규제수단이 된다.[404]

그러나 주주유한책임을 수정하는 이론이 보험지주회사에 적용된 예는 미국
에서조차 전무한 점, 은행과 보험업에는 엄연히 규제 차이가 존재한다는 점,
힘의 원천이론이 아닌 기존 사법이론에 의해서도 충분히 보험지주회사의 책
임이 긍정될 수 있다는 점, 감독법제의 감독규정에 대해 사법적 효력을 일반
적으로 긍정할 수 없다는 점 등을 강조한다면 이의 수용은 어려울 것으로 생
각된다. 지금까지 우리나라는 기업결합을 통한 경제력 집중의 우려로 매우 강
력한 경쟁법제 및 감독법제를 견지하여 왔다.

또, 대기업 집단의 보험회사를 중심으로 한 지주회사의 경제력 집중은 기업
결합법제의 측면에서 접근하는 해결방안이 있을 수 있다. 즉, 지배·종속회사
간 거래로 종속회사에 손해가 발생하는 경우 자회사의 건전성 확보 측면에서
회사법상 합리적인 규제체계를 모색하려는 시도로 이어져야 할 것이다. 아직
까지 미국 판례에서조차 받아들여지지 않고 있고, 회사법상 주주유한책임 법
리를 근본적으로 부정할 수 있는 "힘의 원천"이론이나 "상호보증"이론이 우리
나라 금융지주회사법에 도입되었다고 하는 것은 무리한 해석론이고 이는 입
법론적으로도 부적당하다고 본다.

---

403) 규제열후화가설(regulatory deterioration hypothesis), 내로우은행(narrow bank), 자기자본규제, 시장모방형 규제, 예금
　　보험, 임원책임, 전문가책임, 사적보험 등의 규제가 금융기관의 안전성과 효율성의 확보에는 불충분하다(Jackson,
　　Ibid(374)., p.593).

404) 河井建志, "アメリカにおける株主有限責任の議論と金融持株会社", 「保険学雑誌(第566号)」, 日本保険学会, 1999,
　　109頁.

제5장 보험지주회사의 운영 및 감독에 관한 개선방안

본 장에서는 보험지주회사가 안정적으로 정착하여 운영되기 위해 극복해야 할 제약 요인들을 지금까지 검토한 내용을 전제로 하여 상법해석에서의 난점 개선, 보험지주회사의 자회사에 대한 실질적 목적 달성을 위한 지배력 확보방안, 현행 법제의 입법 개선을 중심으로 논한다.

제1절 보험지주회사의 책임에 관한 해석론

주주유한책임의 사회적 효용은 자본의 집적을 통한 효율적 기업경영이 가능하다는 점과, 기업이 도산하더라도 출자자의 자산은 그대로 남아 이를 기초로 다시 새로운 모험사업에 착수할 수 있는 여지를 만들어 줌으로써 산업발전의 원동력이 될 수 있다는 점이다.[405] 그러나 이러한 장점에도 불구하고 주주가 자신의 의지대로 조종할 수 있는 법인을 만들어 이를 남용할 우려가 있는 점에서 부작용 또한 생각하지 않을 수 없다. 특히 주주유한책임의 원칙을 관철하려다 보면 회사의 재산만으로 채권자의 권리를 모두 충족시킬 수 없을 가능성이 높아지고, 주주는 위험한 활동을 통해 발생하는 이익을 모두 가지면서도 그로 인한 비용은 부담하지 않아서 그 위험을 채권자가 부담하게 되는 결과를 초래한다.[406] 이러한 주주유한책임의 원칙을 보험지주회사에도 그대로 적용해야 하는가와 관련하여 다툼이 있을 수 있다. 그리하여 미국의 은행지주회사법상 은행지주회사의 책임확장과 관련된 법리를 보험지주회사에 적용해야 할 필요성이 있다고 주장하는 견해가 있다. 즉, 보험자회사 파산 시 보험지주회사에 책임을 물을 수 있는 법리로는 앞서 본 바와 같이 법인격부인론과 미국의 금융규제 역사에서 유래된 힘의 원천이론(source of strength doctrine)과 상호보증제도(cross-guarantee provision)가 주로 거론되고 있다.[407] 또, 힘의 원천

---

405) 이철송, 앞의 책, 180면.

406) Nina A. Mendelson, "A control-based approach to shareholder liability to corporate torts", 102 Colum. L. Rev 1203, 1203(2002).

이론을 응용하여 금융자회사의 부실이나 파산위험에 대한 예금자 등의 보호를 위해 명문화할 필요가 있다고 주장하는 견해도 있다.[408]

미국의 보험업계는 1980년대 후반 파산이 이어져 보험감독 당국은 지주회사에 대해 재건계획을 작성하여 제출하도록 지시하었으나, 보험자회사의 지원을 위해 자금을 지원할 것까지 지시하지는 않았다. 이러한 예는 보험지주회사와 은행지주회사에 대해 각각 적용되는 규제가 다름을 암시한다고 할 것이다.

그러나 앞에서 본 바와 같이 힘의 원천이론 및 상호보증제도를 보험지주회사에도 그대로 적용하기에는 무리가 따른다. 보험지주회사와 자회사 간 임원겸임이 인정되고, 지주회사가 산하의 보험회사를 감시하는 입장에 있는 것은 금융지주회사법과 그 감독규정상[409] 명확하다. 그리하여 지주회사의 구제책임의 근거를 자회사의 도덕적해이의 문제 해결에 두는 입장에서는 그 책임이 인정될 여지는 있다. 그러나 이러한 구제책임의 인정은 주주유한책임을 부정하는 결과를 초래한다는 문제가 따르므로[410] 신중히 접근해야 한다고 본다. 이하에서는 보험지주회사에게 책임을 지울 수 있는 법인격부인의 법리, 업무집행지시자의 책임, 모회사의 책임법리, 1인회사의 법리, 표현책임법리 등을 검토한다. 이들 제도 내지 해석론이 보험지주회사의 책임을 중하게 할 수 있는지를 검토하고 결과적으로 보험지주회사의 책임을 과도하게 하는 해석론으로 흐를 수 없다는 점을 밝혀내고자 한다(보험지주회사 활성화에 대한 해석론적 기여).

---

407) 백정웅, "금융그룹 계열사 간 위험전이 방지를 위한 법제도 연구", 「금융안정연구(제8권 제2호)」, 예금보험공사, 2007. 12, 92면 이하 및 112면 이하.

408) 金汶在, 앞의 글(각주 351), 814 및 823면.

409) 금융지주회사법 제1조(목적)는 금융회사의 겸업화에 따라 발생할 수 있는 위험의 전이 등의 부작용을 방지하여 금융지주회사와 그 자회사 등의 건전한 경영을 도모함을 포함하고 있고, 감독규정의 제1조는 금융지주회사법과 동법 시행령에서 정하는 금융지주회사와 그 자회사 등의 감독에 관한 금융위원회의 소관사항의 시행에 필요한 사항을 정함에 목적이 있다고 규정되어 있다.

410) 田坂康樹, "金融機関の健全性確保における持株会社の役割−FRBの力の源泉理論を中心に−", 「生命保険経営(第65巻 第5号(通巻383号))」, 生命保険経営学会, 1997, 14∼15頁.

Ⅰ. 법인격부인론

법인격부인이론은 회사 법인격의 남용에서 오는 폐단을 방지하고 또 지배와 책임의 일치라는 사법의 일반원칙에 따라 회사를 실질적으로 지배하는 자에게 그에 상응하는 책임을 지우는 법리이다.[411] 미국에서도 법인격부인론이 모·자회사를 비롯한 결합기업에 적용되는 사례가 상당하다. 우리 대법원도 권리남용금지, 신의성실의 원칙 등에 근거하여 이를 인정하고 있다.[412] 법인격부인이론이 종속회사의 채권자를 보호하는 방안으로 큰 역할을 담당할 수 있을 것이라고 하는 견해도 있다.[413] 생각건대 이러한 지배·종속관계 내지 결합관계에 있는 다수의 회사가 독립성을 상실하고 지배회사에 의하여 단일체로 운영된다는 것은 회사라는 단체에 법인격을 부여한 본래의 목적을 일탈할 것으로도 볼 수 있으므로 법인격부인론에 의하여 해결하여야 할 영역이 적지 않을 것이다. 결합기업이 개인기업 보다 법인격 부인 적용요건에 있어서 완화되어야 한다는 견해도 있다.[414] 그러나 결합기업 관계라는 사실만으로 법인격을 더 쉽게 부인하여 지배회사에 책임을 추궁할 수는 없다고 본다. 법인격부인론을 광범하게 수용하고 있는 미국이나 일본에서도 결합기업이라고 하여 법인격부인의 적용요건을 완화하여 적용한 경우는 매우 제한적이다.

Ⅱ. 업무집행지시자의 책임론

보험지주회사의 경영진에 대하여 상법상 업무집행지시자의 책임 규정(상법 제401조의 2)을 적용한다면 자회사 등의 부실에 대한 책임추궁까지 가능할 것이다.[415] 업무집행지시자의 책임에 관한 규정은 회사에 대한 자신의 영향력을

---

411) 김두환, "법인격부인이론에 대한 고찰", 「지식사회와 기업법(이기수교수화갑기념논문집)」, 박영사, 2005, 3면.

412) 대판 1988. 11. 22. 선고 87다카1671; 대판 2001. 1. 19. 선고 97다21604 판결.

413) 조지현, 앞의 글, 305면.

414) 김대연, "지배·종속회사에 관한 연구(Ⅱ)", 「法學硏究(第44卷 第1號(通卷52號)」, 부산대학교법학연구소, 2003, 19면.

이용하여 이사에게 업무집행을 지시한 자 등에게 직접 책임을 부과할 수 있다는 점에서 그 적용범위가 상당히 확대된다. 이는 이사를 겸하고 있지 않는 지배주주에까지 이사의 책임을 부과할 수 있다는 점에서 법인격부인론의 대체·보완적 기능이 있다.[416] 특히 지배회사가 부당한 영향력을 행사하여 종속회사의 소수주주나 채권자의 이익을 해할 경우에 지배회사 또는 지배회사의 대표이사에게 직접 책임을 추궁할 수 있다.[417] 그러나 업무집행지시자 등의 책임에 관한 규정은 그 적용요건이 엄격하고 또 입증이 곤란하다. 또, 적용된다고 하더라도 지배회사 자체에 바로 이 규정을 적용하는 것이 가능한지 의문이다. 지배회사가 법률상 또는 계약상의 의무를 회피하기 위하여 종속회사를 설립한 경우에는 이 규정이 적용되기가 어렵다는 한계도 있다.

Ⅲ. 회사법상 모회사의 책임론

보험지주회사는 금융지주회사법상의 인가를 얻은 주식회사라는 속성 외에 보험자회사의 모회사이다. 또 현행법상 인해 보험자회사의 지배회사라고 하는 속성과 순수지주회사라고 하는 속성도 갖고 있다(금융지주회사법 제15조, 독점금지법 제2조의 1의2호 참조). 일반적인 모회사 내지 지배회사가 자회사 내지 종속회사와 그 주주에 대해서 책임을 부담하는 방법 또는 자회사 내지 종속회사의 채권자에 대해서 책임을 부담하는 방법으로는 모회사 내지 지배회사에 의한 손해배상의무의 부담과 모회사 내지 지배회사의 자회사 내지 종속회사에 대한 채권의 열후화가 거론된다. 다만, 보험자회사의 거래 또는 행위의 태양과 자회사 이사의 행위의 태양에 관계없이 보험지주회사가 보험자

---

415) 그러나, 상법상 업무집행지시자의 책임 규정은 매우 일반적이므로 이와 관련하여 보험지주회사의 특성을 감안한 구체적·세부적인 내용을 규정하여 경영진의 책임을 구체화시킬 수 있는 방안이 마련되어야 한다고 주장하는 견해가 있다(원동욱, "한국 금융지주회사 법제 현황", 「企業法研究(第24卷 第1號, 通卷 第40號)」, 韓國企業法學會, 2010, 40면).

416) 최기원, 「상법학신론(上)」, 박영사, 2009, 976~977면.

417) 김대연, "업무집행지시자 등의 책임", 「기업법연구(제4집)」, 한국기업법학회, 1999, 251~252면.

회사의 경영악화 내지 경영파산에 대한 일반적인 책임을 부담하는 방법으로서 응용될 수는 없다고 본다.

Ⅳ. 1인 회사의 법리론

100% 자회사인 완전지주회사의 경우에는 지주회사의 지시를 자회사에 있어서의 1인 주주의 의사결정으로 볼 수 있다. 여기에서 1인 회사 법리를 통하여 1인 주주인 지주회사의 책임을 묻는 것이 가능할 것인지가 문제된다.[418] 1인회사의 주주총회는 주주 1인의 의사와 동일시된다. 국내 보험지주회사는 자회사의 경영관리와 그에 부수하는 업무를 주된 업무로 하는 순수지주회사로 한정되므로 자회사의 경영이나 재무에 대한 지휘권과 사실상의 지배력을 행사할 수 있다. 이러한 보험지주회사가 1인주주이고 그 지시에 기인하여 보험자회사가 채무를 부담하게 된다면, 그 이행 책임에 있어서 보험지주회사의 책임도 문제될 수 있다. 즉, 그 지휘권의 남용이 있고, 그 남용 정도가 민법 제2조상의 권리남용요건을 충족하기에 이른다면 자회사인 보험회사의 채무에 대하여 보험지주회사의 직접 변제책임을 긍정할 수도 있을 것이다. 예컨대, 예금보험으로 커버되지 않는 보험금액에 대해서는 보험자회사의 보험계약자는 직접 보험지주회사에게 보험금에 대한 채권을 청구할 수도 있게 된다.[419]

Ⅴ. 표현책임론(명의대여 등 책임법리)

일반적으로 외관법리의 성립요건은 거래 상대방을 오인하게 하는 외관의

---

418) 최성근, 앞의 글(각주 385), 299면; 김건식 외, "우리나라 지주회사해금제도의 평가 및 개선방향", 공정거래위원회, 1997, 73면; 김문재, 앞의 글(각주 237), 98면.

419) 한병영, "금융지주회사의 은행 채무 책임에 관한 이론적 근거-법인격부인론 비판을 중심으로-", 「商事法研究(第28卷 第2號)」, 韓國商事法學會, 2009, 177면.

존재, 외관부여에 대한 귀책사유의 존재, 거래자의 선의이다. 실제의 거래에 있어서 자회사인 보험회사는 보험지주회사의 공동사업의 한 부분으로 외관상 인식될 수도 있다. 보험지주회사는 자회사인 보험회사와 동일한 상호를 사용하거나 단일 건물 내의 사무실을 갖는 등 외관상으로 일체성을 갖고 운영될 수 있기 때문이다. 보험지주회사는 순수지주회사이고, 보험지주회사와 자회사는 전산시스템을 같이 사용할 수도 있다(금융지주회사법 제48조의 2). 보험지주회사의 임원은 자회사의 임원을 겸직할 수도 있고(금융지주회사법 제39조 제2항), 보험지주회사는 보험자회사에 대하여 검사를 실시하며(금융지주회사법 시행령 제11조 1호 라목), 회사 상호도 지주회사의 것과 보험자회사의 것이 동일하거나 유사하다. 그 이외에도 보험지주회사는 자회사에 대한 사업목표 부여와 사업계획의 승인, 자회사에 대한 경영지배구조의 결정, 자회사와의 공동상품 개발·판매 및 설비·전산시스템의 공동활용을 위한 사무지원(시행령 제11조)을 하고, 재무제표도 보험지주회사와 자회사 간의 연결기준으로 작성 공시된다(금융지주회사법 제55조). 이처럼 보험지주회사는 보험자회사에 대해 소유와 경영을 지배하고 있어 보험지주회사와 자회사 간의 법인격은 독립되어 있지만, 운영은 경제적 통합체의 형식을 띠고 외관상으로도 단일체로 간주되기 쉽다. 따라서 사업의 외형에 의하여 그룹의 위험을 그 보험지주회사에게로 귀속시킬 개연성이 있게 된다.

표현책임 요건은 보험지주회사가 자회사에 업무상, 재무상 부당지시를 하였거나, 명의대여를 한 경우에 성립될 수 있다.[420]

VI. 기업 간 채무부담계약론

보험지주회사와 자회사 간에는 여러 형태의 계약이 체결될 수 있다. 이러한

---

420) 이는 마치 자칭사원의 책임(상법 제215조)이나 자칭 무한책임사원의 책임(상법 제281조)이 외관법리에 기초한 표현 책임인 것과 유사하게 된다(한병영, 앞의 글, 179면).

계약은 주주와 자신의 회사 간의 계약에 해당하여 대립관계를 본질로 하는 계약의 속성에 부합하지 않는 면도 있으나 법인격은 엄연히 독립적이므로 가능하다. 이를테면 손익공동계약이나 경영위임계약(상법 제374조 제1항 제2호) 등의 방식으로 채무부담계약을 보험지주회사와 보험자회사 간에 체결하는 것이다.[421] 손익공동계약을 체결하면 영업에 관한 한 두 회사는 경제적 일체를 이룬다.[422] 그런데 경제적 일체관계는 손익공동계약[423]이 체결되기 전에 이미 보험지주회사의 속성상 성립한 것이다.

이와 같은 의무를 수반하는 계약을 체결할 인센티브가 모회사 측에는 없을 것이므로 이러한 것이 흔하지는 않다.[424] 보험지주회사가 보험자회사의 채무를 부담하기로 하는 계약체결의 효과로 자회사의 담보력 강화로 자금조달이 용이하게 되고, 이자율도 내릴 수 있다는 장점은 있다. 이는 자회사의 채권자를 보호하는 방편도 되고 보험자회사의 부실처리 비용을 보험지주회사 체제 안에서 해결하는 방법도 된다. 다만, 이러한 계약이 체결되는 경우가 매우 제한적이라는 점, 그러한 계약이 체결되더라도 보험지주회사 내부의 주주총회, 이사회, 감사기관의 엄격한 견제를 받는다는 점, 주주총회와 이사회의 결의 하자에 기한 경우 그 유효 여부가 문제되고 그 계약 체결에 관한 이사, 집행임원, 감사 기관의 손해배상책임 문제가 복잡하게 뒤따를 것이다.

Ⅶ. 검 토

주식회사의 사원인 주주는 법인주주이건 개인주주이건 유한책임을 부담한다는 것이 주식회사법의 기본 법리이다. 주주의 유한책임은 대중자본의 집적

---

421) 서세원, "지주회사의 지휘권과 책임", 「기업법연구(제21권 제1호(통권 제31호))」, 한국기업법학회, 2007, 338면.

422) 이철송, 앞의 책, 489면.

423) 이는 모회사의 지시에 의하여 자회사의 손실이 발생한 경우 그 손실을 모회사가 부담하도록 하는 등의 의무를 지우는 계약이다.

424) 최성근, 앞의 글(각주 385), 299면.

을 위해 인정되어 왔다.

주주유한책임에 위배되는 해석론을 보험지주회사에 적용하여 보험자회사의 경영부실에 따른 책임을 지우고자 한다면 무리이다. 미국의 대공황 시기에 보험자회사의 파산이 잇달았지만 보험지주회사에게 자본주입의 책임을 지운 사례는 찾아보기 어렵다.

보험지주회사의 도덕적 해이를 방지하는 차원에서 이를 규제하는 책임법적 수단이 강구되어야 한다는 주장도 가능할 것이다. 그러나 전통적으로 금융기관의 건전성을 규제하는 것은 불완전한 정보 때문이다. 소비자가 금융기관의 건전성을 제대로 평가하기 어렵다는 점에서 소비자를 해치는 영업관행이 발생하기 쉽다. 정보가 불완전하면 금융기관이 소비자의 이익에 부합하는 방향으로 운영되는지 판단하기 곤란하다. 많은 금융기관이 각종 계약을 통해 소비자의 자금을 받아 운용한다. 정보의 비대칭문제는 자산건전성 규제를 가하는 근거가 된다. 특히 준비금적립을 통해 원금 또는 일정 금액의 지급이 보장되는 상품을 취급하는 보험사의 경우, 재정운영이 투명하게 되지 않을 때 지급불능 상태(insolvency)에 처할 수 있다.[425] 그리하여 보험회사의 자산운용은 엄격하게 규제되어 왔던 것이다. 아울러 보험지주회사가 자회사를 방만하게 경영하는 경우 시장에서의 평가는 정확하게 주가에 반영될 것이다.

이와 같은 관점에서 볼 때 보험지주회사에 대한 책임과 관련하여서는 법인격 부인의 법리와 업무집행지시자의 책임과 같은 일반법리를 원용할 수는 있다.

---

425) 민세진, 앞의 글, 52면.

제2절 보험지주회사의 지배력 강화와
특별경영위임계약

현행 금융지주회사법은 감독법규이므로 대개 자회사의 건전성 확보 및 경제력 집중의 폐해를 방지하기 위한 개별적 규정을 두고 있을 뿐이다. 모자회사 간의 이해상충의 문제나 이해당사자 보호의 문제 등에 대해서는 규정을 할 수 없다. 회사법도 기본적으로 개별적인 법인을 대상으로 한 조직법적 규정을 둘 뿐 지주회사처럼 다른 회사를 지배하는 관계에 있는 회사의 특수한 법적 지위나 책임에 대하여는 규정을 두기 어렵다.[426] 이 전제에서 보험지주회사와 자회사 간의 계약을 통한 전자의 후자에 대한 지배 확보와 책임부담의 실질화라는 면에서 특별경영위임계약의 도입필요성을 주장하고자 한다.

지주회사가 활발히 설립될 수 있었던 이유는 그동안 경쟁법을 중심으로 한 지속적인 규제완화에 있었다고 평가한다. 그리하여 종래보다는 지주회사를 활용한 기업결합관계를 형성하는 것이 용이해졌음은 확실하다. 그러나 보험지주회사를 포함한 지주회사의 설립, 자회사에 대한 지배가 경제적, 법적으로 담보되지 않는다면 그 의미가 없다. 이는 포괄적인 기업결합법 내지 콘체른법의 문제영역으로서 취급되어 오고 있다.[427] 특히 보험지주회사가 쟁점인 본 논문에 있어서는 자회사인 보험회사를 보험지주회사가 어떻게 지배할 수 있는지가 관심대상으로 된다. 우선 우리 상법상 모·자회사의 조직법적 규율 내용과 독일 주식법상 콘체른 규정이 이 점에 관해 어떤 적절한 규율내용을 포

---

426) 조재영, "금융지주회사와 기업지배구조에 관한 법적 고찰", 「비교사법(제17권 2호(통권49호))」, 한국비교사법학회, 2010, 168면; 관련 규정을 두어야 하는 근거로는 "금융지주회사법상 금융지주회사는 순수지주회사이고 주된 업무가 자회사 등의 지배 등 경영관리 및 이에 부수하는 업무로서 자회사 등의 사업계획수립이나 영업전략 수립 등에 깊이 관여하고 있으므로 자회사 등의 부실화가 초래되었을 때 금융지주회사 및 그 경영진에게도 책임을 물을 수 있는 장치가 필요하다고 지적한다. 이는 단순히 지주회사가 자회사를 용이하게 지배할 수 있도록 하기 위한 것이 아니고 자회사의 의사결정과 행위로 인한 책임의 소재를 분명히 함으로써 자회사 주주 등 기타 지주회사 관련 이해당사자들의 이익을 보호하기 위해서도 요구됨"을 들고 있다.

427) 野田博, 앞의 글, 219頁.

함하는지 살펴본 후 보험지주회사와 자회사 간에 특별경영위임계약을 체결하는 방안에 대해 검토한다.

Ⅰ. 상법상 모·자회사 규정의 검토

상법은 모·자회사의 정의로 이른바 과반수 출자기준을 채용하고 있다(상법 제342의2 제1항). 이에 따르면 모회사는 다른 회사의 발행주식총수의 100분의 50을 초과하는 주식을 가진 회사를 말하고 모회사에 의해 발행주식총수의 과반수에 해당하는 주식이 소유되고 있는 회사는 자회사가 된다. 발행주식총수의 과반수에 해당하는 주식을 단독으로 또는 복수의 자회사에 의해 소유되는 주식회사도 자회사이고, 발행주식의 총수의 과반수에 해당하는 주식을 모회사와 자회사가 소유하고 있는 주식회사도 자회사로 된다(상법 제342조의2 제3항). 그러나 기업결합법제에 관해서는 상법의 대상이 아니고 보험회사가 자회사를 어떻게 효율적이고 실효성 있게 지휘·지도할 수 있는가는 논외의 사항이었다. 지주회사제도에 대해서는 자회사의 소수주주 및 채권자 등을 보호하기 위한 방안에 대해서 많은 연구가 이루어졌을 뿐이었다. 이는 상법상 기업결합에 관한 사전통제의 미비로 인해 대부분의 대기업들이 기업집단을 형성하는 과정에서 소수주주의 희생이 강요되어 왔음을 지적하는 것이었다. 그리하여 기업결합의 사전통제 문제는 회사법적으로 활발한 논의의 대상으로 되고 이어 입법적 대응이 필요하다고 지적하기도 하였다.[428] 그러나 보험회사가 다른 회사에 대하여 모·자관계를 형성하는 것은 주식의 의결권을 통하여 자회사를 지배하기 위한 것인데 비록 자회사의 주식을 50% 이상 보유하더라도 모회사가 사실상의 여러 제약과 특별법상의 제한 때문에 그 지배력을 행사할 수 없다면 경제적 실효성이 없다. 우리 상법상 모·자회사 규정은 이 점에

---

428) 申鉉允, "企業結合에 따른 會社立法의 方向", 「商事法硏究(第15輯 第1號)」, 韓國商事法學會, 1996, 203면 이하; 申鉉允, "상법상 企業結合의 事前統制와 問題點-小數株主의 保護를 중심으로-", 「商事法硏究(第18卷 第1號)」, 韓國商事法學會, 1999, 52면.

관한 한 보험지주회사에 대하여 어떤 유용한 지침도 제공하고 있지 않다.

Ⅱ. 독일 주식법상 콘체른 규정의 검토

비록 독일에 한정된 것이기는 하지만 비교법적으로 독일주식법에 있는 콘체른 제도(지주회사제도)가 보험지주회사의 지배력 확보방안에 어떤 시사점이 있는지를 살펴본다.

독일에서는 제2차 대전 전인 1920년대 기업집중이 활발하게 이루어졌는데, 기업집중의 형태로는 주로 지주회사가 이용되었다. 지주회사는 당시 다양한 사업분야에서 지배·관리관계를 형성하는 주된 수단이었다. 전후에도 지주회사는 기업그룹 전체의 지배회사와 중간관리회사 또는 일정 사업부문과 일정 지역에 대한 총괄 관리회사의 방편으로 활용되었다. 독일에서 초기의 지주회사는 산하의 자회사에 대한 지배·관리회사 및 지역적 관리회사로서 이용되었는데 반드시 그룹 전체에 대한 지배·관리 기능을 갖는 것은 아니었다.[429] 그 후 그룹 전체의 지배·관리를 주된 업무로 하는 지주회사가 출현하였는데,[430] 이러한 지주회사는 그 산하의 자회사에 대한 통일적 지휘를 행사하므로 콘체른(Konzern)으로 불린다.[431]

독일 주식법상 콘체른의 개념이 정확히 우리 법상 지주회사와 일치하는 것은 아니지만 기업결합을 통해 지배·종속관계를 형성하는 것이므로 주목할 가치가 있다.

---

429) 前田重行, "持株会社法制における序説的考察", 「現代企業法・金融法の課題(下)」, 信山社, 2001, 837頁.

430) 물론 이러한 지주회사에는 기업그룹의 지배·관리만을 업무로 하는 순수지주회사(Fuerungsholding)뿐만 아니라 지배·관리 업무를 중심으로 하면서도 다른 사업을 영위하는 사업지주회사(Mischholding)도 있었다.

431) M. Lutter, in: Lutter(Hrsg.), Holding-Handbuch: Recht-Management-steuern, Schmit(otto), Köln, 4. Aufl. 2004, § 1 Rz. 53.

1. 콘체른의 개념

독일 주식법상 기업결합은 세 종류로 나눌 수 있다. 첫째는 과반수보유 (Mehrheitsbesitz)관계이다. 과반수보유란 지배회사가 종속회사의 지분 또는 의결권의 과반수를 보유하고 있는 상태이다(독일 주식법 제16조 제1항). 둘째는 종속(Abhängigkeit)관계이다. 이는 종속회사에 대해 지배회사가 직접 또는 간접적으로 지배적인 영향력을 행사할 수 있는 관계이다(독일 주식법 제17조 제1항). 마지막으로 셋째는 콘체른(Konzern)관계이다. 콘체른은 지배회사가 하나 또는 복수의 종속회사를 포괄적 지휘권(einheitliche Leitung)으로 결합 (zusammenfassen)하고 있는 관계이다(독일 주식법 제18조). 또 콘체른은 수직 콘체른(Unterordnungskonzern)(독일 주식법 제18조 제1항)[432]과 수평콘체른 (Gleichordnungskonzern)(독일 주식법 제18조 제2항)으로도 나누어지는데 지주회사는 수직콘체른에 해당한다.

콘체른으로서의 통일적 지휘는 지배회사가 산하 콘체른회사의 영업정책과 업무집행의 기본적인 문제를 총괄하여 결정하고 있는 경우를 상정한다고 하고, 구체적으로는 지배회사가 종속회사의 업무집행기관을 계속적으로 지시하는 관계이다.[433] 다만, 지배회사에 의한 업무집행기관에 대한 지시가 어떠한 범위까지 행사되어야 하는지는 확실하지 않다. 이는 콘체른의 요건인 통일적 지휘의 개념이 입법 당시부터 현재에 이르기까지 불확정 개념으로 남아 있기 때문이다.[434][435] 다만, 독일법상 콘체른의 지휘는 우리 (보험)지주회사에서의 자회사에 대한 지휘, 지시와 매우 유사하다.

---

432) 독일 주식법은 수직콘체른에 대해 지배회사와 종속회사가 지배회사의 통일적 지휘하에 결합되고 있으면 하나의 콘체른을 형성한다고 정의한다(독일 주식법 제18조 제1항).

433) 前田重行, "ドイツ株式法におけるコンツェルンの規整", 「法学協会雑誌(第84巻 第12号)」, 法学協会事務所, 東京大学, 1967, 75頁.

434) Vgl. Volker Emmerich, Mathias Habersack, Konzernrecht, C.H. Beck, 8. Aufl., 2005, S. 51.

435) 이에 대해 재무의 기본적 결정이 기업결합체에 대해 통일적으로 결정되고 있다면 통일적 지휘는 존재하고 있는 것으로 생각되고 있다(Vgl. Volker Emmerich, Mathias Habersack, a.a.O. S. 52).

2. 통일적 지휘의 기준

앞에서 설명한 바와 같이 통일적 지휘의 존재 여부에 대해서는 일반적인 기준을 세우기 곤란하므로 개별적으로 판단할 수밖에 없다. 다만, 독일 주식법상 지배계약(Beherrschungsvertrag)[436](독일 주식법 제291조)의 존재 또는 편입(Eingliederung)(독일 주식법 제319조, 제320조)의 경우에는 통일적 지휘가 존재하는 것으로 간주되고(독일 주식법 제18조 제1항2문), 단순한 지배·종속관계에서는 지배회사와 종속회사 간의 통일적 지휘의 존재가 추정된다(독일 주식법 제18조 제1항 3문).[437] 또한 하나의 회사가 다른 회사 지분의 과반수를 취득하고 있는 경우에 전자와 후자 간에는 지배·종속관계가 추정된다(독일 주식법 제17조 제2항). 따라서 일방의 회사가 타방 회사의 지분을 과반수 취득하게 되면 지배·종속관계가 추정되고, 아울러 콘체른 관계도 추정된다. 어떠한 형태에 의하든 복수의 회사 간 지배·종속관계가 존재하면 통일적 지휘가 존재하는 것으로 추정된다.

3. 콘체른의 자회사에 대한 강제력(지배력)의 정도

콘체른이라 하여도 콘체른 지배회사가 종속회사에 대해 항상 법적인 구속력이 인정되는 지휘권을 갖는다는 것을 의미하는 것은 아니다. 콘체른에는 사실상의 지배·종속관계에 기초한 지배권을 기초로 하고 있는 것도 포함되기 때문에 콘체른 지배회사의 종속회사에 대한 통일적 지휘를 구체적으로 세분하여 살펴보고자 한다. 그리하여 법적강제력을 기초로 하고 있는 경우와 법적강제력의 근거에 대해 검토한다.[438] 이하에서는 계약콘체른과 사실상의 콘체

---

436) 편입이라 함은 모회사가 자회사의 발행주식의 전부 또는 95% 이상을 보유하고 있는 경우에 주주총회 결의에 의한 편입절차에 따라 자회사는 모회사의 완전지배 하에 놓이게 되고, 모회사는 자회사에 대해 합법적인 지도를 내릴 수 있는 경우이다.

437) 前田重行, 위의 글(각주 433), 75頁.

438) 前田重行, 앞의 글(각주 215), 54頁.

른으로 나누어 살펴본다.

(1) 계약 콘체른의 경우

계약콘체른(Vertragskonzern)은 콘체른 지배기업과 그 산하 종속회사(주식회사 또는 주식합자회사)가 지배계약을 체결하고 있는 경우를 말한다. 콘체른 지배회사는 자회사와 지배계약을 체결함으로써 자회사에 대한 지휘권을 갖게 되고, 자회사에 대해서 불이익한 지시까지도 가능하다(독일 주식법 제291조, 제308조). 불이익한 지시인 경우에는 종속회사의 소수주주를 보호하기 위한 조치로서 소수주주에 대한 상당한 보상 및 주식매수청구권의 부여, 종속회사 및 채권자의 보호를 위한 조치가 규정되어 있다(독일 주식법 제302조 내지 제305조, 제309조, 제310조). 이와 같이 지배계약이 체결된 계약콘체른 형태에서는 콘체른 지배회사가 그 산하 자회사에 대하여 법적인 구속력을 갖는 지시를 할 수 있다. 다만, 콘체른 지배회사의 지시가 자회사의 이익에 반하고 아울러 그룹 전체의 이익에도 반하는 경우에는 그 지시를 거부할 수 있다(독일 주식법 제308조 제1항 2문). 자회사의 업무집행기관은 그 의사결정에 대한 제약을 받게 되고, 그 독립성이 제한된다. 이와 같은 이유로 콘체른 지배회사의 산하에 있는 종속회사가 주식회사인 경우 당해회사의 이사에 관해서는 "이사는 자기의 책임하에 회사를 지휘해야 한다"고 정한 주식법 제76조 제1항이 적용되지 않게 된다.[439] 이러한 계약이 작성되는 실례를 보면, 계약내용으로서는 모회사에 의한 자회사의 지휘권에 관한 부분, 소수주주에 대한 상당한 보상, 주식매수청구권 등을 규정한다. 또한 자회사에 대한 지휘권에 관한 조항에서는 계약의 일방 당사자인 자회사가 타방 당사자인 지배회사의 지휘에 따른다는 취지, 지배회사는 자회사의 이사에 대해 지시할 권한이 부여되어 있다는 취지, 지시는 지배회사의 이사 등을 통해서 행사된다는 취지 및 자회사 이사는 자회사의 업무집행 의무를 부담하고 지배회사의 지시에 저촉되지 않는 한 완전한

---

439) Wolfgang Hefermehl/Gerald Spindler, in: Münchner Kommentar zum Aktiengesetz, C.H. Beck, 2. Aufl., 2004, § 76.

의사결정 권한을 갖는다는 등의 내용을 규정한다.[440]

(2) 사실상 콘체른의 경우

사실상의 콘체른에 대해서는 독일 주식법 제311조에 규정되어 있다. 이는 계약콘체른 및 편입에도 해당하지 않는 기업결합 관계를 상정하고 있다. 여기에서는 지배회사와 산하 자회사의 관계가 사실상의 지배에 그치고, 콘체른 기업의 지휘는 사실상의 존재로서 파악되므로, 법제도상의 구속력이 부여되는 것도 아니다. 즉, 사실상의 콘체른 관계에서는 법제도상 콘체른 지배회사와 그 산하 자회사 간 관계가 독립한 회사 간의 관계로 파악되고, 각 회사의 업무집행은 각각 독립해서 수행하고 경영자는 다른 회사의 지시에 따를 필요 없이 주식법 제76조 제1항에 따라서 자기책임하에 독립적으로 경영을 할 것이 요청된다.[441] 따라서 콘체른 지배회사에 의한 산하 종속회사에 대한 지시에 대해 종속회사 경영자는 그 지시에 따를 의무가 없다. 사실상의 콘체른 관계에서 지배회사의 종속회사에 대한 지휘는 종속회사에 대한 자본참가와 이를 전제로 한 인적결합 등에 의해 그 구속력을 사실상 확보하고 있음에 불과하다. 독일 주식법상 콘체른 종속회사가 지배회사에 의해 불이익을 입은 경우 종속회사의 구제에 대한 법 규정도 존재한다.[442]

4. 검 토

독일의 콘체른 형태를 우리나라의 (보험)지주회사에 적용하면 지주회사의 지휘권의 행사에 대해 시사점을 얻을 수 있다. 독일의 경우 계약콘체른으로 인해

---

440) Günter Henn, Handbuch des Aktienrechts, Müller Jur. Vlg.C.F., 5 Aufl., 1998, S. 853ff.

441) Wolfgang Hefermehl/Gerald Spindler, a.a.O., § 76.

442) 이와 같은 구제·보호 제도로서는 지배기업 및 그 법정대리인의 종속회사 및 그 주주에 대한 손해배상책임 제도(독일 주식법 제317조 제1항, 제3항)과 지배기업에 의한 부당한 지배력행사를 명확히 하기위해 종속회사에게 종속보고서를 작성하도록 하는 종속보고서제도(독일 주식법 제312조 제1항) 등이 있다(前田重行, 앞의 글(각주 212), 16頁).

종속회사의 소수주주 등의 손해를 우려하여 지배회사의 종속회사에 대한 적정한 보상의무를 부과하고 있지만, 콘체른 회사와 종속회사 사이에 계약이 체결되어 있어서 종속회사가 그 계약에 따라야 할 의무가 있는 경우에 한하여 비로소 지주회사의 자회사에 대한 지배권이 빕률적으로 확보됨을 알 수 있다.

이를 우리 보험지주회사에 응용하면 경영위임계약을 통한 지주회사의 자회사에 대한 실질적 지배권의 확보방안을 구상할 수 있다.

Ⅲ. 특별경영위임계약 체결에 의한 지주회사의 지배력 강화

1. 특별경영위임계약의 의의

현행 상법상 현실적으로 모·자회사 규정에 만족하지 않고 보험지주회사의 자회사에 대한 지배력 행사에 구속력을 부여하기 위한 방안으로 생각해볼 수 있는 것은 경영위임계약이다. 즉, 지주회사인 모회사와 자회사 간에 계약을 체결한 후 그 계약상의 효과로서 모회사가 자회사를 지휘 및 지시할 수 있는 권리를 인정하고 자회사는 그에 따를 의무를 부담하는 방법이다.[443] 이와 같은 기업계약은 현행 상법상 경영위임계약의 형태가 될 것이다(상법 제374조 제1항 제2호). 상법상 경영위임 계약은 모·자회사 간의 지배·종속관계를 직접적으로 규정하는 것은 아니지만, 복수의 기업 간에 일방이 타방에 자기의 경영을 위임한다는 점에서 독일의 콘체른계약과 유사하다.[444]

상법 제374조의 경영위임계약으로는 경영관리계약과 협의의 경영위임계약이 있고, 전자는 위임회사가 수임회사에 경영을 위임하지만, 위임회사는 수임회사에 대해서 지휘권을 유보하고 있고 위임회사가 수임회사에 대해서 지배적 지위를 확보할 것을 예정한다. 이와 같은 면에서 지배회사를 수임회

---

443) 柴田和史, 앞의 글(각주 243), 69頁; 前田重行, 앞의 글(각주 212), 16頁.
444) 江頭憲治郎, 앞의 책(각주 143), 16頁.

사로 구성해야 할 필요가 있는 지주회사와 자회사 관계와는 만족스럽게 부합하지는 않는다. 협의의 경영위임계약에서도 영업으로 발생하는 손익이 수임회사에 귀속하는 것으로 생각되므로 이 또한 지주회사에 의한 자회사의 지배적 영향력의 확보를 위한 기업계약의 형태로는 적당하지 않다. 상법 제374조에서 정하는 영업의 전부임대 즉 광의의 경영위임계약은 그 영업 전부를 수임회사에 위임하고, 위임회사는 스스로 영업을 영위하지 않는다. 그런데 지주회사는 자회사를 지배하기 위한 기업계약과 관련해서 자회사의 경영의 전부를 수임받는 것이 아니다. 양자 간에는 중요한 사항의 결정을 위임하는 것에 지나지 않으므로 통상의 경영사항에 대한 결정은 자회사에 맡겨져 있다. 그리하여 지주회사에 의한 자회사 지배는 상법 제374조의 경영위임계약에 의해서는 곤란하다.

요컨대, 지주회사가 자회사에 대한 경영지휘권을 확보하기 위한 기업계약은 상법 제374조의 경영위임계약의 유형과 관련한 기업계약 형태가 아니고, 지휘권 내지 지시권의 수여라고 하는 경영위임계약요소를 포함하면서도 상법 제374조의 경영위임계약과는 다른 특별한 경영위임계약이 되어야 한다.[445] 이 특별경영위임계약은 자회사와 지주회사에게 경영 전체를 위임하는 것이 아니라 지주회사가 자회사를 지배할 만큼만 자회사가 그 경영의 중요사항을 지주회사에게 위임하는 계약이다.

2. 보험지주회사의 내부통제기준과의 정합성

금융지주회사법상 보험지주회사는 자회사와 업무위탁을 하는 경우 법령의 준수, 위험 관리 및 이해상충의 방지 등을 통하여 자회사 등의 건전성을 유지하며 보험계약자 등을 보호하기 위하여 보험지주회사 및 그 자회사 등의 임직원이 직무를 수행함에 있어 준수하여야 할 내부통제기준을 정하여야 한다(금융지주회사법 제41조의 5). 이 경우 특별경영위임계약을 체결하고, 지주회사

---

445) 柴田和史, 앞의 글(각주 243), 69頁; 前田重行, 앞의 글(각주 212), 18頁.

에 자회사에 대한 지휘권을 인정함으로써 보험지주회사그룹으로서는 위험관리 등 내부통제체제를 효과적으로 구축하여 운용할 수 있을 것이다. 보험지주회사가 그룹 전체를 지배하는 것을 목적으로 하는 경우에는 내부통제기준이 지주회사만의 문제가 아닌 자회사를 포함한 그룹 전체의 문제로 된다. 보험지주회사 입장에서는 자회사의 지배·관리가 지주회사를 정점으로 하는 그룹 전체를 아우르는 경영전략과 재무전략 등의 실현을 도모하고, 이를 위해 통일적 지휘를 행사해야 한다. 그룹 전체에 대한 위험 관리 등의 내부통제기준에 포함되어야 한다.

보험지주회사가 자회사를 포함한 그룹 전체의 내부통제기준을 정확히 구축하고, 효과적인 운용을 도모하는 경우에는 지주회사가 산하의 자회사의 상황을 정확히 파악하고 이에 따른 조치를 자회사 경영자에게 적시에 지시할 필요가 있다. 이를 위해서 지주회사는 자회사에 대해 경영에 관한 보고의무를 부여하여야 한다.

3. 감독규제의 유효성 확보

특별한 경영위임계약을 체결하여 지주회사의 자회사에 대한 지휘권을 인정하게 되면 금융지주회사법 등 감독규제의 목적달성에도 유용할 것이다. 지주회사를 정점으로 하는 기업그룹에 대한 감독규제에 관해 금융지주회사법은 그룹 전체를 감독대상으로 규제하는 경우가 많다. 그 경우 금융지주회사법상 직접적인 감독규제의 대상은 그룹 전체를 지배하는 지주회사가 되고, 지주회사가 그룹 전체를 총괄해서 필요한 조치와 절차를 그룹 내 각 기업에 이행하도록 지시해야 한다. 이 점에서 지주회사가 자회사에 대해 강제력 있는 지시를 적법하게 할 수 있어야 한다. 이 점에서도 법적 구속력 있는 특별경영위임계약을 체결하여 확보하는 것이 바람직하다. 이 계약에 내부통제체제의 정비, 운용에 관한 사항과 업종에 따른 공적 감독규제에 따른 적절한 사항을 포함하는 것이 감독규제의 취지에 부합하게 될 것이다.[446]

4. 특별경영위임계약의 절차상 요건

회사법상 경영위임계약을 체결하기 위해서는 주주총회의 특별결의가 있어야 하고, 반대주주에 대해서는 주식매수청구권이 부여되어야 한다(상법 제374조 제1항, 제2항). 회사 경영의 중요사항을 위임하는 특별경영위임계약은 동조상의 경영위임계약이 아니므로, 이러한 계약의 체결 시에는 주주총회의 특별결의를 요하지 않고 이사회의 결의만으로도 가능할 것으로 생각된다(상법 제393조).

한편 특별한 경영위임계약을 상법 제374조 제1항 2호의 '그 밖에 이에 준하는 계약'으로 해석하면 주주총회의 특별결의가 필요하다. 그러나 영업 전부에 관한 위임으로 파악하지 않고, 영업의 일부에 관한 위임으로 해석하고 기본적으로는 경영상 중요한 사항의 결정이라고 하더라도 특별한 경영위임계약은 경영 전부를 위임하는 것이 아닌 만큼 동조에서 말하는 '이에 준하는 계약'에 포함되지 않게 된다.[447] 지주회사와 자회사 간 특별한 경영위임계약은 지주회사가 산하 자회사를 지배·관리하기 위한 계약이고, 지주회사를 정점으로 하는 그룹 전체에 걸친 경영전략의 실현을 도모하는 수단이기도 하다. 따라서 특별경영위임계약은 당연히 자회사의 존속에 영향을 미치는 기업재편 등의 결정을 포함해서 포괄적인 중요사항의 결정에 대한 위임만을 내용으로 하면 된다.

5. 특별경영위임계약의 한계

특별경영위임계약을 지주회사의 산하 자회사가 그 조직, 운영에 관한 중요사항에 대한 결정을 지주회사에 위임하는 계약으로 파악하고, 계약상의 효과로서 지주회사는 자회사에 대해 경영의 중요사항에 대해 지휘권을 행사할 수

---

446) 前田重行, 앞의 글(각주 429), 61頁.
447) 龍田節, 「会社法(第10版)」, 有斐閣, 2005, 464頁.

있다. 이러한 지시에 따르는 것은 자회사의 의무이다. 다만, 지주회사가 자회사에 대해서 지시를 내릴 수 있다고 하더라도 자회사에 불이익한 지시를 하는 것은 용인되지 않는다고 할 것이다. 이러한 한계는 특별경영위임계약의 명문조항 해석과 관계없이 신의칙상 인정되는 것인데 그 한계를 위반한 지주회사의 지시에는 자회사가 따를 의무가 없고 오히려 이를 따라서 자회사에게나 자회사의 제3자에게 손해를 끼칠 경우에는 자회사의 이사, 감사 등이 그 책임을 져야 할 것이다.

6. 지주회사의 책임부담

지주회사는 특별경영위임계약에 의하여 자회사에게 규범적 효력을 가지고 지휘·지시할 수 있게 되었지만 그로 인해 자회사에 손해가 발생한 경우에는 그 배상책임을 부담하는 경우가 발생한다. 이를 지주회사 자체의 책임과 지주회사의 집행기관의 책임으로 나누어 살핀다.

(1) 지주회사 자체의 자회사에 대한 책임

지주회사와 자회사 간에 특별경영위임계약을 체결한 경우 지주회사의 지시에 의해 자회사가 손해를 입었다면 지주회사 자체의 배상책임이 문제될 수 있다. 이는 지주회사가 자회사에 대한 지휘권을 행사할 때에 불이익한 지시를 내린 경우의 책임이다. 지주회사가 그 지휘권을 행사할 때에 그 지시가 자회사에 불이익을 야기하는 것인지에 대해 인식하고 지시를 내린 경우 자회사에 대한 손해배상책임을 부담하게 되는 것은 당연하다. 불이익한 지시 여부를 과실에 의해 인식할 수 없었던 경우에도 수임자로서 선관주의의무에 반하는 이상 손해배상책임을 부담하게 될 것으로 생각된다. 다만 지시를 내리는 시점에서는 불이익한 결과의 초래를 충분히 예상할 수 없는 경우도 있고, 주의의무를 부담해야 하는 정도가 명확하지 않다는 점이 참작되어야 한다. 또, 지주회사의 자회사에 대한 지시에 있어서는 당해 자회사를 포함한 그룹 전체의 이익을 고려하지 않을 수 없으므로 지주회사의 지시에는 폭넓은 재량권이 인정된다는 것도 고려해야 한다.[448]

(2) 지주회사의 업무집행기관의 책임

지주회사의 자회사에 대한 불이익한 지시는 지주회사의 자회사에 대한 책임의 문제임과 함께 지주회사의 경영자로서 불이익한 지시를 결정하고 지주회사를 대표해서 이를 집행한 이사의 책임 문제로도 된다. 불이익한 지시에 의해 자회사가 손해를 입었고 또, 지주회사도 손해를 입었다면 지주회사 이사는 지주회사에 대해서도 책임이 추궁될 수 있다. 나아가 지주회사 이사의 책임은 지주회사의 자회사에 대한 적절한 지시가 결여된 경우에 지주회사가 손해를 입은 경우에도 문제가 될 수 있다.

지주회사의 사업목적이 자회사에 대한 지배·관리이고, 이 목적을 달성하기 위해 일정 정도 자회사의 업무에 관여하는 것은 필요하다. 다만, 회사법상 자회사가 그 모회사인 지주회사에 따를 의무가 없는 이상, 이와 같은 해석은 무리라고 지적하는 견해도 있다.[449] 그렇다고 하더라도 지주회사와 자회사 간에 특별한 경영위임계약이 체결되면, 자회사는 지주회사의 지휘에 따르게 되고, 지주회사의 목적인 자회사 지배·관리를 달성하는 수단으로서 지휘권이 존재하게 된다. 따라서 특별한 경영위임계약이 체결된 경우에는 지주회사의 이사는 회사의 업무집행의 일환으로 자회사에 대해 적절한 지휘를 내릴 의무가 있다고 생각되고 이것을 해태한 경우에는 회사에 대해 손해배상책임을 부담하게 된다.

적절한 지휘의 수행에는 자회사를 포함한 위험 관리 등 내부통제의 구축도 포함되고, 이러한 내부통제체제의 불비 등에 의해 자회사의 위험 관리를 해태

---

448) 前田重行, 앞의 글(각주 212), 20頁.
449) 川濱 昇, 앞의 글(각주 231), 78頁.

한 결과 지주회사에 손해가 발생한 경우 지주회사의 이사는 지주회사에 대한 선관주의의무위반의 책임을 부담하게 된다.[450]

---

450) 前田重行, 앞의 글(각주 429), 64頁.

제3절 보험지주회사에 관한 입법론

우리나라의 보험지주회사에 관한 근거법은 금융지주회사법이다. 이러한 입법례는 다른 선진국과 비교해 볼 때 그 독특함이 인정된다. 금융지주회사법의 단일법으로 은행, 보험, 금융투자회사를 지배하는 지주회사를 규제하고자 하는 입법체계를 설계한 이유는 대기업 집단의 경제력 집중을 억제하고자 금산분리의 원칙을 고수하는 데 있다고 본다. 이와 같은 상황에서 금융기관을 지배하는 회사를 금융지주회사로 정의하여 이를 규제하고 있는 것이다. 금융기관에는 넓게 보아 보험회사도 포함되므로 개정 전 금융지주회사법은 보험지주회사의 설립 관점에서는 과도한 규제가 문제였다. 그 후 금융지주회사법상 보험지주회사에 관한 특칙규정을 두는 것으로 개정되었지만 이러한 특칙 규정과 전환유예기간 등만으로는 보험지주회사의 설립이 어려운 것이 사실이다.

특히 보험회사를 계열사로 둔 대기업 집단이 보험업법에 따른 합법적인 자산운용을 하여 왔음에도 불구하고 지주회사체제로 전환하게 되면 기존 보험계열사의 자산운용이 제한된다는 점이 난점으로 남는다. 아울러 보험업법의 규제를 받고 금융지주회사법의 규제도 받게 되는 중복규제의 문제도 있다. 이러한 중복규제 및 주주유한책임의 원칙을 변형하게 되는 문제는 입법적으로 해결할 수밖에 없다. 이와 같은 입법체계는 후술하는 바와 같이 우리 헌법이 보장하는 직업선택의 자유를 존중하고 이를 제한하더라도 필요최소한에 그쳐야 한다는 법리에도 부합한다.

이러한 입법론을 크게 (i) 보험업법 자체에 보험지주회사의 근거규정이 마련되어야 한다는 것 (ii) 내부통제기준의 확립과 통합감독체제 정비의 필요성 (iii) 그 밖의 입법적 개선방안의 세 가지로 나누어 검토한다.

Ⅰ. 보험업법상 보험지주회사제도에 관한 근거규정 마련

보험업법상 보험지주회사제도 규정을 두어야 하는 것은 크게 헌법적 요청 (재산권 보장과 직업선택의 자유에 대한 과도한 억제 개선)이라는 점과 금융적 특성의 (보험지주회사와 은행지주회사 규제체계의 분리) 고려라는 두 가지 관점에서 필요하다.

1. 재산권 보장과 직업선택의 자유에 관한 과도한 제한 개선

기업의 형태는 기업의 자유로운 선택에 맡겨두어야 한다. 이는 헌법상의 재산권보장, 영업자유의 원칙 및 기업의 자기결정·자기책임의 원리(제119조 제1항 참조)에 부합하고, 회사법의 기본이념인 기업의 생성·유지·강화의 촉진에 비추어 보더라도 당연한 것이다.[451]

자연인과 함께 법인도 확고한 권리능력의 주체로 인정되어 있다.[452][453] 그리고 헌법 제15조는 모든 국민은 직업선택의 자유를 가진다고 규정한다. 여기서 말하는 직업선택의 자유란 자기가 원하는 바에 따라 어떠한 직업을 선택하고 또 그 선택한 직업에 종사하는 자유(영업의 자유)를 국가에 의하여 제한당하지 아니한다는 내용의 권리이다.[454] 직업의 선택, 즉 직업의 개시, 계속, 폐지에 있어서의 자유뿐만 아니라 선택한 직업의 수행 즉, 직업활동의 내용, 태양에 있어서도 원칙적으로 자유인 것이다.[455] 영업은 직업의 형태 중 하나라고 할 수 있으므로 이와 같은 직업선택의 자유에는 영리를 목적으로 하는 자주적 활동의 자유인 영업의 자유가 포함된다.[456]

---

451) 최성근, 앞의 글(각주 91), 58∼59면.

452) 권영성, 「개정판 헌법학원론(2010년판)」, 법문사, 319∼320면.

453) 이러한 법인의 존재와 그 의미를 인식하고 기본권적 지위를 헌법이 직접 규율하는 예도 있다; 독일헌법 제19조 제3항이 대표적이다. 즉, "기본권의 성질상 적용될 수 있는 범위에서 국내법인도 기본권의 주체가 될 수 있다."

454) 한상범, "헌법의 중점적 연구①", 「사법행정(8권 11호)」, 한국사법행정학회, 1967, 4면.

455) 헌재결 1998. 3. 26, 92헌마80, 판례집 제5권 1집, 365면 이하.

456) 전광석, 「한국헌법론」, 법문사, 2009, 324면; 사법인의 직업행사의 자유의 주체성에 대해서는 헌재 1996. 3. 28, 94

직업선택의 자유 보장은 그 선택과 수행에 대해 공권력에 의해 침해받지 않는 것을 의미한다. 따라서 직업선택의 자유의 하나의 내용인 영업의 자유는 국가와의 관계에서 자유권이라고 부를 수 있게 된다.[457]

직업선택의 자유, 그리고 그 의미에 있어서 영업의 자유는 공공의 복지에 반하지 않는 한 입법과 여타 국정 운영상 최대한 존중을 필요로 한다(헌법 제37조 제2항). 직업선택의 자유를 직업을 선택하는 자유와 직업을 수행하는 자유로 나누어 볼 때 금융지주회사법은 직업의 선택도 직업의 수행도 제약한다. 즉, 금융지주회사법에 의한 규제는 직업의 개시, 계속, 폐지뿐만 아니라 선택한 직업활동의 내용, 태양에도 미친다. 물론 금융지주회사법은 공공의 복지를 실현하기 위해 제정되지만(금융지주회사법 제1조 목적 참조). 금융지회사법을 제정해서 공공의 복지를 실현하고자 할 때에는 헌법이 보장하는 직업선택의 자유를 최대한 존중해야 한다.[458]

금융지주회사법은 보험지주회사에 대한 규제체계를 은행지주회사와 달리하여 그것이 갖는 장점을 활용함으로써 공공의 복지에 기여하도록 유도하고, 그 해악(과도한 사업지배력 내지 경제력집중)을 억제하고자 일정한 규제를 가하고 있다. 일견 타당한 입법적 배려로 인정될 수 있으나 앞서 언급한 영업의 자유를 과도하게 제한해서는 안 된다. 따라서 보험지주회사에 부과되는 규제는 보험업을 영위하는 자의 사업다각화와 관련한 영업의 자유를 최대한 보장하는 방향에서 설정되어야 한다. 그러나 앞에서 본 바와 같이 보험지주회사에 대한 규제는 과도한 측면이 있음을 부정할 수 없다. 보험지주회사의 효율성을 기할 수 있도록 규제체계의 개선이 필요하다고 본다. 물론 보험지주회사에 대한 규제 완화에 따라 발생할 수 있는 과도한 경제력 집중 문제도 신중하게 고려해야 할 것이고 논자에 따라서는 규제의 강화가 공공의 복지 실현에 더욱 적합하다는 주장도 제기될 수 있다. 그러나 보험지주회사에 적합하지 않은 불필요한 사전적 규제까지 정당화시키는 결과가 발생한다면 이는 개선되어야

헌바42, 판례집 제8권 1집, 199면 이하; 헌재 1996. 4. 25, 92헌바47, 판례집 제8권 1집, 370면 이하 참조.
457) 전광석, 위의 책, 324~325면.
458) 헌재결 1989. 3. 17, 88헌마1; 헌재결 1990. 10. 15, 89헌마178.

한다. 따라서 헌법상 보장되는 직업선택의 자유에 대한 부당한 침해를 방지하기 위한 차원에서라도 과도한 사전적 규제보다는 사후적인 감독규제로 전환할 필요가 있다.459) 이러한 감독규제를 설정하기 위해서는 보험업의 특성을 감안하여 이를 규제하는 감독법인 보험업법상 보험지주회사에 관한 규정을 두는 것이 옳을 것이다.

2. 보험지주회사와 은행지주회사의 규제체계 분리

(1) 중복규제의 해소

금융지주회사법은 보험의 은행과의 규제차이를 인정하여 보험지주회사에 관한 특칙규정을 마련하였다. 그러나 이는 미봉책에 불과하다. 보험회사를 지배하는 지주회사에 대해 보험업법에 근거규정을 두어야 국제적인 정합성 및 보험업의 특성이 반영된 보험지주회사에 대한 규제가 가능하기 때문이다.

특히 현행 금융지주회사법상 미국의 은행지주회사의 책임을 인정하는 힘의 원천이론이 도입되었다고 해석할 경우, 보험지주회사에 과도한 규제로 될 것이 분명하다. 이는 보험지주회사의 특성을 전혀 반영하지 못한다는 문제가 있다. 미국에서도 보험지주회사와 은행지주회사의 규제상의 차이를 인정하여 보험지주회사의 경우 은행지주회사에 비해 지배할 수 있는 업종 제한이 완화되어 있다.

미국 NAIC모델법상 보험지주회사 내 엄격한 거래제한과 보험자회사 이사의 독립성의 확보 등은 모두 보험지주회사가 남용됨으로 인한 폐해를 미연에 방지하여 종국적으로 보험계약자를 보호하고자 하는 데 입법취지가 있다. 세계적인 금융위기 이후 보험지주회사 또한 은행지주회사와 동일한 통합규제의 대상이 되어야 한다는 견해가 있기는 하다. 이 견해는 그 통합규제의 법리를

---

459) 금융거래와 관련된 사전적인 규제를 최소화하고 다만 그 활동주체가 각종 주의의무를 위반한 경우 사후적으로 민형사상 책임을 묻는 방식의 법적인 틀은 금융거래에서의 창의성을 발휘할 수 있도록 한다는 점에서 충분히 설득력이 있다(박준, "서브프라임 대출관련 금융위기의 원인과 금융법의 새로운 방향 모색", 「국제거래법연구(제17집 제2호)」, 국제거래법학회, 2008, 45면).

힘의 원천 이론에서 구하면서, 그 전면적인 인정보다는 범위를 한정하여 인정함으로써 보험지주회사도 통합규제의 대상에 포함시켜야 한다는 취지이다. IMF구제금융 당시 보험회사에도 막대한 양의 공적자금이 투입되었고 이러한 사실을 바탕으로 보험지주회사의 도덕적 해이를 방지하자는 것이다.[460] 그러나, 전 세계적으로 보험그룹 내지 보험지주회사에 대하여는 은행과 달리 취급하고 있는 점을 간과해서는 안 된다. 태생적으로 보험회사는 보수적인 자산운용이 강제되는 대표적인 업종이다. 따라서 여타 금융업에 비해 모험적인 투자를 감행하여 많은 이익배당을 노릴 수 있는 구조가 아니다. 물론 보험회사에 대한 자산운용의 제한이 완화되어 가는 추세이지만, 그 근본 즉 보험계약자의 보호를 위한 최저한의 방화벽의 구축을 강제해야 한다는 점은 변함이 없다. 이와 같이 본다면 금융이라는 이름하에 성격이 각기 다른 보험, 은행, 금융투자회사를 일률적으로 규제하는 금융지주회사법은 보험지주회사에 대해서만큼은 과도한 규제로 작용하고 있다. 따라서 보험업의 특성을 반영하여 보험업법상 보험지주회사 규정을 마련하는 것이 바람직하다고 본다.

한편, 금융지주회사법은 보험지주회사를 통한 경제력 집중을 우려하여 감독 당국의 자회사 편입승인(금융지주회사법 제24조)과 같은 사전적 규제를 두고 있다. 이러한 규정은 독점규제법의 목적인 경제력 집중의 방지를 위한 것으로서 금융지주회사와 일반지주회사의 규제체계를 분리함에 따라 발생할 수 있는 폐해를 방지하고자 도입된 것이다.

독점규제법상 지주회사의 행위제한 규제, 상호출자의 금지 등은 경제력집중의 억제조치 중 실제로 폐해가 발생했는지 여부와 관계없이 제약을 가하는 사전적 규제이다. 독점규제법상 사업자는 부당하게 특수관계인 또는 다른 회사에 대하여 가지급금·대여금·인력·부동산·유가증권·상품·용역·무체재산권 등을 제공하거나 현저히 유리한 조건으로 거래하여 특수관계인 또는 다른 회사를 지원하는 행위를 하거나, 계열회사 또는 다른 사업자로 하여금 이를 행하도록 하는 행위가 금지된다(독점규제법 제23조 제1항 제7호).

이와 같은 일련의 경제력 집중억제에 관한 법적 규제는 독점규제법에만 일임하는 것이 타당하다. 보험지주회사를 활용한 결합기업은 그 자체가 경제력 집중을 야기하는 주체가 아니고, 그 중요한 규제는 지주회사와 자회사의 이해상충을 방지하여 보험계약자의 보호를 도모함에 목표를 두어야 한다. 그리하여 은행지주회사를 규제하는 법규(독점규제법, 금융지주회사법)와 보험지주회사를 규제하는 법규(보험업법)는 그 체계를 달리할 필요가 있다. 은행의 경우 은행법에서 그 지주회사를 규제하지 않는 것은 금융지주회사법이 처음부터 은행지주회사를 염두에 두었기 때문이다. 가장 바람직하기로는 은행지주회사에 관한 규정도 은행법의 단행법 내에 두는 것이 바람직하고 금융지주회사법이라고 하는 별도의 경쟁법규는 독점규제법 내에 흡수하거나 폐지하는 것이 올바를 것이다.

(2) 보험업을 이용한 기업결합규제의 명확화

기업결합은 특정 시장의 효율성 향상에 기여하는 반면, 기업결합을 통하여 증가된 시장 지배력을 이용하여 동일한 시장에서의 경쟁을 저해할 수도 있다.[461] 이에 따라 각국은 기업결합에 대하여 일정한 제한을 가하고 있고 우리 독점규제법(제7조 제1항) 역시 기업결합에 대하여 일정한 거래분야에서 경쟁을 실질적으로 제한하는 기업결합을 금지하고 있다.

보험회사의 합병, 영업·인수에 관한 규정은 보험업법에 규정되어 있다. 첫째, 보험회사가 합병하고자 하는 경우 특별결의가 있어야 하고(보험업법 제138조), 금융위원회의 인가를 받아야 한다(보험업법 제139조). 둘째, 보험회사는 그 영업을 양도하고자 하는 경우 금융위원회의 인가를 받아야 한다(보험업법 제150조). 이와 같은 규정은 보험업을 이용한 기업결합의 형태에서 보험회사의 건전성을 유지하고 보험계약자 등의 보호를 위한 일정한 규제이다. 그렇다면 보험회사를 지배하고자 하는 일반사업회사의 보험회사 주식취득과 관련

---

461) 손창완, "독점규제법상 기업결합의 규제대상 행위유형에 대한 고찰", 「법학연구(第18卷 第4號)」, 연세대학교 법학연구소, 2008, 106면.

하여서도 보험업법상 규정을 두어야 할 것이다. 그리하여 보험지주회사는 보험업을 이용한 기업결합이므로 보험업 자체의 규제 운영에서 충분히 그 적절성을 판단할 수 있다고 본다.

아울러 보험산업의 경쟁제한성 여부에 대해 살핀다. 보험회사가 주식취득을 통한 기업결합을 하기 위해서는 보험업법 및 금산법에 따라 각 법이 정하는 일정 수 이상의 주식을 소유하는 경우마다 금융위원회의 승인을 받아야 한다. 또 보험업법의 규정에 의하면 다른 회사의 의결권 있는 주식 15%를 초과 소유하는 경우 금융위원회의 승인을 받도록 규정하고 있다.

금산법의 경우 보험회사 및 동일계열 금융기관이 다른 회사의 의결권 있는 발행주식 총수의 100분의 20 이상을 소유하게 되는 경우나 다른 회사의 의결권 있는 발행주식 총수의 100분의 5 이상을 소유하고 동일계열 금융기관이나 동일계열 금융기관이 속하는 기업집단이 그 회사를 사실상 지배하는 것으로 인정되는 경우에는 금융위원회의 승인을 받도록 한다. 또한 보험회사 및 동일계열 금융기관이 의결권 있는 발행주식 총수의 100분의 25를 초과하여 다른 회사의 주식을 소유하는 경우나 의결권 있는 발행주식 총수의 100분의 33을 초과하여 다른 회사의 주식을 소유하는 경우에도 금융위원회의 승인을 받아야 한다. 이와 같이 보험회사가 다른 회사의 주식을 취득하는 경우 금융위원회의 승인을 얻어야 하므로 보험산업 내 기업결합규제에 관하여는 금융위원회에 일임하는 것이 바람직하다. 향후에는 보험지주회사가 활성화되는 경우 또는 은행지주회사의 보험자회사에 관한 주식취득과 관련하여 혼합형 기업결합[462]이 문제로 될 것이다. 이러한 유형의 기업결합에 관하여는 명확한 기준이 설정되어야 한다. 보험회사의 출자제한 규정(보험업법 제109조), 보험회사의 은행소유제한 규

---

[462] 혼합형 기업결합이란 수평형 또는 수직형 기업결합이 혼합된 형태의 기업결합을 말한다(기업결합 심사기준 Ⅱ. 9). 이러한 혼합결합은 상품확대형 혼합결합·시장확대형 혼합결합·순수혼합결합으로 나뉜다. 첫째, 상품확대형 혼합결합이란 지리적으로는 동일한 시장에서 활동하고 있지만 대상적으로는 서로 다른 상품이나 서비스를 공급하고 있던 기업들 간의 결합을 말한다. 예컨대 자동차판매회사가 오토바이판매회사를 결합하는 경우가 여기에 해당한다. 둘째, 시장확대형 혼합결합이란 같은 종류 또는 긴밀한 대체관계에 있는 상품이나 서비스를 공급하고 있지만 운송비나 정부규제 등에 의하여 지리적으로 분리되어 있는 시장에서 활동하고 있던 기업들 간의 결합을 말한다. 예컨대, 진로소주와 보해소주가 결합하는 경우가 여기에 속한다. 셋째, 순수혼합결합이란 시멘트회사가 화장품회사를 결합하는 경우와 같이 두 회사가 취급하는 상품이나 지역 사이에 특별한 관계가 없는 기업결합을 말한다(권오승, 앞의 책, 172면; 정병덕, "혼합형 기업결합의 판단기준", 「안암법학(제21호)」, 안암법학회, 2005, 259면).

정(은행법 제15조) 등에 따라 많은 제약이 있지만, 은행 등이 보험회사를 소유
하는 형태의 혼합형 기업결합은 증가할 것으로 예상된다.[463]

Ⅱ. 내부통제기준의 확립과 통합감독체계 정비의 필요성

1. 비교법적 검토

(1) 미국의 내부통제제도

1) 미국의 내부통제제도의 역사

미국에서는 1940년대 초부터 공인회계사단체 등에 의해 감독과 관련한 내
부통제의 인식이 제고되었는데,[464] 1970년대 들어 워터게이트 사건[465]의 조사
를 계기로 내부통제와 관련한 법규제의 움직임이 활발하게 되었다. 이러한 상
황에서 미국공인회계사협회, 미국회계학회 등의 각종단체의 지원 아래 1985
년에 설립된 재무보고 전미위원회(Treadway Commission)는 규제환경, 기업의
행위강령, 유능한 감사위원회 등의 중요성 등 내부통제에 관한 다양한 권고

---

463) 이성남·문준우, "보험회사의 기업결합 규제에 관한 연구", 「기업법연구(제24권 제4호)(통권 제43호)」, 한국기업법학
회, 2010, 155면; 혼합형 기업결합사례로는 2008년도에 있었던 우리금융지주회사의 LIG 생명보험 주식취득 사례를
예로 들 수 있다. 이와 관련하여 공정거래 위원회는 기업결합심사에서 관련시장을 국내 생명보험시장으로 획정하고
첫째, 피취득회사의 시장점유율이 0.6%에 불과하므로 점유율 및 국내 영업규모가 매우 영세하여 기업결합으로 인한
취득회사의 종합적 사업능력이 현저히 증대하여 경쟁사업자를 배제할 정도라고 볼 수 없는 점, 둘째, 본 건의 결합으
로 잠재적 경쟁사업자의 시장진입이 어려울 정도로 진입장벽이 증대한다고 볼 수 없는 점 등을 이유로 관련시장에서
의 경쟁이 실질적으로 제한될 가능성이 없다고 판단하였다(공정거래위원회 보도자료(우리금융지주의 LIG생명 인수,
신속승인, 2008. 3. 18)).

464) Melvin A. Eisenberg, Corporate Governance: "The Board of Directors and Internal Control", 19 Cardozo L. Rev.
237, 240 (1997).

465) 동 사건에 대한 특별검사의 조사를 계기로 증권거래위원회(SEC: Securities and Exchange Commission)는 미국기업
중 위법한 정치헌금으로 이용하기 위해 회사자산을 유용하고, 위법하거나 의심할 만한 회사지출을 적절히 공시하고
있지 않은 기업의 수가 상당수에 이른다는 사실을 파악하였다(Promotion of the Reliability of Financial Information
and Prevention of the Concealment of questionable or Illegal Corporate Payments and Practices, Exchange Act
Release no.15570(15. Feb. 1979), p.60). 이를 계기로 SEC는 기업의 지배구조개선과 관련된 두 가지의 대응을 시
도하게 된다(Joel Seligman, "Accounting and the New Corporate Law", 50 Wash. & Lee L. Rev. 943, 944
(1993)).

를 실시했다. 나아가 동 위원회는 트레드웨이위원회 조직위원회(COSO: The Committee of Sponsoring Organization of the Treadway Commission)에 대해서 내부통제에 관한 다양한 개념과 정의의 통일화와 공통의 기준에 대한 명확화 작업을 요구하기에 이른다.[466]

2) COSO내부통제보고서

1992년에 COSO는 「내부통제에 대한 종합적 보고서(COSO보고서: Internal Control-Integrated Framework」라는 제목으로 보고서를 공표했다. 동 보고는 요약, 체제, 외부관계자에 대한 보고의 보충판을 출간하기도 하였지만 이들 전부를 COSO보고서라고 부르고 내부통제시스템에 관한 세계적인 기준으로 고려되고 있다. COSO보고서는 그 후 2004년에 COSO보고서의 내용을 사업위험관리라고 하는 개념으로 발전시킨 「사업위험관리보고서(Enterprise Risk Management Integrated Framework: COSO-ERM」를 공표했다. COSO보고서로 인하여 내부통제란 조직의 통제목적을 달성하기 위한 것으로서 사업체의 이사회, 경영자 및 종업원 등 그 밖의 구성원 전체로서 따라야 할 일련의 기준이라고 인식되고 있다.[467] 또한 내부통제의 목적으로는 (i) 업무의 효율성, (ii) 재무보고의 신뢰성, (iii) 관련법규의 준수 3가지가 거론된다. 내부통제는 합리적인 보증을 제공하려는 것이지 절대적인 보증을 부여하려는 것이 아니다.[468] 이러한 목적을 갖는 내부통제가 유효하게 작동되기 위해서는 통제환경, 리스크평가, 통제활동, 정보와 의사소통, 모니터링이라는 다섯 가지 내부통제의 구성요소가 유기적으로 기능해야 한다.[469]

3) SOX법과 내부통제의 규정

2001년 엔론사건을 시작으로 한 증권부문의 불상사는 미국기업개혁법, 즉

---

466) Committee of Sponsoring Organization of the Treadway Commission, Inter Control- Integrated Framework.

467) 김경석, "우리나라 내부통제제도의 문제점과 개선방안에 관한 소고", 「중앙법학(제12집 제1호)」, 중앙법학회, 2010. 152면.

468) 新日本監査法人 金融部, 「金融機関の内部統制(改訂版)」, 金融財政事情研究会, 2007. 45頁.

469) Eisenberg, Ibid(464)., p.243.

사베인스-옥슬리법(SOX법: Sarbanes-Oxley Act of 2002)[470]의 제정으로 이어졌다. 엔론사건 등의 증권 불상사 사건에서는 허위, 부정확한 회계처리에 경영자의 상층부가 적극적으로 관여하고 있었다거나, 감시의무를 해태했다거나, 이사회의 감시기능을 무력화시켰다거나, 감사법인이 컨설팅업무를 하면서 수탁기업의 감사업무가 충분히 기능하지 못하였다는 등의 문제가 있었다. 이러한 기업의 주식과 채권을 거래한 금융기관의 이해상충행위 등 다양한 문제가 여실히 드러나게 되어 SOX법에서는 광범위한 예방조치가 규정되었다.[471]

내부통제는 재무보고의 정확성 및 신뢰성을 확보하기 위한 조치로 경영자에 의한 내부통제보고서의 작성과 개시를 규정한 제404조, 연차보고서 등의 기재내용의 정확성에 관한 경영자에 의한 인증의무를 규정하는 제302조 및 연차보고서 등에 관한 경영자에 의한 인증서의 제출과 허위기재가 있는 경우 당해 경영자에 대한 형사벌을 규정하는 제906조가 중심적인 규정이다. 이를 간단히 표로 정리하면 아래와 같다.

<SOX법의 재무보고에 관한 내부통제 관련 규정>

조문	요지
제302조(재무보고에 관한 회사의 책임	최고경영책임자(CEO) 및 최고재무책임자(CFO)에 의한 정기보고서(연차보고서 및 4분기보고서)의 기재사실의 진실성, 재무상황 및 업적표시의 공정성, 내부통제의 확립·유지에 책임이 있음을 보증하는 의무 및 선서·서명을 규정
제404조(경영진에 의한 내부통제의 평가)	연차보고서에 내부통제보고서를 포함할 것, 경영진에 의한 재무상황에 관한 내부통제의 유효성의 평가, 동평가의 감사인에 의한 증명을 규정
제906조(회사의 재무보고책임)	CEO 및 CFO에 의한 정기보고서에 기재된 재무상황 및 업적의 중대한 사실이 공정함에 대한 보증서의 첨부를 요구하고 사실에 반하는 경우 이러한 자들에 500만 달러 이하의 벌금, 10년 이하의 금고형을 과함.

---

470) SOX법의 정식명칭은 "An Act To Protect investors by improving the accuracy and reliability of corporate disclosures made pursuant to the securities laws, and for other purpose"

471) SOX법의 주요 내용에 대해서는 장근영, "Sarbanes-Oxley Act의 외국법인에 대한 적용", 「상사법연구(제22권 제2호)」, 한국상사법학회, 2003, 302~305면.

(2) 일본의 내부통제제도

1) 회사법상의 내부통제제도의 내용

일본 회사법은 내부통제시스템의 구축에 관해서 첫째, 대회사 및 위원회설
치회사에 대해서는 내부통제의 기본방침에 있어 이사(이사회설치회사에서는
이사회)의 결정을 의무화하는 한편(일본 회사법 제348조 제4항, 제362조 제5
항, 제416조 제2항) 둘째, 이 이외의 회사에 대해서는 결정 여부를 임의로 하
고, 결정권한을 이사(회)에 유보한다는 입장을 취하고 있다(회사법 제348조 제
3항 4호, 제362조 제4항6호). 내부통제시스템의 구축에 관해서 이사(회)에서 결
정해야 하는 사항의 구체적 항목은 회사법 시행규칙에서 규정하고 있다(회사
법 시행규칙 제98조, 제100조, 제112조). 그 내용은 회사의 경영관리기구의 형
태에 따라 약간의 차이를 보이고 있다. 위원회설치회사 이외의 회사의 경우에
는 다음의 5가지 사항을 공통적으로 규정해야 한다(회사법 시행규칙 제98조
제1항, 제100조 제1항). 즉 첫째, 이사의 직무집행에 관한 정보의 보전 및 관리
에 관한 체제(정보관리체제), 둘째, 손실위험의 관리에 관한 규정, 그 외 체제
(리스크관리체제), 셋째, 이사의 직무집행이 효율적으로 수행되는 것을 확보하
기 위한 체제(효율적인 업무집행체제), 넷째, 사용인의 직무집행이 법령 및 정
관에 적합한 것을 확보하기 위한 체제(컴플라이언스체제), 다섯째, 해당 주식
회사와 그 모회사 및 자회사로 구성된 기업집단에 있어서 업무의 적정성을 확
보하기 위한 체제(그룹관리체제)이다.

2) 회사법에서의 내부통제의 목적과 기능

일본의 회사법상 내부통제의 목적은 첫째, 업무의 효율성 제고, 둘째, 재무
보고의 신뢰성 확보, 셋째, 법규 준수이다. 그중 중점을 두는 목적은 업무의
효율성제고, 법규준수이다.[472] 이는 일반적으로 미국의 COSO보고서를 기초로
해서 재무보고의 신뢰성 확보에 중점을 두는 경향과는 다르다고 할 수 있다.

---

472) 黒沼悅郎, "新会社法と証券市場法制との関係", 「法律時報(78巻5号)」, 日本評論社, 2006, 26頁.

회사법상의 내부통제시스템이 법규준수를 주요한 목적으로 하고 있다는 것이
특히 중요하다.473) 또한 내부통제의 목적으로 효율성 확보가 포함되어 있으므
로 감사의 감사업무권한의 범위(타당성 감사를 포함하는 경우)와의 관계가 문
제로 될 수도 있다. 그러나 감사의 감사는 효율성 확보를 위한 체제의 정비에
관한 것이고, 이사의 직무집행 자체의 효율성을 평가하는 것은 아니며474) 또
한 효율성확보의 체제정비는 내부통제의 일반적 내용이 되고 있으므로 감사
의 감사범위에 관한 종래의 논의에는 직접 영향을 주지 않을 것이라고 보는
견해도 있다.475)

그리고 본래 내부통제의 기능은 경영자가 회사의 업무집행이 직접·적정하
게 수행되고 있다는 것을 확보한다는 것, 즉 경영자를 위한 경영관리의 조직
으로서 경영자가 스스로 정비·구축하는 것이었다.476) 그러나, 기업경영의 적
법성과 적정성이 많은 이해당사자에게 큰 영향을 미치고, 이러한 경영의 적법
성과 적정성의 확보가 중요해짐에 따라 내부통제시스템의 정비는 경영감독을
위해서도 그 필요성을 인정받게 되었다.477) 즉, 내부통제는 이사회의 감독기
능 확보를 위한 유효한 수단이 될 수 있게 되고, 이것을 충실하게 하는 것은
이사의 감시의무의 이행과도 밀접한 관계를 갖게 되었다. 또한 감사에 의한
업무감사의 실효성을 확보할 수도 있다.478) 회사법에서의 내부통제시스템은
이러한 두 가지 측면을 갖고 있으며, 특히 위원회설치회사의 경우에는 회사법
상 내부통제의 목적을 보다 명확히 나타낸다. 위원회설치회사의 회사경영기
능은 집행임원에게 있고, 감독기능은 이사회에 있다. 따라서 이사회가 내부통
제시스템의 정비에 관한 결정권한을 전적으로 보유하게 되고, 이것은 회사법

---

473) 柿崎環, "内部統制と新会社法", 「法律時報(78卷5号)」, 日本評論社, 2006, 39頁; 吉川吉衛, "会社法の現代化と内
    部統制システム−企業において在るべきシステム−", 「経営研究(56卷4号)」, 大阪市立大学大学院怪英学研究科,
    2006, 85~86頁.

474) 柿崎環, 앞의 글, 40頁.

475) 森淳二郎·上村達男, 「会社法における主要論点の評価」, 中央経済社, 2007, 173頁.

476) 吉本建一, "委員会等設置会社における監査委員の資格と職務−常勤者不在の場合監査と内部統制−", 「監査
    役(472号)」, 社団法人日本監査役協会, 2003, 6頁.

477) 柿崎環, 「内部統制の法的研究」, 日本評論社, 2006, 6頁.

478) 森淳二郎 외, 위의 책, 174頁.

상의 내부통제가 그 기능 중 경영감독의 실효성확보기능을 보다 중요시하고 있다는 것을 나타낸다. 그러나 회사의 기관구성의 형태와 관계없이 회사법의 규제완화·정관자치의 확대에 의한 자율부여와 사전규제가 아닌 사후적인 책임추궁의 경향으로 인해 구제가 불충분하게 이루어지는 경우가 발생할 가능성은 높아져 가고 있다. 이러한 상황에서 회사법상의 내부통제는 업무의 적정성을 일반적으로 확보하는 조직을 통해서 위법하거나 부당한 행위를 사전적으로 방지하는 기능과 그러한 행위가 발생할 경우 이에 대한 책임을 사후적으로 묻는 경우 모두에서 중요한 기능을 할 것으로 기대된다.[479]

3) 보험감독지침 및 보험검사매뉴얼

(가) 보험감독지침

일본의 보험감독시스템상 중점을 두는 것은 이른바 검사국에 의한 현장검사와 감독국에 의한 쌍방의 감시 수법으로 구성되고, 각각을 적절히 조화하여 실효성 있는 보험감독을 실현하는 것에 있다. 감독지침은 감독국에 의한 외부감독의 지침이고 검사매뉴얼과 중복되는 부분도 많다. 감독지침은 Ⅰ부터 Ⅴ까지의 5부로 구성되고, Ⅰ에서는 구체적인 기준을 설명하고, Ⅱ에서는 보험감독상의 평가항목으로서 구체적인 감독상의 평가지침을 설명하고 있다. Ⅲ 이후는 보험감독에 관한 사무처리상의 유의사항 등 보충적인 평가이다. Ⅱ의 보험감독상의 평가항목으로는 Ⅱ-1경영관리가 내부통제전반의 평가항목이고, Ⅱ-2재무의 건전성은 업무의 유효성·효율성 및 재무보고의 신뢰성(자산의 보전)의 관점에서 내부통제의 유효성을 평가한다. 또한 Ⅱ-3업무의 적절성에서는 법령준수, 불상사 등에 대한 감독상의 대응, 보험모집태세, 고충처리태세, 고객보호 등, 고객정보관리태세, 본인확인·의심스러운 거래의 신고, 적절한 표시의 확보 등 업무의 유효성·효율성 및 적용법령의 준수 등에 관한 관점에서 평가가 이루어지고 있다. 나아가 사업리스크 관리태세, 시스템위험 관리태

세, 위기관리태세 및 그 밖의 사항(사무의 외부위탁, CSR 정보개시)은 재무보
고의 신뢰성에도 관계되는 부분이다.

(나) 보험검사매뉴얼

일본의 보험검사매뉴얼(2006년 6월)에서는 보험회사의 업무횡단적인 체크
리스트 항목으로 내부관리 및 법령준수태세가 열거되어 있다. 또한 업무의 적
정성, 재무의 건전성 및 적정한 위험관리의 관점에서 보험모집, 고객보호, 재
무의 건전성·상품개발, 보험인수위험, 자산운용위험, 실효적인 위험 등에 대
해 각 체크리스트 항목으로 하고 있다. 내부관리는 내부통제의 세 가지의 목
적(업무의 유효성·효율성, 재무보고의 신뢰성, 적용법령의 준수) 및 다섯 가
지의 요소(통제환경, 위험평가, 통제활동, 정보·전달, 감시활동)의 기초를 구
성하는 것이다. 또한 법령준수태세는 검사에서 중시하는 적용법규 준수의 목
적을 말한다. 아울러 보험모집과 고객보호는 업무의 유효성·효율성 및 적용
법령의 목적을 달성하기 위한 다섯 가지의 요소에 입각해서 통제활동이 기능
하고 있는지 여부에 대해 검증한다.[480]

2. 우리나라에서의 금융기관 지배구조 개선 논의

우리나라에서도 미국 금융위기 및 세계 경제위기 이후 금융기관 지배구조
의 문제점에 대한 지적이 있었다. 특히 금융위기 원인 중 하나로 금융기관 임
직원에 대한 과도한 성과급이 지적되면서 이사회의 감독기능, 특히 사외이사
중심의 이사회의 경영견제 기능의 개선이 요구되었다.[481]

한편 우리 정부는 이사회 중심의 지배구조의 개선을 추진하면서 2009년 초

---

480) 金融庁, 保険検査マニュアル, 2006. 6.

481) OECD, Corporate Governance Lessons from the Financial Crisis, 2009. 2; Corporate Governance and the
Financial Crisis: Key Findings and Main Messages, 2009. 6; 이와 관련하여 미국 도드-프랭크(Dodd-Frank ACT)
법에서는 상장기업의 보수위원회의 기능을 강화하기 위하여 보수위원회는 오직 독립적인 이사만으로 구성하며 자신
들이 성과보수를 제공하거나 제재를 가하게 될 경영진으로부터 독립성을 강화하기 위하여 보수 관련 컨설턴트를 고
용할 수 있는 권한을 보유할 수 있도록 하였다(Dodd-Frank Act 제952조).

사외이사 제도개선 T/F팀을 구성하여 추진하였다.[482] T/F팀의 연구 결과 사외이사의 책임성과 전문성을 제고하고 실질적인 독립성을 강화하되 사외이사의 이해상충, 자기권력화 등 부작용을 동시에 차단하는 방향으로의 개선이 필요하다는 제안이 있었다. 2009년 11월 3일 공청회에서 발표된 '사외이사 제도개선안'에 따르면 금융지주회사 및 은행법령 간 이해상충 방지요건을 일치시킬 필요가 있으며 이해상충 방지를 위한 중요한 거래를 해당 금융기관뿐만 아니라 계열회사와의 거래로 확대하고 용역관계의 범위를 법률·회계에서 전산·조사연구·자산관리 등으로 확대하여야 한다는 의견을 제시하였다.[483] 또한 금융지주회사의 완전자회사는 사외이사를 두지 않아도 되나(금융지주회사법 제41조의 4) 자회사가 은행일 경우 주주 이외에 예금자 및 국가경제에 대한 영향에 관한 은행 경영진에 대한 감시가 필요하므로 사외이사의 선임을 의무화하여야 한다고 주장하였다.[484] 아울러 가칭 "금융회사 지배구조개선에 관한 법률(이하 '금융지배구조법'이라 약함)"의 제정을 추진하고 있다.[485] 이는 업종 간 지배구조의 일관성을 확보함으로써 전체 금융시스템의 안정성을 제고하려는 것이다. 이를 가능하게 하는 수단은 내부통제 및 위험관리체계의 개선, 제재 및 심사체계 등에 대한 규제를 종합적으로 개선하여 통합규율에 의한 감독효과의 달성이다. 이를 통하여 이사회의 기능과 내부통제, 준법감시, 위험관리 등을 연계하여 전반적인 지배구조의 개선을 도모할 수 있으며, 주요 임원에 대한 자격심사와 평가 등을 지속적으로 개선함으로써 실질적인 규제효과를 달성할 수 있다.[486] 그리고 세계 금융위기 이후 지배구조 및 보수정책 등에 대한 규제적 방식을 채택함으로써 국제적 정합성을 높여야 한다는 점도 제시되었다.[487] 결국 이러한 인식을 반영하듯 정부는 금융기관의 지배구조를 일률적으로 규제하고자 금융지배구조법을 입법예고하였다.[488]

---

482) 금융위원회, "은행권 사외이사제도 개편추진 경과 및 향후계획(보도자료)", 2010. 1. 4.

483) 이병윤·이시연, "은행권 사외이사제도 개선방안", 한국금융연구원, 2009, 71면.

484) 이병윤·이시연, 위의 글, 71-72면.

485) 한국금융연구원, "금융회사 지배구조개선 기본방향(공청회자료)", 금융위원회 용역보고서, 2010. 6. 23.

486) 한국금융연구원, 위의 자료, 19-20면.

487) 한국금융연구원, 위의 자료, 20면.

금융지배구조법에 대해서는 우리나라의 최근 금융정책의 추진 방향에 배치되는 측면이 많다고 지적하는 견해가 있다.[488] 즉 지배구조법은 증권업, 보험업 등의 성장을 위한 경영의 자율성 확대정책과는 달리, IMF 이후 금융시스템의 안정을 도모하기 위하여 추진하였던 은행 중심의 금융정책과 동일한 기조하에서 모든 금융기관을 일률적인 지배구조하에 경영되도록 추진할 것이라는 지적이다. 이는 최근에 금융당국이 표방하고 있는 세계적인 금융기관의 육성을 위한 분위기 조성을 위하여 특히 금융투자업, 보험업의 육성과 경영의 자율성을 보장하기 위한 정책과도 일관성이 결여된 정책추진이라고 지적한다.[490]

지배구조법은 이와 같은 금융기관별 특성, 규제의 차별화 필요성 등의 요인을 거의 고려하지 않고 모든 금융기관에 동일한 기준을 적용하려는 방향으로 입법을 추진하고 있다는 문제를 안고 있다. 기업지배구조는 기업 경영진에게 매우 중요한 분야로서 기업지배구조의 변화에 다라 경영의 자율성에 미치는 영향은 상당히 크기 때문에 금융기관별 특성을 고려하지 않고 일률적인 기준에 의하여 금융기관 지배구조를 규제하게 되면, 특히, 금융투자업, 보험업, 자산운용업 등에서의 경영의 자율성 보장이 훼손될 우려가 높으며 해당 산업들의 발전에 대한 악영향도 우려된다. 따라서 금융기관 지배구조에 대한 통합법의 제정을 추진하기보다는 관련법의 개정을 통하여 금융권역별(은행, 증권, 보험 등) 특성을 감안하면서 지배구조를 개선하도록 하는 것이 더욱 합리적이

---

488) 이하 한국금융연구원, 위의 자료, 20면부터 54면의 내용을 반영하였다.
　　금융지배구조법은 모든 금융기관을 적용대상으로 하되, 업종 간 특성, 규모 등을 감안하여 적용 범위를 조정하도록 하였다. 금융지배구조법은 이사회의 경영진 감시 강화를 위하여 이사회의 경영진으로부터의 독립성 강화를 추진하고 있다. 이를 위하여 사외이사의 결격사유 강화, 사외이사의 비율 확대, 원칙적으로 사외이사 중에서 이사회 의장의 선임 및 사외이사 전원 동의하에 대표이사에 의한 이사회 의장 선임 인정, 일정 규모 이상의 금융회사 사외이사의 5인 이상 선임, 연속 재임기간의 5년 제한 등을 규정하고 있다. 또한 사외이사의 전문성 및 책임성을 제고하기 위하여 사외이사의 겸직을 원칙적으로 3개 회사로 제한, 사외이사에 대한 교육정책의 수립 및 운영, 이사회 개최시기의 분기 2회 이상 명시 등을 규정하고 있다. 금융회사의 임원제도의 정비와 관련하여서는 이사, 감사, 집행간부로 임원을 구분하고, 임직원 겸직제도의 차별화, 집행간부에 대한 법제화, 임원 자격심사절차(심사주체 및 심사방식 등)의 명확화 등을 규정하고 있다. 또한 감사위원회 기능 강화, 내부통제제도 활성화, 리스크관리제도의 도입, 보상위원회의 설치, 대주주 및 임원의 자격유지 · 심사제도 등의 입법화를 추진하고 있다.
489) 원동욱, "세계금융위기 이후 주요국의 금융기관 지배구조", 「기업법연구(제25권 제2호(통권 제45호))」, 한국기업법학회, 2011, 180면.
490) 원동욱, 위의 글, 180면.

다.[491] 이와 같이 금융기관의 지배구조를 개선하고자 하는 입법에 관한 논의가 활발히 진행되고 있는 상황은 여론에 자주 보도되는바 금융기관 경영진의 도덕적 해이를 방지하여 금융기관의 건전성과 국민들의 신뢰에 부응하는 것은 일응 타당하다. 그러나 각각 특성을 달리하는 금융기관의 지배구조를 일률적으로 규제하고자 하는 입법적인 조치는 오히려 옥상옥의 규제를 야기하여 사기업의 자율성을 침해하는 결과를 초래한다. 이러한 관점에서 부각되어야 할 논의가 내부통제기준과 통합감독의 실효성 있는 확립이다.

3. 내부통제기준의 확립

주식회사의 중요한 특징으로 소유와 경영의 분리가 있다. 이것이 기업지배구조[492]에 관한 논의의 출발점이 된다. 기업의 실질소유자인 주주는 회사의

---

491) 원동욱, 위의 글, 180~181면.

492) 최근 들어 주주 자본주의 모델과 이해당사자 자본주의 모델은 점차 수렴하는 현상을 보이고 있다. 양 모델의 이러한 수렴추세는 국제자본시장에서의 자금조달을 가능케 하고 투자자를 보호하기 위해서는 투자의 위험과 지배구조의 일치가 필요하다는 공통인식하에 나타나는 현상이다. 주주자본주의를 회사법의 이념으로 삼고 있는 미국의 모델에서도 이사회의 기능을 세분하여 업무집행에 대한 의사결정은 경영위원회에 맡기고, 이사회는 사외이사로 구성하여 업무집행의 감독기능만을 수행하는 방향으로 변화되어 가는 추세에 있다. 아울러 이 모델에서는 주주지상주의에 대한 반성으로 이사회가 기업의 구성원 모두의 이해관계를 고려할 수 있도록 하는 주회사법(non-constituency)이 등장하고 이를 지지하는 이론이나 판례도 확산되는 추세에 있다. 특히 엔론사 등 대형 회계부정 사건 이후로 2002년 사베인스-옥슬리법(Sarbanes-Oxley Act 2002)이 제정되어 감사위원회를 통한 기업의 회계관리와 준법감시인제도의 활용 등 내부통제시스템이 강화된 것이 특징이다(송종준, "회사법상 기업지배구조입법의 동향과 평가, 그리고 새로운 제언", 「商事判例研究(第24輯 第1券)」, 韓國商事判例學會, 2011. 3. 31, 10면). 한편 독일을 중심으로 한 이해당사자 자본주의 모델 하에서도 주주 자본주의 모델이 갖는 장점을 수용해 왔다. 독일의 경우 1998년 기업경영과 투명성에 관한 법률을 제정하여 기업경영의 투명성을 제고하고 감사회의 경영감시 기능을 강화하였다. 2002년에는 투명성과 공시에 관한 법률을 제정하여 감사회에 대한 이사회의 정보보고의무를 강화하고, 이사회의 업무집행에 대한 감사회의 동의권을 강화하였다. 아울러 2001년에는 기업지배구조 모범규준을 채택하였다. 이 규범은 법적 강제력은 없으나 이를 준수하는 기업의 시장평판에 큰 영향력을 주고 있어서 사실상 규범으로서의 강제력이 미치고 있다. 이 규범에서는 상장회사의 이사회와 감사회에 모범규준의 준수를 선언케 하고 그 준수 여부를 공표하도록 강제하고 있다. 2007년 개정에서는 이사의 보수제한, 상장회사에 대한 감사위원회의 설치 의무화, 감사위원회 구성원의 선임을 위한 지명위원회의 설립 의무 등을 추가하였다. 2007년 독일의 기업지배구조의 개정사항에 대한 상세한 연구로는 최병규, "독일의 회사지배구조 모범규준 변화와 시사점", 「經營法律(第19輯 第1號)」, 韓國經營法律學會, 2008. 10, 105면 이하 참조. 이러한 지배구조의 수렴화를 반영하듯 OECD 회사지배구조원칙(1999년)은 주주자본주의 모델과 이해당사자 자본주의 모델의 특성을 반영하여 제정한 자율적 가이드라인으로서 범세계적인 기업지배구조 모델로 인식되고 있다. 이 원칙은 세계 각국의 다양한 제도적 환경 속에서 기업지배구조의 공통요소를 추출한 것으로서 기업의 자금조달비용을 줄이고 안정적인 투자를 유도하는 데에 그 취지가 있다. 이것은 기업경영의 투명성과 건전성 제고를 위하여 주주권의 보호, 외국인 주주에 대한 평등대우, 이사회의 책임 강화 등에 관한 원칙을 담고 있다. 그런데 이 원칙은 미국의 엔론사 회계부정사건을 계기로 하여 2004년에 일부 개정되었다(OECD, Principles of Corporate Governance(Amended), 2004; 최성근, "2004년 OECD 기업지배구조원칙 개정의 쟁점사항분석 및 우리 법제도와의 비교평가, 「商事法硏究(第26卷 第1號)」, 韓國商事法學會, 2007, 215~217면 참조).

경영에 직접 참여하지 않고, 주주의 이익을 대변하는 경영자가 회사의 경영과 관리를 책임지게 된다. 이러한 현상은 오늘날 공개된 대기업에서 더욱 현저하게 나타나고 있다. 기업규모의 팽창은 자본집중을 목적으로 만들어진 주식회사의 본능적 욕구인 데다 현대 주식회사는 교통 통신의 발달에 힘입어 국지적 기업의 경지를 벗어나 대형화하고 있다. 그 대형화의 수단으로서 현대의 경영자들은 설비투자와 시장개척을 꾀하는 것보다는 위험 측면이나 비용측면에서 기업결합의 방법을 즐겨 택하고 있다.[493] 그 구체적인 방법 중 한 가지가 모자회사의 형성이다. 모자회사의 형성은 주로 지주회사를 활용하는 방법으로 이루어진다. 주식소유가 기관투자자에 집중되고 기업결합으로 인해 법인 간의 주식소유가 늘어나는 현상은 우리나라에서도 현저하다. 현대의 주식회사 규율에 있어서는 경영자의 전횡으로부터 주주, 특히 소수주주를 보호하고 경영기구에 대한 감시와 견제를 통해 회사경영의 합법성·공정성을 보장하기 위한 입법 및 해석상의 노력이 끊임없이 기울여져야 한다.[494][495]

보험지주회사는 다른 회사를 지배하는 업무를 주된 업무로 하는 순수지주회사이자 주식회사이다. 최근 이러한 복합금융그룹에 대한 지배구조 개선에 관한 논의가 활발히 진행되고 있는 점을 고려하여 그룹 전체를 아우르는 지배구조의 개선을 요구하고 있다.

보험지주회사와 같은 복합금융그룹의 지배구조의 개선과 연동되는 것이 바

---

493) 새로운 설비투자나 시장개척보다는 이미 해당 분야에 진출한 기업을 인수하는 것이 경제적이고 위험이 적기 때문이다.

494) 이철송, 앞의 책, 404~406면.

495) 기업지배구조에 관한 문제는 1990년대 이후 세계 각국에서 활발하게 논의되고 있는 회사법학의 과제 가운데 하나로 인식되고 있다(William W. Bratton & Joseph A. McCahery, "Incomplete Contracts Theories of the Firm and Comparative Corporate Governance", 2 Theoretical Inq. L. 745, 747 (2001)). 기업지배구조론이 발생한 배경은 주식회사의 규모가 거대해짐에 따라 주식소유의 분산이 두드러지면서 회사의 지배자에 의한 소유가 아닌 경영자지배가 출현하고, 경영자에 의한 강력한 권한행사에 따른 문제점과 이에 대응하기 위한 방안을 찾고자 하는 시도로 전개되었다. 대기업은 자본투자의 확대와 동시에 주식소유의 범위도 확대·분산화됨에 따라 얼마 안 되는 자본으로 회사를 지배하는 경영자가 출현하고 기업의 지배가 소유(주식의 소유)로부터 단절되는 현상을 야기하게 되었다. 그리고 아담 스미스가 "諸國民의 富"에서 염려한 현상이 나타나게 되었다. 즉, 주식회사의 경영자는 타인의 재산을 보관하는 자이므로 자신의 재산을 운용하는 경우에 비해 세심한 주의의 결여에 따른 위험성 및 재산관리에 무책임하게 될 것을 염려한 것이다. 이는 출자자인 주주는 주가와 배당에만 관심을 갖고 기업경영에 관여하지 않으므로 경영자는 무책임하게 된다고 하는 주식회사에 대한 부정적인 평가와 일맥상통한다. 이러한 염려에 대처하기 위한 방법으로 주주는 기업경영에 참가하는 비용을 어떻게 절감할 것인가에 관한 문제와 경영자의 권한남용에 대해 어떠한 통제체제를 구축할 것인가라고 하는 문제로 대응할 수 있을 것으로 여겨져 왔다. 소유와 경영의 분리에 따른 폐해와 이에 어떻게 대응할 것인가라고 하는 문제로서 기업지배구조론이 발전되어온 것이다(西脇, 敏男, "「これから」のコーポレート・ガバナンス論:コーポレート・ガバナンスの根本理念", 「龍谷法学 43(4)」, 龍谷大学法学会, 2011. 3, 58頁).

로 실효성 있는 내부통제기준의 확립이다. 내부통제기준은 금융기관에 대한 감독법제에 공통적으로 규정되어 있고, 제대로 정착되어 운용되는 경우 시장 규율 내지 자율규제의 실효성을 확보하는 수단이 될 것이다.

(1) 우리나라 내부통제제도의 현황

우리나라의 경우 1997년의 외환위기를 통해 회계정보의 중요성을 사회적으로 인식하게 되었고, 회계투명성 확보를 위한 내부통제제도의 도입이 이루어지기 시작한다. 내부통제제도는 2000년 1월에 증권거래법, 은행법, 상호저축은행법, 보험업법 등에 내부통제기준과 준법감시인의 자격을 명문화하는 금융관련법제의 개정을 통해 도입되었다.496) 그러나 제도에 대한 충분한 논의과정이나 제도 자체에 대한 이해 없이 이루어짐으로써 논란이 끊이지 않고 있으며, 내부통제제도를 적절하게 운용하고 있지 못하는 실정이다.497)

한편 일반기업을 대상으로 한 내부회계관리제도의 도입은 2001년 한시법으로 제정된 기업구조조정촉진법을 통해 이루어지게 된다. 동법은 제4조 "내부회계관리제도의 운영 등"에서 첫째, "기업은 신뢰할 수 있는 회계정보의 작성 및 공시를 위하여 다음 각 호의 사항이 포함된 내부회계관리규정과 이를 관리·운영하는 조직(내부회계관리제도)을 갖추어야 한다"라고 규정하게 되고, 이를 토대로 일반기업을 대상으로 하는 내부통제제도가 도입되었다. 그리고 기업구조조정촉진법에 규정되어 있던 내부회계관리제도는 2003년에 주식회사의 외부감사에 관한 법률(이하 "외감법")로 이관되면서 현재에 이르고 있다. 요컨대, 우리나라의 내부통제제도는 금융기관의 내부통제기준 및 준법감시인 제도와 내부회계관리제도로 구분할 수 있다.

---

496) 금융기관을 중심으로 내부통제제도가 도입된 이유는 당시 금융기관의 잇따른 도산으로 인해 금융기관의 내부통제의 취약성에 대한 인식이 높았기 때문이다(금융감독원, 「2006년 내부통제 실무자 워크숍」, 79면).

497) 김경석, 앞의 글, 163면.

(2) 금융 감독기관의 「매뉴얼 및 모범규준」

우리나라에서 구체적으로 내부통제의 개념과 모범 체계를 다룬 정식의 문건은 없지만, 금융감독기관이 발표한 검사매뉴얼과 몇 가지 규준을 보면 내부통제에 대한 정부의 견해를 알 수 있다.[498] 그에 의하면 내부통제란 회사의 자산보호・회계자료의 정확성 및 신뢰성 확보・조직운영의 효율성 증진・경영방침 및 법규의 준수를 위하여 회사의 모든 구성원들에 의하여 지속적으로 실행되는 일련의 통제과정인 것으로 이해된다. 내부회계관리제도모범규준에서는 "내부통제는 기업운영의 효율성 및 효과성 확보・재무정보의 신뢰성 확보・관련 법규 및 정책의 준수라는 세 가지 목적 달성에 대한 합리적 확신을 제공하기 위하여 조직의 이사회・경영진 및 여타 구성원에 의해 지속적으로 실행되는 일련의 과정이다"라고 하면서 "통제환경・위험평가・통제활동・정보 및 의사소통・모니터링" 등을 내부통제제도의 구성요소로 제시하고 있다. 이 같은 금융감독기관의 내용은 미국법상 COSO 보고서상의 통합프레임위크 개념을 도입하여 그대로 사용하고 있는 것으로 평가된다.[499]

(3) 내부통제기준의 구축 및 운용

이사회는 내부통제기준의 틀과 내용을 구체적으로 결정할 의무가 있다. 그렇지만 대부분의 대규모 회사에서는 이사회가 내부통제의 기본방침만을 결정하고 대표이사나 업무담당이사에게 세부사항의 결정과 집행을 위임하는 것이 보통이다. 내부통제시스템을 통합 관리프레임으로 해석하면 이는 중요한 업무집행 결정사항으로서, 현행 회사법상 이사회의 권한이자 의무라고 해석할 수 있다(상법 제393조 제1항).[500] 그리하여 내부통제기준의 구축 및 운용을 적

---

498) 박세화, 내부통제시스템의 설계와 기업지배구조에 관한 회사법적 고찰", 「상사법연구(제26권 제2호)」, 한국상사법학회, 2007, 297면.

499) 박세화, 위의 글, 297면.

500) 일본 회사법은 명문으로 내부통제시스템의 구축에 관한 기본방침을 결정할 의무가 있다고 규정하고 있다(일본 회사법 제416조 제1항 제1호).

절하게 하지 아니하면 이사의 책임요건과 연결시키는 데 큰 문제가 없다.[501] 현행 회사법에는 내부통제기준의 구축의무에 관한 규정이 없으므로 모든 회사에 대하여 구체적인 법령을 근거로 일정 형태의 기준에 대한 구축을 강제할 수는 없지만, 내부통제기준의 구축 및 운용에 관한 것은 이사의 선관주의의무의 한 내용이 된다. 회사의 규모나 조직, 그리고 영업의 성격 등으로 볼 때 위험관리를 위한 내부통제기준의 구축이 필요함에도 이를 게을리한 경우에는 이사회가 이에 대한 최종적 책임을 면하기 어렵게 될 것이다.

생각건대, 보험지주회사체제에서 내부통제시스템이 적절히 구축된다면 감독 당국의 규제자원이 절감되어 중요한 사안에 자원과 인력을 집중 투입하는 것이 가능할 것이다. 이러한 의미에서 보험지주회사의 내부통제시스템 구축은 일반 기업과는 다른 장점을 추가로 측면을 갖는다.[502]

(4) 준법지원인과 준법감시인제도

개정 상법에서 준법지원인 제도를 도입한 취지는 다음과 같이 설명되고 있다. 즉, 은행법에 따라 금융기관에는 준법감시인이 설치되어 있으나, 대규모 기업에도 준법경영을 위한 제도가 미비하여 윤리경영이 강화되고 있는 세계적 추세에 맞지 않는다는 지적이 있음을 반영하고 자산 규모 등을 고려하여 대통령령으로 정하는 상장회사는 준법통제기준을 마련하도록 하며, 이 기준의 준수에 관한 업무를 담당하는 준법지원인을 1명 이상 두도록 함으로써 기업의 준법경영과 사회적 책임의 강화라는 기대에서이다. 이러한 준법지원인은 '준법통제기준의 준수에 관한 업무를 담당하는 사람'으로서 '자산규모 등을 고려하여 대통령령으로 정하는 상장회사'는 준법통제기준을 마련하여야 하고, 준법지원인을 1명 이상 두어야 한다(상법 제542조의 13 제1항, 제2항). 그런데 준법지원인제도(상법 제542조의 13)와 준법감시인 등의 내부통제와의

---

501) 박세화, 위의 글, 306면.

502) 김건식·안수현, "법적시각에서 본 내부통제", 「BFL(제4호)」, 서울대학교 금융법센터, 2004. 3, 15면 주 21 참조.

구별이 문제될 수 있다.

　상법상 준법지원인은 적용대상과 업무범위를 제외하고는 금융감독법상 준법감시인과 거의 동일한 제도라고 할 수 있다.[503] 개정 상법상 준법지원인은 '시행령으로 정하는 상장회사'를, 그리고 금융규제법상 준법감시인은 은행 등 금융회사전부 그 대상으로 한다. 준법지원인과 준법감시인의 업무범위의 차이는 내부통제기준과 준법통제기준의 차이에서 비롯된다. 상법상 준법통제기준은 '법령을 준수하고 회사경영을 적절하게 하기 위하여 임직원이 그 직무를 수행할 때 따라야 할 준법통제에 관한 기준 및 절차'를 말한다(상법 제542조의 13 제1항). 그리고 금융지주회사법상 내부통제기준은 '법령을 준수하고 위험관리를 통하여 금융기관인 자회사 등의 건전성을 유지하며 이해상충을 방지하는 등 금융소비자를 보호하기 위하여 그 금융지주회사 및 그 자회사 등의 임직원이 직무를 수행함에 있어서 준수하여야 할 적절한 기준 및 절차'를 말한다(금융지주회사법 제41조의 5). 오히려 업무범위의 면에서는 내부통제기준의 준수 여부를 점검하고 내부통제기준을 위반하는 경우 이를 조사하여 감사위원회에 보고하는 것을 내용으로 하는 금융지주회사법상 준법감시인의 업무가 '준법통제기준의 준수에 관한 업무'를 담당하는 준법지원인의 업무보다 넓은 것으로 보인다.[504] 따라서 금융지주회사법상 준법감시인을 선임하는 금융회사에 대해서는 상법상 준법지원인 선임의무를 면제하여야 할 것이다.[505]

(5) 보험지주회사의 내부통제기준

　내부통제기준을 마련함에 있어서는 보험지주회사의 내부통제기준을 별도로 규정하는 것을 검토할 필요가 있다. 보험지주회사의 내부통제기준 제시를 위한 타 금융부분의 모범사례로 드는 금융감독원의 투자자문회사 '모범

---

503) 최준선, "내부통제의 바람직한 개선방향-준법지원인 논의를 포함하여-", 「상장회사감사회 회보(제137호)」, 한국상장회사협의회, 2011. 5, 3면.

504) 정순섭, "금융회사의 조직규제-금융회사 지배구조의 금융규제법상 의미를 중심으로-", 「상사판례연구(재24집 제2권)」, 2011, 40면.

505) 정순섭, 위의 글, 40면.

내부통제기준'을 보면, 현행 내부통제기준에 비해 세부적으로 투자자문회사의 특성을 반영하고 있기 때문이다.[506] 그리하여 보험지주회사의 내부통제기준은 보험지주회사의 운영상의 특성을 고려한 보험업법상의 기준과 자본시장법상의 기준의 적용이 있어야 할 것이다. 또한, 금산분리원칙의 완화에 대한 보완책으로 내부통제기준을 제시하고 있고, 임직원 겸직의 경우뿐만 아니라 자회사 등간의 업무위탁의 경우에도 내부통제기준의 사전승인을 요구하고 있으므로, 현행 은행법 등에서의 기준보다는 강화된 기준이 제시되어야 한다고 본다.[507]

이러한 강화된 기준을 적용하기 위해서는 일본의 경우와 같이 회계영역과 직접 관련이 없는 영역이라 할지라도 보험계약자의 이익과 관련이 있는 업무영역에 대해서는 내부통제기준이 구체적으로 제시될 필요가 있을 것이다.[508]

4. 통합감독체계의 확립

금융지주회사법의 주요한 입법취지 중 하나가 복합금융그룹의 지배주주 및 사업내용을 감독함으로써 금융산업의 안정성을 제고하려고 하였지만 금융지주회사 대부분이 그룹 전체의 건전성 감시와 관련하여 규제의 사각지대가 존재한다고 볼 여지가 있다. 그런데 피지배 금융기관의 업종이나 규모에 따라 규제의 내용 및 강도를 달라야 한다. 성격이 다른 금융기관을 일률적으로 규제하는 불합리를 피할 필요가 있는 것이다. 따라서 보험회사의 경우 이를 지

---

506) 한정미, 앞의 보고서, 138면.

507) 우리나라의 금융기관의 내부통제기준의 운영시스템을 보면, 주로 기업회계 관련 기본적인 사항만을 법령에 정해두고, 구체적인 내용은 개별기관에서 규정하여 운영하고 있다. 이는 일본의 경우 회계영역에 관한 것과 회계영역과는 직접적인 관련이 없는 업무영역을 모두 법률로써 규제하고 있는 것에 비해 완화되어 있는 것으로 보인다. 일본의 내부통제제도는 회사법과 금융상품거래법에서 이원적으로 규정하고 있는 점이 특징이라고 할 수 있다. 즉, 회사법에서는 대회사에 대해 이사의 직무집행의 법령 및 정관에 대한 적합성을 확보하기 위한 체제와 업무의 적정을 확보하기 위해 필요한 사항으로서 법무성령에서 정하는 체제를 구축할 것을 의무화하고(일본 회사법 제348조 제4항, 제362조 제5항, 제416조) 이를 받아 법무성령에서는 법령준수체제, 리스크관리체제, 정보관리체제 등(회사법 시행규칙 제100조) 내부통제에 해당하는 모든 요소에 관해 규정하고 있다. 한편, 금융상품거래법에서는 경영자에 대해 '재무보고에 관련된 내부통제' 평가보고서(내부통제보고서)를 내각총리대신에게 제출하도록 하고 이 내부통제보고서에 대해서는 외부감사인의 감사를 받도록 하고 있다(금융상품거래법 제24조의 4, 제193조의 2).

508) 한정미, 앞의 보고서, 140면.

배하는 자는 자연인이든 법인이든 예외 없이 감독기구의 자격심사를 받도록 하고, 보험지주회사·보험자회사·비금융자회사 간의 내부거래에 대해 엄격한 감독이 이루어져야 한다. 이와 같은 내용은 보험자회사의 특성을 반영하여 보험업법에 근거규정을 둘 필요가 있다고 본다. 보험업법이 대주주 및 주요주주의 적격성 심사에 관한 규제를 설정하고 보험업에 대한 진입규제를 설정하고 있기 때문이다.

이는 또한 일반 사업회사의 보험회사 지배문제를 해결하기 위해 필요한 감독체제를 구축하는 방안으로도 될 수 있다. 일반사업회사의 보험자회사 지배에 따른 편익과 비용의 불균형을 시정해야 한다면 더욱 그러하다. 복합금융그룹에 대한 통합감독의 핵심 요소 중 하나는 그룹 전체에 대한 자본적정성 규제이다. 즉, 그룹 내 계열회사 간 출자에 따른 자본의 다중계산(multiple gearing) 및 그룹 내 특정 계열회사의 부채가 다른 계열회사의 자본으로 인정되는 자본의 과다계산(excessive leveraging)의 문제를 제거하고 그룹 차원의 자본적정성 요건을 부과하는 것을 말한다. 그런데 우리나라의 현행감독체계에서는 금융그룹 차원의 자본적정성 규제는 차치하고라도, 개별 금융업종별로도 규제의 차별성이 존재한다. 따라서 일차적으로는 각 금융업종별로 자본적정성 규제의 차별성을 해소함과 동시에, 궁극적으로는 대기업집단 소속 계열금융기관 전체에 대한 통합 자본적정성 규제를 도입해야 할 필요가 있다.[509]

현행 금융지주회사의 감독규정에 따르면 보험지주회사의 경우에는 필요자본대비 실제 자본 비율이 100%를 초과해야 한다는 '조정평가 방법'을 적용한다. 조정평가 방법은 금융자회사 간 위험의 상호관계를 감안하지 못하기 때문에, 은행지주회사에 대한 BIS비율 규제 방법에 비해 그 효과가 매우 불충분하다. 보험지주회사에서의 통합감독체계를 둘 경우 특징은 다음과 같다.

(ⅰ) 첫째, 개별 보험자회사의 지급여력비율의 규제만으로는 보험계약자 등의 보호에 문제가 발생할 수 있으므로 그룹 전체에 대한 연결자기자본비율 등의 규제체계를 설정하여 운용하는 것이 바람직하다. 필요자본 대비 자기자본비

---

509) 예컨대 계열사 출자분을 규제자기자본에서 모두 공제함으로써 계열금융기관을 통해 그룹을 지배하는 것에 대한 적정한 비용을 부담하도록 하는 방안을 생각해 볼 수 있을 것이다.

율 규제와 같은 개별적 접근방법에는 비일관성(inconsistency), 통합(aggregation), 불완전성(incompleteness) 등 문제점이 지적되고 있다.[510]

비교법적인 관점에서 우리나라의 보험지주회사와 관련한 그룹 전체에 대한 건전성 감시에 관한 규정을 명확히 할 필요가 있다고 본다. 이를 단편적으로 생각하면 결국 보험지주회사에 대한 규제가 추가되는 듯한 착각을 불러일으킬 수 있을 것이나, 이러한 규제는 보험자회사의 건전성을 유지하여 보험계약자를 보호함과 동시에 그룹 전체의 기업가치를 제고하는 측면이 강함을 인정해야 한다. 왜냐하면 그룹 전체의 건전성 유지가 부실한 보험지주회사와 같은 복합금융그룹을 교정할 것이기 때문이다.

(ii) 둘째, 보험지주회사의 기업가치를 증대시켜 투자자를 적극 유치함에 목표를 두어야 한다.

현재 금융·보험시장에서는 글로벌한 경쟁의 확대, IT혁신, 시장의 성숙화 등을 배경으로 고객의 요구와 상품·서비스는 다향화·고도화되고 있고 금융서비스사업자가 내포하는 위험은 복잡하고, 사업상 수익의 변동성도 높은 경향에 있다. 이와 같은 시장의 변화에 대응하여 규제의 방향도 사전규제로부터 사후규제에 보다 중점을 두는 방향으로 가고 있다. 이는 시장에서의 거래와 위험이 복잡화, 고도화되는 추세에서 규제·감독 당국이 모두를 통제하기에는 곤란하고, 자유경쟁 체제에 있는 각 주체들의 창의와 연구개발을 통한 혁신을 촉진하는 관점에서 사후적 규제의 중요성에 대한 인식이 높아진 때문이다. 이와 같이 규제·감독의 시스템에 있어서도 시장, 즉 투자가의 역할이 중요시됨에 따라 규제·감독 당국도 투자가에 대한 인식을 현재 이상으로 중시할 필요가 생겼다. 투자가 특히, 주주는 금융서비스업자의 기업가치에 높은 관심이 있다. 이상과 같은 관점에서 자기자본비율규제와 기업가치 평가와의 관계에 대해서 검토해볼 필요가 있다.[511]

(iii) 셋째, 보험지주회사에 대한 적합한 규제를 하면서도 자기자본비율을

---

510) 송옥렬, "금융그룹에서 법인격과 자기자본규제의 의미", 한국금융연구원, 2010. 9, 26～27면.

511) 牛窪賢一·崗﨑康雄·赤松繁, 「先進国における金融·保険業に関する資本要件規制の変化の方向性(保損保ジャパン 総研クオータリー(4号))」, 損保ジャパン総合研究所, 2005. 3, 6頁.

적정하게 규율하는 것이어야 한다.

금융서비스업에 관한 규제·감독 변화의 방향성은 각국·지역과 각 업태에 따라서 반드시 동일한 형태로 작동하는 것은 아니지만 선진국에서는 대체적으로 공적 규제에 따른 비용의 발생을 가능한 한 감소시키고, 시장경쟁의 촉진에 의한 기술혁신과 새로운 서비스의 확대를 도모하고자 경쟁제한적인 규제의 완화·자유화를 포함한 규제개혁을 진행하고 있는 나라가 많다.

경쟁제한적 규제의 완화·자유화는 기술혁신과 새로운 서비스의 확대에 기여하지만, 금융서비스업과 관계되는 위험의 복잡화 및 위험을 증대시킬 우려도 높다. 이러한 이유로 금융서비스업자가 파산하는 사태가 발생하면 결제시스템의 안정성과 예금자, 보험계약자의 이익이 훼손된다. 이를 방지하기 위하여 현재, 금융·보험분야에서 진전되고 있는 규제개혁으로서 금융서비스업자 간의 활발한 시장경쟁을 통한 이용자의 편의를 도모함과 동시에 서비스의 확실한 이행 등 이용자의 이익을 보호하는 규제를 실현할 필요가 있다. 일반적으로 금융서비스업자가 지급능력을 유지하고 이용자에게 확실한 이행을 확보하는 자본요건규제와 금융서비스업자가 파산한 경우 이용자의 서비스를 확보하는 예금자보험제도와 같은 세이프넷(안전망)이 중요한 역할을 할 것이다.

우리나라는 은행에 적용되는 안전망을 보험에 대해서도 동일하게 적용하고 있다. 예컨대, 예금보험에 있어서는 배상한도 5,000만 원까지 완전히 동일할 뿐만 아니라(예금자보호법 제32조 제2항, 동시행령 제18조 제6항), 자기자본규제도 은행과 거의 유사하게 이루어지고 있다.

보험업법상 보험회사의 경우에는 지급여력(solvency)을 100% 이상 유지해야 한다(보험업법 시행령 제65조 제2항 제1호).[512]

그런데 은행에 비해서 시스템위험이 낮은 보험에 대해서 은행과 마찬가지로 예금보험과 자기자본규제를 적용하는 것은 이론적으로 설명하기 어렵

---

512) 여기서 지급여력(solvency)이란 지급여력금액을 지급여력기준금액으로 나눈 것으로(동시행령 제65조 제1항 제3호), 지급여력금액은 근본적으로 보험회사의 순재산, 즉 자기자본을 말하고(보험업법 감독규정 제7-1조), 지급여력기준금액이란 시장위험, 보험위험, 등 보험업을 영위함에 따라 발생하게 되는 위험으로서 보험위험액, 금리위험액, 신용위험액, 시장위험액, 운영위험액으로 구성되어 있다(동규정 제7-2조). 이러한 규제는 결국 위험대비 자기자본의 구조를 동일하게 취급하고 있는 것이다(송옥렬, 앞의 보고서, 25면).

다.[513] 즉, 보험에 대해서도 은행의 안전망을 그대로 적용하는 것은 금융기관의 파산이 금융시스템 전반의 신뢰를 해칠 수 있다는 추상적인 논리에 기초한 것이다. 보험은 전통적인 은행에 비추어 시스템위험을 야기할 가능성이 더 낮고, 은행보다 더 높은 수준의 위험을 수용할 수 있으며 그에 요구되는 자기자본의 수준도 낮아야 할 것이다. 이러한 논의를 반영하여 자회사인 보험회사를 지배하는 보험지주회사에 관한 적절한 그룹차원의 자기자본비율규제를 설정할 수 있을 것이다.

Ⅲ. 그 밖의 입법적 개선방안

미국의 경우 금융지주회사법과 은행지주회사법이 별도로 존재하고 보험지주회사의 경우 주별 보험법에 의해 규율된다. 일본의 경우도 보험지주회사의 경우는 보험업법에서 규율하고 있다. 그러므로 우리나라의 경우도 보험지주회사에 관해서는 보험업법에서, 금융투자회사에 관해서 자본시장법 등에서 각각 필요한 규정을 두되, 금융지주회사법의 내용과 일치하는 부분에 관해 금융지주회사법을 준용하게 한다면 그 충돌·저촉을 피할 수 있을 것이다. 만약 보험지주회사가 은행을 자회사로 소유하고자 할 경우에는 일본의 경우처럼 금융지주회사법을 적용하면 될 것이다.[514] 이렇게 되면 현행 금융지주회사법은 주로 은행을 규율하는 것으로 법의 명칭과 내용을 변경하고 은행업에만 초점을 맞추어 조정하면 되리라 본다. 이러한 입법형식은 마치 백화점식 법규제정으로 비칠 우려가 있으나, 개별 지주회사의 특성을 많이 반영하는 장점을 분명 지니게 된다. 최상의 입법으로는 독점규제법과 금융지주회사법상 강고한 규제를 그 법률 자체에서 금산 분리, 출자총액제한제 등을 핵심 쟁점으로 하여 다루는 것이다. 그러나 그것을 차후의 과제로 미루어야 한다면 개별 업

---

513) 송옥렬, 앞의 보고서, 25~26면.
514) 같은 취지: 김선정, 앞의 글(각주 62), 24면.

법에서나마 이러한 노력을 기울일 수밖에 없다.

다음의 사항은 앞에서 설명한 제안을 구체화한 것도 있고 새로 제안하는 내용도 있다.

1. 보험지주회사의 정의 및 업무범위 규정의 신설

전혀 성격이 다른 은행지주회사와 보험지주회사를 그 특성을 무시하고 하나의 법체계로 규율하는 것은 효율적이지 못하다는 점은 앞에서 설명하였다. 또, 보험지주회사가 설립된다면 국제적 정합성을 갖도록 하는 것이 바람직하다는 당위에서 보험지주회사제도를 금융지주회사법에서 분리할 것이 요구된다. 그리하여 사업법인 보험업법에 별도의 장을 설정하여 법적 근거를 마련하는 방법이 필요하다고 생각된다. 구체적으로 금융지주회사법과는 별도로 보험업법 내 보험지주회사 관련규정을 마련하되, 산업특성과 무관하게 공통적으로 이루어져야 할 부분에 대해서는 금융지주회사법을 준용하면 될 것이다. 다만 유의해야 할 것은 보험회사의 경우 금융 전업회사로서나 대규모기업집단 소속으로서도 얼마든지 유지되고 있는 현실과 은행업과는 달리 운영되고 있다는 점에 대한 고려가 필수적이라는 사실이다. 이러한 사정 등을 고려하여 보험업법 제3장(보험회사)에서 주식회사(상호회사는 예정되어 있지 않음. 동법 제4조 제1항 제2호 참조)에 적용될 수 있도록 보험지주회사의 절을 신설하면 될 것이다.

전술한 바대로 보험업법상에 보험지주회사에 관한 절을 마련한다면 현행 보험업법에 의해 인가된 보험회사를 지배하는 회사를 보험지주회사로 정의하는 규정도 필요하다. 이때 보험지주회사는 자회사의 주식 지배의 기준을 미국의 경우와 같이 완화된 비율 이상으로만 보유하면 되도록 함이 바람직할 것이다.515)516) 그리하여 보험지주회사의 정의를 보험회사를 직・간접적으로 지배

---

515) 같은 취지: 안철경・민세진, 앞의 글, 189면; 김선정, 앞의 글(각주 62), 26면.

516) 이와 같은 정의규정을 둘 경우 다음과 같이 대기업집단의 금융지배와 관련하여 비판적인 견해가 우려하는 바를 해소할 수 있을 것으로 보인다.

하는 회사이고, 지배의 기준을 직·간접적인 보유 또는 대리권 행사를 통해 의결권 있는 주식총수의 10% 이상을 보유하는 것으로 규정하고 있는 뉴욕주 보험법의 태도를 참고할 수 있다.[517]

지주회사의 정의 외에도 자회사 및 손자회사의 정의규정의 신설도 필요할 것이다. 이에 따라 자회사라 함은 보험지주회사에 의하여 지배받는 회사로 정의할 수 있을 것이다. 완전자회사는 보험지주회사가 자회사의 발행주식총수를 소유하는 경우의 당해 자회사로 정의할 수 있다. 손자회사에 대해서는 보험업법 제2조 17호의 자회사를 의미하는 것으로 규정하면 된다. 보험지주회사의 업무범위와 관련해서 우리나라 금융지주회사법상 인정되는 지주회사의 형태가 주식의 소유를 통하여 다른 회사를 지배하는 것을 주된 사업으로 하는 순수지주회사 형태만 인정하고 있으므로 보험지주회사의 업무범위도 자회사에 대한 지배에 한정된다. 그러나 지주회사 조직구조는 운영상의 효율성을 고려해 특별한 규제 없이 회사가 선택적으로 결정하게 하는 것이 바람직하다. 이는 우리나라 주요 보험회사의 특성을 감안해야 할 필요성이 있고, 사기업의 자율성을 보장하는 측면에서도 바람직하다. 그리하여 지주회사의 형태를 순수지주회사로만 한정할 것이 아니라 다양한 형태의 지주회사가 가능하도록 해야 할 것이다. 보험업법상 보험지주회사의 형태는 사업지주회사와 순수지주회사 형태 모두 인정되는 것으로 사업자의 자율에 의한다는 규정을 마련하거나 아예 금융지주회사법 제15조와 같이 지주회사가 자회사의 경영관리 업무와 그에 부수하는 업무로 시행령에 정한 업무만 해야 한다는 등의 규정을 두지 않으면 될 것이다.[518]

즉, 현행 금융지주회사법에 의하면 보험지주회사는 '주식의 소유를 통하여 생보사, 손보사, 제3보험사를 대통령령이 정하는 기준에 의하여 지배하는 것을 주된 사업으로 하는 회사로서, 금융위원회의 인가를 얻은 회사'를 말한다(금융지주회사법 제2조 제1항 6의3호). 여기서 주된 사업의 판단기준은 보험업 관련 자회사 주식의 장부가액이 회사 자산 총액의 50% 이상인 경우이다(동법 시행령 제2조 제4항). 따라서 재벌은 다수의 금융기관을 지배하는 금융복합그룹임에도 금융지주회사법상 주된 사업기준을 총족하지 않음으로써 금융감독기구의 규제를 합법적으로 회피할 수 있음을 지적한다. 금융지주회사법의 주요한 입법취지 중 하나가 금융복합그룹의 지배주주 및 사업내용을 감독함으로써 금융산업의 안정성을 제고하고자 하는 것임을 감안하면, 현행법상의 주된 사업기준은 사실상의 금융지주회사 대부분이 규제의 그물망을 벗어날 수 있게 하는 문제를 야기한다. 이것이 재벌에 의한 금융지배를 방지하지 못하는 주요 요인이 되고 있다.

517) 같은 취지: 안철경·이상우, 앞의 보고서, 198~199면 참조.
518) 같은 취지: 안철경·민세진, 앞의 글, 22면.

2. 보험지주회사의 설립인가에 관한 규정의 신설

현행 보험업법상 보험회사 이외의 회사가 주식취득의 방법으로 보험회사에 대한 지배권을 인수하여 지주회사를 설립할 경우 금융위원회의 사전승인을 얻게 하고, 금융위원회는 취득회사의 금융상태, 보험회사의 경영 계획, 취득자금 및 자산에 대한 재원 등을 고려하여 인가 여부를 결정하게 하는 규정을 신설하는 방안을 생각해 볼 수 있다.

한편 자회사로 편입되는 회사 역시 금융위원회에 보고하도록 하고, 자회사를 지배하고자 하는 지주회사의 자본구조, 재무상태, 주요영업, 주요주주·임원 및 소속자회사 등에 대한 정보도 금융위원회에 보고하도록 하는 규정도 마련할 필요가 있다.

보험지주회사가 금융회사를 자회사로 편입할 경우 금융위원회의 사전승인 없이 가능하도록 하는 규정 마련도 생각해 볼 수 있다. 그와 달리 보험지주회사가 일반사업회사를 자회사로 편입할 경우에는 금융위원회의 사전승인을 받아야 한다는 규정을 둘 필요가 있다. 다만, 이 경우에도 경제력 집중의 우려 측면보다는 보험회사의 사업다각화 측면을 최대한 고려하여야 할 것이다. 미국의 경우 은행지주회사는 비은행 회사를 자회사로 편입하지 못하도록 엄격한 규제를 하고 있으나, 보험지주회사에 대하여는 이러한 규제가 없다. 한편 일본은 비금융 자회사를 편입하고자 할 때에는 내각총리대신의 사전인가를 받도록 하고 있으나, 사실상 비관련 자회사의 편입을 인정한다.

만일 현행 보험업법상 보험지주회사의 인가규정을 둔다면 당연히 일정한 경우의 인가취소 규정도 두어야 한다. 일본 보험업법 제271조의 33에는 보험지주회사의 인가에 대해 지주회사 인가 후 6개월 이내 인가사항이 실행되지 않을 경우(단, 부득이한 사유가 있어서 사전에 승인을 받을 경우는 제외) 또는 보험지주회사의 주요주주가 보험회사의 주요주주 기준 요건 이상의 의결권을 보유하지 않을 때에는 보험지주회사의 인가가 취소된다고 규정하고 있다. 이러한 입법례를 참고하여 보험지주회사에 관련된 인가취소 규정의 신설도 역시 필요하다. 보험지주회사 설립에 관한 인가요건 규정을 신설할 때 보험지주 회사의 대주주자격요건 규정도 마찬가지로 구비되어야 한다.[519] 대주주 자격 요건에 대하여는 다음과 같은 규정을 마련하는 것이 바람직하다. 즉, 보험지 주회사가 보험회사를 지배하는 회사라고 정의할 경우 대주주의 개념을 일정 지분율 기준 등으로 명백히 하는 것이 바람직하다. 예컨대 현행 보험업법[520] 과의 균형 및 일관성을 고려한다면 보험지주회사의 대주주 기준은 10~20% 수준으로 하는 방안을 생각해 볼 수 있다. 미국의 경우처럼 대주주의 보험지 주회사 지배유무를 감독기관이 재량적으로 판단하게 하는 방안을 참고할 필 요가 있다.

3. 자산운용 관련 규정의 신설

보험지주회사의 자산운용과 관련해서 신설되어야 할 것으로 생각되는 규정 들은 다음과 같다.

첫째, 다른 회사의 주식소유제한 규정 신설이다. 우리나라는 금융지주회사 법의 단일법체계에 은행지주회사, 보험지주회사, 금융투자지주회사 등의 설립 및 전환을 예정하고 있어 보험회사가 보험지주회사를 설립 또는 전환할 경우 에는 동법의 다른 회사 주식소유 제한 금지 규정에 따라 자회사가 아닌 국내 다른 회사 및 계열사의 지분에 대한 소유가 5%로 제한된다. 따라서 그 이상의 지분은 매각하여야 하는 결과가 발생한다. 이러한 규정은 보험지주회사의 설 립 및 전환에 있어 장해가 되고 있다. 이에 따라 보험지주회사의 다른 회사 주 식소유를 일정한도까지 허용하는 규정을 마련할 필요가 있다.[521] 신설되어야 할 규정을 예시하면, 보험지주회사는 자회사 등이 아닌 회사의 발행주식 총수

---

519) 같은 취지: 안철경·이상우, 앞의 보고서, 194면.

520) 보험업법 제2조 정의규정에 의하면 대주주라 함은 첫째, 보험회사의 주주 1인 또는 출자자 1인이 보험회사의 의결권 있는 발생주식(출자지분을 포함한다) 총수의 100분의 10을 초과하여 주식을 보유하는 경우의 당해 주주 1인 또는 출자자 1인, 둘째, 보험회사의 최대주주 또는 최대출자자, 셋째, 대통령령이 정하는 바에 따라 임원의 임면 등의 방법 으로 당해 보험회사의 주요 경영사항에 대하여 사실상 영향력을 행사하는 자인 경우의 당해 주주 1인 또는 출자자 1인 위에 열거한 자들과 대통령령이 정하는 특수관계에 있는 자를 말한다.

521) 같은 취지: 안철경·이상우, 앞의 보고서, 201면.

의 100분의 15 이내에서 다른 회사의 주식을 소유할 수 있고, 이규정에 의하여 보험지주회사가 다른 회사(금융기관 및 금융업과 밀접한 관련이 있는 회사를 제외한다)의 주식을 소유하는 경우 당해 보험지주회사는 그 다른 회사의 주주총회의 참석 주식수에서 보험지주회사가 소유한 주식수를 차감한 주식수의 의결내용에 영향을 미치지 아니하도록 의결권을 행사하여야 한다는 규정을 들 수 있다.

둘째, 신용공여한도 규정의 신설이다. 보험지주회사가 특정 차주에 대하여 제공할 수 있는 신용공여한도를 정하여 특정 거래처의 부실화로 당해 보험지주회사 등이 동반 부실화되는 것을 예방하고 경영의 건전성을 확보하기 위해 신용공여한도 규정이 신설되어야 한다.

입법의 형태를 예시하면 대상별 신용공여한도를 규정하여 동일차주에 대한 신용공여한도, 동일한 개인이나 법인 각각에 대한 신용공여한도, 보험지주회사의 대주주에 대한 신용공여한도를 현행 금융지주회사법과 동일한 한도까지 설정하여 보험업법에 신설 또는 준용규정을 마련하는 방안을 들 수 있다.[522] 다만, 현행 금융지주회사법이 신용공여한도의 예외로 인정하고 있는 일정한 경우 즉, 국민경제를 위하여 또는 보험지주회사 등의 채권확보의 실효성확보를 위하여 필요한 경우, 보험지주회사 등이 추가로 신용공여를 하지 아니하였음에도 불구하고 자기자본의 변동, 동일차주의 변동 등으로 인하여 한도를 초과하게 되는 경우 등은 예외로 규정할 필요가 있다. 또한 한도초과 신용공여의 축소 기간을 부여하여 보험지주회사 등이 추가로 신용공여를 하지 아니하였음에도 불구하고 신용공여한도를 초과한 경우에는 당해 한도 초과가 발생된 날부터 1년 이내에 한도에 적합하도록 하여야 한다는 규정을 신설할 필요가 있다.

셋째, 보험지주회사의 출자 규정 신설이다. 보험지주회사가 부채를 조달하여 자회사에 출자할 경우 무리한 자회사 확장으로 경제력집중이 심화될 수 있

---

522) 현행 금융지주회사법상 대상별 신용공여한도는 동일차주에 대한 신용공여한도가 자기자본 순합계액의 25%를 초과할 수 없고, 동일한 개인이나 법인 각각에 대한 신용공여한도는 자기자본 순합계액의 20%를 초과할 수 없으며, 금융지주회사의 대주주에 대한 신용공여한도는 금융지주회사의 대주주에 대하여 자기자본 순합계액의 25%와 당해 대주주의 금융지주회사에 대한 출자비율에 해당하는 금액 중 적은 금액을 초과하여 신용공여를 제공할 수 없다.

으며, 자회사는 증가된 자기자본을 바탕으로 부채를 증기시키는 이중레버리지 효과가 발생하여 자산규모가 과대계상될 수 있다. 또한 자회사의 경영악화 시 이를 개선하기 위한 자구노력을 수반하지 않고 손쉽게 보험지주회사의 차입금을 이용한 증자를 통해 해결하려고 하는 경우 보험지주회사도 같이 부실해져 그룹 전체로 부실이 파급될 우려가 있다. 이러한 점을 감안하여 보험지주회사의 자회사에 대한 출자를 보험지주회사의 자기자본 범위 내로 한정하는 규정을 신설하여야 한다. 즉 보험지주회사는 당해 보험지주회사의 자기자본을 초과하여 자회사의 주식을 소유할 수 없고, 다만, 자회사 등의 재무개선을 위한 증자 등 일정한 경우에는 예외로 하는 규정을 신설하여야 한다. 여기서 일정한 예외의 경우로는 현행 금융지주회사법 시행령 제25조 제1항에서 정한 사유를 참고할 수 있다.

4. 통합적 감독 관련 규정의 신설

보험지주회사 업무의 건전성과 적절한 운영을 확보하여 보험계약자나 채권자 등의 보호를 위하여 금융위원회가 감독 및 검사권한을 수행할 수 있는 법적 근거를 마련해야 한다. 보험지주회사가 보험자회사의 운용, 경영 및 재무상태에 중대한 영향을 미치는 당해 보험지주회사 그룹의 영업에 관한 사항 중 금융위원회가 지시하는 보고서 및 자료를 금융위원회에 제출하도록 하는 규정을 신설하도록 한다. 이때 보험계약자 보호를 위해 필요할 경우에는 수시로 보험지주회사 또는 자회사에 대해 그 취지를 표시하고, 그 보험회사의 업무 또는 재산에 관한 보고 및 자료제출을 요구할 수 있는 권한을 부여해야 할 것이다. 또한 구체적인 업무개선 등의 명령권이나 건전경영의 지휘권 등도 인정하여야 할 것이다. 이와 같은 규정은 현행 보험업법 제7장 감독규정에 규정되어 있지만, 자회사인 보험회사에 해당하는 규정을 보험지주회사에 기계적으로 적용할 것이 아니라 보험지주회사에 합당하게 변용해야 한다. 보험지주회사 장에서 이러한 내용을 신설하거나, 금융지주회사법상의 해당 규정을 준용하는 방안을 생각해 볼 수 있다.[523] 또한 현행 금융지주회사법 제53조와 같은 금융지주회사의 의무사항인 이익준비금의 적립에 관한 규정이 두어져야 한다. 즉 보험지주회사는 자본의 결손을 전보할 목적으로 적립금이 자본금의 총액에 달할 때까지 결산순이익금을 배당할 때마다 그 순이익금의 100분의 10 이상을 적립하여야 한다는 규정을 신설할 필요가 있다. 또한 보험지주회사의 감독과 관련해 금융지주회사법 제7장 감독 관련 규정들 중 금융지주회사의 의무사항인 경영지도기준에 관한 규정, 분담금에 관한 규정, 업무보고서에 관한 규정, 재무제표의 공고 등에 관한 규정, 전자문서에 의한 제출 등에 관한 규정, 경영공시에 관한 규정, 행정처분에 관한 규정, 청문에 관한 규정 등은 보험지주회사의 건전성 확보를 위하여 이러한 규정들을 신설하거나, 준용규정을 두는 방안을 고려할 필요가 있다.

이 밖에도 감독관청은 보험지주회사 등이 법에 의한 명령을 위반하여 보험지주회사 등의 경영 건전성을 해할 우려가 있다고 인정되는 경우 행정처분으로서 징계권에 관한 규정, 영업의 정지에 관한 규정, 시정조치에 관한 규정, 보험지주회사가 해산하거나 다른 회사와 합병하고자 할 때, 해산 또는 합병이 경쟁을 제한하거나 건전한 금융시장질서를 저해하는지 여부에 대한 합병 등의 인가에 관한 규정, 임원선임 및 해임, 최대주주 변경, 상호변경, 해산사유 발생 등 보고사항에 관한 규정 등을 신설 하거나 금융지주회사법의 규정을 준용하는 방안을 생각해 볼 수 있다.

5. 완전지주회사에 관한 특례 규정의 신설

현행 금융지주회사법은 완전보험지주회사에 대해 경영의 투명성 등 요건을 갖출 경우 사외이사를 두지 않아도 되도록 규정하고 있다. 이와 같은 특례를 적용하여 보험자회사에 사외이사를 두지 않기 위해서는 경영투명성 등의 요건을 갖추어야 하는데 금융지주회사법 시행령과 감독규정은 지배구조 특례가

---

523) 같은 취지: 안철경 · 이상우, 앞의 보고서, 194면.

인정되는 완전자회사의 경영투명성 요건에 대해 금융지주회사의 이사회가 해당 자회사의 경영사항에 대해 조언·시정권고 및 자료제출요구 권한을 갖고, 또 해당 자회사는 특별한 사정이 없는 한 이에 성실히 응해야 하는 것으로 규정되어 있다. 지주회사가 해당 자회사를 완벽하게 통제할 수 있어야 함을 전제로 하는 것으로 보인다. 주지하는 바와 같이 완전지주회사의 이사회는 주주에 대하여 경영책임을 부담하고, 완전자회사 이사회는 지주회사(이사회)에 경영책임을 지는 완전지주회사 기본체계 하에서는 주주이익을 위해 자회사에 사업목표를 부과하는 등 자회사 경영관리가 지주회사의 본질적인 업무이다. 결국 증권거래집단소송법상의 주주에 대한 손해배상 등 민사 책임, 완전자회사에 대한 업무집행 지시자(사실상의 이사)로서의 책임(상법 제401조의 2, 제399조), 자회사의 재무상태, 경영관리상태 등에 관한 행정상 책임(금융지주회사법 제50조) 등 경제적, 법적 위험과 부담은 보험지주회사에게 귀속시키고 있다. 따라서 보험지주회사가 위와 같은 법률상 책임 주체로서뿐만 아니라 충분한 경영권을 행사할 수 있는 권한을 갖도록 법과 제도를 정비하는 것이 바람직한 보험지주회사 체계에 부합할 것이다.[524]

6. 보험지주회사와 완전자회사 간의 거래에 대한 특례

독점규제법은 사업주체 간의 경쟁을 촉진하고 관련 회사 간의 부당한 지원을 방지하기 위하여 관련 회사들의 공동마케팅 및 금리결정 등을 제한하며(독점규제법 제19조 제1항), 관련 회사에 대한 자금지원을 불공정거래 행위의 하나로 간주하여 제한하고 있다(독점규제법 제23조 제1항 제7호). 그리하여 법 제19조 제1항에서는 "사업자는 계약·협정·결의 기타 어떠한 방법으로도 다른 사업자와 공동으로 부당하게 경쟁을 제한하는 행위를 할 것을 합의(이하 부당한 공동행위라 한다)하거나 다른 사업자로 하여금 이를 행하도록 하여서는 아니된다"고 규정하고 있다. 구체적인 사항으로 첫째, 가격을 결정·유지

또는 변경하는 행위, 둘째, 상품 또는 용역의 거래조건이나 그 대금 또는 대가의 지급조건을 정하는 행위, 셋째, 상품의 생산·출고·수송 또는 거래의 제한이나 용역의 거래를 제한하는 행위, 넷째, 거래 지역 또는 거래 상대방을 제한하는 행위, 다섯째, 생산 또는 용역의 거래를 위한 설비의 신설 또는 증설이나 장비의 도입을 방해하거나 제한하는 행위, 여섯째, 상품 또는 용역의 생산·거래 시에 그 상품 또는 용역의 종류·규격을 제한하는 행위, 일곱째, 영업의 주요부문을 공동으로 수행·관리하기 위한 회사 등을 설립하는 행위, 여덟째, 제1호 내지 제7호 외의 행위로서 다른 사업자의 사업활동 또는 사업내용을 방해하거나 제한함으로써 일정한 거래분야에서 경쟁을 실질적으로 제한하는 행위 등을 예시하고 있다. 또한 제23조 제1항 제7호에서는 부당하게 특수관계인 또는 다른 회사에 대하여 가지급금·대여금·인력·부동산·유가증권·무체재산권 등을 제공하거나 현저히 유리한 조건으로 거래하여 특수관계인 또는 다른 회사를 지원하는 행위를 공정한 거래를 저해할 우려가 있는 행위의 하나로 간주하여 계열회사 또는 다른 사업자로 하여금 이를 행하도록 하여서는 안 된다고 규정하고 있다.

　대기업집단의 계열회사 간의 부당행위나 카르텔 형성 등을 제어하기 위하여 마련된 독점규제법 규정을 보험지주회사에도 엄격하게 적용할 경우 보험지주회사와 완전자회사는 법적으로는 독립된 법인격을 가지고 있으나 경제적으로는 단일체로서 운영되고 있다는 점이 간과될 우려가 있다.[525] 금융지주회사법은 보험지주회사의 중복투자 방지 및 시너지효과 제고 등을 위하여 신용정보 및 전산설비의 공동사용, 임원겸직 등을 허용하고 있다. 따라서 자회사 간 공동마케팅에 따른 공동상품 개발 및 판매행위 등이 부당공동행위로 규정된다면 해당 그룹의 시너지 효과가 제한되는 결과를 초래한다. 따라서 보험지주회사가 대형화·겸업화의 시너지를 충분히 확보하여 경쟁력을 제고할 수 있도록 완전자회사들에 대한 부당공동행위 제한이나 부당한 자금지원 등 불공정거래행위 제한을 완화할 필요가 있다.[526] 지주회사와 완전자회사 간 또는

---

525) 윤창현, 앞의 보고서, 89면.
526) 윤창현, 앞의 보고서, 89면.

완전자회사 상호 간의 자금지원 및 공동홍보활동·공동금리결정 등에 대하여
는 독점규제법 제19조 제1항(부당한 공동행위의 금지) 및 제23조 제1항 제7호
(특수관계인 등에 대한 부당한 지원)의 규정 적용에 있어서 완전보험지주회사
는 예외가 되도록 할 필요가 있다.[527] 왜냐하면 이미 보험지주회사의 설립 및
자회사 편입 시 공정위원회로부터 경쟁제한성에 대한 심사를 받기 때문에 추
가적인 공동행위 규제는 과도한 것이기 때문이다. 다만, 보험지주회사 그룹
내 회사 간의 거래에 대하여 미국 및 일본의 제도를 참고로 관계회사 간의 거
래조건이 제3의 회사와의 거래와 동등조건일 것을 요구하는 규정을 마련할
필요가 있다.[528]

7. 자회사의 업무영역 조정

보험지주회사의 자회사 업종 제한은 금융지주회사법 개정으로 보험지주회
사 소속 보험회사가 보험계약자로부터 받은 자산을 비금융회사에 대한 지배
력 확장에 직접 사용하지 못하도록 함으로써 보험계약자와의 이행상충의 문
제가 발생하지 않도록 하려는 것이다. 이 경우 현행 보험업법의 업무영역과
금융지주회사법상의 그것을 조화시켜야 한다. 이와 관련하여 보험업법상 보
험회사가 겸영할 수 있는 업무로 ① 「자산유동화에 관한 법률」에 의한 유동화
자산의 관리업무, ② 「주택저당채권유동화회사법」에 의한 유동화자산의 관리
업무, ③ 「한국주택금융공사법」에 의한 채권유동화자산의 관리업무, ④ 「자본
시장과 금융투자업에 관한 법률」에 따른 신탁업이 있으며, 보험업과 관련된
업무(대통령령이 정하는 부수업무)로는 ① 보험수리업무, ② 보험사고 및 보험
계약 조사업무, ③ 보험에 관한 연수·간행물·도서출판업무, ④ 보험업과 관
련된 전산시스템 또는 소프트웨어 등의 대여 및 판매 업무, ⑤ 보험관련 인터
넷 정보서비스 제공업무와 보험회사가 소유하는 인력·자산 또는 설비 등을

---

527) 윤창현, 앞의 보고서, 90면.
528) 윤창현, 앞의 보고서, 90면.

활용하는 업무로는 첫째, 기업의 인수 및 합병의 중개·주선 또는 대리업무, 둘째, 대여금고 업무, 셋째, 수입인지·복권·상품권 등의 판매대행 업무, 넷째, 기업 및 보험계약자에 대한 상담 및 위험관리 업무, 다섯째, 금융·경제관련 조사 및 연구업무, 여섯째, 다른 금융기관의 업무 중 금융위원회가 정하는 바에 따라 그 업무의 수행방법 또는 업무수행을 위한 절차상 본질적 요소가 아니면서 중대한 의사결정을 요하지 아니한다고 판단하여 위탁한 업무 등이 있으며, 일곱째, 「자본시장과 금융투자업에 관한 법률」에 따른 집합투자업 및 집합투자증권에 대한 투자매매업 또는 투자중개업, 여덟째, 「전자금융거래법」에 따른 전자자금 이체업무를 규정하고 있다.

현행 금융지주회사법상 금융지주회사의 자회사인 보험회사의 경우 그 업무영역이 보험업법상 보험회사의 일반적인 업무영역보다 축소되어 있다. 이러한 업무영역의 축소가 보험지주회사 제도를 활성화하는 것에 과도한 제약요인이 된다면 보험계약자와의 이해상충이 되지 않는 범위에서 보험업법 수준으로 조정하는 것을 검토할 필요가 있다.[529] 또한 지주회사가 갖는 장점을 보험회사도 누려야 한다는 관점에서 보험업과 직접적인 관련성이 없는 분야로 사업을 다각화해야 할 필요도 있다. 보험지주회사를 통해 지주회사는 소속회사 전체의 기업가치를 확대하고, 소속회사 전체에 대한 위험을 관리하게 된다.[530] 이를 통해 자회사는 사업수익을 최대화한다는 목표 아래 각 회사에 맞는 마케팅전략을 결정하고 각 사업단위의 사업에 전념할 수 있다고 본다. 따라서 보험지주회사와 관련하여 자회사의 업종에 따라 주식소유를 제한하기보다는 보험자회사의 다른 회사 지배(일반사업회사)도 허용하여 산업자본의 활용을 촉진하고 보험회사들이 유연한 사업을 전개할 수 있도록 하는 것이 보험산업의 국제경쟁력 강화에 도움이 될 것이다.[531]

---

529) 한정미, 앞의 보고서, 154면.

530) 구체적으로는 소속회사의 전략 결정, 수익과 위험 관리, 경영자원의 적정한 배분, 자본정책결정 역할을 할 것으로 예상된다.

531) 김선정, "최근 금융지주회사법 개정에 대한 보험사업자의 반응과 남겨진 과제", 한국경제법학회 2009년 추계학술대회 및 정기총회 자료집, 11면.

8. 자회사의 건전성 확보 의무에 관한 규정

보험업법상 보험지주회사에 관한 규정을 두는 경우 현행 금융지주회사법상 보험지주회사의 업무와 동일하게 자회사 관리업무를 주된 사업으로 한다면 보험지주회사가 자회사를 관리할 수 있는 권한이 인정된다. 이러한 지휘권은 사실상의 지배력에 불과하다는 한계는 있으나 문리해석에 의하면 자회사 지휘권은 부여되어 있다. 이러한 자회사 지휘권한에 대응한 의무로서 보험자회사의 건전성 확보의무를 명문화할 경우 자회사의 건전성 관리에 실효성을 확보할 수 있을 것으로 생각된다. 이러한 의무는 보험지주회사에 대한 규제라기 보다는 보험지주회사 및 자회사의 건전성을 확보함으로써 보험지주회사 그룹 전체의 기업가치를 증대시킬 수 있는 최소한의 예방조치적인 것이다. 그리하여 일본의 보험업법 제271조 제2항의 보험회사의 건전성 확보의무에 관한 규정을 참고하여 보험지주회사는 그 업무를 영위함에 있어 그 자회사인 보험회사의 업무의 건전하고 적절한 운영의 확보에 노력해야 한다는 규정을 신설할 필요가 있다.

이와 같은 규정은 지주회사의 자회사에 대한 약탈적 행위를 방지하여 자회사의 보험계약자 등을 보호하기 위한 것임을 명확히 할 수 있다.

보험지주회사에 적용되는 자산운용 등과 관련한 건전성 규제의 적절한 구축과 자회사의 건전성유지 의무를 명문으로 규정한다면 구태여 과도한 사업지배력 확장을 우려하여 불필요한 규제를 둘 필요가 없다. 예컨대, 현행 금융지주회사법과 같이 보험지주회사의 설립을 유도하면서 과도한 사업지배력의 확장을 방지하여 보험계약자 등을 보호하고자 하는 입법(금융지주회사법 제23조 제24조)으로는 그 규제목적을 달성하는 데 한계가 있다는 점을 상기할 필요가 있다. 따라서 경제력집중의 억제를 방지하고자 한다면 독점규제법의 규제가 적용되어야 입법목적의 상이에서 발생하는 금융지주회사법과의 규제체계에 혼선 및 불필요한 법적용의 복잡성을 제거할 수 있다.

요컨대 금융지주회사법상 보험지주회사에 관한 감독법적 규제에 충실하여 경제력 집중의 우려에 따라 설정된 지주회사에 관한 과도한 규제는 개선되어야 하고 보험자회사의 건전성 확보를 통한 보험계약자의 보호에 필요한 규정을 마련할 필요가 있을 것으로 생각된다.

9. 고객 개인정보의 보호에 관한 규정

보험업의 경우 보험상품의 가격인 보험료를 안정적으로 결정하기 위하여 대량의 정보를 필요로 하고 보험단체의 동질성 유지를 위해서도 추가적인 정보를 필요로 한다. 이러한 보험산업의 특성으로 인해 다른 금융업에 비해 정보이용과 보호 필요성이 더욱 요청된다. 따라서 미국, 일본 등에서도 보험정보의 이용과 보호에 관한 법률 및 지침 등을 정하여 운영하고 있다. 최근에는 정보화와 소비자주권의식의 강화로 소비자들의 개인정보 보호 요구도 강화되고 있고, 보험정보에는 질병정보 등 민감한 개인정보를 포함할 수 있어 개인정보보호를 위한 법적 및 감독차원의 규제도 강화되고 있다. 이러한 추세를 감안하여 보험업에 필요한 정보를 효율적으로 관리하고, 개인정보 보호법상의 규정과의 정합성을 확보하는 차원에서 보험정보에 대한 기존 법령 및 감독차원의 규정을 합리적으로 개선해야 할 필요가 있다.[532]

보험업법상으로 수비의무(守祕義務)가 인정되고,[533] 이러한 규정은 금융지주회사법상 개인정보의 활용에 관한 규정과의 정합성을 검토해야 한다. 미국에는 금융기관의 수비의무에 관한 법제로 연방법과 주법의 제정법과 판례법이 존재

---

532) 김성태, 「보험고객정보의 이용과 프라이버시 보호의 상충문제 해소방안」, 보험개발원 보험연구소(정책연구자료), 2007. 3, 66∼68면 참고.

533) 보험업법 시행령 중 개인정보보호에 관한 규정: 제10조(허가의 세부요건 등) ① 법 제6조 제1항 제2호의 규정에 의하여 보험업의 허가를 받고자 하는 자가 갖추어야 하는 인력 및 물적시설의 세부요건은 다음 각호와 같다. 1. 발기인(발기인이 개인인 경우에 한한다)이 법 제13조 제1항의 규정에 의한 임원의 결격사유에 해당되지 아니하여야 하며 허가받고자 하는 보험업에 관한 전문성과 건정성을 갖춘 보험전문인력과 보험회사의 업무수행을 위한 전산요원 등 필요한 인력을 갖출 것. 2. 허가받고자 하는 보험업을 영위함에 있어서 필요한 전산설비를 구축하고 사무실 등 공간을 충분히 확보할 것.
②∼⑤ 생략.
⑥ 법 제6조 제3항 단서에서 "대통령령이 정하는 경우"라 함은 보험계약자의 이익보호에 지장을 초래하지 아니하고 당해 보험회사의 경영효율성제고 등을 위하여 불가피한 경우로서 다음 각호의 요건을 충족하는 경우를 말한다.
1.개인정보보호에 차질이 없을 것.
(제2호 이하 생략.)

한다. 연방법상 중요한 것은 1970년에 제정된 연방 공정신용정보법(Fair Credit Reporting Act)과 1999년 제정된 금융서비스현대화법(Gramm-Leach-Bliely Act, 이하 GLB법)이다.[534] GLB법 제5편은 프라이버시에 관한 제목으로 'A: 비공개개인정보의 개시'와 'B: 금융정보에 대한 부정(사기적) 접근'으로 나누어 규정을 두고 있다. 이와 같이 제5편이 추가된 배경은 미국 내외에 있어서 개인정보·프라이버시 보호의 분위기가 높아졌기 때문이다.

먼저, 미국에서는 1995년 EU개인정보보호지침의 제정이 큰 계기가 되었다. 동 지침의 제25조는 충분한 수준의 개인정보보호를 위한 조치를 강구하지 않은 나라에 대해서는 개인정보의 이전을 금지하고 있다. EU가 자율규제를 중심으로 한 미국의 대응에 염려를 표시한 이후 미국이 EU에 "세이프하버룰(safe harbor rule)" 협정[535]을 제안했다. 동 협정에서는 연방거래위원회의 감독하에 가입을 희망하는 기업이 EU개인정보보호지침에 걸맞은 개인정보보호를 위한 조치를 강구하도록 자율적으로 대응하는 것으로 했다. 그러나 금융기관은 최초의 합의서에는 포함되지 않았던 이유도 있어서,[536] 다른 업계에 비해서 대응이 늦게 되었다.[537]

고객정보의 보호와 관련하여 주법이 GLB법보다 강력한 보호장치를 마련하고 있는 것으로 인정되는 경우에는 주법이 GLB법에 우선하어 적용된다.[538]

한편 독일은 금융기관 그룹에 있어서 고객의 개인정보의 전달·이용에 관한 각종의 법제의 취급에 있어서는 먼저 콘체른 등의 기업그룹의 조직과 거버넌스에 대해서 규정하는 주식법, 특히 동법상의 콘체른법에 의해 어떻게 취급되어야 하는지와 관련해 문제가 되어 왔다. 이 점에 관해서 먼저 독일 주

---

534) 2006. 4. 18. 자료출처:www.fsa.go.jp/frtc/nenpou/2006a/06.pdf

535) 협정에 대한 상세는 岡村久道·新保史生,「電子ネットワークと個人情報保護-オンラインプライバシー法入門」, 経済産業調査会, 2002, 145頁 이하가 상세하다.

536) M. Maureen Murphy, *"Privacy Protection for Customer Financial Information"*, CRS Report for Congress 5, 2003. 2. 28, 자료출처: http://www.epic.org/privacy/glba/RS20185.pdf (2011. 8. 13일 방문).

537) 또한 미국 국내에서는 일부의 은행이 자신의 프라이버시 방침에 위반해서, 본인의 동의를 얻지 않고 고객정보를 대량으로 외부의 마케팅회사에 판매하는 등의 불상사가 이어저 커다란 문제가 되었다(Electronic Privacy Information Center, The Gramm-Leach-Bliley Act, 자료출처, http://www.epic.org/privacy/glba(2011. 8. 13방문).

538) 김광록, "미국의 보험지주회사 관련 법제의 동향",「주요국의 보험지주회사 관련 법제의 동향과 쟁점(워크숍 자료집)」, 한국법제연구원, 2009. 3. 20, 17면.

식법상 통일적 지위의 존재가 콘체른의 구성요소이므로(주식법 제18조), 기업결합이 콘체른으로서 파악되기 위해서는 콘체른을 구성하는 기업에 대한 지배기업에 의한 통일적 지휘가 필요하게 된다.[539] 그리고 콘체른지배기업에 의한 종속회사에 대한 통일적 지휘가 성립하기 위해서는 당연히 상호 간의 의사의 교환이 불가결함과 동시에 정보의 제공도 중요한 요소가 된다. 따라서 콘체른에 있어서 종속회사의 관리자에 의한 지배기업에 종속회사에 대한 정보전달은 콘체른지배기업의 요청에 응해서 실시되는 경우에는 콘체른지휘의 필요성의 관점에서 허용된다고 생각된다. 이러한 종속회사에 대한 정보전달에는 당연히 종속회사가 가지고 있는 그 고객의 개인정보도 포함되므로 주식법상의 취급으로서는 그 정보제공에 대해 당해 고객의 동의가 필요한 것은 아니라고 본다.[540]

우리나라는 금융기관간의 고객 정보의 공유가 금지되어 왔으나, 금융지주회사법 제48조의 2에서는 회사가 속하는 보험지주회사 등에게 영업상 이용하게 할 목적으로 고객의 정보를 제공할 수 있도록 하고 있다. 그러나 이에 대해서는 개인정보의 과다한 공유 및 유출을 방지하기 위하여서는 제공 가능한 신용정보의 범위를 필요최소한의 금융거래정보로 한정하는 것이 바람직하다. 위 규정은 신용정보보호법 제32조 제1항 제5호를 포함시켜 그 범위가 지나치게 넓어졌다고 지적하는 견해가 있다.[541]

각국의 비밀유지의무제도는 각각의 금융제도와 금융기관의 형태 등을 배경으로 그 근거와 내용에 상당한 차이가 있다. 영국에서는 금융기관의 비밀유지의무는 업계의 자주적인 규칙을 기본으로 하고 있는 반면, 프랑스에서는 성문법으로 규제가 설정되어 있다. 미국에서는 개인정보의 보호범위 등에 대해서 기본이 되는 부분 등은 연방법을 제정하여 규제하고 있지만, 각 주마다 개인정보보호에 관한 법률을 제정하여 운용하고 있다. 일본의 경우 종래부터 은행 및

---

539) 前田重行, 앞의 글(각주 429), 52頁.
540) 金融法務硏究会, 「金融機関のグループ化と守備義務」, 2002, 25〜26頁.
541) 황승화, 앞의 글, 158〜159면.

그 밖의 금융기관은 고객과의 거래 및 이와 관련하여 알게 된 정보를 정당한 이유 없이 다른 자에게 제공하지 않아야 할 의무를 부담하는 것으로 인정되어 왔다. 또한 금융거래의 내용은 고객의 신용정보를 알 수 있는 귀중한 정보인 반면, 고객은 자신의 경제상태와 개인정보에 해당하는 정보를 알리고 싶지 않을 것이므로 결국 이는 도덕적 의무가 아닌 금융기관이 법적인 의무로서 비밀유지의무를 부담할 의무가 있는 것으로 인정되어 왔으나 실정법상 이에 관한 규정은 없었다.[542] 그러나 현재는 개인정보보호법이 제정되어 업태별로 가이드라인이 각 부처별로 책정되어 있고, 금융업의 경우 금융청가이드라인 및 안전관리조치가 있다.[543] 다음으로 규제의 대상이 되는 금융기관의 범위도 나라별로 상이하다. 프랑스와 독일에서는 은행법과 은행보통거래약관이 정의 또는 규정하고 있는 은행 등이 규제대상이 됨에 반해, 영국에서는 은행, 주택금융조합, 신용카드회사 등을 대상으로 하고 있다. 한편 미국은 유럽국가에 비해 규제의 대상이 되는 금융기관의 범위가 매우 광범위하다. 이는 유럽이 유니버셜뱅킹 형태로 금융서비스의 제공자가 비교적 일원화되어 있음에 반해 미국에서는 GLB법에 의해 은행, 보험회사, 증권회사 간의 장벽을 제거하려고 했지만 아직 업태별로 운영되는 것과 큰 차이가 없기 때문인 것으로 보인다. 또한 보호의 대상이 되는 자에 대해서 살펴보면 영국에서는 개인고객, 개인과 사업의 구별이 어려운 일정규모의 사업과 그 단체를 보호대상으로 하고 있는 점이 특징적이다. 프랑스와 독일에서는 개인과 법인고객을 구별해서 보호하고 있다. 한편 미국은 개인고객만을 대상으로 하고 있다. 법인 고객의 경우는 영업비밀 등에 관한 정보가 다수 포함되기도 하고 실무상의 관습과 비밀유지계약을 개별적으로 체결하고 있기 때문에 보호대상에서 제외한 것이다. 마지막으로 개인정보보호법제와의 관계를 보면, 금융거래에 있어서 비밀유지의무의 대상이 되는 정보에는 다수의 개인정보가 포함되어 있는 것으로 생각되고, 영국, 프랑스, 독일은 EU개인정보보호지침을 국내법화한 각국의 개인정보보호법의 규제가 적용된

---

542) 이러한 의무의 법적근거에 대해 학설상 신의칙설, 상관습설, 계약설, 및 법인정보와 개인정보를 구별하는 견해로 나누어진다.

543) 「金融分野における個人情報保護—金融庁ガイドラインおよび安全管理措置の解説」 http://www.fsa.go.jp/common/law/kj-hogo/04.pdf 참조(8월 30일 방문).

다. 한편 미국은 포괄적인 개인정보보호법을 제정하지 않은 상황이고, 개인정
보 보호의 관점에서 개별분야마다 보호가 이루어지고 있는 상황이다. 이와 같
이 각국에 정도의 차이는 있지만, 금융거래에 적용되는 특별한 규칙과 규제를
설정하고 있는 것에는 큰 차이가 없고 그 내용도 꽤 유사하다.

우리나라 개인정보보호법은 정보주체로부터 별도의 동의를 받은 경우, 다
른 법률에 특별한 규정이 있는 경우, 정보주체 또는 그 법정대리인이 의사표
시를 할 수 없는 상태에 있거나 주소불명 등으로 사전 동의를 받을 수 없는
경우로서 명백히 정보주체 또는 제3자의 급박한 생명, 신체, 재산의 이익을 위
하여 필요하다고 인정되는 경우 등에는 본인의 동의가 필요 없는 것으로 규정
하고 있다(개인정보보호법 제17조, 제18조).

이와 같이 개인정보보호법상 보호되는 정보주체의 개인정보는 금융지주회
사법상 예외적으로 정보주체의 동의 없이 이용될 수 있다. 그러나 이러한 포
괄적 개인정보 이용은 오히려 고객보호의 관점에서는 문제가 될 소지가 있다.
따라서 일본의 입법을 참고로 고객 이익 보호의 체제에 관한 규정을 두는 것
을 고려해 볼 수 있다. 이 경우 보험지주회사는 그 자회사인 보험회사 또는 그
보험지주회사의 모금융기관 등 또는 자금융기관 등과 행하는 거래에 따라 그
보험지주회사의 자회사인 보험회사 또는 그 보험지주회사의 자금융기관 등이
영위하는 업무와 관련된 고객의 이익이 부당히 침해되지 않도록 그 업무에 관
한 정보를 적절히 관리하고 그 업무의 실시상황을 적절히 감시하기 위한 체제
의 정비 그 밖의 필요한 조치를 마련하여야 한다. 구체적 보호의 범위 등은 시
행령으로 정비하면 될 것이다.

제6장 결 론

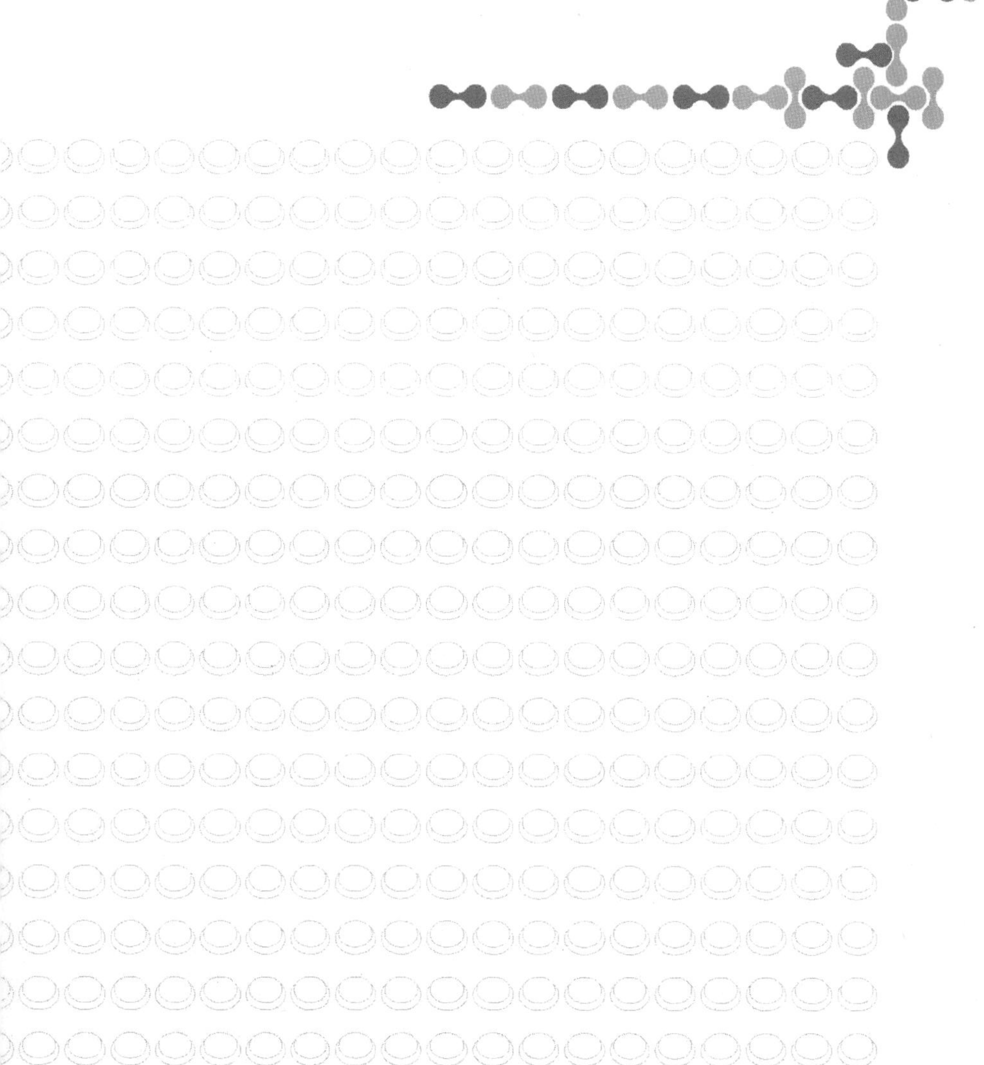

우리나라에 금융지주회사제도가 도입된 것은 매우 의욕적으로 금융기관(은행)의 구조조정을 하기 위한 것이다. 이러한 금융지주회사에는 보험업을 자회사로 하는 보험지주회사도 포함되는 것으로 하였다. 다시 말해 금융지주회사법이 금융이라는 이름으로 각각 성격이 다른 보험, 은행, 증권회사 등의 겸업화와 관련하여 이용할 수 있는 제도인 지주회사에 관하여 각각에 대한 특칙규정을 두어 규정하고 있다. 어찌 되었건 보험지주회사는 복합보험그룹을 형성함에 있어 유용한 형태로 인식되고 있다. 향후 본격적으로 보험지주회사가 출현할 것이므로 관련 법제의 검토가 필요하다. 따라서 이 연구는 보험지주회사의 운영과 관련한 상법적인 문제점과 감독에 관한 논의에 중점을 두었다.

보험지주회사에 관한 회사법적인 문제는 보험지주회사의 자회사에 대한 실질적 지배력의 확보방안, 지주회사와 자회사의 이해상충을 방지하고 이해당사자들에 대한 보호방안, 지주회사 및 자회사 이사의 의무와 책임에 관한 사항이 핵심이다.

보험지주회사의 감독규제는 주로 금융지주회사법과 관련하여 검토되어야 한다. 보험지주회사에 대한 근거법으로 동법이 적용되고, 신용공여 등과 관련한 일정한 사항에 대해서는 자회사에 대한 근거법인 보험업법이 적용되는 입법 형태를 취하고, 그 복잡성으로 인해 보험지주회사에 불필요한 규제가 되는 것은 아닌지 살펴볼 필요가 있다. 특히 보험업의 특성이 반영되지 못하는 결과로 인해 보험지주회사에는 중복규제의 문제와 경제력 집중을 우려한 과도한 규제 문제가 상존한다. 이러한 규제가 보험지주회사의 효율성을 저하시키는 결과로 이어지고 있다고 본다.

한편 보험지주회사와 보험자회사의 관계에서 자회사 건전성의 확보를 위한 장치가 미비한 것도 큰 문제이다. 보험자회사의 건전성 강화 움직임은 세계적인 금융위기 이후 범국가적인 관심의 대상이 되고 있다. 우리나라도 국제적인 정합성 차원에서 이를 개선할 필요가 있다.

이러한 문제의식을 바탕으로 한 보험지주회사의 운영 및 감독에 관한 개선방안에 관한 검토는 결국 보험지주회사의 효율성 도모, 자회사의 건전성 확보에 초점이 맞추어진다.

이 연구는 우리나라 보험산업의 발전을 도모함에 있어 보험지주회사제도를 활용하여 보험회사가 대형화·겸업화될 수 있다는 인식을 바탕으로 하였다. 그리하여 각 장의 구성은 제1장에서 연구의 목적 등을 설명하고 제2장에서는 현재 우리나라 보험업의 현황과 보험시장의 특성 및 보험지주회사제도의 일반적인 사항을 다루었다. 오늘날 보험회사가 처한 현실을 보고 지주회사제도를 활용한다면 대기업 집단의 지배구조 개선책으로서도 유용함을 확인하였다.

제3장에서는 제2장의 보험지주회사의 운영과 관련한 법적 문제점에 대한 검토를 하였다. 특히 보험지주회사 내 개별 법인격의 자회사와 보험지주회사와의 관계가 어떻게 설정되어야 할 것인지, 나아가 기업에 관한 일반법인 회사법과 금융지주회사법이 어떤 상태로 관련되어 있는지를 보았다. 제4장은 보험지주회사에 관한 외국의 감독 관련 입법례는 어떠하며, 금융위기 이후 강조되고 있는 복합보험그룹에 대한 건전성 규제강화, 공적규제 강화의 움직임 등을 살펴보았다. 아울러 우리나라의 현행 금융지주회사법상 보험지주회사에 적용되는 내용을 검토하면서 금융지주회사법상 보험지주회사에 관한 특칙 규정과 같은 근시안적인 입법으로는 보험지주회사의 설립을 유도하기 어려움을 지적하였다. 보험지주회사에 대한 감독법제인 금융지주회사법상 보험자회사의 건전성확보는 현행 법체계로는 미흡하다고 본다. 아울러 보험자회사의 파산과 관련하여 감독법상 보험지주회사에 내려지는 일정한 조치가 보험지주회사의 사법적 책임을 긍정하는 것으로 해석하는 경우, 이는 보험지주회사에 과도한 규제가 될 수 있다고 보았다. 제5장은 보험지주회사에 관한 현행 법제에 대한 해석론과 입법론을 병행하여 개선방안을 도출하였다. 상법 해석상의 난점 개선, 보험지주회사의 자회사에 대한 실질적 지배력 확보방안, 현행 감독법제의 입법 개선을 중심으로 설명하였다. 마지막으로 제6장에서는 각장을 정리하여 결론을 도출하였다.

보험지주회사는 보험회사를 지배하는 순수지주회사이고, 독점규제법의 개정으로 우리 사회의 관심을 불러일으켰다. 대기업 집단의 경제력 집중을 우려하여 이를 금지해오던 것을 해금한 것이다.

보험지주회사가 주식회사의 형태를 취하고 다른 사업을 영위하지 않으며 자회사에 대한 경영관리 업무만을 주로 하는 순수지주회사에 한정되고 있는 점에서 회사법은 어떻게 대응해야 할 것인가에 대한 문제가 있다. 이는 보험지주회사에 한정된 문제는 아니나 지주회사 일반에 관한 문제를 포괄적으로 다루어야 할 필요성이 있으므로 회사법적인 측면에서 개선이 필요하다고 본다. 특히 우리나라의 주요 보험회사가 처해 있는 현실을 고려할 때 보험업을 중심으로 하는 결합기업 형태에서는 회사법적인 측면에서 제기되는 문제를 장기적인 안목으로 해결해야 한다. 이는 우리나라의 주요 보험회사가 보험지주회사체제로 전환하는 경우 외국과 같이 완전지주회사가 출현하기 어렵다는 점을 통해 더욱 명확해진다. 따라서 우리나라에서 보험지주회사를 논의함에 있어서는 결합기업에 대한 논의가 병행되어야 한다. 이 연구에서는 보험지주회사 및 자회사의 소수주주 보호 및 지주회사 이사의 책임에 대한 검토도 병행하였다.

또, 보험자회사는 법인격을 지닌 회사이고 우리 상법상 자회사는 보험지주회사의 지시에 따를 법적 의무가 없다는 점에 대한 문제인식을 바탕으로 보험지주회사가 자회사를 실질적으로 지배할 수 있는 방안에 대해 연구할 필요가 있었다. 이를 비교법적으로 검토한 결과 독일의 계약콘체른과 같이 지배·종속회사 간의 계약체결을 통한 해결이 바람직할 것으로 보았다. 그러나 독일과 같은 포괄적인 기업결합법제를 우리나라에 도입을 검토하기에는 무리가 있음을 전제로 상법상 경영위임계약과 유사한 계약체결방안을 구상하였다.

현행 상법상 독일의 콘체른과 같은 포괄적인 기업결합법제가 입법적으로 정비되어 있지 않은 상황에서 현실적으로 모·자회사 규정의 해석론에 의해 보험지주회사의 자회사에 대한 지배력의 행사에 대한 법적인 구속력을 부여하기 위한 방안으로 생각해볼 수 있는 것은 특수한 경영위임계약이다. 이는 지주회사인 모회사와 자회사 간에 일종의 기업계약을 체결하여 그 계약상의 효과로서 모회사가 자회사를 지휘 및 지시할 수 있는 권리를 인정하고 자회사는 그 지휘에 따를 의무를 부담하게 하는 방법이다. 현행 상법상 일반적인 경영위임계약은 "영업 전부의 경영위임"으로 지주회사와 자회사 간의 기업계약 체결과는 이질적인 면이 있으므로 이를 바로 지주회사와 자회사 간의 기업계약의 유형으로 구성할 수 없다. 그리하여 그 내용은 상법 제374조의 경영위임 계약과는 다른 면이 있는 "특별한 경영위임계약"으로 고려되어야 한다.

또 보험지주회사 그룹 전체를 아우르는 내부통제기준을 세우기 위해서는 위와 같은 기업계약을 체결하여 보험지주회사와 그 자회사를 포함한 내부통제기준을 정비할 수 있어야 한다. 따라서 보험지주회사는 내부통제기준의 올바른 구축을 위해 지주회사와 자회사 간 특별한 경영위임계약을 체결하고, 자회사에 대한 지휘권 내지 지시권을 확보하여 적절한 지휘권 행사의 전제로 자회사에게 그 경영에 관한 보고의무를 부과할 수 있어야 한다. 지주회사의 자회사에 대한 지휘권을 인정함으로써 금융지주회사법상 감독규제의 유효성도 제고할 수 있다.

지주회사 내지 지주회사 업무집행기관의 책임과 관련하여서는 지주회사의 불이익한 지시에 의해 자회사가 입은 손해에 대한 책임을 물을 수 있다고 보아야 한다. 다만, 지주회사의 자회사에 대한 지시에 관해서는 지시를 내리는 시점에서는 불이익한 결과의 초래를 충분히 예상할 수 없는 경우도 있고, 주의의무를 부담해야 하는 정도도 명확하지 않으며 지주회사의 자회사에 대한 지시는 당해자회사를 포함한 그룹 전체의 이익을 고려하지 않을 수 없을 것으로 생각되므로 그 지시에는 폭넓은 재량권이 인정되어야 한다.

특별한 경영위임계약이 체결됨에 따라 지주회사의 이사는 회사의 업무집행의 일환으로 자회사에 대해 적절한 지휘를 내릴 의무가 있다고 생각되고 이것을 해태한 경우에는 회사에 대해 손해배상책임을 부담하게 된다. 이 적절한 지휘에는 자회사를 포함한 위험 관리 등 내부통제의 구축도 포함된다.

금융지주회사제도는 금융기관의 구조조정을 위해 시급히 도입되었다. 그런데 관련 입법은 보험업의 특성을 반영하지 못해 보험지주회사를 활용한 보험업의 사업다각화가 이루어지지 못하고 있다. 2009년 금융지주회사법 개정으로 보험지주회사에 관한 특칙 규정이 신설되었지만 법 적용의 복잡성을 야기하여 중복규제의 문제가 생겼다. 그리고 경제력 집중을 우려한 보험지주회사에 대한 과도한 규제로 인해 현재에도 보험지주회사의 설립이 쉽지 않다는 문제점을 안고 있다. 아울러 보험지주회사 그룹 전체의 건전성 및 자회사의 건전성 확보라는 측면은 금융지주회사법상 감독규제에 관한 입법적인 정비를 요한다.

금융지주회사법은 보험지주회사와 그 자회사의 건전한 경영을 도모함으로써 보험산업의 경쟁력을 높이기 위한 규정을 두고 있다. 즉, 금융위원회는 보험지주회사 등의 건전한 경영을 위하여 감독상 필요한 명령을 할 수 있다(금융지주회사법 제49조 제1항). 그리고 금융위원회는 보험지주회사가 경영지도기준을 준수하지 아니하는 등 경영의 건전성을 크게 해할 우려가 있다고 인정되는 때에는 경영개선계획의 제출, 자본금의 증액, 이익배당의 제한, 자회사 주식의 처분 등 경영개선을 위하여 필요한 조치를 명할 수 있다(금융지주회사법 제50조 제2항). 보험지주회사 등이 이러한 명령을 위반하여 경영의 건전성을 해할 우려가 있다고 인정되는 경우에는 일정한 행정처분을 할 수 있다(금융지주회사법 제57조). 그런데 궁극적으로 자회사가 채무초과 또는 파산 상태에 빠지게 되는 경우에는 그 피해가 자회사의 채권자인 보험계약자 등에게 전가될 위험이 있다. 그러나 현행 금융지주회사법은 감독법이라는 내재적인 한계로 이러한 폐해를 예방할 수 있는 직접적인 규정을 두지 않았다. 이에 따라 채권자 보호문제는 상법 등 관련 법률에 의해 해결해야 한다.

험지주회사가 보험자회사에 대한 업무에 관여하여 자회사의 계약자에게 손해를 가한 경우에는 그에 대하여 손해배상책임을 부담하는 것으로 해석된다.

보험지주회사는 보험업의 대형화 및 겸업화에 유용한 제도로 활용될 수 있다. 따라서 우리나라 보험업이 보험지주회사를 활용하여 대외 경쟁력을 확보할 수 있도록 하여야 하므로 보험지주회사의 재산권을 보장하는 측면에서 과도한 규제 및 중복규제는 자제해야 한다. 금융위기 이후 금융시장에 대한 공적 규제가 강화되고 있는 흐름을 보면 보험지주회사에 대한 규제의 강화는 필요할 것이나, 그 규제는 필요최소한에 그쳐야 한다. 또한 보험지주회사에 대한 감독법제는 보험지주회사의 감독규제에 관한 사항에 중점을 둔 입법 형태를 취해야 할 것이고, 경제력 집중의 억제와 같은 사항은 독점규제법 및 회사법상의 규정을 통한 해결이 바람직하다. 다만, 보험지주회사와 자회사 간의 거래로 인해 발생할 수 있는 자회사의 손해를 방지하기 위해서는 회사법상 개시의무의 충실화 등을 도모하는 등 장기적인 시각에서 입법적인 보완이 필요하다.

보험회사의 자율성을 확보하고 감독규제의 실효성을 확보할 수 있는 방안으로는 보험지주회사 그룹 전체를 통할하는 내부통제기준의 확립과 그룹 전체의 건전성 감시를 강화하는 측면에서 연결기준감독이 필요하다.

그 이외에도 보험업법은 보험지주회사에 관해 보험지주회사의 정의 및 업무범위 규정, 설립인가에 관한 규정, 자산운용 관련 규정, 통합적 감독 관련 규정, 완전지주회사에 관한 특례, 지주회사와 완전자회사 간의 거래에 대한 특례, 자회사의 업무영역 조정, 자회사의 건전성 확보 의무에 관한 규정, 고객 개인정보의 보호에 관한 규정을 정비해야 할 것이다.

참고문헌

-국내문헌-

단행본

권오승, 『경제법(제8판)』, 법문사, 2010.
금융감독원, 『지주회사법 해설』, 2003.
김성태, 『보험고객정보의 이용과 프라이버시 보호의 상충문제 해소방안』, 보험개발원 보험연구소(정책연구자료), 2007. 3.
신현윤, 『경제법(제3판)』, 법문사, 2010.
신현윤, 『기업결합법론』, 법문사, 1999.
유진희, 결합기업에 관한 보고서, 2005.
유진희, 『주석 상법[회사(Ⅵ)](제4판)』, 한국사법행정학회, 2003.
이규억·이성순, 『기업결합과 경제력집중』, 한국개발연구원, 1985.
이기수·유진희, 『경제법(제8판)』, 세창출판사, 2009.
이동원, 『지주회사(삼정판)』, 세창출판사, 2001.
이범찬·최준선, 『상법(상)』, 삼영사, 2009.
이철송, 『회사법강의』, 박영사, 2011.
전광석, 『한국헌법론』, 법문사, 2004.
정호열, 『경제법(제3판)』, 박영사, 2010.
노혁준, "지주회사 관계에서 이사의 의무와 겸임이사", 「지주회사와 법(김건식·노혁준 편저)」, 도서출판 소화, 2005.

논문

강희갑, "지배주주의 충실의무", 「상사법연구(제12지)」, 한국상사법학회, 1993.

권영애, "기업지배구조의 변환과정과 지주회사 이사 책임의 문제점", 「商事判例研究(第19輯 第3卷)」, 2006.

김건식 외, "우리나라 지주회사해금제도의 평가 및 개선방향", 공정거래위원회, 1997.

김건식·노혁준, "지주회사의 운영과 회사법: 총론적 고찰", 「지주회사와 법(김건식·노혁준 편저)」, 도서출판 소화, 2005.

김건식·안수현, "법적시각에서 본 내부통제", 「BFL(제4호)」, 서울대학교 금융법센터, 2004. 3.

김경석, "우리나라 내부통제제도의 문제점과 개선방안에 관한 소고", 「중앙법학(제12집 제1호)」, 중앙법학회, 2010. 3

김광록, "미국의 보험지주회사 관련 법제의 동향", 「주요국의 보험지주회사 관련 법제의 동향과 쟁점(워크숍 자료집)」, 한국법제연구원, 2009. 3. 20

김기원, "금융위기와 레버리지규제", 「YGBL(제2권 제2호)」, 연세대학교 법학연구원 글로벌비즈니스와 법센터, 2010.

김대연, "업무집행지시자 등의 책임", 「기업법연구(제4집)」, 한국기업법학회, 1999.

______, "지배·종속회사에 관한 연구(Ⅱ)", 「法學研究(第44卷 第1號(通卷52號)」, 부산대학교법학연구소, 2003.

______, "지배종속회사에서의 대표소송", 「상사법연구(제19권 제2호)」, 한국상사법학회, 2000.

김두환, "법인격부인론에 대한 고찰", 「지식사회와 기업법(이기수교수화갑기념논문집)」, 박영사, 2005.

김문재, "金融持株會社에 대한 分析과 題言", 「比較私法(第8卷 1號(下)(通卷14號))」, 2001.

______, "지주회사의 도입에 따른 회사법의 향방", 「商事法研究(第18卷 第1號), 韓國商事法學會, 1999.

김상조, "미국보험지주회사제도에서의 금융자본과 산업자본의 분리 원칙", 「사회경제평론(제26호)」, 2006.

김선정, "금융지주회사와 보험지주회사 규율방식의 분리에 관한 검토", 「經營法律(第19輯 第1號)」, 韓國經營法律學會, 2008.

______, "최근 금융지주회사법 개정에 대한 보험사업자의 반응과 남겨진 과제", 사단법인 한국경제법학회 2009년 추계학술대회 및 정기총회 자료집.

______, "보험지주회사제도 도입에 관한 검토", 「월간생명보험」, 생명보험협회, 2007.

김성태, "상법 개정안의 내용 검토-주식회사의 기관을 중심으로-" 「경영법률(제6권)」, 한국경영법률학회, 1996.

______, "영국에서의 보험사업자 규제", 「보험학회지(제43집)」, 한국보험학회, 1994.

김용재, "겸영주의와 금융그룹의 설립방식에 관한 제언", 「금융거래법강의Ⅱ(남효순·김재형 공편)」, 법문사, 2001.

김재범, "이사 자기거래와 회사기회유용의 제한", 「법학논고(제29집)」, 경북대학교 법학연구원, 2008.

김재형·최장현, "이중대표소송의 인정근거(Brown v. Tenney, 155 Ill. App. 3d 605)", 「상사판례연구(제15권)」, 한국상사판례학회, 2003.

김지은, "최근 독일 보험감독 정책변화 및 시사점", 「조사연구 Review(제27호)」, 금융감독원, 2009. 9.

김현태·김학훈, "자회사에 대한 실효적 지배를 위한 법적 수단", 「지주회사와 법」, 도서출판 소화, 2005.

김홍기, "개정 금융지주회사법의 주요내용과 향후 지주회사 규제의 방향", 한국경제법학회 2009년 추계학술대회 및 정기총회, 2009. 9. 25.

노일석, "독일주식법상 콘체른에 관한 연구", 서울대 박사학위 논문, 19992, 363면.

노혁준, "주식교환·주식이전을 통한 지주회사의 설립", BFL 총서, 201-202면.

노혁준, "지주회사관계에서 이사의 의무와 겸임이사", 「BFL제11호」, 서울대학교 금융법센터, 2005. 5.

민세진, "보험지주회사의 법적 쟁점", 「BFL(제29호)」, 서울대학교 금융법센터, 2008. 5.

박 준, "서브프라임 대출관련 금융위기의 원인과 금융법의 새로운 방향 모색", 「국제거래법연구(제17집 제2호)」, 국제거래법학회, 2008.

박길준·임웅기·홍복기, "지주회사제도에 관한 연구-지주회사의 금지와 그 규제 완화를 중심으로-", 한국상장회사협의회, 1997. 9.

박세화, 내부통제시스템의 설계와 기업지배구조에 관한 회사법적 고찰", 「상사법연구(제26권 제2호)」, 한국상사법학회, 2007.

박연우, "정보차단벽(Chinese wall)제도 도입에 관한 소고", 「자본시장weekly(제27호)」, 2008. 7. 1.

백정웅, "EU 금융그룹의 규제법리와 그 시사점에 관한 연구", 「商事判例研究(第22輯 第4卷)」, 韓國商事判例學會, 2009.

백정웅, "금융그룹 계열사 간 위험전이 방지를 위한 법제도 연구", 「금융안정연구(제8권 제2호)」, 예금보험공사. 2007. 12.

______, "독점규제법 개정안상 중간지주회사의 도입에 대한 검토", 「상사법연구(제29권 제3호)」, 2010.

______, "비은행지주회사에 대한 한국 금융지주회사법과 EU지침의 비교법적 연구", 「商事判例研究(第23輯 第4卷)」, 韓國商事判例學會, 2010.

______, "우리나라 금융지주회사법의 규제법리에 관한 비교법적 연구", 「商事法研究(第26卷 第4號)」, 韓國商事法學會, 2008.

______, "힘의 원천이론", 「비교사법(제12권 4호(통권 31호)」, 한국비교사법학회, 2005.

서세원, "지주회사의 지휘권과 책임", 「기업법연구(제21권 제1호)(통권 제31호)」, 한국기업법학회, 2007.

徐廷甲, "企業結合의 特殊形態", 사법행정, 한국사법행정학회, 1986.

손상호, "금융지주회사의 자회사 지배구조 구축방안", 은행경영브리프 제10권 9호, 2001. 3. 3.

손창완, "독점규제법상 기업결합의 규제대상 행위유형에 대한 고찰", 「법학연구(第18卷 第4號)」, 연세대학교 법학연구소, 2008.

송옥렬, "금융그룹에서 법인격과 자기자본규제의 의미", 한국금융연구원, 2010. 9, 25.

송종준, "회사법상 기업지배구조법제의 동향과 평가, 그리고 새로운 제언", 「商事判例研究(第24輯 第1券)」, 韓國商事判例學會, 2011. 3. 31.

신보성, "금융지주회사 자회사 간 임원겸직 허용의 의미", 「자본시장weekly(32호)」, 2009.

신태호, "금융지주회사 정착을 위한 규제 개선 방안", 한국산업경제연구원 논문집 제15권, 2002.

신현윤, "企業結合에 따른 會社立法의 方向", 「商事法研究(第15輯 第1號)」, 韓國商事法學會, 1996.

______, "상법상 企業結合의 事前統制와 問題點-小數株主의 保護를 중심으로-", 「商事法研究(第18卷 第1號)」, 韓國商事法學會, 1999.

안성포, "주주대표소송과 원고적격성", 「비교사법(제12권 제1호)」, 한국비교사법학회, 2005.

안철경·민세진, "보험지주회사에 관한 규제연구", 「보험학회지(제75권)」, 한국보험학회, 2006.

안철경·이상우, 「보험지주회사제도 도입 및 활용방안」, 보험개발원 보험연구소, 2006.

예금보험공사, 「금융산업 개편과 금융지주회사제도」, 2004. 4.

오영수, "자본시장통합법 이후 보험산업의 진로", 보험개발원 CEO Report, 2007. 7.

원동욱, "세계금융위기 이후 주요국의 금융기관 지배구조", 「기업법연구(제25권 제2호)(통권 제45호)」, 한국기업법학회, 2011.

______, "한국 금융지주회사 법제 현황", 「企業法研究(第24卷 第1號, 通卷 第

40號)」, 韓國企業法學會, 2010.

유주선, "독일의 금융규제 현황과 보험지주회사제도", 한국법제연구원 워크숍 자료집, 2009. 9. 25.

유진희, "지주회사 규제의 정책방향 -일반지주회사의 규제를 중심으로-". 「상사법연구(제25권 제2호)」, 한국상사법학회, 2006.

윤성훈 외, 「종합금융서비스를 활용한 보험산업 성장방안」, 보험연구원, 2010. 6.

윤창현, "금융지주회사제도의 본질과 효율적 운영 및 정책방향-금산분리완화를 중심으로-", 한국무역경제연구원 연구보고서, 2009. 12.

윤태한, "EC시장통합과 생명보험", 경일대학교 산업정보연구소, 1991.

이기수, "한국의 기업지배구조개선을 위한 제언", 「고려법학(제11호)」, 고려대학교 법학연구원, 2003.

이동원, "금융지주회사에 있어서의 법적 문제", 「경영법률(제11권)」, 한국경영법률학회, 2000.

이병윤·이시연, "은행권 사외이사제도 개선방안", 한국금융연구원 2009.

이성남·문준우, "보험회사의 기업결합 규제에 관한 연구", 「기업법연구(제24권 제4호)(통권 제43호)」, 한국기업법학회, 2010.

이양복, "독점규제법상 지주회사 규제의 문제점과 개선방안", 「고려법학(제51호)」, 고려대학교 법학연구원, 2008.

이영대, "금융지주회사의 규제에 관한 연구", 서울대학교 법과대학원 박사학위논문, 2002.

이용찬, 금융지주회사의 설립방법에 관한 연구, 중앙법학 제4호, 중앙법학회, 2001.

공정거래위원회, 「손해보험산업과 경쟁정책보고서」, 2008.

공정거래위원회, 「기업집단 규율의 국제비교-우리나라 기업집단의 변화추이와 관련법제의 국제적 정합성 검토-」, 2008.

이우광, 「지주회사제도에 대한 외국의 운용사례연구」, 삼성경제연구소, 2006.

이원돈 외 3인, 「주요국의 보험법제 비교」, 보험개발원 1999. 7.

이주영, "이사회의 독립성을 저해하는 은행법, 금융지주회사법, 공공기관운영법의 조항", 「기업지배구조연구」, 좋은기업지배구조연구소, 2007(여름호).

이철송, "경제법령의 위헌요소검색", 전국경제인연합회, 1996. 12.

장경환, "보험사기에 관한 상법개정안의 개관-제655조의 2와 제657조의 2를 중심으로-"「법조(613호)」, 법조협회, 2007. 10.

장근영, "Sarbanes-Oxley Act의 외국법인에 대한 적용", 「상사법연구(제22권 제2호)」, 한국상사법학회, 2003.

장덕조, "보험산업에 대한 바람직한 규제의 방향", 「금융법연구(제5권 제2호)」, 한국금융법학회, 2008.

전삼현, "금융지주회사법 개정논의에 대한 고찰", 한국법제연구원 워크숍 자료집, 2008. 12. 19.

______, "금융지주회사법의 문제와 대안", 자유기업원, 2002.

______, "지배구조관련 상법개정의 쟁점과 개선방안", 「기업소송연구」, 2005.

전우현, "주식회사 감사위원회제도의 개선에 관한 일고찰-집행임원제 필요성에 관한 검토의 부가-", 「商事法研究(第23卷 第3號)」, 韓國商事法學會, 2004.

정병덕, "혼합형 기업결합의 판단기준", 「안암법학(제21호)」, 안암법학회, 2005.

정순섭, "금융회사의 조직규제-금융회사 지배구조의 금융규제법상 의미를 중심으로-", 「상사판례연구(재24집 제2권)」, 2011.

정재규, "외완위기 이후 지배구조 관련 제도의 변화", 「기업지배구조리뷰(vol.33)」, 2007.

정호열, "韓國における持株會社規制の最近の動向"「경쟁법연구(第14輯)」, 韓國競爭法學會, 2006.

조재영, "금융지주회사와 기업지배구조에 관한 법적 고찰", 「비교사법(제17권 2호)(통권49호)」, 한국비교사법학회, 2010.

조지현, "종속회사의 소수주주보호를 위한 지배기업의 책임", 「경영법률(제16권 제2호)」, 한국경영법률학회, 2006.

최병규, "독일의 회사지배구조 모범규준 변화와 시사점", 「經營法律(第19輯 第1號)」, 韓國經營法律學會, 2008. 10.

최성근, "2004년 OECD 기업지배구조원칙 개정의 쟁점사항분석 및 우리 법제
도와의 비교평가," 「商事法研究(第26卷 第1號)」, 韓國商事法學會, 2007.
______, "지주회사와 사업회사 간 지배·견제의 적정화를 위한 해석론·입법
론", 「比較私法(第10卷 第2號(通卷21號))」, 韓國比較私法學會, 2003
______, "지주회사의 도입과 대책", 「상장협(제36호)」, 한국상장회사협의회,
1997.
최승필, "EU의 복합금융그룹 감독에 대한 제도적 고찰-보험업을 중심으로-", 「
경희법학(제4권 제1호)」, 경희대학교 경희법학연구소, 2009.
최장현, "지주회사의 회사법적 문제에 관한고찰-소수주주 및 채권자보호를 중
심으로-", 「企業法研究(第9輯)」, 韓國企業法學會, 2002.
최준선, "내부통제의 바람직한 개선방향-준법지원인 논의를 포함하여-", 「상장
회사감사회 회보(제137호)」, 한국상장회사협의회, 2011. 5.
한병영, "금융지주회사의 은행 채무 책임에 관한 이론적 근거-법인격부인론
비판을 중심으로-", 「商事法研究(第28卷 第2號)」, 韓國商事法學會, 2009.
한상범 외 3인, 「종합금융서비스의 시대: 금융지주회사」, 한국증권연구원,
2001.
한상범, "헌법의 중점적 연구①", 「사법행정(8권 11호)」, 한국사법행정학회,
1967.
한정미, 「보험산업구조의 변화에 따른 보험지주회사 관련법제 개선방안」, 한
국법제연구원, 2009, 157면.
허 인, "지주회사의 설립과 소수주주의 보호", 「외법논집(제22집)」, 한국외국
어대학교 법학연구소, 2006.
황승화, "현행 지주회사 제도의 문제점과 개선방안 연구", 「상장협(제48호)」,
한국상장회사협의회, 2003.

-일본문헌-

단행본

江頭憲治郎, 「企業結合法の立法と解釋」, 有斐閣, 1995.
江頭憲治郎, 「株式會社・有限會社(第3版)」, 有斐閣, 2004.
高橋均, 「企業集団の內部統制」, 學陽書房, 2008.
高橋英治, 「企業結合法制の將來像」, 中央経濟社, 2008.
久保成史・田中裕明, 「獨占禁止法講義(第2版)」, 中央経濟史, 2010.
大隅建一郎, 「新版株式會社法変遷論」, 有斐閣, 1987.
龍田節, 「會社法(第10版)」, 有斐閣, 2005.
彌永眞生・山田剛志・大杉謙一, 「現代企業法・金融法の課題」, 弘文堂, 2005, 3.
發知敏雄・大谷隼夫・箱田順哉, 「持株會社の實務(第5版)」, 東洋経濟新報社, 2007.
森本滋, 企業結合, 「現代企業法講座第2卷 企業組織」, 東京大學出版會, 1985.
______, 取締役の利益相反取引, 「金融法の課題と展望」, 日本評論社, 1990.
______, 「企業結合法の總合的研究」, 商事法務, 2009.
森本滋・川浜昇・前田雅弘, 「龍田節先生還曆記念 企業の健全性確保と取締役の責任」, 有斐閣, 1997.
森淳二郎・上村達男, 「會社法における主要論点の評価」, 中央経濟社, 2007.
相澤幸悅, 「ユニバーサルバンくと金融持株會社」, 日本評論社, 1997.
石田滿, 「保險業法」, 文眞堂, 2011.
小林秀之・近藤光男, 「新版株主代表訴訟大系」, 弘文堂, 2002.
松井和夫, 「現代アメリカ金融資本研究序說」, 文眞堂, 1986.
柿崎環, 「內部統制の法的研究」, 日本評論社, 2006.
新日本監査法人 金融部, 「金融機關の內部統制(改訂版)」, 金融財政事情研究會, 2007.

安居孝啓,「最新保險業法の解說(改正版)」, 大成出版社, 2010.

遠藤博志,「企業法制改革とこれからの會社經營」, 商事法務, 2006.

銀行規制の 新潮流, 1996.

株式會社商事法務,「企業結合法制に關する調査研究報告書」, 2010.

下谷政弘,「東アジアの持株會社」, ミネルバァ書房, 2008.

竹内昭夫,「保檢業法の在り方(上)」, 有斐閣, 1992.

논문

前田重行, "持株會社法制における序說的考察", 「現代企業法・金融法の課題
        (下)」, 信山社, 2001.

________, "ドイツ株式法におけるコンツェルンの規整", 「法學協會雜誌(第84
        卷 第12号)」, 法學協會事務所, 東京大學, 1967.

________, "持株會社による子會社の支配と管理-契約による指揮權の確保-",
        「金融法務研究會報告書(13)」, 金融法務研究會, 2006. 10.

________, "持株會社による子會社支配と持株會社の責任(1)", 「法曹時報(第58
        卷 第3号)」, 法曹會, 2006. 1.

________, "持株會社による子會社支配と持株會社の責任(2)", 「法曹時報(第58
        卷 第5号)」, 法曹會, 2006.

江頭憲治郎, "企業組織の一形態としての持株會社", 「資本市場研究會編 持株
        會社の法的諸問題」, 資本市場研究會, 1995.

江頭憲治郎・森本滋・稻葉威雄, "持株會社の取締役をめぐる問題", 「取締役の
        法務(76号)」, 2000.

岡村久道・新保史生,「電子ネットワークと個人情報保護-オンラインプライバ
        シー法入門」, 経済産業調査會, 2002.

高官晋, "持株會社の基本的考察", 「経濟學論集(第5卷 第4号)」.

高橋英治, "ドイツの企業結合の問題", 「ジュリスト(1140号)」, 有斐閣, 1997.

______, "ドイツ法における子會社債權者保護の新展開-変態的事實上のコンツェルンから法人格否認の法理へ-",「法學(67卷 6号)」, 東北大學, 2003.

根岸哲・舟田正之,「獨占禁止法槪說(第2版)」, 有斐閣, 2003.

今井克典, "子銀行の経営惡化に對する銀行持株會社の責任(四・完)",「名古屋大學法政論集(208号)」, 2005. 6.

吉本建一, "委員會等設置會社における監査委員の資格と職務-常勤者不在の場合監査と內部統制-",「監査役(472号)」, 社団法人日本監査役協會, 2003.

吉田正一, "業務提携の活用實態と企業競爭-獨占禁止法の視点から",「商事法務(1625号)」, 有斐閣, 2002, 37頁.

吉川吉衛, "會社法の現代化と內部統制システム-企業において在るべきシステム-",「経営研究(56卷4号)」, 大阪市立大學大學院怪英學研究科, 2006.

金融機關のグループ化と守備義務, 金融法務研究會, 2002.

大杉謙一, "會社法と金融規制その他の業規制との關係-取締約の行動規範の內容-",「法律時報(82卷 12号)」, 日本評論社, 2010.

大隅建一郎, "會社の親子關係と取締役の責任",「商事法務(360号)」, 商事法務研究會, 1965.

大塚英明, "保險會社に對するテンだーオファーと保險契約者の保護(1)-(6完)",「商事法務(1316号)」, 商事法務研究會, 1993.

大和正史, "子會社の少數株主・債權者の保護",「ジュリスト(1140号)」, 有斐閣, 1998.

稻葉威雄, "企業結合法制をめぐる緒問題(中)",「監査役(500号)」, 社団法人日本監査役協會, 2005.

末永敏和, "企業の社會的責任",「森本滋編 企業の健全性確保と取締役の責任」, 有斐閣, 1997.

梅津昭彦, "NAICの保險持株會社機構規制法",「法學政治學研究所紀要(第2号)」, 東北學院大學, 1994. 3.

______, "保險持株會社機構規制に關する一考察-ニューヨーク-州保險法を素材として",「文研論集(第110号)」, 生命保險文化研究所, 1995. 3.

木下正俊, "金融機關の業態の融合化と法制整備 -金融システム法講義（4）"
　　　　, 廣島法科大學院論集 第4号, 2008.

本元錦哉, "競爭政策から見た共同子會社の問題点", 「ジュリスト(697号)」, 有
　　　　斐閣, 1979.

山田洋, "金融コングロマリットのコーポレートガバナンス-金融持株會社とユ
　　　　ニバーサルバンクに焦点をあてて-", 「研究年報(第14号)」, 神奈川大學大
　　　　學院経營學研究科, 2010. 3.

山下友信, "持株會社システムにおける取締役の民事責任", 「金融持株會社グ
　　　　ループにおけるコーポレート・ガバナンス(金融法務研究會報告書(17)」,
　　　　金融法務研究會, 2006. 10.

森本滋, "純粹持株會社と會社法", 「法曹時報(第47卷 第12号)」, 法曹會, 1995.

杉山欽哉, "ドッド・フランク法の概要と米國保險業界への影響", 生命保險経
　　　　營(第79卷 第3号), 2011. 5.

三枝一雄, "株主有限責任-その正当性と限界-", 「法律論集(第57卷 第4号)」, 明
　　　　治大學, 1984.

西脇敏男, "「これから」のコーポレート・ガバナンス論:コーポレート・ガバナ
　　　　ンスの根本理念", 「龍谷法學 43(4)」, 龍谷大學法學會, 2011. 3.

石田滿, 日本における金融制度改革にともなう保檢業法の改正, 「商事法研究
　　　　(第18卷 第2號)」, 韓國商事法學會, 1999.

少谷雅貴・大野卓也, "利益相反問題と銀行・証券業務-業務分野規制を考える
　　　　際一つの觀点-"「金融研究(第6卷 第1号)」, 日本銀行金融研究所, 1988.

小藤康夫, "金融コングロマリツト化と保險會社-保險會社は金融コングロマリ
　　　　ツト化のなかで融化できるか-", 「金融のコングロマリツト化等に對応
　　　　した金融制度の整備(金融調査研究會報告書(36))」, 金融調査研究會, 2006.

小林博, "日韓兩國の金融システムとその比較", 「北東アジア研究(第8号)」, 2005. 1.

損保ジャパン總合研究所, 「金融と保險の融合の進展ー金融コングルルロメリ
　　　　トとART(代替的リスク移轉に關する調査研究報告書ー」, 2008. 12.

柿崎環, "內部統制と新會社法", 「法律時報(78卷5号)」, 日本評論社, 2006.

柴田和史, "子會社管理における親會社の責任(上)", 「商事法務(1464号)」, 商事法務研究會, 1997.

________, "子會社管理における親會社の責任(下)", 「商事法務(1465号)」, 商事法務研究會, 1997.

________, "子會社管理における親會社の責任", 「別冊商事法務(206号)」, 商事法務研究會, 1998.

神作裕之, "純粋持株會社における株主保護-ドイツ法を中心として(上)-", 「商事法務(1429号)」, 商事法務研究會, 1996.

________, "純粋持株會社における株主保護-ドイツ法を中心として(下)-", 「商事法務(1431号)」, 商事法務研究會, 1996.

神田秀樹, "金融市場の業務分野規制", 「堀內昭義編 講座・公的規制と産業⑤ 金融」, NTT出版, 1994.

________, "銀行子會社における株主保護", 「金融法務事情(1295号)」, 金融財政事情研究會, 1991.

實方謙治・奧島孝康・河口公典・本間重紀, 「企業結合と法(現代経濟法講座(3))」, 三省堂, 1991.

岩源紳作, "金融機關取締役の注意義務-會社法と金融監督法の交錯-"「落合誠先生還曆記念・商事法への提言」, 商事法務, 2004.

野田博, "企業結合と利益相反取引規制-取締役の兼任關係を介して規制する一般規定と企業結合の間-", 「法學研究(27)」, 一橋大學研究年報, 1995.

永田邦和, "日本の生命保險の市場規律", 「生命保險論集(第175号)」, 生命保險文化センター, 2011. 6.

牛窪 賢, グローバル金融危機後の米國損害保險事業-金融規制改革法 ソルベンシ-規制を含む概觀-, 「損保總研レポート(第93号)」, 公益財団法人 損害保險事業總合研究所研究部, 2010. 10.

牛窪賢一・崗﨑康雄・赤松繁, 「先進國における金融・保險業に關する資本要件規制の変化の方向性(保損保ジャパン 總研クオータリー(4号))」, 損保ジャパン總合研究所, 2005. 3.

遠藤美光, "保險持株會社を巡る若干の法的論点の考察", 上智法學論集(第41卷 4号), 上智大學法學會, 1998.

原田晃治외, "親子會社法制等に關する各界意見の分析―親子會社法制・金融 資産の評価一", 「別冊商事法務(211号)」, 商事法務研究會, 1998.

日向祥子, "コンツェルン內の利害調整にみる行動規範-1920年代古河コンツェ ルンの事例-", 「社會経濟史學(71-5)」, 社會経濟史學會, 2006. 1.

林昇一・高橋宏幸, 「戰略経営ハンドブック」, 中央経濟社, 2003.

田代有嗣, "持株會社にいたる親子會社の 「法律」・「運営」ならびに監査役の役 割の変遷", 「監査役(通卷486号)」, 社団法人 日本監査役協會, 2004. 4.

前田修志, "企業結合關係の判斷に關する基本的考察(一)-會社法における企業 結合規制序論-", 「上智法學論集(第41卷 第4號)」, 上智大學法學會, 1998.

田中英夫・竹內昭夫, 「法の實現における私人の役割」, 東京大學出版會, 1987.

田坂康樹, "金融機關の健全性確保における持株會社の役割-FRBの力の源泉理 論を中心に-", 「生命保險経営(第65卷 第5号(通卷383号))」, 生命保險経営 學會, 1997.

正田彬, "業務提携の實態と法的性格", 「ジュリスト(785号)」, 有斐閣, 1983.

齊藤眞紀, "子會社の管理と親會社の責任-子會社の債權者保護に關する基礎的 考察(一)-", 「法學論集(第149卷 第1号)」, 京都大學法學會, 2001.

早川胼, "持株會社による事業統合の問題点", 「判例タイムス 臨時增刊(第55卷 第25號(1158))」, 2004. 11. 10.

_____, "企業結合・企業再編に關する法規制の現狀と課題", 「同志社法學(55 卷3号)」, 同志社大學法學研究科, 2003.

佐藤誠, "結合企業のガバナンス(二・完) -経濟の效率と支配の公正の兩立の觀 点から-", 「産大法學(34卷 4号)」, 京都産業大學法學會, 2001.

竹內昭夫, "生命保險と消費者保護", 「ジュリスト(771号)」, 有斐閣, 1982.

川濱 昇, "持株會社の機關", 「資本市場研究會編 持株會社の法的諸問題」, 資本 市場研究會, 1995.

土岐敦司・辺見紀男, "企業再編のすべて", 「別冊商事法務(240号)」, 有斐閣, 2001.

河井建志, "アメリカにおける株主有限責任の議論と金融持株會社", 「保險學雜
　　誌(第566号)」, 日本保險學會, 1999.
黒沼悦郎, "新會社法と証券市場法制との關係", 「法律時報(78卷5号)」, 日本評
　　論社, 2006.

-서양문헌-

단행본

Andrew Muscat, The Liability of the holding company for the debts of its insolvent subsidiaries, Dartmouth Pub Co, 1996.

James. Cummings. Bonbright/Gardiner. Coit. Means, The Holding Company, New York: A.M. Kelley, 1932.

Peter. M. Lencsis, Insurance Regulation in the United States -An Overview for Business and Government, Quorum Books, 1997

Frank. H. Easterbrook, & Daniel R. Fischel, The Economic Structure of Corporate Law, Harv. Univ. Press, Cambridge, Massachusetts(1991).

Robert. C. Clark, Corporate Law, Little, Brown&Co., 1986.

Goodhart, Charles/Philipp Hartmann/David Liewellyn/Liliana Rojas-Suarez/Steven Weisbrod, Financial Regulation: Why, How and Where Now(in Association with the Bank of England), Routledge: London, 2001, Ch. 1.

논문

Arthur D. Postal, "Insurance Groups Outline Hopes for FIO", National Underwriter L&H, 2010. 8. 6.

AXA S.A., "Comment Letter on the Principle Applicable to the Designation of Certain Nonbank Financial Companies as Systemically Important", 2010. 11. 5.

Claessens/Stijn, Benefit and Costs of Intergrated Financial Service Provision in Developing Countries, Brookings-Wharton Papers on Financial Services: 2003.

Committee of Sponsoring Organization of the Treadway Commission, Inter Control-Integrated Framework

Dewatripont, M. & Tirole, J., The Prudential Regulation of Banks, Mit Press, (1994).

EC Internal Market Directorate General, 2000, Towards and EU Directive on the Prudential Supervision of Financial Conglomerates-Consulation Document, Market 3021/2000.

William W. Bratton & Joseph A. McCahery, Incomplete Contracts Theories of the Firm and Comparative Corporate Governance, 2 Theoretical Inq. L. 745, 747(2001).

109) Notes, "The Insurance Holding Company Phenomenon and the Search for Regulatory Controls", 56 Va. L. Rev. 636(1970).

118) John Dembeck, Insurance Regulation, in a Nutshell, 774 PLI/Lit9, 17(2008).

Emeric Fischer, "Banking and Insurance-should ever the twain meet?", 71 Neb. L. Rev. 726(1992).

European Commission, "Call for Technical Advice(No. 3) from the Interim Working Committee on Financial Conglomerate", April 2008.

European Commission, "Staff Working Document SEC(2010) 981 final"

Felsenfeld, C., "The Bank Holding Company Act: Has It Lived Its Life?", 38 Vill L. Rev. 1(1993).

Fischel, D. R., Rosenfield, A. M. & Stillman, R. S., "The Regulation of Banks and Bank Holding Companies", 73 Virginia L.R. 301(1987).

Gary A., Dymski, The Bank Merger Wave(The Economic Cause and Social Consequences of Financial Consolidation) M.E. Sharpe, 1999.

Guenter Henn, Handbuch des Aktienrechts, 5 Aufl.

H. P. Kamen & W. J. Toppeta, The Life Insurance Law of New York, John Wiey & Sons, Inc., 1991.

Howell E. Jackson, "The Expanding Obligation of Financial Holding Companies", 107 Harv. L. Rev. 507(1994).

Joanne M. Derrig. Insurance Holding Company Law With Its Federal Banking Law Counterparts, Journal of Insurance Regulation Vol. 3, No. 4(1985).

Joel Seligman, "Accounting and the New Corporate Law", 50 Wash. & Lee L. Rev. 943,

944(1993).

Jordan, Insurance Holding Companies and Other Fiscal Fauna, Insurance Advocate(Jan. 6 1968).

L. S. Marema, "Holding Company Regulation After Baldwin-United:Amendments to the NAIC Model Holding Company Act", 21 Tort & Ins. L. J. 321(1986).

Lisa L. Broom, Redistributing Bank Insolvency Risks: Challenges to Limited Liability in The Bank Holding Company Act Structure, 26 U. C. Davies L. Rev. 9385(1993), p.578.

M. Lutter, in:Lutter(Hrsg.), Holding-Handbuch, 4. Aufl. 2004.

Melvin A. Eisenberg, "Corporate Governance:The Board of Directors and Internal Control", 19 Cardozo L. Rev. 237, 240(1997).

Nina A. Mendelson, A control-based approach to shareholder liability to corporate torts, 102 Colum. L. Rev 1203, 1203(2002).

OECD, Corporate Governance Lessons from the Financial Crisis, 2009. 2; Corporate Governance and the Financial Crisis: Key Findings and Main Messages, 2009. 6.

OECD, Principles of Corporate Governance(Amended), 2004.

P. C. Meyer, Investment by insurance in Ch. 8 of New York Insurance Law(vol. 1 W. B. Dunham, Jr. ed. Matthew Bender(1991).

Philip I. Blumberg, Limited Liabiality and Corporate Conduct, 11 J. Corp. Law 573, 630(1986).

Promotion of the Reliability of Financial Information and Prevention of the Concealment of questionable or Illegal Corporate Payments and Practices, Exchange Act Release no.15570(Feb,15 1979).

Robert. C. Clark, "The Regulation of Financial Holding Companies", 92 Harv. L. Rev. 789(1979).

R. Liefmann, Beteiligungs und Finanzierungsgesellschaften:eine Studie über den Effektenkapitalismus, 1931.

Robert B. Thompson, "Piercing the Corporate Veil: An Empirical Study", 76 Cornell L. Rev. 1036(1991).

The de Larosière Group, 「Report: The High-Level group on Financial Supervision in the EU」23 & 25(Brussels, Feb. 2009).

Vgl. Volker Emmerich, Mathias Habersack, Konzernrecht, 8. Aufl., 2005.

Wolfgang Hefermehl/Gerald Spindler, in: Muenchner Kommentar zum Aktiengesetz, 2. Aufl., 2004.

-기타자료-

공정거래위원회 보도자료(우리금융지주의 LIG생명 인수, 신속승인, 2008. 3. 18).

금융감독원, 「2006년 내부통제 실무자 워크숍」.

금융위원회, "은행권 사외이사제도 개편추진 경과 및 향후계획(보도자료)", 2010. 1. 4.

파이낸셜 뉴스 2003년 10월 13일자 참조.

파이낸셜뉴스, 2011. 10. 21일자http://www.fnnews.com/view?ra=Sent0601m_View&corp=fnnews&arcid=111021174632&cDateYear=2011&cDateMonth=10&cDateDay=21

한국금융연구원, "금융회사 지배구조개선 기본방향(공청회자료)", 2010. www.fsa.go.jp/frtc/nenpou/2006a/06.pdf

Electronic Privacy Information Center, The Gramm-Leach-Bliley Act, 자료출처, http://www.epic.org/privacy/glba

M. Maureen Murphy, "Privacy Protection for Customer Financial Information", CRS Report for Congress 5, 2003. 2. 28, 자료출처, http://www.epic.org/privacy/glba/RS20185.pdf

「金融分野における個人情報保護-金融廳ガイドラインおよび安全管理措置の解説」http://www.fsa.go.jp/common/law/kj-hogo/04.pdf.

지광운 ————————————————————————————

법학박사
현) 한양대학교 강사 · 법학연구소 연구원
　　일본 關西大學 외국인 연구원

보험지주회사의 법리
운영 및 감독을 중심으로

초판인쇄 | 2012년 8월 24일
초판발행 | 2012년 8월 24일

지 은 이 | 지광운
펴 낸 이 | 채종준
펴 낸 곳 | 한국학술정보㈜
주　　소 | 경기도 파주시 문발동 파주출판문화정보산업단지 513-5
전　　화 | 031) 908-3181(대표)
팩　　스 | 031) 908-3189
홈페이지 | http://ebook.kstudy.com
E-mail | 출판사업부　publish@kstudy.com
등　　록 | 제일산-115호(2000. 6. 19)

ISBN　978-89-268-3699-6 93360 (Paper Book)
　　　　978-89-268-3700-9 95360 (e-Book)